温州大学中文学科建设丛书

仪式拯救与功能再造

传媒泛娱乐化批评研究

黄良奇／著

新华出版社

图书在版编目（CIP）数据

仪式拯救与功能再造：传媒泛娱乐化批评研究 / 黄良奇著 .
—北京：新华出版社，2021.2
ISBN 978-7-5166-5679-2

Ⅰ.①仪… Ⅱ.①黄… Ⅲ.①传播媒介—研究—中国

Ⅳ.① G219.2

中国版本图书馆 CIP 数据核字 (2021) 第 034521 号

仪式拯救与功能再造：传媒泛娱乐化批评研究

作　　者：黄良奇

选题策划：黄丰文

责任编辑：祝玉婷　　　　　　　　　封面设计：嘉海文化

出版发行：新华出版社

地　　址：北京石景山区京原路 8 号　　邮　　编：100040

网　　址：http://www.xinhuapub.com　http://press.xinhuanet.com

经　　销：新华书店

购书热线：010-63077122　　　　　中国新闻书店购书热线：010-63072012

照　　排：嘉海文化

印　　刷：廊坊市新景彩印制版有限公司

成品尺寸：170mm×240mm

印　　张：24　　　　　　　　　　　字　　数：384 千字

版　　次：2021 年 4 月第一版　　　印　　次：2021 年 4 月第 1 次

书　　号：ISBN 978-7-5166-5679-2

定　　价：68.00 元

温州大学中文学科建设丛书

总　序

孙良好

　　温州大学中国语言文学学科的历史文脉可以追溯到晚清学术大师、教育家孙诒让先生于1906年创建的温州师范学堂。在百年的历史积淀中，一代词宗夏承焘、戏曲宗匠王季思、经史学家周予同、古文字学家戴家祥、著名作家王西彦、敦煌学专家蒋礼鸿、戏曲学家徐朔方、九叶诗人唐湜等先贤曾在此求学或执教，为本学科铸就了深厚的人文底蕴。

　　斯文不坠，薪火相传。

　　进入21世纪以来，本学科广纳天下英才，发展态势喜人。2003年，文艺学、汉语言文字学两个二级学科及相关的民俗学获批硕士学位授权点。2010年，获批一级学科硕士学位授权点。2016年，成为浙江省"十三五"一流学科A类。2017年，学科下属"浙江传统戏曲研究与传承中心"成为浙江省哲学社会科学重点研究A类基地。2019年，与本学科紧密关联的汉语言文学专业成为首批国家级一流本科专业建设点。

　　目前，本学科已形成中国古代文学、中国古典文献学、文艺学、中国现当代文学、汉语言文字学5个优势学科方向，戏曲研究、域外汉文献研究、文艺美学研究、汉藏语言比较研究、鲁迅研究、温州文学与文化研究等在海内外学界颇具影响力。其中，以南戏研究为龙头的传统戏曲研究，有力地支持了浙南区域文化建设；域外汉文献和东亚俗文学的对接研究以及汉藏语言比较研究，可以为"一带一路"的文化交流提供重要支撑；以文艺学为基础的审美文化研究，注重理论与实践的结合，拓展出语言诗学、神话美学、地域文学、媒介传播等特色方向。

回首来时路，瞻望未来梦。我们编纂本丛书，旨在集中推出一批高水平的学术成果，或继往开来，或引领潮流，或特色鲜明，打造温州大学中文学科品牌，续写新的历史篇章。

目 录

绪论：问题缘起、文献综述和研究方法

移居法国后的著名作家米兰·昆德拉（Milan Kundera）面对大众媒介对传统高雅而又神圣的文化的解构，曾发出过强烈的感慨："我们都被大众传播媒介的巨大影响打上了印记。"①在政治、经济、文化和传播科学技术的推动下，当下大众传播媒介不论在种类上、规模上还是在影响力上都获得了前所未有的发展，超越了米兰·昆德拉的忧虑：接触大众传播媒介已成为人们日常的生活习惯；对媒介的依赖已渗透进了人们的工作、学习甚至日常生活之中；大众传播媒介已在很大程度上打破了各种文化形式之间的壁垒，和文化相结合，演绎出一种崭新的文化形态——传媒文化，履行着强基铸魂的社会职责。

我国媒介发展源远流长，在不同时期彰显了不同的功能和作用。改革开放以来，我国传媒事业获得了长足发展，在弘扬社会主义先进文化、满足国民日益增长的精神文化需求、推进民主政治建设、促进社会经济发展、提升社会文明进程、推动文化走出去、增进世界对我国的了解等方面做出了重要贡献。

随着经济社会的发展，特别是中国特色社会主义进入新时代的今天，人们生活条件的不断改善，娱乐、休闲等活动已渗透进了人们的日常生活，丰富了人们的业余闲暇，对身心健康、陶冶情操、提升素养乃至提高生活质量都产生了巨大的帮助。传媒在这一发展进程中，娱乐功能的释放，极

---

① 安托万·德·戈德马尔：《米兰·昆德拉访谈录》，谭立德译，李凤亮、李艳编：《对话的灵光——米兰·昆德拉研究资料辑要》，中国友谊出版公司1999年版，第515页。

大地契合了社会发展的需求，但同时也衍生了许多不能承受之轻，产生了不少负面问题和影响。

第一节　选题的依据

我国传媒从 20 世纪 90 年代初期以《正大综艺》为标志开始制作娱乐类节目，使长期受到"抑制"的传媒娱乐功能得到了有效释放。但一些电视台为追赶时代潮流，走市场化道路，密集增加娱乐类节目的制作总量和播出频率与时长。这些娱乐类节目，在丰富广大人民群众精神文化生活上进行了有效供给；但也出现了许多质量上的问题。某些电视台为迎合观众，聘请各路明星上节目，在内容上存在着低俗、庸俗、媚俗甚至恶俗的现象，违背社会道德底线的行为也时有出现；一些婚恋交友类节目，为了追求节目的刺激性和轰动效应，栏目组自编自演，宣传一些错误的婚恋观；还有过多过滥的才艺竞秀类、情感故事类、游戏竞技类、综艺娱乐类、访谈脱口秀、真人秀等类型节目，娱人娱己中偏离了节目常态。这些问题，都已严重拉低了受众文化生活的格调与品位，严重损害了人们对于精神世界的审美与追求，严重影响了社会道德和社会规范的有效执行。[①]

为此，在 2002 年全民热捧《流星花园》的时候，广电总局下令停播；2004 年，广电总局规定黄金时间不得播放"凶杀暴力涉案剧"；2006 年 3 月，广电总局规定跨省赛事参赛选手年龄必须年满 18 岁；2006 年 3 月，广电总局要求停播地方方言译制的境外广播电视节目；2006 年 8 月，广电总局下令 9 月 1 日起各级电视台黄金时间不得播出境外动画片；2007 年 1 月，规定卫视黄金档只能播放主旋律影视作品；2007 年 8 月 15 日，广电总局下发通告，要求立即停播《第一次心动》选拔活动；2007 年 8 月 23 日，广电总局叫停广东电视台女性整容真人秀节目《美丽新约》；2007 年 9 月 6 日，国家广电总局严格禁止各级广播电视播出机构制作播出低俗、下流和涉及性生活、性药功能内容的节目。[②]

---

① 《对限娱令的看法》，https://wenku.baidu.com/view/031a688732d4b14e852458fb770bf78a65293ab9.html。

② 《广电历年限娱令》，https://www.douban.com/note/174190577/。

但道高一尺，魔高一丈，这些禁令的出台并没有起到有效的监管作用。娱乐节目不断降低门槛，一路狂飙，制作和播出总量不断增加，内容越来越娱乐化，出现了泛娱乐化的趋势。于是，史称最严"限娱令"的《关于进一步加强电视上星综合频道节目管理的意见》由国家广电总局于2011年10月24日正式下发，提出从2012年1月1日起，34个电视上星综合频道要提高新闻类节目的播出质量，同时对部分类型节目播出实施调控，以防止过度娱乐化和低俗倾向，满足广大观众多样化、多层次、高品位的收视需求。强调电视上星综合频道是以新闻宣传为主的综合频道，要扩大新闻、经济、文化、科教、少儿、纪录片等多种类型节目播出比例。并具体提出从2012年1月1日起，每个电视上星综合频道每日6:00~24:00新闻类节目不得少于两小时；18:00~23:30必须有两档以上自办新闻类节目，每档新闻节目时间不得少于30分钟；各电视上星综合频道还要开办一个弘扬中华民族传统美德和社会主义核心价值体系的思想道德建设栏目。①

史称最严"限娱令"的下发，也并没有使电视过度娱乐化并滑向低俗化的倾向得到明显遏制。一些省级卫视的娱乐栏目内容仍然相当低俗，比如某卫视《家庭幽默录像》搞笑节目，内容低俗，只有形式，甚至可以说没有任何实质性的内容。于是，国家广电总局于2013年10月12日又下发"加强版限娱令"——《关于做好2014年电视上星综合频道节目编排和备案工作的通知》，从"优化节目结构、丰富节目类型，坚持自主创新、加强引进管理，抵制过度娱乐、防止雷同浪费，履行社会责任、实行年报制度，切实加强管理、做好备案工作"等方面明确规定，提出对婚恋交友类、才艺竞秀类、情感故事类、游戏竞技类、综艺娱乐类、访谈脱口秀、真人秀等类型节目，按规定履行备案手续。②

互联网和手机等新媒体出现后，泛娱乐化滑向低俗化的现象，同样引起了政府和社会的高度关注。继2013年"加强版限娱令"后，广电总局

---

① 《关于进一步加强电视上星综合频道节目管理的意见》，https://wenku.baidu.com/view/747fe4d584254b35eefd3470.html。

② 《关于做好2014年电视上星综合频道节目编排和备案工作的通知》，http://www.discoverdocuentary.com/newsdetail.aspx?id=125。

又于 2018 年 7 月发布"限秀令",向火热的偶像综艺节目泼冷水。根据国家广播电视总局办公厅发布的《国家广播电视总局办公厅关于做好暑期网络视听节目播出工作的通知》,对于偶像养成类节目、社会广泛参与选拔的歌唱才艺竞秀类节目,要组织专家从主题立意、价值导向、思想内涵、环节设置等方面进行严格评估,确保节目导向正确、内容健康向上方可播出,坚决遏制节目过度娱乐化和宣扬拜金享乐、急功近利等错误倾向,共同努力营造暑期健康清朗的网络视听环境。①

就在"限娱令"不断出台的过程中,泛娱乐化依然在市场利益的推波助澜下,波及许多媒体及媒体传播的内容和传播的方式,主要表现如下:

(1)以报刊为渠道的泛娱乐化现象非常热闹:各种虚假炒作、黑幕细节、性感话题、大腕"骂街"、女星怀孕、明星生死、粉丝追星、偶像绯闻、小资生活、华南虎照、戏说历史、解构崇高、调侃英雄、高级黑低级红等现象……真真假假,此起彼伏,被炒得沸沸扬扬,不乏轰动效应。新闻娱乐化,舆论监督娱乐化,副刊和广告娱乐化,一切的一切,泛娱乐化手法渗透进了诸多报刊的骨髓,尤其在晚报、都市类报纸、文摘类报纸中被演绎得淋漓尽致。

(2)以电视荧屏为渠道的泛娱乐化风起云涌:娱乐节目《欢乐总动员》《快乐大本营》《玫瑰之约》《超级女声》《莱卡我型我秀》《康熙来了》《第一次心动》《加油,好男儿》《舞林大会》《我爱记歌词》《爱情连连看》《我们约会吧》《缘来非诚勿扰》《爱情保卫战》《百变达人》《坑王驾到》《夏日甜心》《奔跑吧兄弟》《爸爸去哪儿》等此起彼伏。以湖南电视为代表可以发现中国娱乐节目经历了五个发展时期:即以"幸运系列"为代表的综艺晚会时期;以《快乐大本营》为代表的游戏娱乐时期;以《超级英雄》为代表的益智博彩时期;以《越策越开心》为代表的真人"脱口秀"时期;以《超级女声》为代表的大众娱乐时代。②电视购物歇斯底里、丰乳肥臀;电视广告极尽所能进行身体展示;电视剧场戏说逗乐;电视论坛随意演说;电视选秀隐私外露;电视相亲拜金主义;益智博彩弱智轰动;电视新闻(尤

②《国家广播电视总局办公厅关于做好暑期网络视听节目播出工作的通知》,http://www.nrta.gov.cn/art/2018/7/10/art_113_38335.html。

①徐振祥:《论湖南电视娱乐节目的发展历程》,《新闻天地》,2006 年第 12 期。

其民生新闻）节目泛娱乐化等以夸张的语言和煽情的图片、画面和立体动态的影像冲击观众的耳膜和眼球。

（3）以互联网和手机等新媒体为渠道的泛娱乐化应接不暇：车展模特、博客展示、自拍秀场、网络山寨、恶搞经典、网络及手机短信、图片、视频直播、游戏、姓名解析、星运测算等充分调动用户的主动参与，在参与合作中把泛娱乐化推到极致；各种诸如"震惊""火爆""出大事了"之类的"标题党"文章泛滥；各类口水文章或情绪化内容，经算法捕捉后的各类推荐，在媒体融合泛渠道化传播的现实环境下，被阅读者转发到"两微一端"及各类APP等社交媒体上，导致新一轮的分享、点评、吐槽等的诞生，用户陷入"茧房"阅读，一叶障目，不见泰山，严重的还会导致整个社会情绪的激化与失控，违背互联网"平等和自由"的基本精神。网络新闻编写泛娱乐化，网络视频直播泛娱乐化，网络图片的视觉秀场，网上"山寨"与"恶搞"泛娱乐化，手机短信与短视频直播以及"两微一端"和各类APP的泛娱乐化等，延伸到了各类移动页面，可谓是无孔不入。

（4）传媒新闻泛娱乐化：伊拉克战争中，媒体大力渲染女兵林奇的传奇经历，狂炒田纳西州的父子兵，不遗余力地描绘萨达姆藏身的"蜘蛛洞"；马加爵杀人案，被媒体当作一部好莱坞的故事片来上演；"美女作家"木子美在网上抛出内容低俗的《性爱日记》，一些媒体又趋之若鹜，纷纷炒作；昆明一家餐馆开办了"女体盛宴"，个别媒体竟然"客观"报道，细致描写，宣扬令人恶心的"社会新闻"；杨丽娟疯狂追星事件在各大媒体的大势渲染下，导致杨父跳海自杀；重庆打黑期间，文强的别墅、赃款、情妇、对走穴明星的要挟和强奸等，几乎演绎成一部三级片和一部地摊小说；大禹三过家门而不入是有婚外情，李清照词句证明她是好赌好色之人，上海姑娘逃离江西农村，东北农妇组团"约炮"，女官员落马炮制"通奸地图"，安徽男子术后右肾丢失等无良新闻与虚假报道。[①]新闻泛娱乐化使媒体的核心功能异化为媒体的单一功能——娱乐功能。

传媒泛娱乐化在近四十年特别是进入 20 世纪 90 年代以来步入高峰，但从整个媒介发展历程的角度来看，也并不是什么新鲜的现象，早在大众

---

① 参见拙文：《新时代传媒供给侧结构性改革：责任与使命》，《教育传媒研究》2018 年第 3 期。

报刊诞生之时就已经出现并达到相当高的程度。以美国为例，18世纪70年代至19世纪初是美国新闻传播的政党报纸时期，这一时期的报纸党派色彩浓厚，以宣传本党派的观点、立场、主张为原则，甚至不惜捏造虚假事实，虚报新闻信息，自然很难吸引读者尤其是淡漠于党派纷争的下层劳动者。19世纪30年代后，《纽约太阳报》《纽约先驱报》《纽约论坛报》等一批面向大众的廉价报纸，以超越党派之外的独立报纸的姿态出现，以营利为目的，开媒介商业化先河。也正是为了赢利的大众化之路，适合当时教育程度普遍不高、生活相对贫困的城市平民需要，同时也可避免由于过于浓厚的意识形态得罪党派和政府，影响销路和生存，报纸便开始弱化政治色彩，以人情味、趣味性甚至是刺激性、煽情性的社会新闻内容取胜。这种伴随大众化报纸的煽情之风可以看作传媒泛娱乐化风潮的起始。

这股潮流到19世纪末期的黄色新闻泛滥达到最高点（最富代表性的当属普利策所办《世界报》与黄色新闻大王赫斯特《纽约日报》黄色新闻之争），这部分新闻"建立在煽情主义基础上，也是注重犯罪、丑闻、流言蜚语、离婚、性的问题，强调灾害和体育新闻的报道""使用大写字号煽动性标题，经常对不甚重要的新闻加以渲染、夸张，整个报纸版面给人以耸人听闻的虚假感……"

美国三大新闻网1990年全年花在娱乐性新闻上的时间比前两年增加了一倍多。《美国新闻与世界报道》总编辑James Fallows，在他的统计中披露，1990~1994年间约500集CBS著名时事节目《六十分钟》，超过三分之一是名人访问、娱乐报道或揭露丑闻，而真正严肃的政治内容不足五分之一。①

无论是亚洲的日本和中国香港，还是曾以公营制为特色的英国、德国和法国，或是商业色彩强烈的美国，娱乐都充斥到了电视生活的方方面面。在20世纪90年代的美国，娱乐节目已占美国商业电视台全部播出时间的70%，三大电视网每天播放的肥皂剧要超过10小时，约3500万人每天至少看一部肥皂剧，甚至56%的大学生每周至少看一部。②英

---

① 何良懋：《主流传媒的小报化现象》，http://www.rthk.orghk/media igest/md9710/0ct2.html。
② 《美国电视节目发展现状分析》，https://wenku.baidu.com/view/c2245960caaedd3383c4d3a0.html。

国的收视统计表明，英国人最喜欢看的节目依次为：电视情节剧、喜剧系列片、综艺节目、游艺节目和体育节目，电视新闻被列到第 31 位。英国广播公司娱乐节目台（BBC Prime）自 1995 年 1 月开播以来，其订费已上升了 68%，在欧洲的订户已逾 500 万户，并保持继续上升的势头。①

传媒泛娱乐化及其向低俗化的趋势蔓延，无论是对传媒自身还是对社会、对受众（用户）所造成的危害和影响，都是不容忽视的，已引起政府和社会的高度关注。从 2015 年《人民日报》评论部发表《追寻意义，走出"泛娱乐化"》到 2017 年湖南省委第一巡视组点名湖南广电"过度娱乐化"之后，2018 年，湖南广电再次被中央巡视组点名"过度娱乐化"，要求不打折扣地坚决整改。《人民日报》第一时间发表《中央巡视反馈问题：湖南广播电视台"过度娱乐化"》（原题《湖南动真碰硬，写好巡视整改答卷》），报道湖南省委书记作为巡视整改第一责任人在中央巡视情况反馈会议上的表态："省委将担负起整改主体责任，深入查找剖析原因，抓紧制订整改方案，逐项明确具体整改措施、责任领导和单位、整改要求和整改时限，确保全面改、深入改，改彻底、改到位，决不允许'新官不理旧账'，决不允许层层推责卸责，决不能让问题'击鼓传花'。"②报道以湖南广电被查出"过度娱乐化"现象并进行整改为切入点，"复查"了湖南广电的整改过程与情况，并借机强调省级广电的定位和立场：强化政治担当，扛牢整改主体责任；筑牢主阵地，把意识形态话语权牢牢掌握在手中。

无论是在国内还是在国外，无论是传统媒体还是新媒体，泛娱乐化都呈现愈演愈烈的趋势，甚至一度难以得到及时控制和有效治理。传媒泛娱乐化潮流的出现和发展，足见其有"合理"的成分，关键是合什么样的理。因此，简单地谴责与反对，都是不理智和片面的表现，需要长期观察和理性审视。

在信息全球化的传播现实面前，在构建人类命运共同体的全球传播场域中，如何正确审视传媒泛娱乐化，只有站在一定的理论高度展开全面系统的分析并进行全方位的学理性批评研究，才能认清泛娱乐化传播内置框

---

① 《电视艺术特性与电视娱乐大众化》，https://max.book118.com/html/2014/0810/9382604.shtm。
② 吴储岐：《湖南动真碰硬，写好巡视整改答卷》，《人民日报》，2018 年 11 月 17 日。

架的实质和用意，正本清源传媒泛娱乐化的成因，把握传媒泛娱乐化的风险和危害，并引起政府、媒体、社会、受众对其进行有效规避。媒体的自觉、社会的反馈、政府政策和法律制度的监管、全民媒介素养提升尤其是受众批判意识的培养等多管齐下与协同进化，才能找到恰当的纠偏范式和整治措施。以此为选题展开学理性批评研究，内容复杂、框架多样、形态不一且呈持续动态变化的态势，因此任务艰巨，是彰显学术良心和社会责任的体现。

第二节　仪式与传媒泛娱乐化

一、仪式的含义及基本特征

（一）仪式的含义及分析

仪式①作为典礼的秩序形式，是一个与时俱进的复杂概念。作为一种日常生活的行为方式，不但在数千年的历史发展长河中延续和建构着人类的社会，而且在当下社会中也不断地变换着自己的表现形式，一如既往地影响着人类的思想、行为和意识形态，潜移默化地形塑着我们的日常生活和社会结构。

仪式作为社会生活实践的一种符号表征，成为个体在艺术创造、集体生活、社会交往和群体认同等问题上不可缺少的一个部分，百姓日用而不知，但并不能否定它的存在。②例如：暧昧的仪式表现为浪漫，友谊的仪

---

① 汉典对仪式的解释：1.取法。《诗·周颂·我将》："仪式刑文王之典，日靖四方。"《朱熹集传》："仪、式、刑，皆法也。"苏辙《皇太后答书》："将仪式於文考，以教孝於诸侯。"《三元里人民抗英斗争史料·南海县志·梁廷栋传》："士得位，当霖雨苍生；不幸老死莹窗，亦当仪式州里。"2.典礼的秩序。《三国志·魏志·张既传》："令既之武都。"裴松之注引晋鱼豢《魏略》："楚为人短小而大声，自为吏，初不朝觐，被诏登阶，不知仪式。"唐·韩愈《南海神庙碑》："水陆之品，狼藉筵豆；荐裸兴俯，不中仪式。"宋·欧阳修《归田录》卷二："（刘岳）不暇讲求三王之制度，苟取一时世俗所用吉凶仪式，略整齐之，固不足为後世法矣。"沈从文《边城》二十："老道士披上那件蓝麻布道袍，开始了丧事中绕棺仪式。"3.仪态。汉·王粲《玛瑙勒赋》："御世嗣之骏服兮，表骎骎之仪式。"4.指测定历日的法式制度。《後汉书·律历志中》："及用《四分》，亦於建武，施於元和，讫於永元，七十余年，然后仪式备立，司候有准。"《隋书·律历志中》："逮於永平之末，乃复改行《四分》，七十余年，仪式方备。"

② Rothenbuhler, E.Ritual Communication: From Everyday Conversation to Mediated Ceremony, London: Sage Publications, 1998, P.3。

式表现为忠诚，歌舞的仪式表现为欢乐，效忠的仪式表现为爱国，毕业典礼上拨穗的仪式意味着学有所成、可以展翅高飞等。

作为一个专业性的词语，仪式一般具有宣传、排他和凝聚成员意志的作用。对于仪式的具体解释，不同背景、不同领域的研究者从不同的学术立场出发，进行了见仁见智的不同阐释：

（1）涂尔干认为：仪式是在集合群体之中产生的行为方式，它们必定要激发、维持或重塑群体中的某些心理状态。[1]

（2）Tambiah，S.认为：仪式是一种由文化来建构的象征性交流。它由模式化的、有秩序的一连串词语和行为构成，经常在多媒体中得以表达，其内容和安排表现出各种不同程度的正式化（习惯化）、模式（严肃性）、集中（混合）和循环往复（重复）。仪式在建构特征上是表演性的。[2]

（3）Rappaport，R认为：形式行为的恒常秩序的表达，是一种意义没有被行为人全部编码的表现。[3]

（4）Rothenbuhler，E认为：仪式是在神圣世界的符号化影响和参与下特有的模式化自发行为。[4]

（5）Turner，V认为：仪式指的是人们在不运用技术程序，而求助于对神秘物质或神秘力量的信仰的场合时的规定性正式行为。[5]

（6）黄平、罗红光、许宝强等认为：仪式是指发生在宗教崇拜过程中的正式的活动，被人类学家普遍地用来指称那些具有高度形式性和非功利性目的的活动。（既包括了宗教活动，而且还包括像节日、游行和问候等事件。）[6]

（7）吴晓群认为：仪式是指由传统习俗发展而来被人们普遍接受并

---

① 涂尔干：《宗教生活的基本形式》，渠东等译，上海人民出版社 2006 年版，第 8 页。

② Tambiah，S."A Perfomative Approach to Ritual"，Proceedings of the British Academy65，P.119。

③ Rappaport，R.Ritu35and Religion in the Making of Humanity，Cambridge University Press，1999，P.24。

④ Rothenbuler，E.Ritual Communication：From Everyday Conversation to Mediated Ceremony，London：Sage Publications 1998，P.27。

⑤ Turner，V.The Forest of Symbols：Aspects of Ndembu Ritual，Ithaca，NY：Cornell University of California Press，1967，P.19。

⑥ 黄平等主编：《社会学、人类学新词典》，吉林人民出版社 2003 年版，第 191 页。

⑦ 吴晓群：《古代希腊仪式文化研究》，上海社会科学院出版社 2000 年版，第 1 页。

按某种既定程序所进行的活动或行为。⑦

研究者们分别从社会学、人类学、符号学和传播学的角度对仪式进行了狭义或广义上的定义，不同观点中的仪式阐释，无论是宗教人类学的观点、结构功能主义的观点，还是文化阐释学观点、传播学的观点，都把行为方式看成是核心词汇。也就是说，仪式是一种富有社会意味的行为方式，和特有的社会文化环境密不可分，否则就抽空了其中的内涵而变得毫无意义。

传播学者詹姆斯·W. 凯瑞指出：大众传播具有一种仪式性的意义，传播是一个"创造、修改和转变一个共享文化的过程"。"传播的起源及最高境界，并不是指智力信息的传递，而是建构并维系一个有秩序、有意义、能够用来支配和容纳人类行为的文化世界。"①仪式性的传播有赖于参与者共同的认识和情感分享，是一种内在的满足，摆脱了为了传播而传播的功利性目的。

（二）仪式的基本特征

Couldy，N 在《媒介仪式》中也比较精练地概括了仪式的三大主要特征：①习惯性行为（一种习惯性和重复的方式）；②形式化行为（特定文化环境中物件摆放的规律性）；③有着超验价值的行为（基督教语境中的圣餐）。②

我国青年学者刘燕则进一步从行为表征的角度归纳了仪式的基本特征：③

（1）时空性与参与性：仪式是在特定的时间和空间中进行的，无论是传统的仪式还是祛魅的世俗化的现代仪式，人们要获得仪式效力，都必须亲临仪式现场，才有可能体验到典礼的神圣性和权威性，产生群体意识，融入群体之中，找到群体归属感。

（2）程式化和重复性：仪式的进行必须严格按照既有的规则、秩序和标准，有开始、中间和结尾。日后的操演是对程式化的重复，重复的持

---

① [美]詹姆斯·W.凯瑞：《作为文化的传播》，丁未译，华夏出版社 2005 年版，第 28 页。
② Couldy，N.Media Ritual：A critical approach，London：Routledge，2003，P.3.
③ 刘燕：《媒介认同论——传播科技与社会影响互动研究》，中国传媒大学出版社 2010 年版，第 208~209 页。

久性不仅可以达到仪式的效力，还有利于人类知识和信息的存储与传承。

（3）象征性和表演性：人们透过仪式的符号表象去领会隐藏在仪式象征体系背后的要义，但它的具象和要义需要借助表演才能呈现出来。

根据上述定义和中外学者的概括与归纳，可以清晰观照仪式的基本特征：

首先，仪式是一种行为，行为中暗含了诸多有待被阐释的意义和价值；

其次，仪式是通过符号去体现和表达的，体现和表达的过程中，联系了群体和外界，也投注了情感和寄托；

最后，仪式还和深层的社会、宗教和信仰价值相联系，它不是孤立的个体实践，也不是空洞虚无的形式主义符号，个体在仪式履行中幻想性地实现自己，或者将自己的理想幻想化，在自己的行为实践中安抚或者托付自己的未来。

二、传媒泛娱乐化概念的界定过程

（一）关于娱乐的概念

汉人许慎在《说文解字》中，对"娱"注释为："娱，乐也。"可见，"娱""乐"二字实为一对同义复指的词语组合。在中文古典文献里，关于"娱乐"的记载散见各处。在大多数文献里，"娱乐"并不是一个固定的词语搭配，更多的是"娱"与"乐"单独见于文中，表达"娱乐"之意。例如：

《诗经·蟋蟀》：好乐无荒，良士瞿瞿。

《列子·周穆王第三》：引三牲以进之，选女乐以娱之。

《庄子·杂篇·则阳第二十五》：其（圣人）于物也，与之为娱矣。

《楚辞·九歌·东君》（屈原）：羌声色兮娱人。

《西京赋》（张衡）：穷身极娱。

"娱乐"一词较早的记载出现在《史记·廉颇蔺相如列传》中：蔺相如前曰："赵王窃闻秦王善为秦声，请奉盆缶秦王，以相娱乐。"宋·叶适《东塘处士墓志铭》："既苦志不酬，右书左琴以善娱乐。"《古今小说·李公子救蛇获称心》："李元在前曾应举不第，近日琴书意懒，止游山玩水，以自娱乐。"叶圣陶《倪焕之》："又有什么可爱的议论音乐一般娱乐别人的心神吗？"其含义为"欢娱快乐，使欢乐"；《北史·齐纪中·文宣帝》：

"或聚棘为马，纽草为索，逼遣乘骑，牵引来去，流血洒地，以为娱乐。"老舍《骆驼祥子》："他去擦车、打气，晒雨布，抹油……仿佛是一种极好的娱乐。"其含义为"快乐有趣的活动"。

上述对娱乐的解释：一是看成一种行为活动或者行为过程；二是看成传播结果或者传播效果。在传媒研究中，第一，娱乐被认为是媒介提供的一个商品，电视剧、电影、情景喜剧、体育、各种综艺节目等是娱乐，而新闻、纪录片和教育片则不属于娱乐；第二，将娱乐和信息对立，节目的信息量越大，娱乐性就越差，观众得到的乐趣越多，学到的知识就越少。[①]

在儒家思想的源流中，娱乐被认为是生活的构成元素之一，是推行教化的有效途径。[②]人们从事娱乐活动释放个人好恶，摆脱暂时的烦恼，接受神灵的祝福，享受丰收的喜悦，陶冶自身的心性，进而达到教化的目的。因此，娱乐是一个褒义词或者至少是一个中性词，娱乐并不是庸俗浅薄、玩物丧志的代名词，娱乐也有内涵、意义和品位高低之分。[③]

（二）娱乐化：娱乐＋化，娱乐越界

"化"的含义较为丰富，其本义为"性质或形态改变"，作为词语后缀修饰时，作"使其性质或形态发生改变"解。本研究取其本义，娱乐化即"娱乐＋化"，使娱乐越界，导致娱乐形态或娱乐性质发生彻头彻尾的改变，能够切入到传播内容和传播方式等诸多方面。一是娱乐内容的暴涨，无形之中对传媒其他内容产生相应挤压，冲淡、稀释或屏蔽许多重大现实问题，导致劣币驱逐良币，遮蔽社会公众对现实主要问题的关注与思考，造成传媒感性化、情绪化传播，使媒体多样化功能弱化为单一的娱乐功能；二是传播方式上的故事化、文学化、煽情化、图片化、视频化，不仅仅电视剧、电影、情景喜剧、体育等娱乐化，就是新闻、纪录片和社教专题片等也都娱乐化，尤其是舆论监督娱乐化，传媒所建构的拟态环境对现实环境进行了异化，加上公众解读时的再次主观化，使娱乐化跨越传媒场域，延伸至

---

① 《娱乐是什么意思》，http://tc.wangchao.net.cn/zhidao/detail_4542530.html。

② 云国强、吕品：《从娱乐的文化起源、本质解析电视传播的娱乐功能》，https://www.doc88.com/p-8899731792915.html。

③ 杨明清：《浅析当代文学作品的影视娱乐化现象》，《新作文》（中学作文教学研究），2013年第4期。

传媒边界之外，在社会生活场域中再次泛滥成灾；三是娱乐化滑向低俗化、媚俗化、平面化、碎片化，彻头彻尾，彻底改变了娱乐的形态和性质，甚至成为文化垃圾，导致传媒公信力丧失，使肩负文化传播和文明传承的大众传播载体与伦理道德和社会发展产生冲突，传媒功能畸形化，破坏整个传媒生态环境，扰乱接收终端的阅读与视听，久而久之会失去受众的青睐，不利于传媒文化的健康建设与和谐社会的有序发展。

对新闻娱乐化，我国最早进行定义的是复旦大学的李良荣教授。他认为："新闻的娱乐化主要指犯罪新闻、名人的风流轶事、两性纠葛。"[①]这个解释与当年美国"用来形容传媒提供没有实质的家长里短的消息"的"娱乐信息"的含义比较接近。学界对新闻娱乐化引用最多的是林晖的界定："综合媒介新闻娱乐化的现象来看，就内容和形式可分为两部分：一方面，娱乐化最突出的表现是软新闻的潮流。即减少严肃新闻的比例，将名人趣事、日常事件及带煽情性、刺激性的犯罪新闻、暴力事件、灾害事件、体育新闻、花边新闻等软性内容作为新闻的重点……娱乐化的另一个结果就是媒介在内容和形式上都尽力使硬新闻软化。在内容上，新闻竭力从严肃的政治、经济变动中挖掘其娱乐价值……在表现技巧上，强调故事性、情节性，从最初强调硬新闻写作中适度加入人情味因素，加强贴近性，衍变为一味片面追求趣味性和吸引力，强化事件的戏剧悬念或煽情、刺激的方面，走新闻故事化、新闻文学化道路。"[②]

（三）泛娱乐化：娱乐化的过度泛滥

泛娱乐化是指一股以消费主义、享乐主义为核心，以现代传媒为主要载体，以内容浅薄空洞甚至不惜以粗鄙搞怪、戏谑的方式，通过戏剧化的滥情表演，试图放松人们的紧张神经，从而达到快感化的一种文化现象。[③]泛娱乐化是娱乐化的过度呈现和泛滥，是娱乐价值被推至文化的一切领域，是否有娱乐性、能否取乐成为衡量文化产品价值的法则，在一定意义上忽视了娱乐应该给予人健康的感性愉悦的真实目的。泛娱乐化对"娱

① 李良荣：《娱乐化 本土化——美国新闻传媒的两大潮流》，《新闻记者》2001 年第 3 期。
② 林晖：《市场经济与新闻娱乐化》，《新闻与传播研究》2001 年第 2 期。
③《为什么会出现泛娱乐化》，https://baijiahao.baidu.com/s?id=1604128372056634263&wfr=spider&for=pc。

乐至上"的价值追逐,导致历史可以被戏说、经典可以被篡改、崇高可以被解构、英雄可以被调侃,近年来层出不穷的"杜甫很忙""李白很酷"等恶搞名人事件,各类选秀、真人秀的强力圈粉,都是泛娱乐化的表现。追求上座率、获得收视率、博取点击率是泛娱乐化背后的动力,受众心理上图消遣、求轻松、避思考的倾向是泛娱乐化赢得市场的重要原因。泛娱乐化以消费、技术、快感、世俗等因素的融合消解文化的深度与厚度,当众多严肃的新闻、正统的历史、经典的叙事以"娱乐化"的包装形式呈现时,[①]也就是娱乐化过度泛滥的面相,传媒也就成了拜金主义的鼓吹阵地、娱乐至死的主要前沿、败坏风气的重要工具、崇洋媚外的主要推手和文化鸦片的重要集散地。

三、泛娱乐化与仪式之间的关系

仪式的行为方式表征,表明一切仪式都是通过行为方式来体现和呈现的,在不同的行为方式中寄托有待阐释和挖掘的意义和价值。因此,仪式的内涵是丰富的、饱满的,不存在空洞的、毫无意义的仪式,否则就是"伪仪式"。娱乐作为一种行为活动或者行为过程,抑或被看作一种结果和效果的呈现:一是经由感官或者鉴赏获得的"感性的愉快";二是通过概念或者理念表现出来的"智性的愉快"。所以,日常娱乐与仪式之间存在着一种浅表层次的关联:

(1)娱乐和仪式都通过行为方式来进行,当然进行的形态和程度是有很大区别的。例如:卡拉OK、演唱会、MTV、《经典咏流传》等。

(2)娱乐可以在仪式中得到体现。例如:春晚和各种类型的联欢晚会。

(3)仪式也是可以用来娱乐的。例如:婚礼、相亲节目、真人秀节目等。

(一)传媒娱乐与仪式的真勾连

娱乐是媒体提供的一个商品,也是媒体娱乐功能体现的一个结果。娱乐在媒体中的呈现,与仪式之间是一种真勾连的关系:

(1)娱乐传播行为的仪式化:媒体作为有组织性的传播者,其日常

---

① 曾楠:《警惕文化泛娱乐化侵蚀精神家园》,《共产党员(河北)》,2017年第12期(下)。

的传播活动是定期、持续和连贯的，具有一定感知的惯例性和仪式性。媒体娱乐产品的开发和传播，都在比较固定的时间段和空间位中有规律地进行，报刊的定期连续和版面的相对固定，电子媒体节目内容的时间排序包括片场蒙太奇衔接和广告插播，都遵循一定的规律。比如《深圳商报》第一叠：新闻，第二叠：经济，第三叠：民生与娱乐；中央电视台一套19点之后依次为新闻联播、天气预报、焦点访谈、电视剧场、晚间新闻……即雷蒙德·威廉姆所说的"电视流"，点出了电视节目编排的仪式化（或程式化）特征。

（2）娱乐传播内容的仪式化：当代大众传媒尤其是电视，不仅仅是一个传播平台，完全演化成一种世俗意义上的宗教。谈话、讲演、游戏、选秀、购物、博彩、故事片、肥皂剧等在架构的过程中，在传媒身份和风格约束的逻辑下不自觉地融入了不同程度的仪式要素。从节目播出与连续定期播出的最终呈现来看，叙述方式、结构安排、广告插播都高度固定化和程式化乃至公式化，台上台下以及电视荧屏前的观众都在无意识状态之中陷入了这种单一的娱乐氛围，陶醉乃至麻醉，共同完成着定时参与的仪式行为。

（3）娱乐收视行为的仪式化：日常生活实践中人们对媒介的依赖，会重复地使用某种媒介或沉湎于媒介中的同种类内容，宅男宅女乃至电视迷和网瘾患者的出现，是这种依赖病症的典型标志。观众对娱乐内容的收看，尤其是粉丝们对偶像的消费，其虔诚的程度不亚于宗教信徒对神灵的顶礼膜拜，是用以填补内心空虚、消除自身焦虑、维系本体安全、接受时尚认同的方法和途径。这种对娱乐的接近和使用具有仪式性的行为特征。

（二）传媒泛娱乐化与仪式的假勾连

泛娱乐化是对娱乐形态或娱乐性质的彻底改变，无论是娱乐内容的暴涨，还是传播方式上的煽情化，或者是向低俗化、媚俗化、庸俗化、恶俗化转化。泛娱乐化是披着娱乐的外衣或打着娱乐的旗号，在文化娱乐产业做大做强的空间里，行的不是为了娱乐身心健康、陶冶人们情操的事，但的确能收获真金白银。

由于泛娱乐化是娱乐数量的增长和形式上的强化，特别是内容上彻头彻尾的性质改变，娱乐中的欢娱和愉悦已经越过了界限。艺术形式被严重窄化，低俗的、时髦的、轻松的内容大行其道；知识和信息只是陪衬，奖金奖品通常靠运气获得；成功就是商业包装、一夜成名，通向成功的途径就是投票。于是拉选票、买选票者屡见不鲜，"金钱万能"渗透进心智尚未成熟的青少年心中；毒舌评委、麻辣评委、大众情人评委们恶搞选手，选手们自曝隐私，节目制作方无中生有制造假新闻，观众等着看人出丑……这些使得"文化"的认知功能、教育功能和审美功能都受到了抑制，降低了人们的心智水平，颠覆了正确的世界观、价值观，扭曲了社会心态，娱乐节目贫瘠得只剩下了"乐子"。[①]

泛娱乐化极尽"娱乐"之能事的表现，内容上的"轻松愉悦"，形式上夸张与放大，目的就是要抓观众的眼球乃至线下的口碑，从而换取注意力资源，最终目的就是为了获取市场的回报和经济收益。泛娱乐化的过度表现，不断地掏空着娱乐应有的原义，塞入许多刺激视觉感官的元素，把观众原始的本能欲望充分地调动起来，以互动的名义与参与者做浅层的交流与沟通，实际上使娱乐空壳化或浅表化，功利的性质极其明显，而社会风险与危害却被"娱乐"的外衣所掩盖。所以说，泛娱乐化是借娱乐为外衣，与仪式进行假勾连，实质上是一种假仪式或者说是伪仪式，以牺牲社会效益为代价去换取眼前经济效益的媒体短视行为。

第三节　　传媒泛娱乐化的仪式化偏失

真正的仪式总是可以归类为感性的狂欢仪式和精神的庄严仪式。前者如狂欢节、万圣节、感恩节、圣诞节、元宵节等；群体或机构的仪式像战争动员、战后哀悼、祭祖祭天、商洽谈判、签字剪彩等都属于后一种。真正的仪式出于真实的集体情感的需要，它们是某种集体情感真实性的确证。

在真实的仪式之外，还有一种非真实的伪仪式。它既不具有真实的感性狂欢，更不具有真实的精神庄严，而只是装模作样的符号化的宣传礼仪。如某些无实质意义的开幕仪式、闭幕仪式、颁奖仪式、笔会仪式都属于这

[①] 胡正荣、李舒：《电视娱乐节目可持续发展的路径选择》，《中国广播电视学刊》2008年第6期。

种伪仪式。这种伪仪式在今天借助传媒（尤其是电视），已泛滥成各种大众文化的媒体仪式。

泛娱乐化是一种伪仪式。传媒泛娱乐化内容的确在比较固定的时间段和空间位中有规律地进行呈现，有开头、中间、高潮和结尾，有的还有前期的渲染造势，在持续或连续的传播中也具有重复性的程式化特征。但仔细体会，就会发现：真实的感性狂欢和真实的精神庄严根本就不存在，所制造的是虚假快感和空洞的满足，既矮化了受众的文化品位，又弱化了受众的社会责任感，同时也污化了传媒的社会职责。这种传媒泛娱乐化的仪式化偏失表现是多样的。

一、对符号"象征性"意义的抽空和颠覆

仪式是对日常生活的突破，可被视为一种象征性的和富于表现性的行动，一种制度化的创造特殊时空的手段，个体在其中可以体验到自己是这个共同体中的一分子。[①]日常生活的象征符号是丰富的：人们在自然界及所熟悉的文化中的所见所闻；各种媒介所公开传播的信息；庆典或礼仪中所包含着的私人与公众仪式等。象征性符号的能指是具体的，所指是不确定的，所谓境一而触境之人之心不一。媒介通过重复的传播行为对象征符号的具象呈现和意义生产，贯穿了人们的整个日常生活结构，起到唤醒集体记忆和建构和谐社会的作用。

传媒泛娱乐化用丰富的象征符号和手段营造了一系列的传媒幻想。故事化的文本叙述、角色塑造的符号象征、现场环境制造的后现代梦幻，嘻哈、调侃、恶搞、毒舌、hip-hop、说唱、歌舞、性别颠倒等边缘形式，展示的是迎合人们的原始欲望和本能需求，以青年亚文化的形态冲击着传统艺术的规范，挑战着"保守"的传统文化观念，异常新奇地在一个充满禁忌的舞台上挥洒着"千奇百怪"的新兴文化样式。象征符号的感觉极：百万富翁、炫闪明星、地域风情、理想生活等与象征符号的理念极：财富、成功、受人尊重、令人瞩目、自我价值的实现很虚幻地联系在一起，受到追星族

---

① [美] 约翰·R.霍尔、玛丽·乔·尼兹：《文化：社会学的视野》，周晓虹、徐彬译，商务印书馆 2002 年版，第 98 页。

及星迷们的趋之若鹜，震惊着他们的心灵，形塑着朦胧、虚无、不切实际的"理想"观念，在提炼、浓缩、表演、指涉、编码、解码等系列行为之中，把符号的象征意义进行边缘化解构，抽空符号象征意义的主体，从而无意识地宣传了与主流价值观念相左的意识形态。

传媒泛娱乐化创造性地运用现代传播技术，尤其是通过广播电视的直播或录播，形成一个新的神圣与世俗相区分的二元世界。荧屏内是一个精彩纷呈、光彩夺目、新人辈出、明星会集的神圣世界，这里填充着观众对成功、财富、权力、荣耀、美丽、魅力的憧憬和艳羡；荧屏外是一个日常的、琐碎的甚至繁杂和平淡的世俗世界，人们在这个世界里辛勤劳作，有的脸朝黄土背朝天，有的在机器轰鸣声中穿梭往来，有的在故纸堆里耕耘攀爬，有的在三尺讲台上口干舌燥……现实的残酷不能给予理想的生活，但荧屏内的神圣世界刺激世俗世界中人们的潜意识，使原始欲望和本能需求仿佛得到了"审美"的满足，反而会觉得真实的现实世界是虚假的、欺骗的和不完美的，荧屏世界是真实的、公平的、可信的、权威的。伪仪式的"审美"幻想就这样与"残酷"现实形成了尖锐的对立，对"象征性"意义进行了全面的抽空与颠覆。

二、对"公共领域"的转换和泯灭

公共领域和私人领域在历史上是合为一体的，大众传播媒介对日常生活的深度干预，使得公众与私人之间的领域界限时常被突破，尤其是电子媒介拍摄的便易性和保真性。电视和其他电子媒介把外在的世界带到家里来，这既改变了公共领域也改变了家的领域。[①]家庭媒介所具备的融合公共行为与私人行为结构的能力，改变了家与延伸之间的关系，休闲空间里的家及其隐私很轻易就被延伸到外界，进入公共空间，成为公众乐此不疲的话题。

前文所提及的八卦新闻、各种黑幕、性感话题、身体展示、大腕"骂街"、女星怀孕、明星生死、男女婚配、粉丝追星、暧昧广告、小资生活等各种私密的内容，在儒家文化所推崇的含蓄表达的容器中，是不被言说的，要

---

① Meyrowitz，J.(1985)No Sense of Place：The Impact of electronic media on social behavior.New York：Oxford University Press，P.223.

说也只会是委婉、间接，或从眼神中透露。在大众传播媒介无孔不入的现实环境中，这一切都变得不神秘了，反而成了热点和焦点，而且在展示媒体娱乐功能的借口下，被铺天盖地、毫无遮拦地传播得津津乐道、淋漓尽致。

公共领域是由具有共同兴趣的私人在非强制的形式下，以平等为前提，就共同关心的话题在普遍利益基本一致的基础上形成，独立性和批判性是它的基本特征。在以大众传播媒介为黏合剂的公共舞台上，公众被传媒泛娱乐化牵着鼻子，沉醉在媒体所制造的虚无缥缈之中，屏蔽了对日常生活的思考，跟着舞台上的"神灵"一起摇摆，跟着现场观众一起挥舞着手中的荧光棒，丧失了独立性和思考的功能。舞台上的"神灵"仿佛在天上，遥不可及，能够得到"她"的签名、握手乃至一个飞吻一个眼神，就已是上苍保佑，奔走相告，激动得几天几夜睡不着觉，甚至连续几天也不愿意洗手，哪里还会去对"神灵"进行评头论足？不平等的存在导致思维的停滞和麻木，人就成为单向度的人，社会也就成为了单向度的社会，公共领域自然就被转换和泯灭。

三、对"主流意识形态"供给的稀释和遮蔽

家庭媒介（特别是电视）及其规律性的日常行为模式已经成为公众与社群和国家乃至国际之间的重要纽带。大众传播媒介利用仪式的象征意义，将集体价值具象化，让大众在私人领地进入群体仪式情境，感觉集体性的神圣或权威。

国家、民族和家园等一整套象征符号，通过大众传播媒介的重复与强化传播，日历式的循环再现与意义挖掘，贯穿在民众的整个日常生活之中，不断形成或巩固着大众对现有国家、民族、家园及其合法性的认同和对国家主流意识形态的遵循与贯彻，起到唤醒集体记忆和整合社会的巨大作用。

传媒泛娱乐化通过故事构思、偶像塑造、绯闻制造甚至图片 PS、色情细描等手段，程式化地展示出一幅幅碎片化的社会图景，挤占着"主流意识形态"观念传播的时间和空间，遮蔽着社会大众对社会重大公共事件的关注，稀释着"主流意识形态"供给的浓度。社会公众在对这幅图景的观赏和阅读的过程中，对内容的审美异化为对内容的消费，对内容的关注异化为对自身的关注。因为泛娱乐化的内容并不能给公众带来什么娱乐，因

此，什么样的内容也就无关紧要，反而荧屏中的话题、热点和偶像是什么变得至关重要，因为周边的人们所谈论的、所争议的、所关注的都来自荧屏的引导，否则，就过时了、落伍了。一种怕被社会和时代抛弃的紧迫感催促着大众，在沉默的螺旋中，跟在所谓"流行"的后面，与芸芸众生亦步亦趋，与大小荧屏紧密相连。

传媒泛娱乐化对符号"象征性"意义的抽空和颠覆，对"公共领域"的转换和泯灭，对"主流意识形态"观念的稀释和遮蔽，以流行为取向，以噱头为内容，以搞笑为快感，以广告为追求，旋风式地制造一个又一个的媒介景观，使金钱万能、不劳而获、一夜成名、投机钻营、铤而走险等腐朽的思想大行其道，破坏了媒体的教育功能，腐蚀了人们的价值观念，粉碎着人们原有的信仰，乃至离散整个社会的注意力，同时也使得媒体的多功能扁平化为单一的功能——娱乐功能。

传媒泛娱乐化的仪式化偏失及其向其他领域的蔓延，无疑建构了一个全面娱乐化的场域。西方电视运作的经验宣告：现在已然进入了一个信息娱乐化和教育娱乐化的年代，传媒和娱乐产业以其无所不在的影响正逐渐渗透到经济增长、文化演进以及人们日常生活之中。尼尔·波兹曼指出："娱乐"已经成为我们这个时代的"元媒介"，由印刷机开创的"阐释时代"已让位给由电视机开创的"娱乐业时代"，[1]"问题不在于电视为我们展示具有娱乐性的内容，而在于所有的内容都以娱乐的方式表现出来……娱乐是电视上所有活动的超意识形态。"[2]

中国传媒业的竞争，也同样培育了泛娱乐化的土壤，甚至可以毫不夸张地说，进入了一个被娱乐主宰的全民狂欢时代。一个媒体所制造的娱乐化媒介事件，往往在媒体"联动"的名义下，扩散再扩散，在媒体融合的新时代背景下，就演绎成多媒体共同参与的媒介事件，"影响"的范围和深度不断放大，其破坏性难以预料。因此，如何对传媒泛娱乐化这种伪仪式进行拯救，从而来实现传媒功能的再造？本书通过对传媒泛娱乐化近30年来典型案例的梳理和成因与危害的具体分析，借鉴媒介批评的研究路径，

①胡正荣、唐晓芬：《娱乐创新，激流勇上——上海东方卫视娱乐节目发展之我见》，《中国广播电视学刊》2007年第1期。
②[美]尼尔·波兹曼：《娱乐至死》，章艳译，广西师范大学出版社2008年版，第114页。

以西方传媒批判理论为指向，并结合马克思主义新闻观中国化视域，融合新闻学、传播学、政治学、政治经济学、社会学、伦理学、文化学、性别主义、后现代主义、现代文明等理论和知识对传媒泛娱乐化的历史背景、符号结构、传播者、传播内容、传播形式、传播目的、受众心理、社会危害等进行理性诠释和学理批判之后，理论联系实际，在"传媒仪式拯救与功能再造"的责任担当中，寻求具体的纠偏范式和可行性的拯救措施。

第四节　　文献综述

本论著以"传媒泛娱乐化"即传媒娱乐性质和娱乐化形态的改变及其在多个方面的具体表现为研究对象，既吸取了国内外研究的成果又指明泛娱乐化的发展趋势，使概念的内涵与外延比较明确，以此展开批评研究，才能做到有的放矢。

在厘清传媒泛娱乐化概念的前提下，看国内外的研究现状及其取得的研究成果，使本论著的写作有了理论基础，可以避免重复研究并进行开拓创新。

一、国内研究现状

传媒泛娱乐化发展到今天，出现了从原有的"新闻娱乐化"到"娱乐新闻化"的转变，而且大有滑向低俗化、庸俗化、媚俗化、恶俗化的趋势，"娱乐至死"演绎成"娱乐至贱"。学界和业界对媒体这一现象已有不同程度的关注。有趣的是传媒业界对泛娱乐化钟情者较多，各种媒介埋头搞娱乐化此起彼伏，不亦乐乎；而理论界的学者们对此痛心疾首，大声呼停，有的还进行了理性思辨和学理批判；持赞成或宽容态度的只是少数中的少数。

以"娱乐化"为关键词在中国知网上搜索，有2530条记录，涉及文学、新闻、广告、营销、教育、文化等多个领域，其中硕士论文超百篇，博士论文三篇（罗亚：复旦大学《制造快乐：走向娱乐的新闻技巧》；臧娜：辽宁大学《当代文艺娱乐化问题研究》；赵瑞华：暨南大学《媒介文化与休闲异化——媒介文化对现代休闲方式负面影响研究》）；同时搜索"泛娱乐化"有767条记录，其中硕士论文超50篇，博士论文零篇。这些记录主要刊登在28种新闻传播类期刊上，例如：《中国广播电视学刊》《中国记者》《电视研究》《新闻战线》《新闻实践》《声屏世界》《传播力研究》《青年记者》《新闻界》《新闻记者》《当代传播》《国际新闻界》《新闻大学》乃至《新闻与传播研究》等，在传媒学术网和一些大学的学报上（如《浙江大学学报》（社科版）、《东南大学学报》（哲学社会科学版）、《现代传播——中国传媒大学学报》《西南民族大学学报》（人文社会科学版）、《未来传播——浙江传媒学院学报》《江苏广播电视大学学报》）与其他一些学术期刊上如《探索与争鸣》《新视野》《新东方》《天府新论》等也刊登了类似的文章；在百度中搜索"媒体（新闻）娱乐化"有71.1万条相关记录；学校周边图书零售店，60多种杂志中有50多种是娱乐性的杂志，比例超80%，可见娱乐化已渗透的深度与广度。

国内的研究重点主要体现在以下四个方面：

（1）分析了"传媒（新闻）娱乐化"及"泛娱乐化"产生的原因：林晖《市场经济与新闻娱乐化》（《新闻与传播研究》2001年第2期），张星《传媒媚俗化原因解析》（《现代传播》2002年第4期），马锋、路宪民《西方新闻娱乐化现象成因浅论》（《新闻大学》2003年夏），李玫《浅析我国新闻娱乐化》（《新视野》2005年第2期），黄良奇《新闻娱乐化成因解析》（《新闻界》2007年第2期），金璐《大众传媒泛娱乐化倾向批判》（《新闻爱好者》2011年第1期），胡智锋、潘祥辉《泛娱乐化时代的电视传播与公共坚守——访教育部"长江学者"、中国传媒大学胡智锋教授》（《浙江传媒学院》2012年第6期），王雯《对大众传媒泛娱乐化的思考》（《青年记者》2013年第17期），马正华《传媒"泛娱乐化"及其伦理困境》（《东南大学学报·哲学社会科学版》2015年第6期），武香利《大众传媒泛娱乐化的消极影响》（《新闻战线》2016年第12期），王一淳《中国电视传媒的"泛娱乐化"现象初探》（《传播与版权》2018年第3期），以及陈慕瑜《新闻娱乐化现象探讨》（暨南大学硕士学位论文）等认为"媒体（新闻）娱乐化"（泛娱乐化）产生的原因是多方面的：①社会转型期的躁动，需要传媒娱乐化来进行心绪转换；②激烈的市场竞争，传播者对市场利益的追求；③受众休闲快感的心理需求给了它生存的空间；④媒体职业道德的缺失；⑤整个世界文化交流导致社会的认同，西方新闻往往在报道时将耸人听闻的事件作为报道重点，以此来刺激受众的感官神经和我国受众注重个性发展、张扬个性相契合；⑥媒介身份的焦虑、定位的模糊性、风格的不清晰，导致专业频道不专业，跟风传播；⑦三人效应的潜在作用，人们都错误地认为传媒娱乐化（泛娱乐化）弊端不会对自己产生影响导致对传媒的宽容等。但根本原因是市场利益的驱动，传媒娱乐化（泛娱乐化）是传媒、资本、大众的合谋，目的是为了收视率、发行量、点击率的提高和经济利益的获取。

（2）对传媒（新闻）娱乐化（泛娱乐化）持不同程度的批判和拒绝态度，认为传媒忽视了社会责任：如乐晓磊在《媒体狂欢的多视角观察——中国媒体娱乐化趋势冷观热议》（《新闻记者》2007年第4期）一文中综述了复旦大学信息与传播研究中心、新闻系、广播电视系举办的"中国媒体的娱乐化趋势"学术沙龙的各方观点，李良荣认为：泼出去的是污水，收获的却是真金白银；陆晔认为："泛娱乐化"使新闻与娱乐的边界变得越来越模糊，专业威信难以树立；戴元光认为：媒体娱乐化是一种新的剥削和控制形式；曹晋认为：娱乐化并没有让受众得到更多解放和审美；孙玮认为：媒体必须承担民主启蒙的责任，娱乐化节目也不例外。黄良奇在《媒介在娱乐化场域中对女性形象的建构》（《中国广播电视学刊》2009年第5期）一文认为：媒体娱乐化物化了女性，对女性形象进行边缘化处理，用文化陈规钝化了女性对生命的感受，形成了一种对女性的"积极的歧视"。高雪、新李东《大众媒体泛娱乐化及其影响》（《新闻世界》2013年第5期），赵婀娜、黄千、张文潇《E时代，别让泛娱乐化消解媒体担当》（《人民日报》2014年11月20日第17版），尤成、贾广惠《浅析微博热搜榜泛娱乐化偏失问题》（《东南传播》2018年第10期）等，对不同传媒泛娱乐化线下进行了不同角度的尖锐批判。刘阳《娱乐狂欢的理性思考——电视娱乐节目媚俗化之批判》（《中国电视》2005年第9期），黄良奇《论传媒娱乐化潮流中的低俗风延伸》（《中国广播电视学刊》2011年第9期）对娱乐化狂欢滑向媚俗化、低俗化给予了尖锐的指责和彻底的批判。

（3）少数学者对传媒（新闻）娱乐化（泛娱乐化）持不同程度的赞成或宽容态度：如吴飞、沈荟在《现代传媒、后现代生活与新闻娱乐化》[《浙江大学学报》（人文社会科学版）2002年第5期]一文中从心理、市场与意识形态三个不同的层面认为新闻娱乐化的出现自然有其合理之处；侯利强在《媒体娱乐化批判中的前提误设》[《中国矿业大学学报》（社会科学版）

2006 年第 3 期] 一文中提出：反对者对媒体娱乐化的批判存在四大前提误设，即对受众、传播者、媒介自身和传播效果的误设，并认为娱乐属性是新闻媒介的内在追求，娱乐化的倾向是具有合理性的；李永健、张媛在《"传媒娱乐化"背后的"娱乐"》（《新闻记者》2008 年第 3 期）一文中也认为真正的娱乐不会像很多人担心的那样必然导致低俗化、同质化，真正值得我们恐慌的不是娱乐或者娱乐化，可怕的是传媒为我们的娱乐制定框架，错误地引导娱乐，违背公众和社会利益。

（4）国内一些从事大众文化和媒介素养研究的专家在一些专著中对传媒娱乐化（泛娱乐化）所产生的危害也有不同程度的忧虑，部分专家还提出了一些建设性的对策：周宪在《文化表征与文化研究》一书中认为：风起云涌的娱乐和娱乐化推动大众文化占据主流文化的地位，使精英文化处于令人不安之中，文化精英被挤压到边缘地位，感受到一种被冷落、被剥夺、被疏离的角色认同危机；以王一川、陈晓明、张颐武等人为代表的后现代主义批评专家以激进的姿态用一种"形式——文化"双重聚焦的批评方式，对"解魅"怀有浓厚的兴趣，表现出欲望化写作的态势，为一种宽容、对话气氛的形成提供了契机，也为批评提供了更为广阔的言说空间；刘燕在《媒介认同论》中提出：媒体娱乐化的仪式化偏失破坏了媒介整合认同的功能；徐瑞青在《电视文化形态论》中也清醒地意识到：消费社会的到来，泛娱乐化成为电视文化的新趋势，因此电视文化应该在批判中建构，担当起主流媒体传承文明服务社会的文化责任。郑保卫、陆晔、蔡帼芬、刘笑盈、陈先元、张开、单晓红、王国珍等针对传媒娱乐化、低俗化、色情、暴力等泛滥，提出媒介素养教育势在必行，迫在眉睫。

上述观点，主要表现为对传媒泛娱乐化成因的分析，对传播内容和传播方式的描述，以及对传播后果的忧虑，是在传统的媒介社会学范畴中去解读传媒泛娱乐化的内容、形式和后果。在"百花齐放，百家争鸣"的学术氛围下，由于各专家学者切入角度的不同，对传媒泛娱乐化的理解不一致，也就导致了研究结果的各不相同，见仁见智。不过，这种在传统的媒介社会学范畴中去解读传媒泛娱乐化的内容、形式和后果，对于笔者借鉴相关媒介批评理论进一步系统研究传媒泛娱乐化，从现象深入本质，从实践上升到理论都有一定的帮助。

二、国外研究现状

第一个从传播学的角度研究娱乐化的学者是施拉姆，他说："几乎全部美国商业电视，除了新闻和广告（其中很大一部分也是让人消遣）；大部分畅销杂志，除了登广告的那几页；大部分广播，除了新闻、谈话节目和广告；大部分商业电影；还有报纸内容中越来越大的部分——都是以让人娱乐而不是以开导为目的的……几乎全部内容都有一种普遍化的游戏或愉快的功能。"①

娱乐功能是 1959 年美国学者查尔斯·赖特在《大众传播：功能的探讨》中作为电视的第四大功能首次提出的。②其后，心理学家威廉·斯蒂芬森在《传播的游戏理论》中将媒介的娱乐功能推到了前所未有的高度：大众传播的功能就是为了获得一种满足感和快乐感。他认为即使是阅读和通过其他方式获得新闻信息，也只是完全出于愉快的目的，更不用说是文艺、体育和纯娱乐性的信息了。③

英国哲学家赫伯特·斯宾说，人类在完成了维持和延续生命的主要使命之后，尚有剩余的精力存在，这种剩余精力的释放，主要是娱乐。④沃尔夫在《娱乐经济》中提出，消费者不管买什么，都在其中寻求娱乐的成分，未来多数产业成功的关键，在于能否成功结合娱乐。管理大师汤姆·彼得斯也曾说："每个人都活在娱乐事业中的说法，一点也不夸张。"在这种"乐趣导向消费"的趋势下，市场上的产品和服务也会相应地提供娱乐功能或与娱乐活动相结合，形成娱乐经济。彼得·凯恩在《美国新闻界 10 个令人不安的倾向》（《国际新闻界》1996 年第 3 期）一文中也正面指出了传媒泛娱乐化的原因及其危害。

以"Media pan-entertainment"为关键词在 lexisnexis 上搜索有 88 条记录，但多为媒体的报道；在 CADAL 大学数字图书馆上搜索，有 690 个结果，主要为专著和学位论文；在百度中输入"Media pan-entertainment"，检索出 32.4 万条记录；而 google 无法搜索相关内容。笔者发现国外对媒体（新闻）

---

① [美]威尔伯·施拉姆、威廉·波特：《传播学概论》，陈亮等译，新华出版社 1984 年版，第 37 页。
② 郭庆光：《传播学教程》（第二版），中国人民大学出版社 2011 年版，第 101 页。
③ 陈力丹、闫伊默：《传播学纲要》，中国人民大学出版社 2011 年版，第 115 页。
④ 童宁、董岩：《电视法制节目娱乐化的"度"》，《新闻与写作》2005 年第 12 期。

娱乐化（泛娱乐化）的研究主要以"体育、健康、性、色情、暴力"等内容或某种具体的节目为对象：一是在传统媒介社会学框架内，认为流行文化进入政治领域，日常生活变得越来越政治化，娱乐与政治的二元对立是不是在终结、该不该终结？二是在人类学的范畴内，强调娱乐是一种具有长久历史的人类社交活动，娱乐使人保持注意力，其产品和消费给人类带来文化享受、文化经验和视觉享受；三是在产业经济学的范畴内，从商品而不是从传播出发来研究娱乐，即如何从不同的社会活动和家庭愉悦中赚钱。而且提出分级制度、开发分级软件、推广媒介素养教育等措施来加以应对。

国外对传媒（新闻）娱乐化（泛娱乐化）的研究路径多样，是市场经济环境下西方新闻专业主义媒体诉诸政治报道之外的传统和精神使然。对于笔者借鉴相关传媒批判理论进一步系统完整研究传媒（新闻）娱乐化（泛娱乐化），打开了理论思路，提供了更多的学理性支持。

第五节　基本框架、研究方法与创新之处

一、基本框架

本论著分绪论、现象分析、理论批评、纠偏范式和结语五大部分七个章节。

绪论：首先阐述选题的依据及现实意义，然后分别从娱乐、娱乐化、泛娱乐化和仪式的概念入手，列举有关的种种解释，并提出笔者对泛娱乐化和仪式概念的分析与说明，以传播的仪式观为基础，从泛娱乐化传播行为、传播内容、受众收视行为三个方面的仪式化来论证传媒泛娱乐化与仪式之间的假勾连关系。

接着从泛娱乐化和仪式各自的种种特征的角度，看泛娱乐化对仪式的"象征性"、公共领域、主流意识形态观念等的颠覆、转换和遮蔽，论证传媒泛娱乐化的仪式化偏失，提出对传媒泛娱乐化进行仪式拯救，在媒体融合背景下，实现传媒在泛娱乐化场域中的功能再造。最后说明具体的研究方法与创新之处。

第一章：传媒泛娱乐化现象及分析。深度挖掘报刊、广电、网络新媒体等各类千奇百怪的泛娱乐化现象，树立起论题的靶子与对象，然后就传播主体、传媒受众、传播功能、传播载体和社会危害等方面对传媒泛娱乐

化进行成因解剖，分析其对社会、受众和传媒自身所造成的现实影响，为纠偏范式研究打下基础。

第二章：法兰克福学派理论视域下的传媒泛娱乐化审视。主要选取法兰克福学派有代表性人物的理论观点来对泛娱乐化在当下传媒中的横行进行审视。阿多诺认为大众传播媒介具有霸权性质，大众在媒介的控制下失去了自由思想的能力，消解了思想的丰富性和人的多样化，沦落为马尔库塞所言的"单向度"的人。泛娱乐化对传播时间和空间的挤占同样具有霸权的性质，拟态的娱乐环境使人们（尤其青少年）身陷其中无法自拔，失去了分辨真实和思考的能力；本雅明认为传播媒介改变了人类的传播方式，复制技术的运用，消解了传统艺术的韵味，紧随而至的是震惊，在外界刺激的包围中，人们不能按传统方式保护自己。娱乐形式的克隆复制导致娱乐节目的暴涨，同样消解了传媒文化的高雅韵味，同理，星迷、追星、粉丝等不能保护自己的现象也正中本雅明的枪口；哈贝马斯认为大众文化对公共领域进行了侵害，受众丧失了批判的能力，个体隐私的公开化同样侵害了公共领域，异化了人的个性，破坏了传媒生态环境的健康发展。

第三章：传媒泛娱乐化之政治经济学派理论剖析。传播政治经济学派的商品化、空间化、结构化的理论建构，揭示了阶级权力的意义。斯密塞、莫斯可、席勒等人的文化商品论认为：大众传媒生产的消息、思想、形象、言论、信息并不是最重要的产品，真正的商品是受众，娱乐和娱乐化的目的就是为了收视率，把受众当作商品；默多克、戈尔丁等人的大众文化操纵论认为：各类信息、文化娱乐和意识形态对消费者及受众的思想和精神文化生活产生了深刻和广泛的影响，屏蔽或淡化许多重大严肃的现实问题，导致劣币驱逐良币，遮蔽了社会公众对现实主要问题的关注，形成了对受众新的文化操纵；加汉姆的文化产业论遵循着马克思对商品的考察思路，认为泛娱乐化制造噱头和新奇怪异，用制造代替创造，用怪异代替创新，用工业化的流水线式的生产来制造明星，获取商业利润；乔姆斯基认为：自由市场经济不可避免导致程式化和狭隘的条框报道，提出媒体的所有权与利益驱动、广告的影响、专家的作用、炮轰作为媒体自律手段、反共的修辞策略和控制机制等作为新闻过滤器，传媒泛娱乐化通过乔姆斯基的过滤器可以得到纯化的启示，使传媒担当起引领导向、成风化人的职责使命。

第四章：传媒泛娱乐化的性别主义反思。主要采用文本分析、精神分析和意识形态分析的方法，反思传媒泛娱乐化对女性、男性、中性和子虚乌有的"第三性"(女博士)形象的建构与消费。在主体——位置理论思潮中，传媒泛娱乐化用性别陈规对女性形象进行象征性地歼灭；穆尔维用视淫快感和认同的心理结构对电影叙事中女性角色进行剖析，认为观众是媒介机器的构造物，媒介的欣赏空间制造了一个类似于"柏拉图洞穴"似的环境；莫德斯基认为泛娱乐化打破了电视欣赏所需要的距离感，在观众与角色之间建立一种"亲密"关系，容纳了女性对传统男女关系进行颠覆的空间。在反思之后，提出建构和谐先进的社会性别文化。

第五章：传媒泛娱乐化之文化研究的解读。文化研究学派没有明确的学科界限与知识领域，是一种充满实践精神的方法论，代表性人物有威廉斯、霍尔、费斯克、莫利、汤姆森等，他们是葛兰西所言的"有机知识分子"。在当下传媒世界里，文化研究学派认为，交往实践主要集中于对权力性资源的占有和利用，而权力性资源主要是指生成支配他人行动的权力所需要的信息、知识、体制、人缘、话语符号、媒介、身份形象等，深刻依存于传播和交往方式，准确地界定了"意识形态"对人的深度控制。

文化研究学派在理解大众传媒与大众、大众文化的关系时，对精英文化的否定、对"共同文化"的诉求、对边缘文化和亚文化的关注、对文化实践性的重视成为独特的景观。肯定受众的能动性，表层喧嚣获得了深刻的审视，流行被塑造成经典，强调平等和开放的姿态，完成了对法兰克福学派"无望救赎"的救赎。

传媒文化很大程度上是一种快餐文化，时尚、流行、快捷、浅薄、碎片化、平面化是其最大的特征。传媒泛娱乐化带来休闲，在放松中获得快感，从而推动其消费的迅速扩大化，也让"传播流"得以持续存在，不断消解着文化的深度和厚度。因此，受众如何选择？如何理解？如何记忆？大众与精英，成年人与青少年，城市与乡村等都有着不同的差异。审美与审丑，认同与反叛，消费与抵抗都有可能发生。对《百家讲坛》与《世纪大讲堂》的文化对比性解读的多样化，就是一个明证。《百家讲坛》是对经典的一种破坏性解读，是知道分子当道而知识分子缺席的表现，需要在通俗性和学理化的结合上给观众传播提高文化素养的"审思之学"，才会有效防止"孔子很生气，庄子很着急"评论①的产生。

---

① 于丹签名售书，国学爱好者打出"孔子很生气，庄子很着急"批语，《北京晨报》2007年3月4日。

第六章：马克思主义新闻观中国化视域下的传媒泛娱乐化诊疗。主要分析在市场经济环境下，利益的驱动，各种传播活动力所能及泛娱乐化，再加上收视率至上和流量变现等的压力，传媒实施泛娱乐化似乎就成了救命稻草。许多专家与学者认为：收视率导向是西方国家的评判标准，不分环境和受众差异，强行引进就成为泛娱乐化抬头的万恶之源，是有科学依据的。所以才有崔永元的愤怒：中国电视如果都是公共电视台的话，那就是全世界最脏的公共电视台；如果都是商业电视台的话，那也是全世界最差的商业电视台，节目既不好看又不赚钱。

娱乐越界，过分追求形式和短暂的形象刺激，必然突破道德、文化和审美的度。审丑、恶搞、拼贴、猎奇、猎艳、空洞、无聊等使反审美彰显殆尽。

我国新闻传播事业实行社会主义公有制，新闻舆论工作在马克思主义新闻观中国化理论成果的指导下，坚持党性和人民性高度一致的原则，坚持以人民为中心的根本取向，遵循新闻传播规律和新兴媒体发展规律，不断加强国际传播能力与实力建设，讲好中国故事，自觉承担起"高举旗帜、引领导向，围绕中心、服务大局，团结人民、鼓舞士气，成风化人、凝心聚力，澄清谬误、明辨是非，联接中外、沟通世界"的职责使命，不是传媒自身牟利的工具。

中央广播电视总台的新一轮改革，统领"讲好中国故事"的使命任务，让全社会大众看到了希望：新闻立台既带动了全国范围内的媒体新闻立台（报、网），也给媒体带来了巨大的经济效益和社会效益。媒体回归新闻传播本位意识的加强，既释放了信息传递、舆论引导、社会教育、文化建构、健康娱乐的职能，重塑传媒传播力、引导力、影响力、公信力，必然对泛娱乐化尤其是低俗化产生巨大的冲击效应和强大的威慑力量，这种发展趋势有利于传媒功能形塑和再造。

第七章：传媒仪式拯救与功能再造的责任担当。设计在传媒供给侧结构性改革指导思路的启示下，就如何有效实施传媒仪式拯救和功能再造，建构相关切实可行的纠偏范式：深化传媒泛娱乐化批评理论研究；政府主管部门强化对传媒泛娱乐化监管的常态化；加强媒体非政府组织建设，制定媒体自律公约、内容审议规则和绩效评估体系；全面提升传媒从业人员的新闻专业素质；提高社会公众的媒介素养，培养批评型受众。社会、政府、传媒非政府组织、媒体自身、受众、学校、专家、家长的共同努力，形成一股合力,在全媒体融合的现实环境下,净化传媒公共空间,还传媒一片清朗的天空,为新时代中国特色社会主义建设提供精神动力和智力支持。

结语:通过梳理"概念区分——现象举证——理论批评——范式纠偏"的行文思路,总结全文,呼应首尾,指出不足和需要进一步研究的地方。

二、具体的研究方法

批评(批判①)在传媒研究中有着悠久的历史。刘建明认为:"媒介批评并非起源于西方,更不是西方当代传媒发展的产物。新闻批评和新闻起源一起出现,媒介批评和媒介诞生同时面世,都根植于意识同源的互动性。"②

我国对媒介批评的研究,主要起源于20世纪90年代。有关"媒介批评"的解释,呈现出从字面理解到学理阐释的提升过程:

(1)媒介批评应是以媒介为研究对象的批评。③

(2)媒介批评是对大众传播媒介及其产品以及媒介自身作用的理性思考。④

(3)媒介批评是指在哲学和文化学层面上对传播现象(包括作品、人物和其他传播现象)进行分析研究。它不同于一般的评论,它关注的主要是文化思潮和社会走向。⑤

---

① 汉典对"批判"的解释:(1) [make comments and judge] 批示判断;(2) [comment on; judge] 评论;对于是非的判断;(3) [criticize] 对被认为是错误的思想或言行批驳否定。具体为:①批示判断。司马光《进呈上官均奏乞尚书省札子》:"所有都省常程文字,并只委左右丞一面批判,指挥施行。"《三国演义》第五十七回:"统手中批判,口中发落,耳内听词,曲直分明,并无分毫差错。"《孽海花》第三十五回:"读过你范水判牍的,遇到关着奸情案件的批判,你格外来得风趣横生,这是为着什么来?"②评论,评断。《朱子语类》卷一:"而今说天有个人在那里批判罪恶,固不可;说道全无主之者,又不可。"金牛本寂《少林寺西堂法和塔铭》:"评论先代是非,批判未了公案。"《清史稿·选举志一》:"令诸生有心得或疑义,逐条札记,呈助教批判,按期呈堂。"③对所认为错误的思想、言行进行批驳否定。郁达夫《迟桂花》:"我对于我刚才所触动的那一种自己的心情,更下了一个严正的批判。"

② 刘建明:《媒介批评通论》,中国人民大学出版社2001年版,第25页。

③ 朱光烈:《批评,从我开始》,《现代传播——北京广播学院学报》1995年第4期。

④ 吴迪:《媒介批评:特性与职责》,《现代传播——北京广播学院学报》1995年第5期。

⑤ 北京广播学院学报编辑部:《'96想法》,《现代传播——北京广播学院学报》1996年第1期。

（4）媒介批评是对大众传播媒介及其所有相关要素的批评。它包括了分析、判断、思考、反思等主体性活动，它通常是基于个人的社会体验和价值理想，所以强烈地显示出主观评判色彩。①

（5）媒介批评是在解读新闻及媒体的过程中评价其内在意义及对社会影响。②

（6）媒介批评是对大众传媒得失利弊的分析和指陈。③

（7）媒介批评在本质上是一种价值的判断，它是对新闻传播媒介系统及其各要素进行批评的过程。④

（8）媒介批评是指根据一定社会和阶级的利益与理想，并按照一定的标准，对大众传播活动所作的价值判断和理论鉴别。⑤

传媒泛娱乐化批评（批判）和媒介批评是一种种属关系，因为传媒泛娱乐化是媒体传播的一种现象或者称媒体产品（作品），其批判的理论和方法来源于媒介批评。传媒泛娱乐化批评是指根据一定社会和阶级的利益与理想，运用相关的理论，对大众传媒泛娱乐化现象所作的理性诠释和学理批判。其意义在于反思传媒泛娱乐化的弊端，揭示传媒从事泛娱乐化传播的内在实质。这是一种关注、一种促进、一种责任、一种希望的具体体现，能使每一个生活在传媒泛娱乐化场域中的人都正视传媒泛娱乐化，反思传媒泛娱乐化，并共同为寻求治理传媒泛娱乐化的路径和措施付出努力，正是本文的全部追求，其价值也就在于此。

运用西方传媒批评理论并结合马克思主义新闻观中国化视域批评传媒泛娱乐化现象，首先，因为西方媒体泛娱乐化不仅在先，而且相关批评理论也比较"早熟"，尽管彼此的社会背景和历史环境不同，但其思想、智慧和知识理应为全人类共同享用。当然，主义可拿来，但问题须土产，需要结合马克思主义新闻观中国化视域和我国传媒的具体实际，采取科学审慎的态度。

---

① 李岩：《媒介批评——立场·范畴·命题·方式》，浙江大学出版社 2005 年版，第 210 页。
② 刘建明：《媒介批评通论》，中国人民大学出版社 2001 年版，第 1 页。
③ 刘建明等：《西方媒介批评史》，福建人民出版社 2007 年版，第 2 页。
④ 王君超：《媒介批评——起源·标准·方法》，北京广播学院出版社 2001 年版，第 15 页。
⑤ 雷跃捷：《媒介批评》，北京大学出版社 2007 年版，第 10 页。

本文围绕着"批评"的特殊含义，采取如下的具体方法展开研究：

（1）内容（文本案例）分析法：挖掘并整理传媒泛娱乐化的典型案例（含融媒环境下泛娱乐化变相出场的具体案例），分析其根本目的、本质用意和风险危害；

（2）定性研究法：从意识形态层面结合西方传媒批评理论和马克思主义新闻观中国化视域对传媒泛娱乐化展开全方位的批判研究；

（3）定量研究法：对现有资料进行统计和分类，在对比分析中进行逻辑论证；

（4）比较研究法：就典型的文本案例进行纵横比较，从社会、受众、媒体自身等多个方面挖掘传媒泛娱乐化的成因、风险及危害，提出构建相应的纠偏范式。

三、创新之处

（1）研究视角的创新。"传媒泛娱乐化批评研究"，从传媒泛娱乐化与仪式的关系出发，通过对娱乐、娱乐化、泛娱乐化、仪式等概念仔细甄别，指出泛娱乐化是一种伪仪式。以对伪仪式进行拯救为经，以泛娱乐化现象的学理批评为纬，提出对传媒功能进行再造，为新时代传媒文化建设提供精神动力和智力支持。

（2）研究路径的创新。以相关传媒批判理论为指向，并结合马克思主义新闻观中国化视域，融合新闻学、传播学、政治学、政治经济学、社会学、伦理学、文化学、性别主义、后现代主义、现代文明等理论和知识对泛娱乐化的历史背景、符号结构、传播者、传播内容、传播渠道、传播形式、传播目的、受众心理、社会危害等进行理性阐释和学理批判，来证明简单地反对或默认或赞成，都是不科学审慎的态度。传媒泛娱乐化批评研究作为一种学术立场和社会责任的体现，通过仪式拯救，防止传媒泛娱乐化的仪式化偏失，为国内理论界进一步诊疗传媒泛娱乐化找寻新的研究视角，为国内新闻业界实践传媒娱乐功能提供多方位的思考，使传媒不可或缺的娱乐功能得到正确体现。

（3）纠偏范式研究的创新。在传媒供给侧结构性改革指导思路的启示下，社会建构主义范式和技术主义范式相结合，提出深化传媒泛娱乐化批评的理论研究，政府主管部门以传媒法律法规约束传媒道德底线和技术上开发各种类型的信息过滤装置，传媒非政府组织制订媒体自律公约、审议规则和科学合理的传媒绩效评估制度，全面提升传媒从业人员的专业主义素质，提高全民媒介素养，培养批评型受众。针对娱乐内容性质的改变，提出用健康娱乐来规避带菌带毒内容的出现；针对娱乐形态的改变，提出良性娱乐来保持健康娱乐的可持续发展；针对当下媒体竞争，提出坚持新闻立台（报、网）、追求思想强台（报、网），使传媒真正回归"新闻媒体"的本义，讲好中国故事，从而有效对传媒泛娱乐化的仪式化偏失进行纠偏拯救，在媒体融合环境下实现传媒功能再造，自觉担当起引领导向、成风化人的职责使命，使传媒多功能的作用得到全面有序健康发展。

第一章　　传媒泛娱乐化现象及分析

　　进入 20 世纪 90 年代以来，娱乐和娱乐新闻成为我国媒体最为热传和受众最为热捧的内容之一，从纸质媒体到电子媒体，娱乐的痕迹无处不在。对传媒来说，娱乐制作快捷、成本低廉、吸引眼球，能成就媒体低投入高产出的追求；对受众来说，消遣健康的娱乐能轻松打发无聊、摆脱心中烦恼、远离世俗喧嚣，甚至完成教化，成就自身享受，丰富日常生活，提高生活质量。

　　传媒泛娱乐化主要体现在主流、严肃新闻的娱乐化倾向和娱乐新闻与节目、栏目、频道的过度泛滥和低俗化等方面。各类报纸的娱乐版面、各家广播电视的娱乐栏目、各种网站的娱乐频道花样翻新，此起彼伏，风风火火，沸沸扬扬。

　　首先是传播内容的泛娱乐化：关系到国际民生的硬新闻比例大大减少，与人们切身利益无直接关联的软新闻比重却不断增加。名人趣事、日常事件、犯罪新闻、暴力事件、灾害事件、体育新闻、花边新闻等成为主打内容，特别是有关体育、演艺等明星、名人的娱乐新闻占有相当大的比重。

　　其次是传播形式的泛娱乐化：硬新闻用娱乐的手法加以软化包装，强调故事性、煽情性和刺激性，强化事件的戏剧悬念，走新闻故事化、新闻文学化道路，以追求感官刺激为终极目的。不但影视新闻、体育新闻、民生新闻，就连时政新闻、法制新闻、经济新闻、教育新闻等也表现出泛娱乐化的倾向。

而且，与之相伴而生的则是媒体低俗化、庸俗化、媚俗化和恶俗化的愈演愈烈，就像是潜藏在传媒肌体中的毒瘤，正在不断地扩散，已经影响到政治、经济、法制等严肃主题，严重损害着大众媒体的健康发展。娱乐本是人们精神生活的正常需要，但是，当这种需要被媒体出于对自身利益最大化的追逐而泛化、异化时，泛娱乐化就成为把媒体推向低俗化深渊的罪魁祸首。①

记者成为狗仔队，主持成为娱乐明星。传媒远离对新闻事件、历史人物和社会真相的深刻思考和本质逼近，满足于记录的轻松与浪漫，乐道于感官刺激的离奇与怪诞，陶醉于表面假象的迷离与臆断。媒体挖空心思夸大信息本身所含有的娱乐元素，成了"快乐大本营"，无休止地进行着全社会的"欢乐总动员"。②传统文化的教育功能被现实远远地抛弃，传媒沦为煽情宣泄、制造快感的文化机器。

第一节　报刊泛娱乐化现象

我国报刊的起源可以追溯到汉唐，在经历宋元明清和近现代的进化之后，报刊的各种功能发展得非常完备。近代国人办报的两次高潮中，报刊主要以政论为主；到20世纪二三十年代，出现了文人创办的一些小报，娱乐化的内容开始充斥报纸的版面；在革命战争年代和社会主义建设时期，报刊主要为当时的实际服务，的确起到了批评、鼓舞、教育、激励和推动的作用；改革开放之后，传媒被推向市场，实行自主经营、自负盈亏、自我发展、照章纳税的政策，一大批报刊获得了快速发展，建立了报业集团和期刊集团，经济实力和传播影响力得到了大幅度提升，同时也有一些报刊由于体制机制和经营管理的落后，再加上新媒体的异军突起而使其摇摇欲坠甚至被市场淘汰出局。

---

① 时统宇：《传媒泛娱乐化现象批评》，《新闻实践》2006年第6期。
② 郑岩：《传媒文化的异化现象批判》，中国广播电视出版社2009年版，第76页。

报刊被推向市场，改变了计划经济时代给多少钱办多少版面做多少事的局面。面对市场激烈的竞争，在传播科学技术的支撑下，尤其是互联网海量信息的帮助之下，无论是主流大报还是各类晚报、都市报、文摘报和各种专业类小报都竞相扩版或推出周末专版与节假日专刊，娱乐和广告无疑占有相当大的比例。

社会经济的发展，人们生活水平的提高，就有了更多娱乐休闲的时间。报刊娱乐内容和娱乐专版的推出，极大地满足了读者的需求。随着竞争的加剧，同样的娱乐内容你有我有大家有，就难以在竞争中胜出。当独家基本不存在时，为了紧密抓住读者的眼球，报刊便在文本制作方面下功夫，对娱乐的形态和性质进行彻头彻尾地改变，于是娱乐化便大行其道，快速渗透到新闻写作、舆论监督、版式设计和副刊改革之中，特别是晚报的复兴和都市报的诞生，几乎把报刊娱乐化推到泛化极致，超越了报刊的审美、认知、教育的底线，使印刷媒体文本的神韵几乎消失殆尽，极大地刺激着读者对"娱乐"的无尽欲望。

一、新闻内容写作泛娱乐化

自 2003 年 7 月《中华新闻报》刊载"故事化——新闻写作的一种思路"，到同年 9 月李希光教授在《畸变的媒体》中提出"讲故事的新闻写作"，引发了新闻界关于"故事化"写作取向的新思考。在此之前，偏重于软性新闻的"娱乐化"写作风格曾风靡业界，甚至连重大时政新闻也走了泛娱乐化的道路。娱乐化和故事化，在表现形式上都强调人物和事件的细节化、情节性，在价值取向上纯粹追求感官刺激的含量多，[①]挖掘社会价值的努力少。在建构娱乐性新闻文本过程中，新闻要素发生了转变：何事（What）向情节转变，何人（Who）向人物形象转变，何时（When）向过程转变，何地（Where）向现场转变，何因（Why）向内因转变，何果（How）向语境设置转变。[②]

在泛娱乐化风潮的推动下，记者在"采访"上几乎不下功夫，靠"合

---

① 杨华娟：《走出"娱乐化" 重提"故事化"》，《中华新闻报》，2004 年 10 月 13 日。
② 屈济荣：《新闻要素在故事化过程中的变形》，《新闻界》2008 年第 2 期。

理想象"进行编造，新闻事实已经不是报道的主角，新闻的内核和精髓几乎被掏空，于是报刊中经常出现这样一些报道：李雪健明明健在，却说人家患癌症去世了；刘嘉玲演《影城大亨》不加夜班，却说《刘嘉玲不陪"大亨"过夜》；周润发对记者开一句玩笑，却大字标题说《周润发"调戏"女记者》。难怪冯小刚曾被明显侵权时却不诉诸法律，一句"我不想让媒体借我出名"道出了其中的真谛。

报刊新闻内容写作泛娱乐化的表现是彻头彻尾的：极具视觉冲击力的标题绚丽夺目；真实客观严谨的话语被极度歪曲；正面的人物形象被刻意妖魔化；细小的事实被无中生有地任意夸大；本应平铺直叙的朴实语言被文学化；本是单一的事实被深度挖掘，演变成连续报道或系列报道……不一而足。

（一）标题制作泛娱乐化

标题是新闻作品的主题灵魂，是用最为精练的语言概括出来的新闻作品的题目。它具有提示、评价新闻内容，吸引、引导读者阅读新闻作品，增强新闻宣传效果，美化报刊版面等作用。

在一个信息相对过剩的年代里，读者基本养成了读报读题的习惯。报刊为了充分地吸引读者，精心制作标题不但无可厚非，而且也显得十分必要，但走娱乐化的路子就应该小心警惕。报刊内容写作泛娱乐化，首先表现在标题制作泛娱乐化手法上。

先来看《5000万以下不愿被包养》这个标题是如何出炉的：

广州某大学新闻系学生李华，获得广州市第二届歌乐小姐，并于2000年毫不费劲儿地戴上一顶亚姐桂冠。一次有记者问她："如果有人出100万包你，你愿不愿意？"李华答："一定不愿意。""如果1000万呢？""还是不愿意。""如果5000万呢？""都不愿意。"李华自以为无懈可击，可第二天报纸出来，让她一看就傻眼了，标题是：李华说：5000万以下不愿被包养。这岂不就是说，5000万以上她就愿意被包养了？这样一来，不但成了李华愿意被包养，而且还成了狮子大开口！①

---

① 《香车美女：美女李华的两件心事》，http://www.people.com.cn/GB/jinji/222/2174/3101/200 20513/727433.html。

还有广州某年夏天有 30 多人因酷暑死亡，某媒体新闻标题戏称为《广州酷毙 30 余人》；南京一骑车人被汽车撞破了头死于车祸，当地一家媒体的标题竟然是《骑车人"中头彩"惨死》；[①]某年夏天，深圳宣传低碳生活，美女穿短装上地铁发宣传单，某报第二天标题为《深圳美女地铁脱裤倡导低碳——少穿衣服多出汗 少开空调多省电》。

泛娱乐化标题不是对新闻事实的准确提炼，而是以绚丽夺目的字词句对新闻内容进行刻意的渲染，挖掘的不是新闻价值，奉行的是读者眼球至上。这样的例子在报刊中举不胜举：《易建联自嘲长高因基金突变 自荐出演阿凡达续集》《举报情妇自曝婚外情》《残杀少女色魔"叔叔"被判死缓》《妙龄女洗木桶浴划破下身》《"肉蒲团"艳星谈情欲戏》……

（二）正文写作泛娱乐化

新闻作品的主体是新闻标题事实的深化和延展，由消息头、导语、主体和结尾组成，与言论、副刊和广告构成报刊的四大部件。在泛娱乐化的诉求中，真实、客观、严谨的话语被极度歪曲；正面的人物形象被刻意妖魔化；细小的事实被无中生有地任意夸大；本应平铺直叙的朴实语言被文学化……新闻作品像文学文本一样，事实险象环生，人物扑朔迷离，情节悬念跌宕，细节刻意夸张，再加上图片的渲染烘托，是非真假都被演绎成一部声情并茂的剧作脚本。

奇！农妇身上天天"长"字[②]

近日读者报料：榆中县甘草店镇一位农妇的皮肤上竟"长"出"花好月圆""恭喜发财"的祝福语，村民对此十分诧异。

目击：8 月 16 日中午，记者来到榆中县甘草店镇好地岔村……胡玉芳一面伸出胳膊让记者看，一面惋惜地说："昨晚出来的字今早全部消失了。"

讲述：胡玉芳说，8 月 15 日晚上 9 时 10 分，孩子们发现她的身上又开始"长"字了，左胳膊出现"前程似锦"，右胳膊为"万象更新"，肚

---

① 《媒体伦理失范下的"标题党"》，https://it.sohu.com/20090917/n266786762.shtml。
② 鲁进峰、丁凯珊、裴强：《奇！农妇身上天天"长"字》，《兰州晨报》2005 年 8 月 17 日版。

子上还有"＋中华＋"的字样。晚上 10 时许，左腿出现"左龙"，右腿出现"右虎"……丈夫杨宗堂说："平常'长'出的字多为楷体，但 15 日晚上'长'出来的字却为草体。"

记录：据他们讲，7 月 25 日下午 6 时许，一家人正在吃饭，孩子突然发现胡玉芳的胳膊上有一行字，细细一看像几个印在皮肤上的血字。左胳膊为"发财"及"ABCD"英文字母，右胳膊和腹部上是"恭喜""888"的字样……为了记住胡玉芳"长"出的字，孩子们将每天"长"的内容和时间一一记到笔记本上。记者翻开本子看到诸如"福星高照""花好月圆""中国人民银行"等。

检查：仍"长"字的胡玉芳告诉记者，此前，她的身体一直很好，体重在 75 公斤左右……在检查时，胡玉芳的下腹出现"前进"的字样，医生用棉签、指甲在其胳膊等处划擦后，初步检查为"人工性荨麻症"……不料到了 8 月 14 日，胡玉芳的腿部竟然奇迹般地出现"前进、前进、继续前进"的血色字印。

该文本通过"目击、讲述、记录、检查"等叙述，像特写镜头般把"长"字对象进行了淋漓尽致的刻画。时间、地点、人物形象、故事情节、事实验证等像一篇短篇小说一样，非常抓人，事件的趣味性带来读者的视觉快感。殊不知，经有关专家最后鉴定："长"字是人为的刻写，主人翁也没有刻意炒作的悬疑。但记者与传媒呢？娱人娱己的同时，多少反映了记者们的浮躁和别有用心。

（三）单一事件被深度挖掘，演变成连续报道或系列报道

有关杨丽娟追星的单一事件在媒体泛娱乐化的推动之下，是如何演变成媒体连续报道或系列报道的？

1994 年，梦见刘德华，从此命运改变；1995 年，因迷恋刘德华理智尽失……1997 年，首次赴港未见偶像……2003 年，父母卖房圆女儿追星梦……2005 年，再次赴港仍未见偶像……2006 年 4 月，跳楼自杀威胁父母；2007 年 3 月 26 日，老父跳海自杀；2007 年 3 月 28 日，想陪爸爸去死……

2006 年 3 月 22 日，《兰州晨报》以《"不见刘德华今生不嫁人"》为题报道了杨丽娟疯狂爱慕刘德华 12 年的历程，在这 12 年中，她的父母出于对女儿的疼爱倾家荡产支持女儿追星，最后父亲甚至想出卖自己的肾

脏换得女儿赴港与刘德华见面的路费。《兰州晨报》不仅刊登系列追踪报道，还以帮林鹃（杨丽娟的化名）"圆梦"的名义，刊登杨父给刘德华的《请愿书》，呼吁全国传媒关注，推动事实的发展。后来在《兰州晨报》的呼吁下，全国各地的传媒，甚至中央电视台这样的主流传媒也参与其中，派人千里迢迢来到兰州，采访杨丽娟及她的父母，表示愿意为她与刘德华见面牵线搭桥。[①]

个人的追星活动并没有太多的传播价值，而且杨丽娟的追星事实本身就令人难以接受，在全国媒体的推波助澜下，前后时间之长久，报道之密集，传播之广泛，是史无前例的。单个事件被深度挖掘，演变成连续报道或系列报道，成为全国上下共同关注的媒介事件，形成在这一时间段中的"媒体奇观"。

2016年8月14日，发酵于微博的王宝强马蓉事件，从宣布解除婚约开始，财产分割、夺子大战、马蓉出轨经纪人宋喆、婚姻隐私曝光、财产转移、隐私权侵犯、经纪人判刑、公司股东变化、王宝强殴打马蓉、马蓉举家移民澳洲、芙蓉姐姐公开示爱王宝强、王宝强新女友怀孕喜当爹等，《新京报》《马鞍山日报》《江海晚报》《皖江晚报》及其数字版等紧跟网络逐浪的持续关注，线上线下的"无意识"配合，真真假假、虚虚实实，使单一的"王宝强马蓉婚变"事件，演变成众生围观的连续报道和系列报道，在两年多的时间里一直成为人们茶余饭后的谈资，泛娱乐化的报道不断满足着人们的"八卦"趣味，挤占着人们本应该关心的公共空间，遮蔽了受众对重大公共事件的关注视线。

由导演王全安嫖娼所引发的王全安和张雨绮离婚事件，以及张雨绮和袁巴元的结婚、生子、离婚等的恩恩怨怨；国内与国外媒体对刘强东美国性侵门事件真相追踪的反反复复报道，以及其妻章泽天变卖澳洲天价房产与重庆性感女郎蒋娉婷的网红炒作；还有从千亿市值到暂停上市的乐视与贾跃亭回国事件的持续报道，等等不一而足地夺人眼球。这些单一事件在传媒泛娱乐化手法"持之以恒"的专注与追踪之下，以连续报道或系列报

---

① 陈力丹、刘宁洁：《一桩典型的"传媒假事件"——论"杨丽娟追星事件"报道中传媒的道德责任》，《新闻界》2007年第2期。

道的方式在线上线下同步娱乐化着人们的娱乐，消费着人们的无聊消遣，事不关己的过往之后，留下的只能是一场空无，毫无任何营养价值可言。

其实，并不需要仔细甄别就能发现：追星事件和明星绯闻与各种私事的报道的确像举行一场声势浩大的仪式一样，传媒持续联动，参与人数众多，报道者的兢兢业业和阅读者的全神贯注，虔诚中似乎也传播着传播者的执着和接受者的苦苦追随，一场场泛娱乐化之后，留下的只有当事人的悲欢离合和对传媒职业道德的拷问，别无其他价值可言，也没有什么本真的意义，顶多是整个传媒联合制造的媒介事件，是一场"众神狂欢"的伪仪式。

二、舆论监督泛娱乐化

舆论监督是新闻媒介通过揭示现实生活中存在的问题并促使其解决的一种监督方式，是社会各界通过广播、影视、报纸、杂志等大众传播媒介，发表自己的意见和看法，在众议中形成舆论，对国家、政党、社会团体、公职人员的公务行为以及社会上一切有悖于法律和道德的行为实行制约，并促使其沿着法制和社会生活公共准则的方向运行的一种社会行为的权利。

舆论监督被中央上升到制度层面加以规定，已写进《中国共产党党内临时监督条例》，享有与权力监督、司法监督并立的地位。舆论监督是一种严肃的行为，但在泛娱乐化的场域中，严肃的行为也被媒体演绎成一个个"精彩"的小故事：

鞍山市原国税局女局长——50万打造最美丽的屁股[①]

鞍山市国税局原局长刘光明，身高一米七多，五十多岁，从一个小小的副科长，不到两年，突然蹿升为正处级的鞍山国税局长。她利用女色引诱多位官员，先后耗资500多万元把自己全身上下都美容了一遍，到美国、欧洲各地遍寻美容大师，分别将自己的眼睛、鼻子、脸蛋、头发、手臂、胸脯、肚子、大小腿、背部、腰部、脚趾、手指进行整形或美容。光臀部整形费就达50万元，整出了一个"鞍山市最美丽的屁股"——"饱饱的，翘翘的，

---

① 《看原鞍山市国税局女局长50万的屁股究竟有多美？》，http://blog.sina.com.cn/s/blog_4e3c be4b0102y9u1.html。

让男人看上一眼就忘不掉"。

湖北枣阳原女市长疑与数男有染 人称"女张二江"①

尹冬桂"长得一般，蛮黑，个子也不高，按说是没有男人缘的"。可传言中她与多位男性关系暧昧，当中有官员，有商人。"最典型的是，她在任枣阳市委副书记时，竟然在下面单位调了个帅气的小伙子来给她当司机。"两年后，司机想成家了，另谈了个对象。尹冬桂大发其火，令司机与恋人分手。就这样，她"霸占"司机长达 6 年之久。

安徽女厅长以色谋权调查：两任情人升任副省长②

一次县公安局的主要领导李某来派出所检查工作，尚军被安排去陪酒。散场时，李某喝多了，所长安排尚军到宾馆去照顾他。李某一把拉住她的手说："小尚，还是你知道关心我啊……"然后就不老实起来……尚军一边应付着李某，一边说："听说所里还缺一个副所长……"李某马上明白了，说："你放心，副所长就是你的了。"尚军倒在了李某怀中。李某说到做到，很快尚军成了派出所副所长，不久又当上了指导员。

王昭耀高升之后，王怀忠成了新任地委书记。尚军千方百计接触王怀忠，而王怀忠早知道尚军与王昭耀的关系，正愁无法接触上王副省长呢，而尚军是再好不过的一块跳板。一次，王怀忠到市中院视察工作，中午吃饭的时候，尚军主动坐到王怀忠的旁边。两个人当着很多人的面在酒桌上眉来眼去。很快，尚军就成了王怀忠在阜阳国际大酒店总统套房住处的常客。

还有天门市原市委书记张二江、浙江省建设厅原副厅长杨秀珠、三湘女巨贪蒋艳萍、浙江省原纪委书记王华元、广东省政协原主席陈绍基、建行原行长王雪冰、国家开发银行原副行长王益等。纵观这些反腐败报道，一些媒体在披露其犯罪情节和因由时，把大量的篇幅放在一些所谓的"案

---

① 《湖北枣阳原女市长疑与数男有染　人称"女张二江"》，http: //news.sohu.com/18/94/news 210449418.shtml。

② 《安徽女贪官桃色新闻调查：两任情人升任副省长》，http: //www.jjjc.dl.gov.cn/v-1-24632.aspx。

外因素"——经历问题上、桃色新闻上。虽然报道这些案件是传媒在发挥舆论监督的作用，是传媒的权利和职责，但是传媒的渲染和炒作是不是已经超出了正常的舆论监督范畴。像对尹冬桂的生活作风问题的报道：什么"与多名男性有染""人称'女张二江'""善说假话的干部""曾给领导当保姆"等。在王益因涉嫌受贿而被抓捕审判时，不少媒体连篇累牍地报道王益案背后的"星闻"，挖掘王益和两位女星的"恋爱细节"，严肃的案件却因两位女星的"加盟"越来越带有浓厚的娱乐色彩。有的竟然将两位明星的写真及其曾主持的节目和参演的电影等也统统放在了王益案的专题里，以增添王益案的娱乐色彩，赚取点击率，误导整个社会对公共事件的焦点关注与价值判断。

对社会丑恶现象实施舆论监督，是党和人民赋予新闻媒体的基本权利和义务，也是新闻工作者义不容辞的社会责任。舆论监督泛娱乐化则"竭力"从报道对象中挖掘"故事"，开掘"趣味性"，制造"人情味"，或者一味煽情、刺激。如果报道对象本身无"娱乐价值"，则无中生有、节外生枝，或者报道未经证实的"传言""谣言"。在此情况下，舆论监督的真实性原则被破坏，舆论监督的权威性和影响力也自然就受到了冲击，同样也影响了媒体自身的公信力。

三、版式设计泛娱乐化

自从《洛阳日报》1985 年率先实行自办发行尝到甜头之后，我国报刊都纷纷先后尝试自办发行，销量一度就成了大多数报刊的追求。报刊走上报亭或报摊，读者在同类报刊中优先考虑购买哪一种，一般都遵循"三步之遥五秒之内"的规律，否则就有可能放弃。在长期的摸索中，报刊编辑部门对报刊版式设计不断改革，报纸对头版的精心设计，期刊对封面的细心打造，也就成了情理之中的事了。

在报刊对版式设计的改革过程中，一些晚报、都市类报纸、时尚杂志、小资读物、体育报刊、青年读本等版面出现了泛娱乐化的倾向，以形式为第一要务，以强烈的视觉冲击和色彩震撼为诉求，在市场竞争中获得了一定的生存空间，但许多不良影响也在潜在地散发着。

偌大的一个版面充斥着各式各样的大幅图片和照片，入目和不入目的应有尽有。图片位置的中心化、色彩搭配的眼花缭乱、符号组织的琳琅满目，唯独可阅读的文字十分稀少，即使在不多的文字中，也是大量的像"房奴、隐私、性骚扰、酷、写真、新新人类、闪客、足球、美女作家、红酒、咖啡、小资、贺岁片"等凸显社会心理变化的流行词语。能指有限但所指丰富，养眼的版式设计使读者不需要花费太多的精力就能获得"阅读"上的快感，似乎遵循了传播学家施拉姆所言的"选择的或然率"公式，但除了视觉享受恐怕就没有其他任何深刻的意义了。

上述一些版面滥用色彩，标题、栏题、报头、照片、图片等甚至正文都五颜六色，版面上没有重心也没有主色调，形成视觉错乱的"泡沫版面"。"泡沫版面"的特点是版面元素的使用过度夸张，表现形式与所表达的内容的价值不相称，大量使用不含多少新闻价值的巨幅照片，内容并非重要却做出了比报名字号还大的标题，还有一些专版大量使用非新闻照片来装饰，照片的内容与报道内容毫不相关，有时还会引起麻烦……这些做法实际上造成了版面资源的浪费。①

从国外到国内，从报纸到期刊，从头版到专版，从封面到内页，报刊版式设计的泛娱乐化现象时有出现，一些报刊在泛娱乐化大潮中甚至越过职业道德的底线，滑入了低俗化甚至色情化的泥潭，比如曾经的《南方体育》。

作为"意识形态"的一部分，我国体育大众传播成为借"赛事报道"树立民族自信心、弘扬国家实力、推动全民健身、培育竞争精神的平台，其娱乐受众的功能一度是被忽视的。改革开放之后，体育新闻报道逐渐摆脱了单一的"为国争光"的意识形态的束缚，拥有了更充分的报道空间和更丰富的报道方式。《南方体育》一创刊便高举娱乐化大旗，以色彩鲜明的大幅图片、养眼的版式设计、个性十足的文字，引起了广泛关注。甲A"足球宝贝"等一系列"经典"的策划，使其成为国内体育新闻娱乐化的典型代表；对运动员进行娱乐明星式的贴身报道，不厌其烦地挖掘教练和球星的花边轶事；名人绯闻、球场暴力、赛外花絮等带煽情性、刺激性

---

① 《报纸版面设计》，http://blog.sina.com.cn/s/blog_673e662a0100wu6j.html。

的内容等作为报道的重点，倾向于用视觉的盛宴刺激受众的欲望，用暧昧的文字挑逗人的理性，对体育媒体的发展产生了不良影响。①

反观以《足球》《体坛周报》为代表的一批专业体育媒体创办并取得成功，坚持在内容建设上不惜工本，吸纳了一大批出色的体育报道人才，并与国外著名体育媒体合作，形成"小编辑部、大采访网络"的格局，以信息量大、报道专业、分析深入而著称，为大众提供了更丰富、更及时的体育新闻，体育新闻的娱乐功能也得到了很好的体现。这表明：娱乐化可以作为一时吸引受众的有力武器，但难以承载起体育媒体的长远发展，也不是体育传媒在激烈竞争中的救命稻草，扎实的内容建设才是根本。《南方体育》②轰然倒下也就自在情理之中。

报刊版式的设计应该舒展、流畅、整齐、简洁、大方、图文并茂、节奏清晰并富有韵律。美工在对报刊版面进行谋划时，应该采用集合手段，充分调动版式设计的有效方法和手段，结合自身定位的特征，形成报刊版式的固有风格，符合目标读者群的真正需要。《北京青年报》的浓眉大眼、《中国青年报》的落落大方、《新民晚报》的整齐划一、《南方周末》的图文并茂、《读者》的厚实凝重、《新周刊》新锐大气、《瑞丽》的时尚秀气，准确定位加上内容建设的有力支撑，在市场竞争中获得了可持续发展的动力。

从北到南，从东到西，报刊版式没有千篇一律的格式。尽管形式是内容呈现的一个组成部分，但形式的变化应该建立在以内容为王的基础上。《南方体育》因泛娱乐化而退市的深刻教训应为广大报刊所吸取。

四、副刊改革泛娱乐化

从《字林沪报》创办《消闲报》算起，我国报纸副刊③已有一百多年的历史，存世的报纸副刊累计已经超过5000种。《中国日报》的《鼓吹

① 刘必华：《娱乐化：体育新闻的救命稻草？》，《新闻记者》2007年第5期。
② 刘必华：《娱乐化：体育新闻的救命稻草？》，《新闻记者》2007年第5期。
③《辞海》中的解释是："一般报纸上刊登文艺作品或理论文章的固定版面，每天或定期出版，多数有专名。最初称副张或附张、大都刊登'清闲'文字。报纸的副刊一般要求与新闻、评论起配合作用"。

录》、《申报》的《自由谈》、《新闻报》的《快活林》、《晨报》的《晨报副镌》、《时事新报》的《学灯》、《民国日报》的《觉悟》、《京报》的《京报副刊》、《大公报》的《小公园》、《立报》的《小茶馆》《花果山》，以及《解放日报》、《新华日报》的副刊、《人民日报》的《大地》、《中国青年报》的《冰点》、《北京青年报》的《青年周末》、《经济日报》的《今日视点》、《南方日报》的《南方周末》、《天津日报》的《文艺周刊》都是其中的代表。在这些报纸副刊上，传播了进步的革命思潮，弘扬了科学与民主的思想，针砭了时弊，呼唤了救亡，促进了文学改良，繁荣了文学创作，发展了文学流派，培养了青年作家，同时也教育和滋养了整整一个世纪以来的报刊读者。

1992 年，北京青年报的《青年周末》和《南方日报》的《南方周末》迅速崛起，推动各地的晨报、晚报、都市报及有影响的专业类报纸不甘落后，纷纷发挥各自的特长在副刊上大做文章。报纸副刊自从顺应时代发展以来，恢复其原有的消遣性特征之后，另一种"文学作品"异军突起，由所谓"美女作家"写稿——"身体写作""下半身写作"。比如杭州某大报的周末副刊，其"健康"及"饮食"版面中经常用美女画面填充，耸人听闻、煽情的大标题随处可见，其内容与所刊美女毫无关系，却牵强地用美女来吸引眼球，腾出最醒目的版面来刊载美女及"美女作家"的作品，其用意显而易见。随着各国经济文化的渗透，某些女作家基于利益的驱使，歪曲现代文学作品的创作路径，将一夜情、婚外恋、未婚同居等不符合社会道德及社会法规的行为描写得淋漓尽致，甚至将"性"作为文章的主线。报纸副刊的这种矫情的文学作品对社会产生很大的危害，尤其对于成长中的青少年读者有着不良的影响，其中大量的、不健康的性描写只会造成社会审美意识混乱，不利于社会的健康运行。

以"炒明星"为主的周末版的兴起与 20 世纪 90 年代初普通百姓对未来充满希望、一心抓钱不问政事和知识分子颓废的社会心理密切相关。①

副刊，其实是中国特有的一个现象，副刊严格意义上是加在正刊以外，

---

① 丁汉青、王灿发：《社会心理与报纸副刊的特性——90 年代中国报纸副刊变革的动因分析之二》，《青年记者》2002 年第 3 期。

独立成章的一张报纸。著名报人赵超构曾说过："新闻是报纸的灵魂，副刊是报纸的面孔，报纸耐看不耐看主要看副刊"；另一个著名报人金庸也说过："对于报纸而言，新闻为攻，副刊为守"。副刊文化品位的高低决定了这张报纸的品位，在某种意义上也决定了读者的品位，比如《人民日报》的《大地》副刊。

文以载道是中国悠久的文化传统，是一个正直的、有正义感的文化人报效祖国和人民的一个重要的途径和手段。然而，在现代社会，人民的生活节奏逐渐加快，大家在紧张的工作之余追求一些休闲和娱乐，在某种意义上也是社会的进步。休闲和娱乐与文以载道应该是统一的，虽然休闲和娱乐的东西可能没有太多的历史感，没有太多的社会性内容，但是健康的休闲和娱乐对于陶冶人的心灵、修养人的身心、培育人的美感是有着潜移默化的积极作用。所以，倡导积极的思想内容和轻松的娱乐形式的有机统一，以最大可能地满足不同层次、不同审美情趣的读者的需求是副刊在当今时代的神圣使命。①

面对泛娱乐化浪潮愈演愈烈的态势，著名作家从维熙说：今天的报纸，能够始终如一保持文化田园纯净品格的，已然微乎其微。有的厚厚一摞彩印报纸中，竟然没有文化副刊的版面；有的倒是挂着文化副刊的招牌，但里边都是一些扭捏作态的红粉佳丽或畸形变态的恋爱轶闻，以时尚中的俊男美女肖像扼杀底蕴深厚的中国文化精髓。一些报纸充斥着明星的真假新闻和跟踪访谈，文艺作品的踪迹一点也看不见；也有的报纸，把副刊办成了所谓的"名家"菜地，他爱种啥就种啥，也不管读者的死活，严重影响了副刊曾经的美好形象。因此，副刊的坚守显得更难能可贵。对中国这样一个有着五千年历史的文明古国，需要一些黄钟大吕式的东西，需要优秀的文化去延续我们民族文化的辉煌。②

在中国特色社会主义进入新时代的今天，副刊依然有着存在的价值。作为一个特殊的文化种类，副刊能够形象地反映时代进步的声音，传递人

---

① 《忠诚　守望　创新　致远》，http：//www.hkwb.net/zhuanti/content/2013-10/24/content_1985978.htm。

② 郭运德：《副刊与报纸文化的品位》，http：//news.sohu.com/20040723/n22164925.shtml。

们对美好生活的向往。同时，也是广大读者对报纸阅读的一种审美的需要。"用新闻来抢眼，用副刊来养眼"，尽可能把社会发展所需要的政治、思想、文化的内涵通过艺术的、审美的方式表现出来，让人们在一种轻松娱乐中享受到美的体验。我国台湾作家龙应台说："副刊不只是一面反映文化的镜子，更可以是、应该是文化的标杆，可以是一个脑力激荡的磁场，迸发一个民族文化的最大潜能。"

第二节　电视泛娱乐化现象

1958 年 5 月 1 日，中央电视台前身北京电视台试播，标志着一种新的传播形式——声画相结合的电视传播形态在我国诞生。它运用现代电子声像手段，将生活的原型艺术化，将原态的艺术直观化，从而虚拟出另一个全息的生活情景，形成了一个类自然和人类社会的强磁力影像场。[①]在电视技术、电信技术、卫星传播等科技的支撑下，1973 年我国播出彩色电视节目，传统电视媒体在技术革命的推动下变得更加丰富多彩。

电视本身的物理属性，呈现的是图像，吸引的是人的眼睛。电视传播的方式决定了它不可能具有严密的逻辑和深邃的内涵，给观众带来的是轻松而不是沉重，是刺激而不是思考，没有人会把电视当作一个布道者。[②]因此，娱乐和电视的结合可谓与生俱来。尼古拉斯·阿伯克龙比曾指出："电视主要是一种娱乐媒体，在电视上亮相的一切都具有娱乐性。"[③]尼尔·波兹曼也说道："娱乐是电视上所有话语的超意识形态。不管是什么内容，也不管采取什么视角，电视上的一切都是为了给我们提供娱乐。"[④]"电视本是无足轻重的，所以如果它强加于自己很高的使命，或者把自己表现成重要文化对话的载体，那么危险

---

① 李晓枫、邹定宾：《中国电视文化的理性重构》，中国广播电视出版社 2007 年版，第 1 页。
② 唐晓朋、周建平：《电视娱乐化的现状》，《青年记者》2008 年 7 月中。
③ [英] 尼古拉斯·阿伯克龙比：《电视和社会》，南京大学出版社 2001 年版，第 6 页。
④ [美] 尼尔·波兹曼：《娱乐至死》，广西师范大学出版社 2004 年版，第 114 页。

就出现了……"①

改革开放之后，我国电视业获得真正跨越式发展。电视节目经历了两次重大的转变：从 20 世纪 80 年代之前的宣传品到 90 年代作品的转变，再到 90 年代之后产品的转变。②电视业也从"节目时代""栏目时代"进入了"频道时代"。在这一转变中，人民群众的社会生活正在由低风险向高风险转变，老百姓一方面要关注国情时事这种直接关系到自己生存发展的时代背景，一方面需要寻求一种放松的娱乐方式，缓解内心的焦虑。③从 90 年代初期《综艺大观》到 1997 年《快乐大本营》开办，以其新颖的娱乐狂欢形态将"综艺"与"游戏"直截了当地相嫁接，重视受众参与性，强化传受双方的互动意识，淡化综艺节目的教育与导向功能，极力突出节目的娱乐性，极大地契合了社会的需求。

进入新世纪后，随着省级上星台和有线电视频道、数字电视频道的增加，我国电视媒体已经全面进入了一个拼收视率、拼影响力的白热化竞争时代。电视台大量制作、播出娱乐性节目，甚至将电视新闻也用娱乐化的手段来制作。我国的综艺节目从早期的寓教于乐已经发展到了今天的为乐而乐，为娱乐而娱乐，综艺节目等同于娱乐。④晚会类、益智类、杂志类、谈话类、婚配交友类和游戏类节目成为电视的主打，《超级大赢家》《欢乐总动员》《我爱记歌词》《娱乐乐翻天》《绝对唱响》《空姐新人秀》等，以及收视红火的婚配类节目《非诚勿扰》《爱情连连看》《我们约会吧》等，以娱乐休闲为市场导向，在创下高收视率的同时，制造了一场又一场全民狂欢。电视新闻、电视剧、电视专题节目甚至一些电视咨询节目也都披着娱乐的外衣登堂入室。可以说，许多电视媒介已经不存在是否渗入娱乐元素的问题，只是存在娱乐化程度高低不一的问题了。

当代中国媒介化社会最根本的特征，就是以大众文化的商业性稀释消解着高雅文化的艺术性，具体表现为具有大众文化倾向的电视文本以商业

---

① [美] 尼尔·波兹曼：《娱乐至死》，广西师范大学出版社 2004 年版，第 20 页。
② 胡智锋、周建新：《从"宣传品""作品"到"产品"——中国电视 50 年节目创新的三个发展阶段》，《现代传播》2008 年第 4 期。
③ 梅文慧、何春耕：《综艺大本营》中国传媒大学出版社 2007 年版，第 1 页。
④ 唐晓朋、周建平：《电视娱乐化的现状》，《青年记者》2008 年 7 月中。

目的的直接功利性替代着高雅文化的无功利性；以程式化、克隆化、碎片化、无深度感对抗着高雅文化的个性、独创性、典型性；以情感策划的虚假性拆解着高雅文化情感判断的真实性和深沉感；以享乐性、消遣性置换着高雅文化的启蒙性、先驱性。[①]观众在电视屏幕前，随时都有幽默搞笑、煽情刺激、群魔乱舞，随处都是刺眼的灯光、耀眼的色彩、刺耳的尖叫。有遥控器"扫描"也很无奈：支离破碎、光怪陆离、片言只语、莫名其妙、眼花缭乱，频道大多数几乎都如出一辙。一场场空洞的伪仪式让观众哈欠连天、精疲力竭、迷迷糊糊，最后只好关机了事！

一、电视新闻（民生新闻）节目泛娱乐化

在南京，一个老太太不小心摔倒，磕掉了一颗牙，等她抬起头来会发现有 5 台摄像机对着她；杭州武林广场上一只宠物狗咬了一位购物小姐，10 分钟之内，就有 8 台摄像机对准她；长沙一位嚼槟榔的先生把槟榔渣吐在绿化带上，半小时之内，就可以在荧屏看到槟榔渣的特写镜头。[②]

我国最早提出"民生新闻"口号的是《深圳特区报》旗下都市类报纸——《晶报》，该报 2001 年创办时明确宣称"以民生新闻为特色"。"民生新闻"是从群众日常生活中采制而来的，内容上锁定群众生存状况、生存空间，关注群众冷暖痛痒、喜怒哀乐，形式上充分利用先进传播手段，提高时效性与互动性，拉近电视与观众距离的新闻。[③]其传播理念是平民视角、民生内容、民本取向。

对"电视民生新闻"本体的认识，是江苏广电总台城市频道《南京零距离》（该栏目 2002 年 1 月 1 日开播）制作总监景志刚于 2003 年首先提出。[④]同年 7 月 28 日安徽台《第一时间》在"电视民生新闻"概念正式提出后开办，该节目在借鉴《南京零距离》的基础上大胆创新，在极短时间内冲刺到省级台晚间时段收视第一（非电视剧类），最高收视曾达

① 隋岩：《当代中国电视文化格局》，北京大学出版社 2004 年版，第 94 页。
② 陈晔：《娱乐化场域中电视民生新闻的转型升级》，《视听纵横》2010 年第 3 期。
③ 《论电视民生新闻发展对策》，https://wenku.baidu.com/view/fa4d7c25b107e87101f69e3143323968011cf49c.html。
④ 景志刚：《我们改变什么？——〈南京零距离〉及其民生新闻》《视听界》2004 年第 1 期。

29.8%。①在这样的背景下，民生新闻由业界提出且受到了学界的极大关注，成为电视民生新闻节目的正式样态。

时至当下，中央台的许多新闻栏目也纷纷民生化：从新闻频道和综合频道并机直播的《朝闻天下》到经济频道的《第一时间》，无不展现民生新闻这一节目样态。地方台更是按捺不住，天津都市频道《都市报道60分》、江西台《都市现场》、广西台《新闻在线》、河北都市频道《都市生活》和经济生活频道《今日资讯》、湖北经济频道《经视直播》、吉林都市频道《守望都市》、山西都市频道《新都市110》、云南都市频道《都市条形码》等都办得有声有色。再加上上海、成都、长沙、南昌、杭州、宁波、金华、温州等地的《都市1时间》《越策越开心》《阿六头说新闻》《百晓说新闻》等方言新闻播报的高歌猛进和河南民生频道的诞生，从南到北、从东到西，电视民生新闻节目可谓遍地开花。

电视民生新闻是在政治昌明、经济腾飞、文化繁荣、思维活跃的社会大背景下发展起来的。自1998年湖南卫视播出了改版后的《晚间新闻》，成为中国电视新闻泛娱乐化栏目出现的标志。它以"专门为你讲有意思的新闻"作为节目定位，吸引了大批观众的眼球，彻头彻尾泛娱乐化道路贴近生活，贴近现实，关注普通人和他们感兴趣的一切大小事情，为晚间电视收视送上了一道"娱乐大餐"。

电视民生新闻充分借鉴湖南卫视《晚间新闻》泛娱乐化的方式，在内容上锁定民众的生存状况、活动空间、居住环境，关注与老百姓生活、生产、生存等息息相关、对民众有影响的事件及信息，在形式上广泛运用娱乐元素和娱乐手段，满足民众的猎奇和参与心理以抓住观众的眼球。

（一）内容上的泛娱乐化构成方式

1. 标题的泛娱乐化

电视民生新闻大多都有一个能吸引观众注意力的标题。比如山东台公共频道《民生直通车》节目中的许多新闻标题："这贼挺嚣张，被抓还逞强""该怎么孝顺你？我的母亲"……杭州电视台《阿六头说新闻》：

---

① 《意识形态梳理与主流媒体构建——新意识形态下的中国电视民生新闻解读》，https://wenku.baidu.com/view/c8859e7a905f804d2b160b4e767f5acfa1c783cb.html。

"电动'马儿'跑得快，废旧电池处理难""运河冒白泡，三个部门都推掉""西荡苑垃圾多，处罚力道不到门""一胎生六仔，小老虎要寻狗妈妈""天气转暖，白蚁开始乱头飞""杨公堤倒下的大树埋尸体"……齐鲁电视台《拉呱》："不是警察？俺以为你是便衣呢""路见不平一声吼，抓个小贼来耍耍"……像这种富有"娱乐气息"的新闻标题，使民生新闻的泛娱乐化气氛更加浓厚。

2．讲述内容的泛娱乐化

民生新闻主要讲述在老百姓身边发生的家长里短，内容上的贴近性和娱乐元素的广泛运用抓住了观众的眼球。以"与小么哥斗，其乐无穷"作为宣传语的《拉呱》，有一则"小伙要变脸，欲做人造美男"的新闻。节目开始剖析小伙要整容，想进入娱乐界，让自己变得完美一些。于是他参加了一个网络选秀节目，最终入围成功。小么哥把小伙整容几乎讲述成一则故事。大多民生新闻节目还在节目末尾抽取幸运观众，利用观众博彩的心理进行互动，以提高收视率。

电视民生新闻节目，以软新闻为主，走大众化道路，贴近生活，贴近现实，关注普通人的生活和他们感兴趣的一切大小事情。有眼泪、有欢笑、有炮弹、有嘲讽、有奇闻轶事，但无实用信息；风格独特，幽默风趣，嬉笑怒骂皆成新闻；新闻故事化、情节化和细节化，从标题到导语到正文甚至到署名，信手拈来，只怕想不到、就怕做不到，为的是让观众叫好。标题的风味和意趣，导语的幽默和悬念，正文的通俗和实在，早已成为民生新闻节目的特色。[①]记者和解说词退居到了次要位置，同期声被大量运用，镜头中或许还夹杂着方言，简洁的口语代替了规范的书面语言，记者、现场主持人的评说加上娱乐新元素的运用，除了给邻家大叔大婶们带来些许亲切，却没有太多的信息含量，离国计民生十分遥远。

（二）形式上的泛娱乐化构成方式

1．播报方式的泛娱乐化

在传统的新闻节目中，为体现严肃性，主持人一般坐在演播室，运用

---

① 《大众文化语境下民生新闻的娱乐构成分析》，https://wenku.baidu.com/view/69a0fda5dd33 83c4bb4cd2cb.html。

规范标准的普通话进行播报。民生新闻主持人由坐着播报改为站着播报，又在语言上做文章，原先标准规范的普通话改成了方言、曲艺、相声说唱等形式。①

山东台《百姓百事》两位主持人穿着长袍马褂，像说相声似的，有捧哏的，有逗哏的。西湖明珠台《明珠新闻》和《阿六头说新闻》都选用了同一条《长木桥：公交站点窨井开口》的社会新闻。《明珠新闻》是这样播的："市民们说，这个没盖的窨井，在白天大家注意一点还可避让，但晚上就更危险了。"但《阿六头说新闻》是这样说的："专门来这里等车子的人说，白日里光线亮还好一点，要是到了夜里墨擦铁黑介格谁看得出。人又不是猫啰，晚上头看得出的呀？"

2．节目编排的泛娱乐化

在节目的编排方面，《拉呱》演播室背景的设置类似于评书节目的环境，每条新闻之间的串联都是依靠主持人与场外工作人员的对话来进行组接，而主持人小么哥使用的手势、眼神、动作都要让观众从中得到愉悦。

与此同时，编辑人员还制作了很多精美的片花，配上特效音乐和一些图片。《阿六头说新闻》片头、片尾、字幕标板、字体字号、新闻背景都十分讲究亲和力。片头由两位主持人用夸张的表情和体态给大家创造了一个"阿六头来了"的急切氛围："敖扫，敖扫（杭州话'快点'），不要吵不要吵，敖扫，熬扫，阿六头来了；市面蛮灵，说法儿蛮好，听听新鲜，看看味道，9：30，频道锁牢，阿六头来了！"片尾是一首由杭州口水军团演唱的《杭州好》，用 Rap 说唱乐的形式配上 Flash 动画，富有时尚感，"耍子地方木佬佬，西湖里划船，城隍阁登高，雷峰塔叙旧，来壶龙井茶泡泡"。字幕模板由一个阿六头的形象 Logo 做底版，背景加入了杭州风景、街巷等元素。②

电视民生新闻内容的生活化和形式上的鲜明化，的确抢到了至高的收视率。电视新闻（民生新闻）的泛娱乐化作为一种相对性的电视理念和操作方

①《民生新闻的娱乐构成分析及发展浅议》，https://www.hbzkw.com/exam/20110729091400.html。
②参见拙文：《穿唐装　执折扇　说新闻　议天下——对电视新闻采用方言播报的思考》，《新闻界》2006 年第 1 期。

式也有一定的探索空间。一个节目的存在关键还要看其内涵，电视新闻（民生新闻）节目，只是一味地追求娱乐，以光怪陆离纷繁杂乱来满足受众的快感，久而久之，这样的新闻，就如空中的彩练永无踏实稳固的根基。

在西方新闻界影响颇大的报刊社会责任理论也接受传媒有供给娱乐的作用，但这种娱乐必须是"好的"娱乐。可以说，它就像罂粟，花美果佳，适量则药效奇特，成瘾则后患无穷。①"度"的把握可以"与时俱进"，不断尝试，同时也要具备"底线意识"——新闻良知、新闻人格和自觉的职业操守。适度地娱乐而避免一味地泛娱乐化，就可能将创新思维用在新闻运作的科学、规范、新闻内容的采集、选择与制作上，放在新闻播报语言、态势的合理创新和适度的变化上，从而使电视新闻（民生新闻）的功能得到很好的体现，为广大民众所喜爱。

二、电视谈话节目泛娱乐化

如果说 1954 年 9 月由美国全国广播公司（NBC）开播的《今夜》是电视谈话节目的起源，那么我国最早可以追溯到 1995 年上海东方台创办的《东方直播室》，影响最大的则是中央台新闻评论部 1996 年开办的"实话实说"。"电视谈话节目"（脱口秀"Talk Show"）是以面对面人际传播的方式，通过电视媒介再现或还原日常谈话状态的一种节目形态，通常由主持人、嘉宾（多数情况下还有现场观众）在演播现场围绕话题或个案展开即兴、双向、平等的交流，一般由"谁来说，说什么，怎么说"的三大基本要素构成。

我国电视谈话节目从内容上看，有新闻信息类、人际关系类、综艺娱乐类和专题对象类四种谈话节目；从形式上看，主要有聊天式、访谈式、论辩式和综合式谈话节目。虽然比西方国家起步晚，但一开始就避免了国外谈话节目的庸俗化和泛政治化的缺陷，为多元的话语提供了一个健康的碰撞与交流的空间。②

---

① 《大众文化语境下民生新闻的娱乐构成分析》，http://blog.sina.com.cn/s/blog_871dd1b70100twa8.html。

② 孙清河：《话语空间的建构——电视谈话节目的文化分析》，《中国电视》2001 年第 11 期。

但是好景不长。由于谈话节目制作简单、成本低廉、收视率高等效果比较明显，迅速发展成为全国荧屏的一道景观。数量之多，播出密集，话题泛滥，很快就出现了谈话内容虚空、形式烦琐、选材雷同、情感缺失的局面。

原本在央视"做菜"的刘仪伟和定位为丑角的小蔡采用"搞笑"二人转的主持风格把《东方夜谭》演绎成了一个"海上故事会"；用不甚标准的普通话和夸张的肢体语言，极尽指桑骂槐、冷嘲热讽之能事，梁冬把《娱乐串串 show》做成了一档搞笑的非娱乐节目；被誉为"眼泪制造大师"的朱军，叫谁都是"艺术大师"，问谁都是"让你最感动的是什么？"加上编导们运用各种手段设置情境，渲染气氛：或挖掘对方不为人知的情感故事；或安排神秘嘉宾出人意料地现身；或设计破镜重圆、深情相拥的戏剧性场面，让嘉宾不得不落泪。泛娱乐化把电视谈话曾经拥有的价值、文化、知识融化消解，搞笑、虚伪、刻意造作稀释了原本就已贫乏的营养，甚至暴露出娱乐化过度背后的人情冷漠。

《鲁豫有约》2010 年从湖南卫视转会安徽卫视，相比之前的风光，在争议和责备中没有带来太多的期待。比如，采访李亚鹏时，问"是不是有了小宝贝"？而那时李嫣已经出生；不等李开口又追问"是男孩还是女孩"？全场集体无语。忽然说："大家看屏幕，鹏菲生了个女孩，名李嫣！"整段访谈有问没有答。戏剧式起承转合，全由主持一人完成叙述。与其说是访谈，不如说是一段单口相声。

更有黔驴技穷者。浙江卫视的《"涛"出心里话》[1]用平日刑侦中才能看到的测谎仪套出了一位男子和妻子离婚的真实原因，结果令人瞠目结舌。

离婚原因成谜

已经怀孕四个月且沉浸在甜蜜婚姻生活中的王女士，突然被丈夫张先生提出离婚。理由是王女士与自己来自农村的母亲不和，导致母亲遭遇了一场小小的车祸。而王女士却坚持认为，丈夫和她离婚是因为丈夫有了外遇……双方各持己见，且王女士表示，如果对方不讲出真实原因，就拒绝

---

[1] 《浙江卫视出新招　谈话节目引进测谎仪惹争议》，https://yule.sohu.com/20080925/n259739 205.shtml。

离婚。整个现场陷入僵局。

神秘武器登场

让人诧异的是，此时主持人却请出了两位神秘人物，而且还带来了一台神秘仪器。在征得张先生同意之后，专家将各种导线连到张先生身上。两位专家一人向张先生提问，一人监视电脑屏幕。在被问到"离婚是不是有其他方面的原因时"，专家发现张先生的心理有了明显变化，证明他说了"谎"。眼见谎言被拆穿，张先生只得承认，离婚是"因为得了绝症，不想让妻子伤心"。

如此戏剧化的故事，完全像是在演电影。让位给娱乐精神和娱乐话题，已经是电视访谈的集体症候。娱乐本身不是坏事，却不能只有"雷声"和笑声，缺乏文化营养。一个电视谈话节目要具有人文关怀，就应该自觉地着眼于人类与自然、物质与精神层面的健康和发展，拓展选题视野，为观众呈现更为丰富多彩的谈话内容，在享受电视休闲娱乐的同时，带来更多的深层次思考。

三、电视论坛节目泛娱乐化

自湖南卫视开创《千年论坛》到央视科教频道《百家讲坛》热播，全国兴起了一股专家学者介入电视的潮流。北京《中华文明大讲堂》、上海《文化中国》、江苏《万家灯火》、安徽《新安大讲堂》，以及《西部论坛》《学术报告厅》《世纪大讲坛》《人文讲坛》和《开坛》等在荧屏上遍地开花，一种以学术面貌出现的电视传播形态，在带来高收视率的同时，也造就了一大批"学术明星"。

知识分子介入电视媒体有三种类型：第一种是借电视（如同书刊）来传播思想理念和科研成果，如做客央视《大家》栏目的诸位先生，他们能够恪守知识分子的学术品格，但此类节目的美誉度高而收视率低；第二种是以专家的身份，对某项知识做电视化改造，如《百家讲坛》的诸多嘉宾，他们为了达到学者和电视的双赢，就难免需要做出某种让步甚至妥协，从而适应电视节目的需要；第三种是布尔迪厄所批判的那种媒介常客和快思手，他们几乎丧失掉自己所有的理念和原则，在电视所能带来的巨大声名和财富的诱惑下，假借着学者的头衔，进行着各种伪学术的表演。不管哪种类型，既然举着专家教授的牌子，就已经不再是以个人身份发言，应当体现出公共知识分子的学养和准则。

在商业化充斥日常生活、人们的心理普遍浮躁、媒体泛娱乐化当道的当下，电视论坛节目在收视率指挥棒的驱赶下，定位于"文化品位、科学品质、教育品格"，力图"建构时代常识，享受智慧人生"等理念和心路开始让位给了娱乐化甚至低俗化的路线。这可以从《百家讲坛》的节目变迁和学者演说中管窥：

表 1.1　《百家讲坛》节目流变

播出年份	演讲内容	演讲人
2001	美与物理学	杨振宁
2001	人类基因组计划	陈竺
……	……	……
2006	品《三国》	易中天
2006	《论语》心得	于丹
……	……	……
2010	戚继光/于谦	郦波
2010	嘉靖皇帝	方志远
……	……	……
2018	镇馆之宝	葛亮 等
2019	评说《资治通鉴》	丁万明
……	……	……

从上表简略可以看出《百家讲坛》四个不同的发展阶段。第一个阶段体现了开坛时的宗旨：开放式大学架起专家通向大众的桥梁，内容涉及物理、数学、生物、医学、儒学、伦理学、女性问题、书法、文学等，企图拿出一坛坛学术美酒让没有喝过的大众饱尝，达到以文化"化大众"的目的，但事与愿违，收视率持续走低，几乎办不下去；第二阶段改弦易辙，把学术性的知识讲课变成了一场文学性的电视说书，收视率大幅度提升，与此

同时，谩骂声、讨伐声、抨击声也狼烟四起，说"误导公众"者有之，说"歪门邪说"者有之，说"败坏学术"者也有之；第三阶段基本上在前两阶段中找到了一种平衡，呈现平稳的发展态势；第四阶段真正回归了节目的应有宗旨，但此时电视大屏已失去了观看的优势。

《百家讲坛》自刘心武粉墨登场以后，于丹、易中天、阎崇年、王立群等响应制片人的号召，从海选中脱颖而出。采用了制作电视节目的惯用手段，包装出了自己的明星，打造出自己的栏目品牌，营造出自己的文化焦点，烘托出自己的公众效应，创造出自己的商业价值等。而这些就是电视通过制造娱乐、兜售娱乐而达到自己商业成功的常用模式！是把认知功能和娱乐功能统为一体的具有深度娱乐性质的节目！[1]其娱乐化程度可以从以下一些"雷人"的话语中看出。

纪连海：大禹"三过家门而不入"，因为"大禹生命中还有另外一个女人"。

易中天：曹操是喜欢美女的，他不管走到哪里都喜欢"搂草打兔子"，收编一些美女什么的！……可以说这时的周瑜是战场、官场、情场，场场得意……反正我是很羡慕！所谓的空城计也是编出来的……诸葛亮搬个琴，摆个香炉，召两个小孩子，在城楼上唱卡拉OK……

王立群：司马相如对卓文君的追求是"有预谋的劫财又劫色"。"可以负责任地说，汉朝的很多皇帝，包括刘邦都是双性恋。"

对儒家经典中一再出现的"小人"，于丹"创造性地"解为"小孩"。

这种泛娱乐化、庸俗化的视角，无疑投合了观众的猎奇心态。于丹讲《庄子》的风格更是把每个寓言用华丽的语言去诠释、与生活态度相联系，相当于用学术来娱乐大众。《百家讲坛》便成了"三无"产品："无学术、无学理、无学者"。

《百家讲坛》的"泛娱乐化"倾向是隐藏在节目内部的，不像普通综艺节目那样张扬于外。收视率、初中以上文化程度、妇孺皆知、历史人物、通俗、故事、悬疑、眼球等的节目设计，使观众在获得电视泛娱乐化的满

---

① 胡忠青、郭顺峰：《电视讲坛：深度娱乐下的文化传播》，《社会科学论坛》2008年第3期（上）。

足之后，加重了心灵的空洞化和无聊化。为了掩饰这一内在的空洞，娱乐神话则需要通过更具吸引力和迷幻感的产品来维持。于是，不少学者明星便出入其他媒体机构，参加各种论坛、演讲、签名售书，担任各种社会职务，以外部的狂热信念，催生出偶像崇拜的意志迷狂。

"学者明星化"并不可怕，真正可怕的是隐藏在"学者明星化"背后的问题——"知识阶层市侩化"，屈从于商业模式并制造一些虚假的大众文化需求。中国传统知识分子讲求经世致用，以天下为己任，因此，他们充分利用着一切可能的传播手段，著书立说，奔走游说，向社会传达着自己独特的声音。①而"明星学者"对文化的态度是"玩味""猎奇"，而不是审视和批判。

电视是共建共享的公共空间，提高其文化品位迫切需要知识分子的热情参与。北京大学著名学者陈平原先生认为：当客卿而不是雇员，保持若即若离的态度，可能是知识分子介入大众媒介时应采取的姿态。②

四、"真人秀"节目泛娱乐化

真人秀又称真实电视（Reality TV），是由普通人在虚拟情境中按照指定的规则，为了一个明确的目的去做自己的行动，同时被真实记录下来而做成的电视节目。自2000年以来，真人秀在全球范围内卷起了一股收视狂潮。

真人秀电视节目始于荷兰，1999年《老大哥》（*Big Brother*）在荷兰播出后，立即成为最有竞争力的节目。2000年，CBS推出的《生存者》（*Survivor*）在美国有线电视网黄金时间的收视率名列第一（2700万电视观众）；2002年，FOX的《美国偶像》（*American Idol*）一推出便立刻红遍全美。

真人秀在红遍欧美的同时，大量克隆的节目在电视荧屏挤占了半壁江山，各种类型应有尽有。东方卫视的《加油！好男儿》《我型我秀》，江苏卫视的《名师高徒》《绝对唱响》《老公看你的》，湖南卫视的《勇往直前》《超级女声》，重庆卫视《今夜不设防》《第一次心动》，北

---

①吴学安：《"学者明星化"与"娱乐至死"》，《社会观察》2007年第11期。
②孔令顺：《电视知识分子：游走在娱乐与学术之间》，《北京日报》，2007年1月29日。

京卫视的《〈红楼梦〉中人》《龙的传人》，浙江卫视的《绝对小孩》《天生我才》《中国梦想秀》，贵州卫视的《舞艺超群》《星期四大挑战》，中央电视台《非常6+1》《幸运52》《开心辞典》等。尤其是《超级女声》在当年获得空前成功，收视率居国内各类电视节目之首，决赛期间甚至超过"春晚"，广告投放单秒计价比拼《新闻联播》，引发了国内真人秀节目的追捧狂潮。

真人秀的诞生是"以娱乐为己任的"。作为综合多种电视元素、颠覆真实与虚拟界线的真人秀，是对电视娱乐功能的新拓展，它将从前电视媒体的单向度传播复合成跟社会、跟人类、跟环境全方位、多层次的交流，并令受众在平等交流中感受到愉快。①但是在本土化改造过程中，出于各种目的对真人秀宗旨的扭转，很快就使真人秀的魅力大打折扣，并一步步滑向娱乐化和低俗化的深渊。

齐鲁电视台《交换主妇》，即把城乡真夫妻拆开重组成假夫妻，让假夫妻去体验真夫妻的感受，把女性定位在"家庭主妇"上，以家务劳作为主，这与男女平等、妇女解放的观念背道而驰，节目很荒唐。

《美丽新约》尽管在重要部位打上了马赛克，但是荧屏上出现的肥胖或下垂的女性肢体、手术床上白花花的肉体、皮与肉分离的血涌瞬间以及隆胸、隆下巴、隆鼻、大小腿臀部抽脂、腰腹部吸脂等整容手术的画面，引起了观众的强烈抗议。

《我是当事人》某期节目用虚假招聘信息，骗来了一位贫困山区的女孩，将其拐卖给一个侏儒做老婆，把不知情的当事人推向陷阱，进行精神、肉体上的摧残，使本想提高外出打工女孩警惕性的用意付诸东流。

《第一次心动》一名选手在直播期间公然下跪向评委索要礼物，当评委甲把男友送的戒指给该选手后，他居然再次对着评委乙下跪。没了男友戒指的评委甲让他在自己和评委乙中选一个当女友，结果该选手选择了评委乙。深感自尊受挫的评委甲居然在直播中大哭起来，活活上演了一出选手和评委之间的互动闹剧。

---

① 卢赞英：《对真人秀节目的分析》，《活力》2009年第1期。

真人秀节目过多、过乱，部分细节雷同低俗，甚至涉及道德底线的内容，使观众产生了"审美疲劳"。为了紧紧抓住眼球，更多幼稚、草率、粗糙、简单、血腥、恶心的内容也被搬上了荧屏，其不良影响已经辐射到了荧屏之外。比如：2007年7月土耳其9名美女模特抱着一夜成名的梦想参加了一个真人秀节目，被送到一个与外界隔绝的别墅中生活两个月。但这个所谓的真人秀竟是一个黑帮集团安排的骗局，当她们入住别墅之后，竟立即被囚禁起来成为"性奴"。[①]

"真人秀"不过是一种游戏罢了，是给人茶余饭后消遣的一种娱乐形式。它拉近了平民和明星之间的距离，不需要努力拼搏，只要在比赛中获胜，马上就会红遍全国，就像电影明星一样，被人疯狂地迷恋、追逐。一夜成名的想象，对于少男少女来说并不是好事，使他们泯灭自我奋斗的锐气，没有能力承受来自现实生活中的挫折和打击，甚至崇尚天上掉馅儿饼、不劳而获。

我国真人秀节目基本上是从国外复制克隆过来的，原创性的、有中国特色的节目非常罕见。尽管一些"越轨"节目被叫停，但泛娱乐化的风潮依然还存在。如何正视并重视真人秀节目，让娱乐更大程度地融入社会生活，摒弃娱乐化抽空内涵的电视仪式，是复归社会真实人性的重要标志。

从中央台到地方台，一些电视媒体已经从教化、教育媒介向娱乐媒介转化。北京师范大学周星教授认为："当整个电视都在娱乐的时候，电视已经丧失了自己的品格，在娱乐大众的同时其实成了追随大众的工具，丧失了引导和真正娱乐的功能，也蕴藏着巨大的政策风险。"

五、电视购物（广告）节目泛娱乐化

1982年美国HSN（Home Shopping Network）以电视台的专门频道或节目为平台，不间断地以直播或录播的方式播出商品信息，为观众提

---

① 《土耳其九美女模特陷真人秀骗局　被囚成性奴》，http://news.sohu.com/20090912/n266667049.shtml。

供一种全新的视听感受与多样性选择的家庭购物方式。其后，电视购物随即席卷全美。

1992年广东珠江频道播出了我国大陆第一个购物节目，1996年大陆第一个专业的购物频道北京（BTV）开播。发展到当下，我国已有大小近300家电视购物公司，比整个欧美的电视购物公司总数还多。

打开电视，就会经常看到导购小姐在介绍商品的优点、优惠的价格、断码的商品等"好事"，在动感音乐的伴奏下，"真是太神奇了，效果难以置信，拿起电话马上拨打订购吧"等尖叫声此起彼伏。

电视购物采用"产品选择，电视推介，电话订货，物流送货"的运作模式。通过录像录制，将瘦身、美白、丰胸、增高、医疗等具有特殊功效的"概念性"商品利用廉价的"垃圾时段"，连续播放半小时以上赢得视觉效果，干扰消费者的理性选择，从而使其产生"冲动购买"。

电视购物（广告）节目歇斯底里、丰乳肥臀，极尽所能进行身体展示，借助具有娱乐性的故事内容或娱乐化形式使消费者在主动参与中接受广告传播的商品或服务信息的内容，并使受众获得娱乐的感官享受。娱乐化甚至低俗化严重充斥到节目之中，构造一个理想的、完美的、虚拟的社会生活场景，使消费者沉溺于这种幻想之中，失去对社会的真正关注。

节目制作请演员，产品包装学变脸，公司信息不露脸；绝对超值，绝对优惠，绝对货真价实；产品功效神奇，产品机理离奇，消费者（专家）证言等手段在电视购物（广告）节目中几乎被演绎成一场程式化的仪式。

一则由3名台湾口音男子"共同出演"的电视购物广告在国内多家地方卫视频道热播："两克拉八心八箭要20多万，而我们的八心八箭只需要998块，998块人民币！只有39颗哎。""好像有一亿人哎，怎么分啊。""我发誓100%的南非真钻。100%的瑞士机芯，我相信我说出价格，我们的电话肯定要被打爆的！"①

这是一部古装喜剧：面对城墙上的悬赏告示，一个老外自以为知道，

---

① 王祥琳：《电视购物娱乐化——浅析"侯总"现象》，《东南传播》2008年第6期。

随后风流才子"唐伯虎"出现，连续三次通过精妙的文字断句，将老外身边的众多女子从师奶到尼姑悉数吸引过来，最后一次甚至将老外的女友也一并夺去，还当众亲热，直至将老外气至吐血。最后众人齐声欢呼"百度更懂中文"。①

还有一些产品的程式化台词：

手机类："超大内存功能，可以看电影玩游戏，看比赛直播，屏幕360度旋转""只要轻轻摇晃，就能换音乐、换背景""全景触摸屏，支持蓝牙、红外、GPS定位""超长镜头拍照、百万像素""高档智能手机，3G上网速度"。

手表类：（男主持）："表面有金哦！有没有？有没有？"

（女主持一脸幸福地）："哇——真钻真金，今天只要399(元)哦！""连表带都镶满特质南非水钻，瑞士石英机芯，法国蓝宝石水银镜面，跟劳力士同等级！"

丰胸类："穿了某某内衣，一切都不一样了！大家的目光都聚集在我身上""工作升迁，顺利交到男友，生活从没如此美好过""衣渐不平，挺身而出""青春，让我一次丰个够""女人，要有丰度""乳意称心，峰采迷人"。

声嘶力竭的叫卖，夸张的表演（道具），限时限价，时段优惠。"幸福的承诺"引导消费者不断地进行购买，然后不知不觉地走向物质崇拜，促进消费主义盛行。感性的认知和不真实的"真实性"并不能给观众提供多少实际的意义，给出的只是一个不完整、不真实的世界，也必然失去对真实世界的把握和个体发展必不可少的内省和沉思，心性的追求被泡沫所取代，本体意义被浮泛形象所遮蔽，反思情怀被喧嚣所掩盖，在对琐碎之物的爆炒中，人的价值判断却萎缩了。②

电视购物（广告）泛娱乐化作为享乐主义消费社会的附加物和衍生物，所表达的不再是一种理性的说服，而是一种快感的宣泄。浮于表面的碎片叠加和组合，导致审美距离消失，深度意义解构，从而使娱乐失去了真实

---

① 《病毒式传播案例分析》，http://www.yuletong.org/cms/gongguan_0425/219.html。
② 王艺：《解读电视广告娱乐化》，《湖北经济学院学报》（人文社会科学版）2007年第1期。

的情感个性与灵魂。把审美变成娱乐，把专注变为嬉戏，把思考变成享用，把受众的思想空间改造成一个心灵放逐的广场，用虚假广告所制造的虚伪娱乐演绎广场上的集体狂欢。

六、电视婚配（相亲）节目泛娱乐化

电视相亲节目是从美国 1965 年的相亲游戏一步一步演变过来的。台湾电视实业股份有限公司于 1982 年 10 月《我爱红娘》的开播，最早开华人情感婚介节目的先河。1997 年，台湾华视制作的《非常男女》在凤凰卫视播出，引起了电视人的兴趣，成为后来大量婚介节目参考的母版。

北京电视台《今晚我们相识》1991 年开播，是内地最早的电视婚介节目。真正形成规模是 1998 年 7 月 16 日湖南卫视《玫瑰之约》开播，以爱情为主题，以普通男女为主角，探讨爱情婚姻家庭问题，以"玫瑰印象——玫瑰话题——玫瑰问答——玫瑰派对"为主要环节，为风趣直率的爱情风格注入了不少符合大陆观众审美趣味和习惯的成分，得到国内许多青年男女的积极参与。到 1999 年，电视婚介节目在国内走向高潮，据不完全统计，全国出现同类节目 30 多个。①在媒体的合力推动下，相亲这一私密行为进入了大众围观的时代。

婚介节目的出现为当代青年提供了一个找对象和张扬个性的平台。但由于大量的"克隆"和过于追求娱乐元素，忽视内心深处必要的情感交流，婚介节目在 2000 年就开始下滑，包括《玫瑰之约》在内的不少节目被迫关、停、并、转。②

2010 年相亲节目卷土重来，以《非诚勿扰》《爱情连连看》《我们约

---

① 据统计，全国出现同类节目 30 多个，主要有：海南台《男女当婚》，重庆台《缘分天空》，凤凰卫视《非常男女》，江苏台《情感之旅》，上海东方卫视《相约星期六》，山东电视台《今日有约》，湖北台《今夜情缘》，河北台《真情旋律》，河南台《谁让我心动》，安徽台《家人》，北京台《今晚我们相识》，北京有线台《浪漫99》，沈阳台《周末有约》，辽宁电视台《浪漫之旅》，南京台《婚情男女》《为谁心动》，广州台《最佳拍档》，武汉有线台《相思树下》。摘自欧阳国忠：《中国电视前沿调查》，《经济日报》出版社 2002 年版。
② 刘斌：《电视婚介节目与职介节目消长现象解析》，《西部电视》2004 年第 1 期。

会吧》《相亲相爱》等为代表，出现井喷式播出。为抢夺眼球而炮制越来越出位的话题，以及价值误区的错误引导，相亲变"相金"，引起了社会无数质疑和批评。

相亲节目的形态基本相似：女嘉宾置于权力中心，男嘉宾被围观和挑选，场上24位女嘉宾对男嘉宾评头论足，通过灭灯、亮灯、爆灯来决定依次出场的男嘉宾的去留。为了获得主动挑选女友的权利而不被赶走，男嘉宾必须尽可能秀出自己的外表、才艺和经济条件。每一个男嘉宾出场的方式都一样，程式化的程序像举行一场冠礼仪式，加冕和脱冕的瞬间，似乎赋予了女性极大的权力。

为此，男嘉宾在展示自己和女嘉宾在挑选异己的过程中，拜金、毒舌、选手裸照、富二代等话题兴起了轩然大波。

马诺：宁愿坐在宝马里哭，也不愿骑着自行车在大街上兜风。

盛凌云：我家有两部法拉利，我可以找到有两部兰博基尼的人，那你有什么？

刘姗姗：发誓不生小孩，给孩子花钱是莫名其妙的行为。

贺应明：我文采超过张爱玲，美貌赛过范冰冰。

相亲节目利用噱头式的话题，内容甚至触及人身攻击、身体羞辱和个人隐私。造假、低俗已严重危害到了整个行业的生存状态。嘉宾出场是为了真的相亲还是为了个人作秀？电视台是真的牵线搭桥帮助男女相亲还是为了做节目赚取眼球经济？谁也难以分辨真假。但娱乐化过头走向低俗化的现实，已触及了道德底线。《人民日报》旗帜鲜明地发表《相亲节目低俗化当止！》，并在人民论坛上发表评论《斩断〈非诚勿扰〉财路　绝不能靠低俗吸眼球》；新华时评也发表《〈非诚勿扰〉当非诚勿播》；《焦点访谈》为人们揭露热门相亲节目背后存在的种种问题；广电总局连续下发《广电总局关于进一步规范婚恋交友类电视节目的管理通知》及《广电总局办公厅关于加强情感故事类电视节目管理的通知》，直指当前相亲节目中存在"弄虚作假、低俗炒作、混淆是非、误导观众"等问题。明令"严禁伪造嘉宾身份，欺骗电视观众，不得以婚恋的名义对参与者进行直面羞辱或人身攻击，甚至讨论低俗涉性内容，不得展示和炒作拜金主义等不健康、不正确的婚恋观"。①立即引起了全社会的广泛关注和思考。主流媒体应该担当起什么样的社会责任？应该坚守什么样的价值观和底线？

有调查显示：71.6%的人认为，这类节目对社会道德和风气造成了损害。网友"刹那年华"说："这些节目赢得了骂名，失去了荣誉，看了都觉得浪费时间，相亲是为了步入婚姻，婚姻是人生大事，岂可如此儿戏，是应该好好整顿管理了。"一位大学生说："看了她们之后，觉得社会上的女生真可怕，我觉得马诺有些方面就是表现得挺过的，很多东西可能会误导一些人的择偶观。"②

节目娱乐化和低俗化是我国乃至世界各国电视发展中存在的问题。相亲节目并没有原罪，但必须是追求真实，不造噱头，不越位。电视台制作什么节目，选择什么嘉宾，体现的是媒体品位和对社会伦理道德的认识和把握。像当下我国电视一些相亲节目即便是在西方纯粹追求利润的商业电视台也难以播出，却在以服务大众、传播真善美为首要任务的我国电视台播出，终究是好景不长。

一些电视相亲节目终于被停播了。以利益为主导的恶性竞争，最终演变成了一场庸俗不堪的"审丑宴会"，败坏了社会风气。有专家认为，在片面追求收视率思想的指导下，一些媒体在节目开始策划时就把大部分精力放在吸引眼球、挑战观众心理底线上，为日后节目的出位埋下了隐患，造成节目低俗化。作为社会公共资源，媒体应坚守职责操守，摆脱追逐名利的怪圈。

七、电视益智博彩节目泛娱乐化

电视益智博彩类节目是对海外 Games Show 本土化改造之后的知识

---

① 张英：《我们约会吧，为爱向前冲，但是，非诚勿扰——相亲节目整风》，《南方周末》2010 年 6 月 7 日第 1 版。
② 《调查数据显示：七成受众称相亲节目损害社会道德》，http://www.chinanews.com.cn/life/news/2010/06-28/2365879.shtml。

型综艺节目。以"知识换取财富，用知识实现家庭梦想"为口号，集趣味、益智、知识、奖金、紧张、幽默于一身，由高科技网络、声讯手段支撑，舞美、灯光、音响协调配合，自始至终以吸引"眼球"为追求。现代电视益智博彩类节目最早可以追溯到 1955 年美国 NBC 推出的《64000 美元问题》，目前世界范围内最为轰动的是美国 ABC 推出的《谁想成为百万富翁》。

自中央电视台推出《幸运 52》和《开心辞典》以来，这种融知识、娱乐、博彩为一体的新型节目形式，迅速走红大江南北，催生了诸如《财富大考场》《智力大冲浪》《超级英雄》《步步为赢》《无敌智多星》《谁比谁聪明》《不考不知道》《智者为王》《一站到底》等类参与性强的电视节目。

一哄而上的益智博彩类节目，互相克隆必然导致节目样式雷同，内容贫乏，就像是从流水线上生产出来的东西，同一、无个性、千篇一律。同一化的社会效应难免形成对物化意识的多重强化，从而使观众在清一色的认同中丧失自我，沉溺于流光溢彩的图像世界和对丰厚奖品与免费旅行的艳羡之中。

比如观众在观赏《智者为王》的时候，总是被节目中自然流露出的戏剧性所吸引和紧张感所捆绑，注意的可能不是答题本身的对错，而是选手将怎样运用灵活的策略确保自己不被淘汰出局。观众会不自觉地为参赛者或拍手叫好、或幸灾乐祸、或哀其不幸、或怒其不争，节目过程的悬念迭起、竞赛结果的扑朔迷离足以激发起观众主动自娱自乐性的收视热情。[1]

深圳卫视的《谁比谁聪明》、陕西卫视的《不考不知道》涌现出一种"小学生"现象。参加答题的嘉宾首先都是小学早已毕业了的大人，甚至明星、专家学者、企业家等。面对这些"学过却忘了答案"的小学题目，他们不得不在众目睽睽之下无限唏嘘地承认"我小学没毕业""我没有小学生聪明"。一边是名人、大人的冥思苦想、抓耳挠腮，与之对应的则是小学生的对答如流。[2]

---

①赵津晶：《对我国电视益智类节目发展的思考》，《新闻前哨》2004 年第 3 期。
②王莹、娜布琪：《益智类节目的发展状态及收视分析》，《视听界》2008 年第 1 期。

　　"让嘉宾出丑、拿孩子开涮、高额奖金诱惑都是为了制造看点。让成人选手被戏弄，既没有实际意义，又有可能让小学生产生自满等负面思想。"加里·惠内尔在批评英国早期的知识测验和游戏节目时指出："除了专业知识测验以外（比如《智多星》和《大学知识测验》University Challenge 等），几乎没有一套这类电视形式的节目比知识测验的文化品位更低的了。""题目本身就道出了此类'知识'的最终无用性，观众却对那些'百事通'们肃然起敬，而对那些凡事都持分析态度的知识分子冷漠视之。"[1]

　　益智停留在雕虫小技和知识拼盘上，博彩却把一个人的梦想全都凝聚到物质追求上。一个问题 1000 元、5000 元、1 万元、5 万元、50 万元、100 万元，是倡导金钱至上还是提高文化修养呢？电视台为了提高收视率，利用知识做幌子，不惜提供巨额奖金，刺激了人们的浮躁心理和不劳而获的思想。布热津斯基曾断言："电视——大众文化的主要提供者——越来越把幸福生活的定义说成更普遍地获得商品和立即得到自我满足。乌托邦的狂热就这样被欲壑难填的消费挥霍所取代。"[2]娱乐化、平庸化、媚俗化的泛滥便自在情理之中了。

　　主持人冷若冰霜的表情，再加上现场冷蓝色追光和阴森恐怖的亮白光束配合，急促的音效营造了"剑拔弩张"的气氛。不是在进行知识竞赛，而是在举行一场气氛严肃典礼仪式，"拟态环境"中的"知识秀"，游戏中夹杂着参与者复杂、多元的心理活动，异型的恐惧带来加冕和脱冕的迥然不同，离开或拿到巨额奖金，造成最终在物质与社会成就上的天上与地下之别。

　　美国哥伦比亚大学的 H. 赫卓格认为，竞争乐趣、获得新知、自我评价三种基本心理需求使得人们喜爱电视益智博彩类节目。益智变弱智、知识变常识、紧张代快感、博彩为中彩、盲目克隆、缺乏创新等现实，"拟态环境"中凸现"智"和"知"建构的紧迫性。从传播"知识"为主体，

---

　　① [英] 安德鲁·古德温、加里·惠内尔：《电视的真相》，魏礼庆、王丽丽译，中央编译出版社 2001 年版，第 82~83 页。
　　② [美] 布热津斯基：《大失控与大混乱》，潘嘉玢、刘瑞祥译，中国社会科学出版社 1995 年版，第 82 页。

到传播知识、提供娱乐并重；从被动参与到竞相报名、层层淘汰选拔的主动参与；从受众被动的观赏性参与到传授双方互动的竞争性参与再到受众主动的自娱性参与。[1]如此，电视益智博彩类节目才能摆脱泛娱乐化的误区，赋予电视媒体"寓智于乐"的真实意义。

八、电视剧场泛娱乐化

欧美及香港商业化电视剧出现得早而且获得了蓬勃发展，我国大陆电视剧娱乐化正式开始的标志是20世纪90年代《渴望》的播出。[2]

改革开放以来，我国大陆电视剧创作和改编以"人性""人的价值""人的自由""人的需要和本质""人的自然欲望"等为出发点和归宿点的命题，不断得到张扬，平民化、真实化、世俗化的创作趋势使镜头开始由聚焦于"高大全"式的英雄转向普通人，观众与屏幕距离大大缩短，出现了许多精致、优秀、充满时代精神、具有浓郁生活气息的影视作品。[3]但一些电视剧泛娱乐化以及庸俗化时有出现，以一种缺乏魅力的方式进行无聊游戏和无病呻吟，导致收视品位下降、道德意识缺乏，文化意味淡薄，给观众和社会带来许多负面的影响。

（一）武侠剧魔幻化

电脑动画和造型技术二者相加，促成了国产武侠剧发生了一场"魔幻现实主义"的空前革命：好人变神仙，坏人成妖怪，一边是呼风唤雨腾云驾雾，一边是排山倒海颠倒乾坤。企图借花哨的武打招数、神奇的特技效果来掩盖武侠剧言语乏味的剧情和面目可憎的人物，制造一场场视觉奇观。

（二）古装剧时尚化

电视古装剧抛弃历史走向未来的明显趋势，是造型越来越时尚，台词越来越时髦，新鲜事物和新潮语汇通通放置在古人的身上，"穿着古装玩摩登"成了当前古装剧的一大看点。《满汉全席》里有一个脚踩滑板的大厨徐铮；《蝶舞天涯》里有一个朋克造型的帅哥黄磊；《钟无艳》

① 蒋凡：《电视益智类节目的体会和理解》，《记者摇篮》2007年第6期。
② 蔡尚伟：《影视传播与大众文化——文化工业时代的影视方法论》，四川大学出版社2005年版，第261页。
③ 张智华：《中国电视剧"剧变"30年》，中国教育报2008年12月26日文化专题版。

的男女主角则是一个大跳健康舞，一个热衷小发明；《浪子燕青》当街玩起"hip——hop"；《秦王李世民》里，众位皇子穿着"圣斗士铠甲"大踢蹴鞠（足球）。

（三）警匪剧悬疑化

电视警匪剧由于存在着场面血腥暴力、人物正邪不分、情节碎片衔接的致命缺点，在遭遇相关政策干预后，不约而同地向心理悬疑方面过渡转移，即一方面最大限度地回避凶杀暴力，而另一方面又不遗余力地营造恐怖氛围，借助昏暗的灯光和诡异的音效来达到"吓你没商量"的惊悚效果。没有塑造出势均力敌的警匪之争和大义凛然的警察风范。

（四）偶像剧"日韩化"

偶像剧深受"日流、韩流"的猛烈冲击，剧情、演员形象、氛围设计几乎完全模仿。《蝴蝶飞飞》的女主角杨雪身患绝症、《向左走，向右走》的男主角遭遇车祸，日剧、韩剧情节的套路，明显是幼稚、可笑、肤浅地将肉麻当作有趣。

（五）爱情剧多角化

电视剧中错综复杂的爱情景观一改地老天荒、海枯石烂的"琼瑶式"恋爱模式，"多角恋爱"大量涌现。你爱我、我爱她、她爱你的"三角恋"以及"婚外恋"已经成了必备的小儿科；至于"姐弟恋""忘年恋""黄昏恋"等也开始渐渐唱起主角；再加上如今情感剧里流行的各种扑朔迷离的"血缘关系"，电视剧里就一再重复着乱上加乱、"全民参与"的"恋爱总动员"。[①]

（六）历史剧戏说化

电视历史剧戏说历史，常常将历史生存的丰富性简化为一个个亦喜亦乐的情节化故事，将历史上多元的权力关系简化为游戏，将复杂的历史真实简化为善恶分明的道德寓言，调和空间距离与时间进程的分离，为观众制造一个又一个白日梦。例如，《戏说乾隆》《宰相刘罗锅》《还珠格格》等走向抛却历史理性而进行主观臆造的极端。叙述历史不是为了追求历史

---

① 钟永英：《电视剧娱乐化现象的思考》，《经济与社会发展》2007年第7期。
② 范志忠：《历史题材影视剧创作的审美悖论》，《当代电影》2005年第2期。

的真实，而是成为对历史影像的一种消费，在历史的时空中尽情放纵，宣泄着当下的各种欲望。②

（七）军事剧审丑化

"最可爱的人"已经作为一种文化符号深刻在人们记忆中，成为民族精神的体现。由于娱乐之风的侵入，一些电视剧将军事人物的某些缺点，以所谓揭秘、残酷、烘托等噱头"取悦"观众，"抗战神剧"竭尽全力棒喝"手撕鬼子""裤裆藏雷""石头打飞机"来提升作品的收视率。为了突出军人爱岗敬业，将军人的工作演绎成非人性化；为了表现军队纪律的严格，将军人描写为不食人间烟火的"铁人"；为了塑造军人的形象，将军人刻板化为"草木"般的神灵等。

娱乐化的电视剧以追求猎奇性、感官刺激性为满足，戏说、性说、第三者、色情、暴力、魔幻、恶搞、审丑等题材也比比皆是。尤其是对"红色经典"如《林海雪原》《闪闪的红星》《红色娘子军》等"无情不成戏，随意注水稀释，歪曲英雄形象，反面人物个性化"后成了"粉色经典"或"桃色经典"的解构，丑化英雄人物，造成对青少年教育的错觉。①

泛娱乐化电视剧的内容多以婚外情、遗产纠纷、皇族内幕等为看点，场面豪华、剧情虚构、内容单一、冗长拖沓，一味地迎合和跟风，播出权恶性竞争②等模式，向观众提供情绪宣泄、感官娱乐、心理放松的符号文本，对热衷于荧屏却又非常幼稚的青少年所产生的坏影响是难以估量的。有小朋友长大后立志要做陈世美，有小朋友模仿小燕子上吊③等事实就是直接的明证。

电视剧是电视传播中的一大类别，品种丰富，价值多样，应该有引领新时代主旋律的责任，有培养观众审美情趣的义务，有弘扬正气和正义感的使命担当。无论是改编还是创作，既要从国外商业化影视中汲取养分，同时也要结合我国影视文化建设的特性，不跟风、不克隆，不高级黑低级红，以严肃的态度走出一条创新大众文化传播力的特色之路，从而守住电视剧的精神家园。

---

① 温炳章：《电视节目低俗化倾向及其治理》，暨南大学 2007 年度硕士学位论文第 12 页。
② 吴荻：《论我国电视传播泛娱乐化现象》，南京理工大学 2009 年度硕士学位论文第 14~15 页。
③ 郑岩：《传媒文化的异化现象批判》，中国广播电视出版社 2009 年版，第 82 页。

第三节　广播泛娱乐化现象

广播作为最早出现的电子媒体，随着社会经济的大发展，基本上都已实现了频率专业化，对推动媒体细分受众市场起了巨大的启示作用。

在媒体泛娱乐化场域中，广播的各种专业频率也都自觉不自觉地亲近了娱乐化方式，不少电台创办了自己的娱乐类节目，《娱乐双响炮》《快乐无极限》《铿锵新闻秀》等轻松走红无不与这些节目可以给广大听众带来一定的乐趣有关。以"音乐＋即兴＋创意＋热情＋无厘头＋乐观精神"为定位的一些广播节目，让听众感受到了语言的魅力，但也存在着娘娘腔、港台腔和主持人嗲声嗲气的插科打诨，甚至还有一些荤段子和另类点评，尤其是情感热线、性教育、心理咨询、性病广告等节目，步上泛娱乐化的后尘，在市场竞争中，赢取一定收听率的同时，对社会同样造成了一定程度的负面影响和危害。

一、广播新闻泛娱乐化

在广播新闻节目中，语言、音乐、音响是基本要素。由于传播的快捷性、移动的方便性、同期声的真实性、制作的简便性和发射的广阔性，广播在特殊新闻现场发挥了其他媒体不具有的优势，在地震、海啸、台风、泥石流等自然灾害报道中大显身手，为危机事件的防范、抢险、救灾、事后安置赢得了先机。

但一些广播新闻节目极尽泛娱乐化手段，对灾害中的生命缺乏应有的关怀与同情，对日常生活中应尽的关爱也表现得非常冷漠，深陷消费主义所牵引的泥淖之中。某地方电台新闻节目报道孤寡老人的日常生活，对老年朋友缺乏应有的关爱，特邀嘉宾居然哗众取宠，建议贫困老人节省度日开支，这种轻佻的语言听着让人心寒，与广播新闻节目的娱乐化本质完全背离，将哗众取宠和语出惊人作为获得收听率的工具。[①]

广播新闻节目的泛娱乐化，还表现在一些充斥着暴力、血腥、逗唱、

---

① 张斐斐：《对广播新闻节目泛娱乐化的思考》，《新闻传播》2015 年第 6 期。

八卦等不良信息，使节目内容低俗，对听众产生潜移默化的危害，给人们价值观和世界观在不同程度上带来误导，听众不但不能获得快捷、真实、客观、公正的有效信息，久而久之，收听品位也会越来越被降格。

二、广播文艺泛娱乐化

广播文艺节目本来可以给听众带来轻松和愉悦，但一些节目播出格调不高的娱乐内容，人为制造笑料、噱头，盲目引用网络上的娱乐消息，将低俗化混同于"接地气"，违背了娱乐的本质和要义，不但达不到娱乐听众的目的，反而影响了媒体自身的公信力。[①]

广播文艺节目泛娱乐化现象主要表现为浅薄、低俗、荒诞和随意转引话题进行调侃。比如：某文艺频率中一档冠以"时尚"标题的栏目有一期节目，一嘉宾谈及有关办公室白领健康的话题时，另一位嘉宾说："你看我的肌肉，哈哈！"女主持人却嗔怒道："把裤子穿起来！"紧接着是直播间里一阵哄笑。某电台一档下班晚高峰时段播出的娱乐节目，主持人调侃说："大学里面学习马克思主义、毛泽东思想、邓小平理论。马克思走了，给我们留下的是背诵到口吐白沫的马克思主义，还有默写到手长老茧的试题，而屈原走了却给我们留下了三天的假期。"某电台主持人吃了榴莲上节目，说吃榴莲后的气味有"香港脚的味道"，并且说"中国是香港脚的味道"。如此毫无逻辑、不守底线的调侃，不能不让听众质疑该媒体从业人员的素养，怀疑媒体的公信力。

还有各类脱口秀节目对生活或者话题的"夸张式"表现，一些主持人放开了说、秀、逗、演，像相声、小品、二人转的表演一样，[②]以把听众逗乐、逗傻为目标，似乎实现了脱口秀节目为听众解压的功能，殊不知浅薄、低俗的"夸张式"出演，同样违背了"秀"的要义与价值。

三、广播服务泛娱乐化

广播服务类节目通过传播各类有效信息帮助听众解决相关实际问题，

① 邢晓春：《广播文艺节目"泛娱乐化"现象剖析与应对》，《中国广播》2013年第9期。
② 张韶枫：《广播脱口秀节目泛娱乐化的思考与批判》，《西部广播电视》2016年第9期。

像热线资讯、交通路况、天气预报、医疗保健、汽车房产、求职求学、投资理财、旅游休闲、法律咨询、情感疏导甚至生活广告等，关注老百姓的衣食住行，有着贴近实际、贴近群众、贴近生活的本土化风格和实用性价值，强化服务意识，注重公益性，在互动交流中增进与听众之间的感情，是深受听众喜爱和好评的节目类型。

但一些电台的服务类节目，出于对收听率和商业利益的追求，极尽娱乐化之能事，借服务之名行商业欺诈、商业贿赂之实。比如，医疗资讯服务节目本应侧重介绍疾病预防、控制和治疗的科学知识，却将患者求医问药编制成恐怖故事，然后再利用专家、患者名义进行叙事证明，隐含保证治愈内容，夸大诊疗效果，误导患者的正常治疗；还有一些午夜情感类谈话节目，不是专注于情感的心理疏导，而是在一些鸡汤类的话语安排中植入商品广告，有的甚至出现低俗下流的话语诱导，使本来就有情感困境的听众越陷越深。

广播泛娱乐化相对于其他媒体而言，较为清朗洁净。中国传媒大学从事广播视听研究的一位教授曾经说过：广播是一个相对洁净的媒体，是一个与语言直接联系的有智慧性的媒体。[①]的确，一般情况下，有些内容是可以写作、可以拍摄、可以展示，却难以启齿。

第四节　互联网等新媒体泛娱乐化现象

互联网诞生于美国，经历了一个军用（ARPA 网）——教育科研（含民用阶段）——商业化运作的过程。20 世纪 80 年代，在经济驱动、现代文明、社会文化、传播科技等多重因素的推动下，互联网获得了迅猛地发展，形式不断得到开掘，内容不断得到扩充，功能不断得到拓展，成为一个崭新的媒介形态。

网络媒体的发展，一开始就显现出双重的矛盾倾向。一方面，在重大

---

② 邓炘炘在《中国广播体制改革》讲座上的演讲，2008 年 10 月 21 日晚，中国传媒大学 45 号楼阶 2 教室。

新闻事件的报道中，开始扮演起越来越重要的多媒体角色，大有抢夺传统媒体优势的趋势。另一方面，网络媒体中充斥着"煽"（煽情）、"色"（色情）、"腥"（暴力）的低俗消息，包括流言、谣言、小道消息和假新闻，甚至难以追究责任。

网络是泛娱乐化的重灾区。为了提高点击率，时常发表一些花边新闻或名人绯闻，以刺激、煽情甚至是挑逗性的字眼儿，激发人们的窥视欲望。软新闻的流行和硬性新闻软化是其内容和形式的主要表现：从比尔·盖茨遇刺之类的假新闻到各种媒介伪事件；从摆S身姿卖弄情色的"芙蓉姐姐"到靠艳照博位的兽兽及无耻拜金的马诺；从高调炒作的"凤姐"到搞笑"甘蔗男"和蓬头垢面的"犀利哥"；再加上网络山寨、网络恶搞、视频直播、游戏、姓名解析、星运测算的乌托邦化等。网络充分调动用户的主动性，在参与合作中把泛娱乐化推到极致。

在网络技术高速发展的态势下，以用户为中心的新媒体已从边缘走向主流，"报纸"演变成"在线新闻"，"广播"演变成"点播"，"电视"演变成"网络视频"。用户的民主意识逐渐消解了单一媒介的权威性，多元化、互动化的个性信息成为信息传播的主流，传播环境从"我们"时代走向了"我"时代。[①]新媒体以方便用户为途径，以用户高兴为手段，以攻城略地为追求，以获取利润为最终目的，用户第一目的也从获取信息转向寻求娱乐，幽默短信和娱乐视频大行其道，新媒体的泛娱乐化趋势似乎不可逆转。

一、网络新闻编写泛娱乐化

网络没有新闻信息的采集权，内容传播大多都依靠传统媒体提供，在很多时候都属于"二次传播"。网上新闻信息几乎都靠改写或编写而成，在泛娱乐化场域中，网络新闻已成为整个娱乐产业链中巨大的一环，主要表现在以下方面：

---

① 周敏：《新传媒娱乐"冲击波"》，《传媒》2008年第5期。

（一）网络新闻标题泛娱乐化

同一条新闻，在网络上和报纸、广播电视上的处理方式是不同的，首先体现在标题上。网络新闻标题旨在第一时间吸引最大多数人的眼球，以提升浏览量和点击率，哗众取宠、颠倒夸张新闻事实以增强新闻冲击力的标题，比比皆是。

新闻标题的江湖故事化表述，在体育新闻中尤其多：《七大高手联袂闪耀亮剑　绝招频出　谁是杀手之王？》《火箭要招安姚明　又一仇人街球王在休斯敦已难容身》《中超最佳阵容：鲁能四星摘申花　国安单枪破袭中原》《西塞重蹈黄善洪悲剧覆辙　国足再成世界杯巨人杀手》《两对冤家产生：英格兰遇黑马　德国瑞典宿怨未解》《"射手王"军团四年未进一球　法国欲拿韩国开刀》。

其他新闻标题尤其是社会新闻标题的"煽、色、腥"气息非常抢眼：《禽兽教师强奸小女生两年　平均每周强奸一次》《七旬老汉用零花钱作诱饵　多次强奸 14 岁智障少女》《弟弟在父亲默许下杀死哥哥　将尸体埋于猪圈 18 年》《新娘与伴郎偷情被抓吓抽筋　全身赤裸被送医院》等。

（二）网络新闻内容泛娱乐化

网络新闻内容在标题的导航下，通过超链接得以全面呈现。无聊话题、火爆噱头、恶搞、无聊、窥私等，泛娱乐化无处不在——绯闻比新闻受关注，恶搞比经典更流行，无聊比正经有市场。标题文、知音体、假新闻满天飞，当事人滑稽的瞬间照，或者图文不相符、不严肃现象以及各种无厘头景观层出不穷。

从芙蓉姐姐、木子美、竹影青瞳、二月丫头等到 i-Phone Girl 苹果女孩、联想红本女，再到研祥的"贱男门"系列事件，从"贾君鹏，你妈妈喊你回家吃饭"到"犀利哥""甘蔗男"，网络泛娱乐化时刻冲击着人们的视线。

再来看王宝强马蓉事件和贵州茅台原董事长严重违纪事件的网络版，套用《史记》经典文本和框架进行改写、戏说，成为典型的泛娱乐化新闻文本。

《史记·马蓉列传》

马氏者，名蓉，秦地渭南人也。父为小吏，母有姣容，家小富。马蓉似母，略微姿色，貌有可人处，每揽镜自喜，复扑镜自哀："丽质如此，弃在小郡，无缘公子，奈何奈何？"幼喜读诗书，最好《金瓶梅》，每读至动情之处，乃手舞足蹈，常与人语曰："大女子在世，当声色犬马济世。"

……

同窗有宋生者，名喆，燕人也，其人出由，讳莫如深。性机敏而淫，每视马氏，目灼灼然，似贼郎。马氏谓宋生曰："君有意乎？"宋生笑："每见佳人，不能自持。"马氏问："君富贵乎？"宋生赧然曰："待他日。"

……

宝宝起自垄亩，然能发奋，游迹优伶，数年间，有资巨亿。得美妻，喜不能胜，以为神仙不啻也。遂以内事付马氏，以外事付宋生，身自奔波，春秋不得暇，秋冬犯风霜，虽富贵，大不易。然如此，其宠马氏不衰，马氏孕，以粉钻贻之，曰："吾爱娘子，一生为期。"马氏曰："妾得一心人，白首永不离。"

……

太史公曰：古之西门金莲者，背夫通情，留万世恶名。今之宋喆马蓉者，为之更甚矣。呜呼哀哉，以理乎？为情乎？谬也。宝强其人，忠厚孝实，广结善友，内以热忱待妻女，外以劳苦行报酬，然尝此恶果，悲乎！①

《史记·袁仁国货殖列传》

黔有河，名曰赤水，取赤水，以古法蒸馏，可得佳酿，名曰茅台。茅台者，酱香之味，神酒也，贵人将相，王孙公子，富商大贾，庙堂江湖，无不好之乐之逐之醉之，趋之若鹜，无茅台，不成高尚之席也。茅台遂洛阳纸贵，一瓶难求。

近有黔首，曰袁氏仁国。仁国，瓮牖绳枢之子，氓隶之人，而迁徙之徒也。仁国少时弱小，父不忍其耕作，求大人安排于茅台车间也。仁国始发奋，为学制酒，赤脚裸背，下沙、润粮、蒸粮、摊晾、入窖，如是反复，日运原酒千百公斤。

……

茅台遂中兴，仁国亦富贵也，出入将相之舍，流连王公之府，交游大夫之第，密谋庙堂之室。食有鲍鱼，行有豪车，非茅台而莫饮，黔人无不侧目。

……

---

① 《史记·马蓉列传》，https://www.sohu.com/a/237475654_100153483。

忽一日，仁国卸任。又忽一日，有司大告天下，所列罪名十数项，项项皆重。缇骑而来，仁国被拘矣！

太史公曰：仁国，起于巷陌之中，崛于勾栏之肆，其智，中人之上也，然不知进退，遂有今日牢狱也。茅台，乃国酒，非其私窖也，仁国岂不知乎？然利欲熏心，其壑难填也！今货殖之属，能不戒乎？①

二、网络视频（恶搞）泛娱乐化

现代技术文明的快速发展，电子计算机和网络技术支持着数字化信息世界，数字合成的图像制作第一次逃离了自然物质条件的制约，虚拟世界里印刷文化的机械复制向视觉文化的数字化转向，大量图像和动态视频的自由传播在丰富全媒体功能的同时，一种带有游戏性质的、反常规、很随意、非理性的"网络视频恶搞行为"随意解构、反叛或颠覆传统、经典、权威、精英以至一切主流意识形态与价值观念。尤其是火山小视频、快手等短视频 APP 中未成年孕妇、未成年妈妈和未成年二胎妈妈主播们有悖于人性的恶意搞怪，突破人类道德的底线，假借大众最为过瘾的"娱乐"，把视频直播推向了低俗化的深渊。

"恶搞"一词源于日本词汇"KUSO"，最早出现在游戏和动漫中，是发泄情绪的口头语。尔后从台湾传到香港，被译为"库索"（酷索），继而扩散至大陆地区，被意译为"恶搞"，随着应用环境的变化，其具体含义也有所不同。②

从《小鸡过马路》到《大史记》三部曲、《网络惊魂》《Q版语文》《小强历险记》等，网络视频恶搞并没有引起网民的注意。胡戈 2006 年套用中央电视台社会与法频道《中国法治报道》的节目模式，将《中国法治报道》和陈凯歌导演的电影《无极》的画面、声音等进行重新剪辑编排，利用影片中故事的某些逻辑漏洞，将社会现实融入其中，制作出一段名为《一个馒头引发的血案》的网络视频。③《一个馒头引发的血案》一上互联网，

---

① 《史记·袁仁国货殖列传》，http://pinlue.com/article/2019/05/2314/229018886653.html。
② 詹珊：《析评网络恶搞现象》，《福州大学学报》2007 年第 4 期。
③ 徐琳：《恶搞视频短片的文化考量》，华中师范大学 2007 年度硕士学位论文，第 2 页。

因为对电影《无极》中故事的戏谑嘲讽在网民中引起强烈共鸣，该网络视频被各大门户网站和 BBS 论坛等转载，受到网民热烈追捧，掀起收视议论狂潮。

尔后，出现了知名作品《梦断奥斯卡》《乌龙山剿匪记》《007 大战黑衣人》《血战到底》《春运帝国》《满城尽是加班族》《007 大战猪肉王子》，甚至《新闻联播》等被演绎成"网络视频恶搞"的"胡戈"现象。"'小胖'系列""'后舍男孩'系列""'解说门'系列"等交相呼应，加上真人版"芙蓉姐姐""玫瑰姐姐""石榴哥哥""后舍男生""妖妃娘娘"等，一系列"网络视频恶搞"作品组成了声势浩大的传播现象，以一种排山倒海之势在线上铺天盖地般流行。

当人们沉浸在集体无意识的网络视频狂欢的时候，胡戈对经典作品的恶搞给网民们注射了一针清醒剂。《闪闪的红星之潘冬子参赛记》使 2006 年的网络英雄胡戈遭到了主流文化的迎头痛击，八一电影制片厂发表义正严词的声明，并声称适当的时候诉诸法律。[①]《光明日报》在刊发类似社论的文章《红色经典不容"恶搞"》和署名短论《我们有责任捍卫经典》的同时，主办了"防止网上'恶搞'成风专家座谈会"，并在"光明网"上图文直播了与会者的发言。[②]

"网络视频恶搞"有较高的科技含量，参与者的文化程度较高，参与的人数众多，传播的时效性持久，是在高科技互联网络媒介支持下的一种新的娱乐方式。"网络视频恶搞"所奉行的规则就是没有规则，追求的是弗洛伊德所言的"快乐原则"。[③]从"馒头案"到"参赛记"，受网民追捧的"网络视频恶搞"遭到了主流文化的反抗，反映了亚文化对主流文化"仪

---

① 《对网络恶搞文化的反思》，https://wenku.baidu.com/view/7b52b4e159f5f61fb7360b4c2e3f5727a5e9248f.html.

② 赵勇：《大众媒介与文化变迁——中国当代媒介文化的散点透视》，北京大学出版社 2010 年版，第 280 页。

③ 詹珊：《论恶搞行为在中国当代大众文化中的生存形态》，《福建师范大学学报（哲学社会科学版）》2007 年第 1 期。

式抵抗"的弱小，也透露了虚拟世界里媒介事件所制造的伪仪式意义的虚空，难逃毙命的结局。

21世纪是全民娱乐、草根文化盛行的时代。社会越复杂，信仰越空无，竞争越残酷，人们越需要通过直接的感官娱乐来快速实现心理减压和平衡。全民娱乐是直白的、快感的、快餐式的，草根文化的精髓不是深度，也不是思想和意义。人世间的确有太多的道貌岸然，有一统江湖的宏大叙事，有妄想千秋万代的精英意识。[①]"网络视频恶搞"的"仪式抵抗"宛如野百合对春天的向往，把自己的想象力发挥出来，把自己内心的感受发泄出来。它是对宏大叙事的一种意见陈述和瓦解，是对精英和主流垄断的一次反抗和博弈，借用数字化技术对神圣母版的一次降格和脱冕，颠覆的行为爆发出令人激赏的创造力，但戏说之风的嫌疑和唯"乐子"是取的导向，抽空了原本反抗的力量，一场伪仪式的狂欢之后，没有留下多少可供思考的余地。

三、网络图片（山寨）的视觉秀场

数字化的虚拟世界里，诉诸视觉环境的浅阅读抢占了印刷时代文字书写深阅读的宝座，一图值万言的报刊编排技巧在互联网上演化成了以图压文的视觉机巧。以图说事、以图抓眼、以图煽情等在网上应用得淋漓尽致，各种展览（车模、书模、床模等）展示、行为艺术、博客展示、自拍秀场、网络红人、网络山寨等在传播科学技术的推动下，炮制了一茬又一茬的视觉秀场，把地域性的营销活动转换成一个个媒介事件。网络推手在娱人娱己的同时，也赚得盆满钵满。

当绘画、摄影引进模特打破艺术界的沉寂后，各种展览展销活动把模特的应用推向了营销的风口浪尖。汽车展示、家具展示、服装展示等各种物质产品的营销活动引进模特还能为人们所认可的时候，书展活动

---

① 睿莹：《恶搞：一种无根状态下的自由发泄》，http://bbs.pcworld.com.cn/archiver/?tid-13207.html。

引进模特在社会上就引起了激烈的争论，书中自有颜如玉的想象在急功近利的商业化推动下跃向了现实的眼球，对知识的崇拜幻化成一道道欲望的闪现。还有比基尼京剧等各类惊艳表演亮相舞台，是时尚创新还是亵渎传统、糟蹋国粹，人们在惊爆眼球的泛娱乐化手法中只好瞠目结舌、无言以对。

网络红人的出炉，让低俗炒作之风变成一种"流行文化生态"，走向社会公共话题的前台。从芙蓉姐姐到天仙妹妹，从凤姐到伪娘，从犀利哥到甘蔗男，从贾军鹏到养生专家，幕后推手火拼电脑荧屏。媒体躁动、低俗炒作、价值观迷失，网民在一次次视觉盛宴的深情款待下，喂爆了眼球。乱花渐欲迷人眼，《人民日报》以《谁在左右公众的眼球》为专题，揭开了网络红人出炉的奥秘：网上发帖，引发争议；媒体跟踪，跟风报道；发现价值，投放广告。①一个"钱"字把网络搞得风生"火"起，无形中屏蔽了人们对社会热点的关注。

博客即网络日志，最初只是程序员在网上张贴对技术层面的思考心得与个人生活方面的休闲内容。博客实质是自媒体，话语自由是其核心价值，注重个人意见的发表和个性的发展。②博客易接近性、表演性、商品性和消遣性等特征使得它成为个人展示的空间，木子美《遗情书》和大量个人人体图片的上传，使作家莫言的预言变为了对现实的真实描绘：人一上网，马上就变得厚颜无耻，马上就变得胆大包天。③尔后，竹影青瞳、张钰揭丑、饶颖事件等图片的再度升级，还有韩寒们的骂来骂去，投射出网络文化的深度困境，理想自由的个人空间转换成一个众人叫卖的市场，完全被消费文化的意识形态所笼罩，启蒙、民主、交流等愿望被活活阉割。展示什么？怎样展示？展示的价值何在？等等一系列的思考可能就成为博客图片展示留下的唯一追求了。

"山寨"崛起于2007年，从商业市场走向文化生产领域，仿造性、

---

① 张意轩：《网络红人这样出炉》，《人民日报》2010年6月7日第12版（《文化》专版）。
② 胡海燕、黄良奇：《论话语自由对博客发展的双重影响》，《新闻记者》2008年第12期。
③ 莫言：《我为什么要给网络写文章》，见《莫言散文》，浙江文艺出版社2000年版，第152页。

快速化、平民化，被媒体煽风点火之后，演绎成普通民众的日常娱乐。山寨水立方、山寨鸟巢、山寨白宫、山寨春晚、山寨百家讲坛、山寨赤壁、山寨红楼……简直是"神州无处不山寨"。[1]侵权与盗版，娱乐与无聊，草根对抗精英，急速膨胀的"山寨现象"，在某些方面显示了社会资源分配的不合理，也凸显了弱势群体在不合理面前的无奈。在一个越来越热闹的"围观时代"里，"山寨"看台上的看客们相互激荡着陷入狂欢，却往往无暇关心被扔到聚光灯下的表演者，究竟是在愉悦地表演，还是在痛苦地痉挛。因此，内容变得不重要，娱乐乃至狂欢的形式占了主体。形式对内容的替换，仪式化的媒介事件变成伪仪式表演，在无内涵的娱乐化快活之中，很少人认识到破坏既有文本的符码乃至破坏经典文本本身的危害。因为改编不等于创造，娱乐不等于愉悦。与虎谋皮掩盖了媒体谋取点击率的用心，只不过是幕后推手和网媒共谋的一场游戏而已。

四、手机短信和网络虚拟游戏、姓名解析、星运测算的乌托邦化

手机短信功能的开发，为用户带来方便的同时，也为用户节省了不少手机费用。在一个泛娱乐化的游戏世界里，手机短信形式也出现了异化，短信告知和交流的功能让位给了娱乐和游戏，甚至还出现了情色纠结的现象。

你是谁？我不小心弄丢了你的电话记录！我猜你是盛金斌或者艾柏武，对不对？要不然是秦寿，总不会是梅仁杏，若都不是，那我断定你是卞泰。[2]

你的忧伤是天上明亮的月光，那一晚的沐浴使我永难相忘；无论漂泊在何方，我的船一直停在你的小港，我深知，船已经抛锚，而舵手，也已

---

① 曹倩：《从山寨现象看网络传媒的释义功能》，《青年记者》2009年第2期（中）。

② 王静：《游戏短信，游戏人生》，见蒋原伦、张柠主编《媒介批评》第一辑，广西师范大学出版社2005年版，第123页。

③ 《我喜欢真诚的说说》，http://www.aigexing.com/shuoshuo/44354554.html。

经睡着。③

小姐说：一不偷二不抢，坚决拥护共产党；不占地，不用房，工作只需一张床；无噪音无污染，促进经济大发展；不生女，不生男，不给国家添麻烦……①

还有各种情色彩信："吻落何处最高明""情欲男女偷窥无罪""女人的呻吟尖叫，男人的汗水喘息，黑暗小屋瞬间暧昧潮湿""我好寂寞啊……"

网络游戏功能的开发，既拓展了网络盈利的空间，又创造了一种数字化娱乐手段。随着《和空姐同居的日子》热播，里面的网络游戏《大话西游外传》的广告植入并未被叫停，标志着网游产业得到国家管理部门的首次认可，网游开始正式进入娱乐化圈子，2010年很有可能成为网游全面参与娱乐的第一年！②

各家网游公司改组扩展业务，经典文学作品数字化游戏改编，电影电视热播作品游戏化移植，各种武打、竞技、情色作品网游化生存，游戏与娱乐深度结合，进一步印证了当年王志东创办新浪网时所秉持的出发点：打发人们的无聊时光。

网络游戏的泛娱乐化甚至情色化生存，使许多人沉浸在网络游戏的虚拟世界里而不能自拔，出现网瘾综合征。宅男宅女的出现，游戏网络变成了游戏人生，已引起了社会高度重视。各种整治措施和法律法规的出台，在网络各种变相手段面前也显得力量单薄。

姓名不但是每个人独特的符号，好的名字还能帮助你行事如鱼得水，且逢凶化吉，像是一种神奇的力量影响着你。想知道你的名字对你的命运、健康、事业、爱情、人缘、年运、财运有什么影响，以及应对的方法吗？

---

① 陈军：《莫让黄段子"黄"了前程》，《中国保安》2006年第10期。
② 《2010或成网游泛娱乐化元年》，http://blog.sina.com.cn/s/blog_5927654e0100i2n7.html?tj=1。
③ 《你的名字旺你的运吗》，https://www.ankangwang.com/xingming/201509/81937.html。

请发送你的名字×××到××××了解你名字背后的隐藏的秘密……③

解析姓名、测算星运、姻缘、占卜等封建迷信内容，以简单答题为诱饵，利用用户投机、博彩、娱乐心理，诱骗用户参与等五花八门的手段，时常进入人们的日常生活。一个人的名字往往寄托着长辈的期待和鼓励，网络的姓名解析正是抓住了人们的心理，利用乌托邦式的解读，进行娱乐化盈利。星运的时尚化和内涵的牵强与拼贴，经常成为网民的娱乐谈资，网民的热衷和行为的投入使其有了市场前景，但空无的内容对社会的扰乱，已经被政府管理部门高度关注。

许多网民上网还停留在以娱乐为主的层次，搜索奇闻怪事、网上闲聊、下载盗版影视作品、沉溺于网络游戏。有的还通过发布虚假信息骗取同情和信任，扰乱社会秩序。国内娱乐类互联网的发展遥遥领先于商务网及政务网、企业网。据专家调查，目前国内绝大多数网民上网活动比较单一，降低了互联网的利用效率。网络使用"泛娱乐化"现象一时难以消除，社会危害也令人担忧。

五、"两微一端"及各类APP泛娱乐化

在"全员、全程、全息、全效""四全媒体"深度融合的现实环境下，"两微一端"以及各类APP泛娱乐化现象同样不能被忽视。映客、花椒、一直播、斗鱼、熊猫、六间房秀场、9158、章鱼、jrs、来疯等直播平台以诋毁、谩骂、血腥、暴力、色情、毒品、自虐、泄密、隐私、黑幕、侵权、拜金、炫富等乱象表演，超越娱乐的极限和道德的底线，不顾尺度地满足看客的感官刺激，在赚取眼球关注中获得流量变现，泛娱乐化手法甚至低俗的言语和卖弄身姿的展示拓展着"暧昧经济"的无限空间；微信、微博、QQ、抖音、快手、美拍等不时出现哗众取宠的"标题党"报道庸俗信息、崇尚西方社会的媚俗化评论、传播低级无聊与淫秽色情的图文镜像，《中国有嘻哈》PG One与GAI之间的粉丝大战，暴露着被商业裹挟的网络文化的无序与暴戾，甚至一些知识类APP（如直播答题）也出现泛娱乐

化现象；人工智能等技术的赋能与应用，让算法推荐在精准捕捉用户的同时使泛娱乐化滑向"茧房"深渊。

"两微一端"以及各类APP泛娱乐化现象，在移动互联互通、在线即时即用、交流瞬间互动的媒介化场域中，凸显低幼化语言解构严肃、"饭圈式"狂欢消解意义和主流文化收编亚文化过程中的抵抗危险。[①]移动互联网的发展，在泛娱乐化的场景中，出现话语无羁、泥沙俱下、良莠混杂的现象，提示着人们要对传播技术的发展、进化逻辑以及语言发展和网民的社会心理有更清醒的理解，摆脱对技术的盲目追随和依赖，不断进行自我理性反省，保持安静阅读和深度思考的习惯。[②]避免文化救赎的希望在泛娱乐化时代进入到塞缪尔·柯尔律治预言的"到处是水却无水可饮"[③]的境地。

第五节　传媒泛娱乐化成因与危害

国内外媒体娱乐性内容的递增和娱乐形式的软化，使受众无论在哪里，不论在什么时候，只要一接触到媒体，接收到的信息一定少不了娱乐的内容和娱乐的形式。传媒泛娱乐化现象对新闻传播事业、对社会、对受众都产生了巨大的影响，也引起了专家学者的广泛关注。在百花齐放、百家争鸣的学术氛围下，由于各专家学者切入角度的不同，也就导致了研究结果的见仁见智。对传媒泛娱乐化正本清源，需要透过泛娱乐化纷繁热闹的表面现象，追寻隐藏在其后的深刻根源，以厘清对这一现象的正确认识，从而有效进行规避。

---

① 黄楚新、曹曦予：《新冠肺炎疫情中的娱乐化传播特征、风险及防范》，《中国广播》2020年第4期。

② 靳琰、孔璐璐：《新媒体语境下的网络泛娱乐化机理探究》，《现代传播》2016年第12期。

③ ［英］塞缪尔·泰勒·柯尔律治：《古舟子咏》，载张伯香（主编），《英国文学教程（下）》，武汉大学出版社2005年版，第39页。

一、正本清源传媒泛娱乐化的成因[①]

进入 20 世纪 90 年代以来，"时尚""消费""娱乐"等内容先后成为报刊、广播、电视、网络等媒体的"卖点"和竞争的主体。透过现象看本质，传媒泛娱乐化背后有着深层的社会、政治、经济和文化等原因，主要涉及传播主体、传媒受众、传媒功能和传播载体等几个方面。

（一）传播主体：娱乐为媒体埋单

由计划经济向市场经济转型，媒体在经济上被迫作为自主经营的实体，在市场化浪潮中，无论操作方式、运营模式还是编辑方针等，都不同程度地凸现出商业化取向。对经济利益的追逐是传媒泛娱乐化现象产生的原动力，表现为媒体内容泛娱乐化倾向的强化和传播形式的泛娱乐化取向。

1. 经济压力促使传媒走向泛娱乐化

市场经济的确立使市场观念和经营理念介入媒体。从 20 世纪 80 年代中期开始，国家分批对传媒"断奶"，实行"自主经营、自负盈亏、自我发展、独立核算、照章纳税"的新政策，传媒在各种成本上涨、财政补贴断供的情况下被真正推向了市场，收入问题成为传媒能否适应市场优胜劣汰法则的硬指标。

从媒介经营放开的这么多年来看，大部分媒体的多元化经营并不成功。近些年在新媒体的冲击下，广告收入出现断崖式下滑态势，通过手机、PC、微博、微信公号、客户端等数字终端的多渠道开发，也并没有带来明显的营收增量。[②]

媒介商业化发展导致传播主体对获利比对文化质量更加重视。传媒要赢利，必须抓住消费者的注意力，以换取广告资源。"大众传媒究竟以什么样的内容吸引大多数受众，让'产品'易于销售从而提升广告经营呢？——最可靠的办法就是假设受众的智能有限，喜欢娱乐，而对深入探讨任何课题不感兴趣。"[③]于是，传媒界就产生了自己的格雷沙姆法则，

---

① 本小节的观点和内容主要参考拙作：《新闻娱乐化成因解析》，《新闻界》2007 年第 2 期。
② 《2016 中国报业发展报告》，http://www.199it.com/archives/588249.html。
③ 杨冬霞：《报道对象的选择与对社会舆论的影响》，《新闻爱好者》2011 年第 5 期。

即经济领域中"劣币驱逐良币"现象的变种——在争夺受众竞逐中，出现诽谤性丑闻和煽情内容驱逐严肃内容的倾向。

在市场经济观念确立同时市场理念却不够成熟的时期，媒体虽然遵循市场导向，却不擅长市场定位、市场细分以及开发市场需求。大多数媒体还停留在四处考察、照搬照抄、一味效仿"成功者"的阶段。于是在一些媒体走"软"路子扩大发行量、获取收视率、收听率和点击率，追求高额广告收入获得巨大成功后，其后来者几乎走的都是与其类似的泛娱乐化路线。

2．娱乐经济助推传媒泛娱乐化

英国哲学家赫伯特·斯宾曾说，人类在完成了维持和延续生命的主要使命之后，尚有剩余的精力存在，这种剩余精力的释放，主要是娱乐。[①]沃尔夫在《娱乐经济》中提出，消费者不管买什么，都在其中寻求娱乐的成分，未来多数产业成功的关键，在于能否成功结合娱乐。在这种"乐趣导向消费"的趋势下，市场上的产品和服务也会相应地提供娱乐功能或与娱乐活动相结合，形成娱乐经济。

在传媒竞争异常惨烈的情况下，娱乐亦成为媒介的一根救命稻草。不管是报刊、电台、电视台还是网络，大量的娱乐充斥版面或声屏，而且的确创造了很好的经济效益。种种趋势表明，媒介经营管理已充分认识到了娱乐经济发展的趋势和规律，并能高度重视娱乐经济在现代经济中的作用，自发地以发展娱乐经济为手段参与市场竞争。休闲、娱乐活动、旅游业将成为下一个席卷全球的经济大潮，尤其以传媒为核心的文化娱乐产业，更将成为21世纪令人炫目的暴利产业，受此影响，传媒出现泛娱乐化潮流的现象，也就在意料之中。

（二）传媒受众：休闲中获取快感

"把关人"理论告诉我们：大众传媒组织进行的传播活动是依据传媒的一定立场、方针和价值标准所展开的一种有目的的选择和加工活动，受众是其传播活动的最终完成者。依上所述，传媒泛娱乐化是一种以娱乐为特征的内容选择和加工活动，必然与传媒受体——受众有着不可分割的联系。

---

① 叶进：《媒介文化娱乐化浪潮下的危机》，《现代妇女》（理论版）2014年第5期。

1．接近权的体现：受众对泛娱乐化的偏向

1967 年，美国学者杰罗姆·巴伦（Jerome Barron）提出接近权（the right of access to the media），认为接近权是现代民主政治参与最重要的途径，一个公正客观的大众传媒乃是社会民主的保证。民主参与理论认为：受众有根据自身需要而接近媒介的权利，媒介应为受众实现民主政治参与提供充分条件。[①]

媒体作为舆论宣传工具，以往出现在大众面前的是一副说教的面孔，民众只能敬而远之。近年来传媒改革改变了在人们心目中的形象：轻松的形式、活泼的内容，越来越吸引受众坐在电视机和电脑大屏跟前或随身拿着手机小屏不停地滑刷，大众媒体前所未有地和大众社会如此亲密接触。

受众亲身参与媒体的各项活动，同媒体融为一体，是实现受众接近权的重要方法。对于广大受众来讲，能够亲身体验到媒体的运作，不仅仅是身体上的接近，也是心理上的接近。亲身体验的参与性、节目难度的挑战性、游戏结果的难预料性对受众有着强大的诱惑力。无疑，在泛娱乐化潮流中，参与性节目较高的收视率极大地助长了泛娱乐化潮流的演进。

2．心绪转换和人际关系效用：受众选择泛娱乐化的行为动因

受众行为研究理论认为，受众是有着特定"需求"的人，他们是基于特定的需求动机来"使用"媒介，从而使这些需求得到"满足"。[②]受众对大众传媒产生何种"需求"，又选择何种媒体来得到"满足"呢？娱乐化的媒体具有心绪转换和人际关系效用的功能，能很好地满足受众的需求。

我国目前处在体制机制的转轨时期，经济、社会、文化等领域正在经历深刻的变革。在多种不定数的变革面前，社会成员有可能对现实无所适从，便产生诸多的紧张、失落和压抑等情绪，由于生存竞争带来的各种心理压力，以至于从来没有过这样强烈地需要某种娱乐，需要某种宣泄情绪和缓释心理压力的通道。同其他娱乐相比，传媒泛娱乐化的娱乐搞笑、煽

---

① Denis Mcquail：《*Mass Communication Theory：An Introduction*》，SAGE Publications Ltd，1987。

② 郭庆光：《传播学教程》，中国人民大学出版社 2011 年版，第 165 页。

情刺激的节目形式无疑是最实惠的一种，它们提供娱乐新闻和其他轻松休闲的节目，用轻松活泼的语言和幽默的风格营造出娱乐场，帮助了人们"逃避"日常生活中的压力和负担，带来情绪上的释放，缓解精神压力。于是，传媒泛娱乐化内容便成为受众获得心理松弛和压力缓释的利好选择。[①]

人际关系效用是指媒体能够融洽人们之间的相互关系。娱乐内容相对而言更容易引起人们的共同兴趣，媒体提供大家都感兴趣的信息内容，也就提供了具有共通意义空间的话题。同时，受众在出场的人物、主持人之间建立一种"拟态"人际关系，认为他们是"熟人"和"朋友"，在某种程度上满足了人们对社会互动的心理需求。

"使用与满足"理论认为，受众的媒介接触是基于自己的需求对媒介内容进行"能动性"选择的活动。同时，休闲学也认为：休闲是人生命的一种状态，是一种"成为人"的过程，是一个人完成个人与社会发展任务的主要生存空间，人通过寻找快乐来寻找生命的意义。[②]根据早年电视栏目调查报告发现，大约只有1/3的人在专心看电视，而2/3的人是三心二意地看，看电视的动机为休闲的比例是46%，近半数的国人把看电视当作不花钱的休闲，其次才是了解信息。[③]由于泛娱乐化有缓释压力、转换心理情绪需求、融洽人际关系需求和休闲的功能，这也正是泛娱乐化媒体大受欢迎的真实动因。

3．硬内容"软化"，符合受众接受心理

传媒泛娱乐化备受关注的主体是"新闻"，看新闻是否被"娱乐化"，就是要看传播者对新闻的叙述方式是否"软化"？例如：某电视台曾播出这样一条消息：《人类基因图谱完成》。编辑拿到的初稿是这样的：继进化论、相对论、人类登月飞行之后，今天人类又拥有了一个伟大的里程碑：人类基因图谱今天将宣布完成，专家说，这是医学上一场革命的开始，但这场革命的成功将需要更长的时间，中国科学家承担了这个工程1%的工作量……这无疑是一条重大新闻，但它离我们的生活还很远。所以"我们"——受众用不着关心。

---

① 吴飞：《传媒批判力》，中国传媒大学出版社2005年版，第99页。
② 马惠娣、刘耳：《西方休闲学研究述评》，《自然辩证法研究》2001年第5期。
③ 蔡贻象：《合法的快感：电视的休闲文化策略》，《文艺研究》2004年第3期。

编辑"软化"后的稿件主题内容没变，但叙述方式却不同：如果现在来到儿童医院看病的孩子们还要通过照 X 光等传统的烦琐方法来诊断，也许在不久的将来出生的孩子就不用这么麻烦了，他们一出生便绘制一套自己的基因图谱，拿这套图谱与人类标准图谱一比较，就可以预测将来可能得的病，从而提前预防或治疗……[1]这样一处理，使得新闻与受众的相关性发生了极大的变化。电视台重编后播出的这条新闻在很大程度上满足了受众的心理需求。

4. "第三人效应理论"验证受众对传媒泛娱乐化的宽容

1983 年，美国教授戴维森（W.P.Davison）发表《传播中第三人效应的作用》（载《公共舆论季刊》第 47 卷，第 1~15 页），文中讲到一个故事：在"二战"期间，日本人发现太平洋岛屿上的美军部队是由白人军官和黑人士兵组成，于是便对该小岛散发传单，内容强调这是白人的战争，日本人和有色民族并无纷争。传单还告诉黑人，不要为白人牺牲，要找机会投降或逃亡。第二天，该小岛上的美军就撤退了。后来美军部队调查发现：其实传单上的信息对黑人士兵并没有劝服影响，却使白人军官担心黑人士兵逃亡而不得不指挥撤退。

戴维森认为故事在传播效果上有非常重要的启示，是"第三人效果"在起作用，即人们认为大众媒介内容对他人会有重要的影响，对自己的影响较小。[2]

"第三人效果"理论包括两个基本假说：一是知觉假说：人们感到传媒内容对他人的影响大于对自己的影响；二是行为假说：人们可能采取某些相应的行动，以免他人受影响后的行为影响到本人的权益和福利。[3]概括地说，该假说预言人们倾向于高估大众传媒对他人认知和行为的影响。

该理论背后有自我增强倾向的心理因素。即往往觉得自己高人一等，比别人更能抗拒说服性信息，更不易受到负面信息的影响。进而出现三种偏差：一是乐观偏见，认为负面的事件"不会发生在我身上"；二是虚幻

---

[1] 汪群均：《正视新闻娱乐化》，《中国广播电视学刊》2002 年第 10 期。

[2] 杜秀芳、任淑红：《传播领域的第三人效应及其影响因素》，《山东师范大学学报》2008年第 1 期。

[3] 郝雨、陈迎艳：《"第三人效果"与传媒素养教育——浅议"第三人效果"研究在实践中的应用》，《新闻记者》2008 年第 4 期。

的优越感，认为自己的个性、能力、特质比别人更睿智，更能抗拒媒体负面信息的影响；三是自我服务归因偏差，成功时，高估内部因素(个人特质)的影响，不成功，则认为是外部(情境)原因造成的。传媒娱乐化甚至低俗化造成了人们生活在自我建构的虚幻世界里，即使媒介内容是负面的或不需要的（如暴力、色情、无聊信息、负面广告等），受众认为该媒介内容对自己的影响较小，对别人的影响较大。自己在浏览和使用媒介的过程中，这种意识无疑宽容了传媒泛娱乐化甚至低俗化的盛行。

（三）传播功能：拓展媒体多功能

在我国，从中央到地方，各级部门一直都比较看重媒体的宣传功能，娱乐消遣功能一直放在次要的地位。即使综艺大观、春晚之类的综艺节目，由于总想在节目中渗入宣传党的方针政策、传播传统道德的使命，使娱乐性节目因承载的东西过多而变成干巴巴的说教。进入当代大众传播时代以来，娱乐功能正受到前所未有的重视，受众真正地体会到轻松愉快、放松消遣。[1]媒体在传播信息的同时注重渗透或增加娱乐因素，从而拓展媒体的多方面功能。

1. 不可或缺的娱乐功能

娱乐功能是1959年美国学者查尔斯·赖特在《大众传播：功能的探讨》中作为电视的第四大功能首次提出的。其后，心理学家威廉·斯蒂芬森在《传播的游戏理论》中将媒介的娱乐功能推到了前所未有的高度：大众传播的功能就是为了获得一种满足感和快乐感。施拉姆在《传播学概论》中将传播功能定位为雷达功能、控制功能、教育功能、娱乐功能。[2]杨保军教授在《新闻理论教程》中指出新闻传播媒介具有传送新闻信息、评论新闻事实或事件的通道功能之外，还包含着教育功能、知识传递功能、舆论引导功能、娱乐功能等。[3]

在传播学研究中，越来越多的学者强调大众传媒的娱乐功能。他们认为，人们通过信息的获得可以知晓外界的一切变化，也在一定程度上调节

---

① 吴玉兰：《电视娱乐型节目的文化思考》，《声屏世界》2001年第1期。
② [美]威尔伯·施拉姆、威廉·波特：《传播学概论》，新华出版社1984年版，第155页。
③ 杨保军：《新闻理论教程》，中国人民大学出版社2008年版，第212页。

身心的适应性。与此同时，为了暂时躲避工作、学习的繁忙与紧张所造成的身心疲劳和精神压力，往往需要娱乐消遣。在全面建成小康社会的历史转型时期，物质生活不断丰富，精神文化生活不断提升，竞争压力也不断加大，在负重前行的过程中，大众往往感到抑郁、失落、空虚，娱乐性的信息可以发挥一定的调适作用。

2. 娱乐功能被不断放大甚至越界：走向低俗化

由于媒体进一步产业化，娱乐节目和娱乐媒体的兴起，是当今世界的大势所趋。从电视媒体来说，无论是亚洲的日本和中国香港，还是在曾以公营制为特色的英国、德国和法国，或是在商业色彩强烈的美国，娱乐都充斥到了电视生活的方方面面。如前文所提到的 20 世纪 90 年代的美国，娱乐节目已占美国商业电视台全部播出时间的 70%，三大电视网每天播放的电视肥皂剧要超过 10 小时，约 3500 万人每天至少看一部肥皂剧，甚至 56% 的大学生每周至少看一部肥皂剧。[①]在英国，每周公布的收视统计表明，英国人最喜欢看的节目依次为：电视情节剧、喜剧系列片、综艺节目、游艺节目和体育节目，电视新闻仅仅被列到第 31 位。[②]

无论是作为传媒传播内容的娱乐、作为传播手段的娱乐还是作为传播目的的娱乐，到 90 年代后，其成分显然是大大增加了。娱乐类电视节目的播放时间有增无减，娱乐性新闻内容日臻丰富，影响也更加深远和广泛，大众传媒的娱乐功能被前所未有的放大甚至越界：在泛娱乐化中走向低俗化。

（四）传播载体：传播大众文化的媒介

社会转型使经济工业化、社会城市化、政治民主化、观念理性化、文化世俗化和组织科层化，大众文化取代精英文化开始走上社会前台。[③]大众文化的本质是在大众社会中，与市场经济和商品规律相适应，以大众传播媒介为主要生产者和载体，以大众为消费对象的文化形态。在大众社会，大众文化是其主要的文化形态。在媒介如此发达的现代社会，大众文化的

①《美国电视节目发展现状分析》，https://wenku.baidu.com/view/c2245960caaedd3383c4d3a0.html。
②《英国电视》，载《大众电视》，1998 年第 3 期。
③ 刘祖云：《社会转型：一种特定的社会发展过程》，《华中师范大学学报·哲社版》1997 年第 6 期。

传播完全依赖于大众媒介，可以说是大众媒介制造了大众文化，同时它又是大众文化的载体。

大众文化成为市场经济时代的主流文化，大众化、娱乐化也就成为现代媒介的主要特点。普通的市民成为大众文化消费的主体，面对这样庞大的消费群体，"文化话语生产者对受众文化需求的引导作用、中心作用逐步趋于弱化，而文化消费者或受众对文化形态的影响力逐步增强。广播影视业、出版业及作家、影视导演、制片人开始自觉地把城市受众的消费胃口作为自己的揣摩对象"。[①]在大众文化提供的五彩缤纷的世界里，人们不需要殚精竭虑，没有痛不欲生，它甚至可以把人们的智力消耗降低到几近于零，从而轻而易举去理解它建构的世界。当受众目睹电影、电视剧、武侠小说、言情故事中那些少男少女的青春恋情终于柳暗花明，那些孤胆英雄终于化险为夷、功成名就，那些凡夫俗子竟然也能"指点江山，激扬文字""粪土当年万户侯"时，他们情不自禁地走进了一个集体的梦幻之中，一个对他们自己的人生经验进行了理想化的幻景之中，共享着一种被文化文本制造出来的"欢乐"……[②]

正是大众文化这种远离意识形态，摒弃"严肃""神圣""深刻"等令人劳费心思的抽象意义，消解价值、消解意义，追逐平面化、零散化和享乐化，关注眼前、关注个体的特性，迎合了从特殊年代的精神桎梏下解脱出来的中国人的精神需求，也缓解了他们身处现代工业社会的生存压力，因而备受人们青睐。于是，以娱乐性、商业性、消费性为主要特征的大众文化在中国大地上的流行就成为顺应潮流的事了。

当这种现象延伸到传媒领域，自然就产生了当前的泛娱乐化倾向：在形式上更多地倾向于只是一些无深度、无景深但却轻松流畅的故事、情节和图片，一种令人兴奋而又眩晕的视听时空；在文本上则更多地倾向于供人消费而不是供人阐释，供人娱乐而不是供人判断与思考。

此外，传媒体制机制上国有商营的纠结，有系不统（尤其是广播电视系统）致使权力监管不到位的现实，传媒从业人员自律意识不强，急

[①] 陈立旭：《都市文化与都市精神》，东南大学出版社2002年版，第160页。
[②] 刘忠：《文学娱乐化与读者何为？》，http://www.chinawriter.com.cn/2005/2005-12-01/17180.html。

功近利的短视行为，民众社会责任感冷漠造成从理性反思到感性愉悦的文化趣味转向，媒介素养普遍偏低，传媒批评滞后或失语等也是直接或间接的原因。

二、传媒泛娱乐化的风险与危害

当今社会已经进入一个思想大解放、经济大发展、文化大繁荣的时代，大众传媒无论是规模上还是在实力上都获得了快速的发展，面向全球的传播力量也得到了大幅度提升。但是，传媒泛娱乐化风潮的危害也引起了社会的广泛关注，这种风气如果不加以遏止，将会对社会、对媒体自身、对受众贻害无穷。

娱乐是个好东西，本身并没有错，老百姓需要，老干部也同样需要，每个人的生存与发展都离不开对娱乐的需求。但娱乐的泛化导致传媒泛娱乐化并进而发展到低俗化倾向，已突破了娱乐的应有界线，弊端和危害是多方面的。

（一）对社会的风险与危害

大众传媒是引导社会前行的灯塔和瞭望台，是社会这艘航船不偏离航道、不触碰险滩和暗礁的护航者。传媒泛娱乐化甚至滑向低俗化的现象就像长在社会肌体上的毒瘤，任意的生长和扩散，久而久之，后患将是无穷的。

李良荣教授说：媒体在娱乐化过程中，向社会泼出去的是污水，自己收获的却是真金白银，其后果却全部由社会来承担！在这样的情况下，政府规制与市场调节双重失灵，现在的媒体就其改革来说是毫无方向，必将加速往泛娱乐化方向走。①李教授对传媒泛娱乐化的忧虑，反映了一个学者的真实心声和社会责任感。传媒泛娱乐化对社会的危害，恐怕超越了专家学者们的担忧，主要表现在对社会舆论引导、对社会文化建构、对人文精神弘扬、对政府规制执行等几个方面。

1. 对社会舆论的错误引导

传媒是舆论引导的重要工具。马克思认为："报刊最适当的使命就是

---

① 乐晓磊：《传媒狂欢的多视角观察——中国传媒娱乐化趋势冷观热议》，《新闻记者》2007 年第 4 期。

向公众介绍当前形势，研究变革的条件，讨论改革的方法，形成舆论，给共同的意志指出一个正确的方向。"①我国历来重视舆论引导的作用，几代领导人都对舆论引导作过一系列重要的论述。毛泽东指出："一张省报，对于全省工作、全体人民，有极大的组织、鼓舞、激励、批判、推动的作用。"②邓小平指出："要使我们党的报刊成为全国安定团结的思想上的中心。"③江泽民指出："舆论导向正确，是党和人民之福；舆论导向错误，是党和人民之祸。党的新闻事业与党休戚与共，是党的生命的一部分。可以说，舆论工作就是思想政治工作，是党和国家的前途命运所系的工作。"④胡锦涛指出："新闻舆论处在意识形态领域的前沿，对社会精神生活和人们思想意识有着重大影响。当今社会，经济快速发展和科技不断进步，信息传递和获取越来越快捷，新闻舆论的作用越来越突出。"⑤习近平指出：党的新闻舆论工作是党的一项重要工作，是治国理政、定国安邦的大事。做好党的新闻舆论工作，事关旗帜和道路，事关贯彻落实党的理论和路线方针政策，事关顺利推进党和国家各项事业，事关全党全国各族人民凝聚力和向心力，事关党和国家前途命运。舆论导向正确，就能凝聚人心、汇聚力量，推动事业发展；舆论导向错误，就会动摇人心、瓦解斗志，危害党和人民事业。⑥

　　坚持正确的舆论导向，就是要造成有利于进一步改革开放，建立社会主义市场经济体制，发展社会生产力的舆论；有利于加强社会主义精神文明建设和民主建设的舆论；有利于鼓舞和激励人们为国家富强、人民幸福和社会进步而艰苦创业、开拓创新的舆论；有利于人们分清是非、坚持真善美，抵制假恶丑的舆论；有利于国家统一、民族团结、人民心情舒畅、社会政治稳定的舆论。⑦坚持以正确的舆论引导人，做到所有工作都有利于坚持中国共产党领导和我国社会主义制度，有利于推动改革发展，有利于增进全国各族

①《马克思恩格斯全集》第 43 卷，人民出版社 1982 年版，第 489 页。
②《毛泽东新闻工作文选》，新华出版社 1983 年版，第 202 页。
③《邓小平文选》第 2 卷，人民出版社 1994 年版，第 255 页。
④《江泽民文选》第 1 卷，人民出版社 2006 年版，第 564 页。
⑤ 胡锦涛：《在人民日报社考察工作时的讲话》，《人民日报》2008 年 6 月 21 日。
⑥ 本书编写组：《习近平新闻思想讲义》，人民出版社、学习出版社 2018 年版，第 33~36 页。
⑦ 江泽民：《在全国宣传思想工作会议上的讲话》，《人民日报》1994 年 1 月 25 日。

人民团结，有利于维护社会和谐稳定。①四个"有利于"是正确舆论导向的重要内涵和衡量标准，关乎社会政治、经济、文化等多个方面。

大众传媒对舆论的正确引导，一方面是通过对新闻事件的及时报道，真实、客观、公正、全面地促使社会良性发展；另一方面是通过议程设置来有效地组织舆论、反映舆论和引导舆论。传媒泛娱乐化现象的铺天盖地，一方面遮蔽了社会公众对社会热点和重大新闻事件的关注，稀释主流意识形态供给的浓度；另一方面也导致了议程设置出现"黄钟毁弃，瓦釜雷鸣"的盛行。因为大众传媒的资源和大众的注意力都是有限的，反常、猎奇、娱乐、无意义、负面的新闻充斥着媒体，就意味着严肃、重大的问题被挤出媒体空间，加上受众对前者的青睐，严肃、重大的问题要么难以进入受众的视线，即使进入了也会被淡化；与此同时，传媒泛娱乐化出于市场价值的考虑，就会将自己的关注度与受众的好奇心简单联系起来，从而使得"瓦釜"在媒体话语中"成功地"主流化，报道其不该报道的，以及不报道其应该报道的；"黄钟"们则不同，不会为博取出位而取悦媒体，更不会为娱乐大众而罔顾理性与尊严，于是，在以"注意力"为唯一信条的媒体那里，便日渐"自我边缘化"了。

因此，黄钟奈何毁弃，瓦釜居然雷鸣。其结果是对社会舆论的错误引导，严重时可能危及社会安定、民族团结甚至国家安全。

2. 破坏社会文化的健康建构

传媒文化与大众文化的勾连，使快餐式、平面化、碎片化、易流行的大众文化在当今社会获得了广阔的市场空间，其传播速度之快和流量之大挤压优秀传统文化和主流意识形态退避三舍，"让步"前行。

传媒泛娱乐化挤压主流意识形态的让道，对被报道对象隐私的暴露，对传统文化艺术的肢解与变异，导致了社会文化的低俗化、浅薄化，导致了人们对重大事件的冷漠与无知，以及民族文化认同感的削弱与民族向心力、凝聚力的下降。②

传媒泛娱乐化通过制造流行风潮，对过度消费、超前消费和炫耀消费

---

① 新华通讯社课题组：《习近平新闻舆论思想要论》，新华出版社2017年版，第4页。
② 张建、李明：《从传媒娱乐化趋势看和谐传播》，《西南民族大学学报（人文社科版）》，2009年第2期。

的大肆宣传，其至把流行、消费、时尚、趣味与品位、价值、荣誉、尊严、成功、地位等联系起来，让人陷入无止境的对符号象征意义消费的陷阱之中，以消费实质是浪费来张扬个性，体现快感，显示价值。与传统文化主张励精图治、独善其身背道而驰，与主流文化力行勤俭节约、勤奋创造南辕北辙。虚假需求的炮制破坏了社会文化的健康建构，加上地区发展不平衡的现实，贫富差距的客观存在，非理性、不健康文化的建构，必然导致人类精神空虚和功利主义与享乐主义的生成，造成社会秩序混乱，信仰出现危机，其至犯罪活动不时出现。

3．导致人文精神缺失

人文精神（Humanism）主要指欧洲文艺复兴以来开始倡导并逐步确立的以尊重人的生命、自由、权力、尊严、价值等为核心内容的人文主义精神。在经历了文艺复兴、启蒙运动、法国大革命及 19 世纪、20 世纪几百年的历史变迁，人文精神的内涵不断得到丰富、发展和演变。

人文精神是人类在求取自身生存、发展的过程中，以真善美的价值理想为核心的，不断实现自身解放的一种自觉的思想信念和文化准则。[1]表现在三个层面：①人文精神是一种关于人的精神性存在的指认；②人文精神是一种关于人类价值理想和人生意义的最高指认；③人文精神是一种批判精神。[2]

传媒泛娱乐化以市场为导向，只要能吸引注意力、增加发行量、收视率、收听率和点击量的信息和图片就会被大量刊载，哪怕是危言耸听、情绪化或非理性、人身攻击、人格侮辱、粗口、猎奇甚至色情等内容也"来者不拒"，导致媒体信息选择和传播中的功利主义和享乐主义倾向出现。过度娱乐和娱乐越界，肤浅、通俗、庸俗甚至低俗的内容泛滥，降低人的精神水准，麻痹人的灵魂，使人放弃对人生理想、信念、价值及终极目标的思考和追求。另外，泛娱乐化"过于关注主流大众的娱乐需求，面对社会弱势、边缘人群缺乏关注、漠视他们的存在、忽视他们的需求，在某种程度

---

① 陈军科：《人文精神的理论内涵及其本质特征》，《宁夏党校学报》2006 年第 1 期。
② 白文君：《人文精神的核心理念及其当代作为》，《前沿》2007 年第 11 期。

上加剧了边缘群体的边缘化与弱势化"。①导致普适性的人文精神的缺失，甚至带来一场新的精神文化危机。

4. 对政府规制执行的冲击

媒介规制是指媒介运行的程序和规则，涉及政府管理、媒介采编管理和媒介经营管理三个领域和层面。②不同社会的不同历史发展时期，媒介制度的内涵变迁与社会政治、经济、文化的发展同步共振。当今中国社会正在进行着世界唯一的"三重"转型：文化转型、社会转型与政治转型，这三重转型同时展开，决定了中国社会的特征。③转型社会为中国媒介提出了一系列巨大的问题单，一方面中国媒介自身出现了一系列问题单，另一方面也为传媒学术研究列出了一系列问题单。传媒泛娱乐化甚至低俗化就是问题单中的一大突出的问题，已引起了政府管理部门和有关领导的高度重视。

中国传媒事业改革依循着经济体制改革"摸着石头过河""先做后说""先试探后推广"的做法，使得一些领域取得了突破，传媒事业获得了跨越式发展。传媒内容中与意识形态相距较远的"娱乐""体育""服务"等冲在市场化的前沿，在巨大利益回报的诱惑下，越走越远，偏离了一定的界限。无论是主管意识形态的部门，还是主管文化建设的部门，以及新闻宣传行业协会等部门都先后下发了相应的文件，以制定相关的法律法规制度来加以约束和控制。但市场的空白和空间总是被传媒不断开发，变相玩起了老鼠戏猫的游戏，使得各种传媒规制总是显得苍白滞后。尽管相关制度出台后，传媒总是信誓旦旦地第一个表态遵守，但过一段时间，又有新的传播内容出现，让规章制度又无能为力。

比如，针对传媒低俗化之风，国家广电总局曾先后出台过多个文件，甚至对主持人的着装、发型、语言、行为动作和现场音乐等都做了详细的规定。实际上，越具体反而越不具体，话题制造和贩卖的泛滥就说明这一点。时变时新的传媒行为，对政府规制不断地撞线，当然也不断促进政府规制走向完善。

---

① 张田田：《消费主义背景下的传媒娱乐化倾向》，《湖北社会科学》2007 年第 6 期。

② 潘祥辉：《媒介演化论——历史制度主义视野下的中国媒介制度变迁研究》，中国传媒大学出版社 2009 年版，第 7 页。

③ 汪丁丁：《制度分析基础讲义 I 》，上海人民出版社 2005 年版，第 2 页。

（二）对受众的风险与危害

传媒信息流全天候不间断地流向社会，无论是积极的作用还是消极的影响，首先在接受主体身上得到反映。传媒泛娱乐化的市场回报和受众的宽容，大有"万山应许一溪奔"的趋势。其危害和影响是毋庸置疑的，主要体现在对受众认知培养、信息接受权利、自身价值观念和审美趣味取向等方面。

1. 对受众社会认知培养的误导

媒介化社会，每个人都生活在被媒体包围的圈层中，接触媒介成为人们的一种生活方式，对社会的认知很大程度上也取决于对传媒内容的选择。西方社会早期出现的"电视人""容器人"，一方面反映了人们对媒介的强烈依赖，一方面也说明了媒介对受众认知塑造的直接影响。

电视荧屏上宾馆别墅富丽堂皇、大款小蜜情深缘浅、小姐少妇风姿绰约、香水钻戒梦幻迷离、高级轿车穿梭闪烁，这种与脱贫攻坚时期老百姓实际生活相去甚远的符号所指，在带来隔膜感而不被审视和批判时，往往成为对命运不公和人生无奈的抱怨，产生虚幻的憧憬和"美好"的寄托。电视传播贵族化和豪华风现象，误导了公众对社会现实的正确认知。

网络虚拟世界里游戏的刺激、图片的养眼、视频的情趣、旅游的快感、广告的奢靡等带来用户对理想生活的沉湎，无暇顾及矛盾客观存在的社会和对社会重大问题的回避。当离开网络回到现实世界时，眼前的一切，让他们无法适应，只好又回到虚拟世界这个世外桃源里，社会责任感自然也就淡化乃至消失。

媒体的培养功能和涵化作用在潜移默化中形成人们的现实观与社会观。什么样的内容培养什么样的受众，什么样的传播诉求涵化受众什么样的社会认知。传媒泛娱乐化的排雅性，培养了公众看"热闹"和"取乐"的心理，掩盖了一片繁华和热闹下的深层探索与思考，滋长了冷漠和自私的社会氛围，对于社会成员的爱心培养和道德建设产生了一定的负面影响。[①]

2. 对受众权利的侵害

传媒在市场竞争过程中，通过速度和流量的争夺，把需要、虚假需要

---

① 王宇华：《媒体泛娱乐化现象评析》，《网络科技时代》2008 年第 2 期。

和不需要的内容全都推向受众，尤其是新媒体的强制性传播。无论是机构还是个人在没有征求公民意愿的情况下，以强制手段扩散信息以求达到某种利益，使受众无法拒绝。①形成媒介暴力对受众接受权利和权力的直接侵害。

报刊文字的细致描绘和图片的张扬展示，煽情大标题的强烈刺激，尤其是广告的图文并茂对读者需求的忽视；电视视听中的豪华风、滥情风、戏说风、聊天风、猜奖风和破案风，不管是否愿意，疾风劲吹，让观众晕头转向，即使手拿遥控器也很无奈，因为几乎每个频道都差别不大，选择权被无形剥夺。

新媒体的强制性传播就更是"无法无天"，利用互联网技术手段强行对他人利益、情感、尊严等进行侵犯、伤害和践踏。如人身攻击、暴露他人隐私、劫持域名、盗窃邮箱、封锁 ID、窃取他人网上私密资料等。违背当事人主观意愿，给当事人造成无法弥补的精神创伤，而且这种伤害很多时候是网民群体针对某个人（或少数人）的人身攻击和隐私暴露。

新媒体暴力形式多样，有侵害当事人精神利益的，也有侵害当事人经济利益的，如垃圾邮件、手机无聊信息、窃取他人账号等。较为典型的表现形式是"人肉搜索"。人肉搜索动辄吸引数以万计的网友参与其中，在"集体无意识"中对个体（或少数人）"大发淫威"。参与搜索的网友们往往打着"道德正义者的旗号"出入于网络与现实之间，在网下寻找线索，在网上发布信息，集体狂欢中并不是为了寻求结果的终极意义。表面上满足了一些人窥私、报复、泄愤等欲望，最终损害的是包括参与者与受害者及全体网民在内的整个网民群体的精神健康。

大众传媒拥有信息采集权和信息发布权，但这些权力是以尊重受众的选择权为前提的。在揭黑、打黑、暴力展示的泛娱乐化过程中，对受众权利的忽视和掠夺，也异化了媒体自身的权利，正如尼采所说："与魔鬼搏斗的人得千万小心自己在搏斗中变成魔鬼。当你往深渊里看时，深渊也在注视着你。"②

---

① 陆地、高菲：《新传媒的强制性传播研究》，人民出版社 2010 年版，第 46 页。
② 刘绪义：《关于建设中国特色网络文化的哲学思考》，《文艺理论与批评》2005 年第 2 期。

在某种意义上说，今天传媒业确实得到了长足发展，但公众的利益没有得到很好地实现，反而公众知情权被损害与隐私权被侵犯。

3. 对受众价值观念的践踏

传媒泛娱乐化以现代传播科学技术为手段，以娱人娱己为幌子，大量传播对当事人利益、情感、价值、尊严等有伤害的内容，给当事人造成精神上、情感上的伤害甚至是人格尊严的价值毁弃，也对受众的价值观念进行了人为践踏。

我国受众自小接受学校正统教育，传统价值观念和文化艺术作为民族的精髓被一代代传承并发扬光大。我国主流媒体在传承文明和开拓创新上，对受众价值观念的形成与发展做出了相应的贡献。但是，一些媒体在改革开放后，以市场为唯一取向，以娱乐化甚至低俗化为手段，大量刊登非主流、去意识形态、很黄很暴力等扰乱视听的内容，着重受众的浅层需求和短期利益，忽视受众的真实需求和长远利益，使受众丧失对人生理想和生命价值的思考与追问，异化为被媒体牵引的行尸走肉，积极参与和互动也变成尸位素餐。

价值观念是一个人的言语和行为的向导，异化的价值观念必然导致言语和行为的异化。消费主义至上的人生追求，就是价值观念异化的一个侧面。

4. 对受众审美品位的降格

大众文化流行快、易消费，尤其是无深度的特征，在媒体大张旗鼓的推波助澜下，对主流文化和精英文化产生了巨大的挤压，使严肃文化和高雅文化得以消解，流行文化和通俗文化得以大行其道。世俗化和娱乐化成为当下社会不少人审美风尚中最显著的标志。

从各类真人秀节目到电视相亲节目的火爆；从总统大选、圣诞狂欢、NBA 超级联赛的大肆报道到哈韩族、丁克族、同性恋、身体穿孔、明星吸毒的极力宣传；从流行性物欲症的网络化到虚拟网络杀人游戏的现实版；从各种图片（照片）的琳琅满目到多种视频直播的身体演示等。各种秀场的展览展示演绎成一场场泛娱乐化的媒体奇观，表现出世俗生活最普遍的视觉（甚至物质）欲望，满足了大众日常生活享乐的需要，把受众的审美情趣功利化为具体的意淫、偷窥、泄愤、解乏、取乐，传媒艺术精髓瓦解得荡然无存，传媒文化内涵消解得无影无踪。

网络恶搞把一切严肃的、神圣的、高尚的、经典的人、事、物都肢解得烟消云散，给人深思和带来想象的艺术作品与审美经典被"大话西游"化，艺术的享受和审美的趣味降解为一张白纸。更有甚者，低俗、媚俗、庸俗的内容直接抢占受众的阅听空间，尤其是面对辨别能力较弱的青少年，审美情趣还在次要，直接损害的是他们综合素养的培育和道德情操的形成，使他们日益缺乏主流的价值观和正确的人生观，无法建立起对社会的责任心和使命感。在大是大非面前，弱化了敏锐的判断力与应有的批判精神。

（三）对媒体自身的风险与危害

大众传媒尤其是电子媒体具有内容和形式容易拷贝、快速复制、准确克隆等的方便性，媒体内容生产的效率得以快速地提升，同时，内容同质化、形式程式化、思想肤浅化构成对媒体自身的无形伤害。公共领域大量充斥着雷同的内容和形式，表面上浪费了媒体的版面空间，实质上污染了整个媒介生态环境。泛娱乐化的取向对媒体自身的危害具体呈现在对传媒公信力、新闻专业主义、新闻价值标准、对内对外传播力四个方面。

1.传媒公信力被损害

传媒公信力是一个多维度的变量概念，是在媒体和公众之间建构起来的大众媒介赢得公众信任的能力。[①]表现为社会和公众对媒介机构积极性评价和赞誉的程度，是传播过程的产物，也是传播活动的结果。良好的公信力是媒体保持自身社会形象，求得自身生存与发展的基本条件。

新闻真实是评价媒体公信力的首要标准。传媒泛娱乐化以"利"字当先，片面追求经济效益，以戏剧化手法制造耸人听闻的虚假新闻和各种亦真亦假的明星绯闻，以获取所谓的"轰动效应"，断送了新闻用事实说话的真谛。既败坏了媒体工作者的形象，也损害了传媒自身的形象。

大众传媒属于公共领域，应当反映公共愿望、承担公共责任、维护公共利益。传媒泛娱乐化着重内容的"可消费性"，一是让公民个人的兴趣、爱好、情感、身体、性等方面的文字、图片、视频隐私大肆暴露，借以获得注意力资源；二是在当事者不知情或不愿意的情况下把明星家庭住址、

---

① 张洪忠：《大众媒介公信力理论研究》，人民出版社 2006 年版，第 18 页。

手机号码、身份证照及各种"艳照"等在媒体上公开；三是有意被某些人利用成为发泄个人情绪、攻击他人、哗众取宠的工具；四是一些宣扬封建迷信和邪教教义、攻击污蔑党和政府及淫秽色情等不良信息在媒体上日益泛滥。这些与公共利益无关或相悖的"可消费性"内容不断刺激和生产出更多的对这类信息的消费欲望，反过来又进一步刺激了这类信息的再生产。恶性循环冲淡了人们对关乎公共利益的信息的注意力，污染视听环境，媒介本应承担的公共责任亦即本应具有的公共利益受到严重损害。

载舟覆舟出于一手，媒体要提高自身的公信力，正人就应先正己。①

2．新闻专业主义被消解

新闻专业主义（Journalistic Professionism）是 19 世纪中后期伴随着新闻传播活动职业化、专业化的发展进程而逐步形成和确立的、关于新闻传播职业活动的一系列职业理念、职业目标与行为规范。专业主义的基础首先是有一个独立的职业或行业。②大众传播在社会分工过程中，已发展成为一个独立的职业和行业，社会和传媒学术研究也呼唤传媒成为一个独立的、有良知的职业与行业。

在美国大众报业时期，便士报的发展成为媒体经营管理者牟取私人利益的工具，黄色新闻、暴力事件、个人隐私便开始在媒体中拓展了报道空间；在广播电视业的发展进程中，媒体管理者和新闻记者利用媒体大势策划虚假新闻和搞有偿报道的事例时有发生；网络媒体人人都是传播者，使职业化的信息传播平台成为个人化的传播载体，只要能够满足个人情感需要的视听内容，人们都可以当作新闻信息在网上发布，不真实、不充分、不完整、不准确、不客观甚至是无中生有、道听途说、张冠李戴、移花接木的信息自然就会在网上肆虐而行。

泛娱乐化将个人好恶、情感、欲望和价值观代替社会责任感参与媒体传播，明星绯闻、隐私、恋情、怀孕、婚礼等内容，被一些网站以专门网页加以呈现，提供数百个一级链接及更多的二级、三级链接，再配以成千上万的图片、视频等全方位信息，最大限度满足人们对这类信息的消费需

---

① 曹鹏：《新闻界反"三俗"欲正人先正己》，《新闻记者》2010 年第 9 期。
② 黄旦：《传者图像：新闻专业主义的建构与消解》，复旦大学出版社 2005 年版，第 19 页。

求；凶杀、暴力、强奸、卖淫、嫖娼等违法犯罪内容的报道以及一些猎奇的市井新闻，用感官刺激代替理性思考，用低俗新闻冲淡严肃话题的社会关怀。这在相当大的程度上违背新闻专业主义所倡导的反映民意、推动社会进步等基本理念和原则，构成对新闻专业主义原则和理念的威胁，消解新闻专业主义的具体内涵和发展取向。

3．新闻价值标准被窄化

新闻价值是新闻事实所具有的、能满足社会与公众对新闻需要的要素的总和。它是一种不以人的意志为转移的客观实在，同时也是新闻传播者选择和判别新闻的标准与尺度。包含新鲜性、重要性、显著性、接近性和趣味性等一般要素。其中趣味性的弹性较大，基于人们的好奇心、追求乐趣和人情味的心理，涵盖新奇、反常、巧合、感染性、有趣、怡情等。

新闻价值的呈现，主要依靠新闻文本的制作。传播符号的多样性、版面语言的灵活运用，传播次序和时长的确定等都对新闻价值的呈现产生直接的影响。阶级立场、社会核心价值体系、新闻政策、宣传法规和媒体定位也同时影响新闻价值的取向。社会主义核心价值体系是我国价值体系中最基础、最核心、最重要的部分，坚持正确的新闻价值取向，就必须坚持社会主义核心价值体系的指导。

传媒泛娱乐化以趣味性为新闻价值唯一取向，专注于信息的新奇、反常、巧合、感染性、有趣和怡情，充分调动受众的好奇心和猎异情怀，把人性向恶的一面放大再放大，以满足受众需求为借口，使值得公众关注的政治文明、经济发展、文教事业、国际竞争、三农问题、就业问题、道德伦理、法制建设等问题被"娱乐"所"遮蔽"，满足的是受众的"虚假需求"，受众得到了他们企望得到的，但没有得到他们正当需要的。以趣味性为唯一取向导致节目与信息的雷同化，限制和剥夺了受众自由选择的权利，偏离了公众利益的轨道。

传媒泛娱乐化的价值取向，使新闻价值组成的多要素窄化为单一要素，社会主义核心价值体系被掏空为娱乐的天地，大众传播异化为快感制造的机器。

4．对内对外传播力被弱化

改革开放以来，我国传媒事业获得了快速发展，对内对外传播力获得了大幅度提升。在加强社会主义文化软实力建设的今天，传媒事业作为国家软实力建设的重要组成部分，机遇和挑战并存，前途光明但道路充满坎坷和荆棘。

传播力是传媒影响和渗透社会生活的力量与力度。我国传媒在对内传播方面已渗透进人们的日常生活，影响着人们的日常言行。在对外大传播方面力量还比较薄弱，西强我弱的局面还没有得到根本改变，影响力还有待进一步提升。

全球一体化的客观现实，传媒事业的发展既要从历史的纵向角度看问题，也要从地理的横向方位看问题。我国传媒业与国际尤其是美国相比，还有巨大的发展空间。半岛电视台的崛起为我们带来了重要启示：一是全球化传播时代赋予了弱势群体更多发出声音的机会；二是对新闻媒体而言，信誉和质量是关键。[1]

传媒泛娱乐化现象单一的价值取向着眼于当前利益忽视长远利益，以拼贴、反讽、戏仿、恶搞为主要手段，戏谑和滑稽冲毁着严肃与崇高，主旋律得不到有效弘扬，正气得不到有效传播，正义得不到有效伸张，宏大叙事不能软着陆走进异域文化的肌体，国际声音还不够洪亮，国际话语权与第二大经济体还不相称，国家形象"他塑"成分大于"自塑"比例。

媒体崇洋媚外的奴才心态加剧了哈日哈韩在我国的传播；克隆国外节目的懒惰制约了创新的动力；以收视率为取向的外国标准把许多优秀的节目挤出电视荧屏。坚持道路自信、理论自信、制度自信和文化自信，讲好中国故事，传播好中国声音，阐释好中国特色，对内对外传播能力建设任重道远。

---

① 李希光、周庆安：《软力量与全球传播》，清华大学出版社 2005 年版，第 240 页。

第二章 法兰克福学派理论视域下的传媒泛娱乐化审视

第一节 法兰克福学派：发展历程、主要观点和中国之行

"法兰克福学派"是 20 世纪早期伴随着西方新左派运动发展而出现的一个学派称谓。狭义上指那些参与过法兰克福社会研究所工作的思想者所组成的学派；广义上则是指那些接受并自觉运用法兰克福社会研究所批判理论分析社会现状的思想者所组成的学术团体。在西方社会科学界，"法兰克福学派"被视为"新马克思主义"的典型，是西方人本主义马克思主义的主要流派之一，也是现代西方哲学的重要流派之一，并以从理论上和方法论上反实证主义而著称。它继承了青年黑格尔派 M. 施蒂纳等人的传统，受 A. 叔本华、F. W. 尼采和 W. 狄尔泰的非理性思想影响，并受新康德主义、M. 韦伯的"文化批判"和社会学的启迪，借用卡尔·马克思早期著作中的异化概念、G. 卢卡奇的"物化"思想和弗洛伊德的精神分析法，对 20 世纪的资本主义、种族主义及文化等做进一步的探讨，提出和建构了一套独特的批判理论，旨在对资产阶级的意识形态进行"彻底批判"。[①]

---

① 《法兰克福学派》，https://wenku.baidu.com/view/77a4f5fa941ea76e58fa045a.html。

　　"法兰克福学派"的名称来源于法兰克福大学社会研究所，该所创建于 1923 年，只是一个以马克思主义研究为宗旨的纯学术机构。到 1931 年霍克海默担任所长，并于次年创办《社会研究杂志》（1932～1941 年），才开始了以社会批判理论而著称的法兰克福学派的历史。A. 希特勒上台后曾先后迁往日内瓦、巴黎，第二次世界大战爆发后迁往纽约。1950 年，部分成员返回联邦德国重建研究所，部分成员仍留在美国继续从事社会政治理论研究。参加研究所工作的有哲学家、社会学家、经济学家、历史学家和心理学家，较有影响的有狄奥多·阿多诺、瓦尔特·本雅明、赫伯特·马尔库塞、尤尔根·哈贝马斯等人。①

一、"法兰克福学派"的发展历程②

　　依据法兰克福社会研究所的形成及其早期思想家的发展历程，"法兰克福学派"经历了六个发展阶段。

（一）研究所的酝酿与形成（1922~1923 年）

　　法兰克福社会研究所的形成同犹太富商费雷克斯·韦尔紧密相关。韦尔曾就读于法兰克福大学，跟随 A. 韦伯主修经济学和社会学，获博士学位后，利用从父母亲那儿继承的财产，韦尔开始资助许多德国的激进冒险活动。③韦尔于 1922 年参加了一个左翼知识分子的聚会，结识了卢卡奇、科尔施、波洛克、左格尔等德国知名的左翼分子，产生了创办一个固定研究所的想法，设想该所能够独立于大学和政府机构之外，以研究工人运动的历史和反犹太主义等为主题。在波洛克等人的帮助下，韦尔于次年试图将研究所命名为"马克思主义研究所"，但考虑到德国魏玛时代的形势，便简单地将其命名为社会研究所。为了保持研究所的独立性，韦尔在研究所内部不担任任何职位和名誉，为此拒绝了德国教育部提出的将研究所命名为"F. 韦尔研究所"的建议。直到 1936 年当韦尔认识到苏联斯大林主义肃反扩大化的残酷后果后，他断绝了同一切左翼团体的往来。④

---

① 潘知常、林玮：《传媒批判理论》，新华出版社 2002 年版，第 56 页。
②《法兰克福学派》，https://wenku.baidu.com/view/77a4f5fa941ea76e58fa045a.html。
③ [美]马丁·杰伊：《法兰克福学派发展史》，单世联译，广东人民出版社 1998 年版，第 9~11 页。
④ 参见《法兰克福学派》，https://wenku.baidu.com/view/77a4f5fa941ea76e58fa045a.html。

作为法兰克福学派的赞助者和创建者，韦尔在法兰克福学派初创期具有极大的影响力，其理想化的学术追求和可贵的人格精神，为法兰克福大学社会研究所的独立研究精神树立了楷模。

（二）格吕堡时代（1923~1929 年）

韦尔等人精挑细选被称为"奥地利马克思主义之父"、在维也纳大学任法律和政治学教授的格吕堡（Card Grunberg）担任第一任所长。上任当天，格吕堡清楚地表达了"自己对作为一个科学方法论的马克思主义者的忠诚，正如自由主义、国家社会主义和历史学派等已经建立了他们的中心一样，马克思主义也将在研究所中成为统治原则"。[①]同时试图把社会研究所办成一个西方和东方的马克思主义思潮的联结点，因此他主持的社会研究所中，既有共产党员也有社会民主党员，并且还同莫斯科的苏联马克思恩格斯研究所保持正规的联系。[②]

格吕堡时代的研究所对马克思主义研究采取了包容性的态度，其主要研究人员有波洛克、左格尔、博克瑙、维特夫、格罗斯曼、霍克海默、洛文塔尔等人，创办的主要刊物是《社会主义和工人运动史文库》。格吕堡时代的法兰克福学派将当时众多的国际共产主义运动的文献资料加以总结和归纳，做出某种符合马克思主义的解释。

（三）霍克海默时代（1931~1936 年）

格吕堡于 1929 年因病隐退，在波洛克等人的大力举荐下霍克海默当上了研究所的代理所长，从此研究所进入了具有决定性意义的霍克海默时代。1931 年 1 月，霍克海默在就职仪式上发表了《社会哲学的目前形势和社会研究所的任务》的纲领性报告，一反格吕堡的马克思主义中心论的观点，主张从社会哲学的角度来观察和研究当代社会，关注处于现实中的经验个体，并力图通过对社会的分析来解释出个体的存在价值和意义，顺应了当时欧洲思想发展的潮流。

在任所长的几年里，霍克海默做了几件决定研究所未来的事情：

1. 取消格吕堡时代的《文库》

霍克海默以《社会研究丛书》替代《社会主义和工人运动史文库》，

---

① [美]马丁·杰伊：《法兰克福学派发展史》，单世联译，广东人民出版社 1998 年版，第 12 页。
② 徐崇温：《法兰克福学派述评》，三联书店 1985 年版，第 8~9 页。

同时创办《社会研究杂志》作为研究所思想的传播渠道，指出研究所的成员"要把经验上的研究统一到社会哲学中去，并开创一种'假定在事件的混沌表面上，能够认识到一个可接近概念的、能动力量的结构'的新型理论"。①新型理论就是后来众所周知的社会批判理论。

2．大力扩充研究所的梯队成员

霍克海默扩展了格吕堡所遗留下来的研究梯队，通过约稿或者邀请等方式引进一批具有现代哲学头脑和研究方法的研究人员，包括布尔克曼、本雅明、阿多诺、弗洛姆、马尔库塞、奥拓·基西海默等人，在学术上彻底改变了格吕堡时代在研究所留下的痕迹。②

3．将研究所迁往美国

霍克海默以敏锐的眼光意识到了德国正处于魏玛共和国末期纳粹统治的前夜，犹太人潜藏着许多危机，开始为研究所寻找一个新家。从 1931 年开始，派刚加入研究所的马尔库塞在瑞士建立分支机构，并将研究所的主要资金转移到荷兰。希特勒上台后，把研究所的档案、图书、《社会研究杂志》编辑部迁往瑞士，后又迁往巴黎。1934 年在得到美国哥伦比亚大学校长巴特勒财力和物力的许诺后迁往纽约。

（四）在美国期间的学术成果（1936~1950 年）

迁美后，有了相对轻松和自由的研究环境，开始专心于具体的理论建设与社会分析工作：在理论方面表现为社会批判理论的构造与对启蒙理性的反思；在社会分析方面具体表现在对纳粹、权威、发达工业社会以及美学与大众文化研究。

1．社会批判理论的萌芽

《批判理论》包括了霍克海默 20 世纪 30~40 年代初期发表的一系列论文，涉及心理学、文艺、哲学、社会学等多个领域，从多个方面对批判理论的特征进行了描述，构成了法兰克福学派批判理论的基础，被看作"批判理论的纲领性文献"。其中《传统理论和批判理论》将批判理论与传统理论进行了对比，二者的区别在于传统理论都是一定社会的产物，对社会保持一种"顺从主义"的态度，批判理论则来自一种以社会本身为对象的

---

① 徐崇温：《法兰克福学派述评》，三联书店 1985 年版，第 15 页。
② 《法兰克福学派》，https：//wenku.baidll.com/view/77a4fsfa941ea76e58fao45a.html。

人类活动，是一种旨在推翻现存社会再生产过程的否定理论。在霍克海默的推动下，批判理论成为研究所成员在其学术研究过程中自觉运用的思想武器，对社会怀有否定和批判的视角。"社会批判理论"在法兰克福学派的语境下是作为马克思主义的代名词出现的。①

2. 对启蒙理性的反思

对启蒙理性的反思一方面源自法兰克福学派批判理论自身发展的内在需要，即如何达到"批判理论与历史实践的统一"；另一方面则来自法兰克福学派成员，尤其是霍克海默与阿多诺对理性在其时代具体状况的思考结果。《启蒙的辩证法》是研究所对启蒙理性反思最具代表性的作品，以西方文明发展的全过程作为自己的批判对象，重点论述了在西方文明发展过程中旨在将人类从恐惧、愚昧之中解放出来的启蒙理性，因其具有统治的极权主义本性，最终走向了自己的反面，成为新的统治人的工具，并最终将社会引入了野蛮的状态。②此外，阿多诺《最低限度的道德》也是对启蒙理性思考较为深入的作品。

3. 纳粹、权威以及整合心理学研究

社会分析研究是从分析纳粹和研究权威入手的，前期是研究所自觉的学术活动，成果体现在《权威与家庭研究》文集中；后期接受美国犹太人委员会资助，主要是分析反犹现象，成果为《偏见研究》和《权威人格》两部文集。

《权威与家庭研究》对美国社会的政治形态进行了细致的分析，认为美国社会形式化的法理性权威就其本质不过是掩盖垄断资本主义的面纱而已，所谓的法治国家只不过是另一种极权国家的形式；马尔库塞在20世纪60年代发表的《单向度的人》，某种程度上可看作对权威研究深化的结果，指出了在发达工业国家中科技成为意识形态，将研究所强调的"极权主义"转化为了科技理性。

《偏见研究》就其内容来说是经验性的，与批判理论所针对的实证主义的方法论之间存在着某种类似性；《权威人格》则是对《权威与家庭研究》的补充；《逃避自由》指出现代人已经从原始的自然状态中分离出来，

---

① 徐崇温：《西方马克思主义》，天津人民出版社1990年版，第310页。
② 《西方马克思主义之法兰克福学派批判理论》，https://wenku.baidu.com/view/5a5a9b087732 31126edb6f1aff00bed5b9f373c5.html。

但人所获得的自由是以自我的孤独为条件的，现代人越自由就越趋向于一个孤独封闭的个体，纳粹或者说极权主义之所以兴盛，其根源就在于大众逃避自由的心理本性。

4. 审美与大众文化研究

研究所早期主要思想家都曾关注过审美文化的研究，他们的美学与文艺理论都带有"艺术是幸福的承诺"的乌托邦色彩。本雅明《机械复制时代的艺术作品》、阿多诺《论爵士乐》、洛文塔尔《文学、通俗文化与社会》等都探讨了审美和大众文化背后的意识形态问题。

（五）重返德国（1950~1969 年）

对于以霍克海默为代表的法兰克福第一代思想家来说，在美国十几年的飘零不仅没有使他们完全被美国的社会同化，相反激发了他们将传统欧洲精神传承下去的使命感，研究所的刊物《社会研究杂志》即使面对的是美国读者，但仍坚持使用德语写作。这种保持德国文化的意识使研究所在美的学术活动带有流亡者的色彩，很难融合进入美国的主流学术圈。

在一个狭小的学术圈子内保持着独立精神的研究所成员苦苦等待着欧洲精神复兴的时刻。当霍克海默应邀为法兰克福大学作演讲之后，到了1949 年 7 月，研究所在美国的书刊以及资金迁回了德国。

（六）走向衰落（1970 年 ~）

进入 20 世纪 60 年代后半期，马尔库塞的声望迅速走红——研究者从研究所的理论成就中寻找纰漏作为批判马尔库塞的理论工具，因而研究所的学术成就逐步成为当时西方思想界研究的热点之一。60 年代末西方的左派运动彻底改变了研究所早期思想家的命运，其结果是作为法兰克福学派早期思想家理论基础的批判理论受到了挑战。以哈贝马斯为代表的第二代思想家则通过对社会批判理论的纠正、补充乃至颠覆走上了该学派的中心位置。1979 年 7 月马尔库塞在联邦德国讲学中因病离世；数月后，弗洛姆也离开了人世，早期思想家逐渐从研究所的中心位置淡出走到了终点，走向了衰落。他们留下了丰厚的精神财富，也留下了巨大的争议，直到今天仍然考验着后来者的智慧。①

---

① 《思想者的家园何以延续？》，http://blog.sina.com.cn/s/blog_773af64b0100po0n.html。

二、"法兰克福学派"的媒介批评观

"法兰克福学派"对资本主义社会中作为压迫性结构的大众传播与媒体有着十分浓厚的兴趣，对大众传媒的批判自然成为社会批判理论体系中最为耀眼的组成部分。"西方媒介批评的理论基础和核心内容，是以法兰克福学派为代表的传媒批判理论"。[①]主要体现在以下几个方面：

（一）媒介异化论

秉承卡尔·马克思的"异化"理论和 G. 卢卡奇的"物化"思想，法兰克福学派把传媒作为异化的世界，分析传媒所制造的异化世界是如何形成的，是被谁推动的，具体的内涵是什么，结果会怎样等。

法兰克福学派认为：异化和物化是发达工业社会的普遍现象，绝大多数人生活在异化的世界之中。在发达工业社会里，人们把对物质享受的追求作为自己生存的第一要务，高档物品的消费和虚幻符号的享受是物质社会强加的"虚假需要"，大众文化与大众传媒是制造"强迫性消费欲望"的主体，是推动"虚假需求"的机器，以"精英消费"的文化包装和控制装置迫使人们认同"虚假需求"为"真正需求"。[②]"强迫性消费"理念的推广，所带来的是人与物之间关系的颠倒，人的本质被异化，人成为被物所奴役的奴隶，人也就成了"单向度"的人。消费的错觉延伸到了传媒生产的领域，传媒也成了消费产品的制造商，精神文化的审美享受也异化为对物质的超强偏爱，这比马克思所论述的由"劳动产品"的异化所带来的人性的异化要残酷得多。现代资本主义社会之所以被认为是"病态的社会"和"罪恶的社会"，正是它压抑人的本性、扭曲人的本质所在。

异化对人的束缚与统治，在法兰克福学派看来，已从政治压迫、经济剥削转向各种文化力量的变相挟持，传媒是幕前的重要推手，幕后还有更大操盘手。法兰克福学派对现代政治经济、意识形态、大众文化、科学技术、大众传媒等的分析批判是从异化理论出发的，从本质上讲，是以异化理论为依据的文化批判理论。

---

① 王君超：《媒介批评——起源、标准、方法》，北京广播学院出版社 2001 年版，第 93 页。
② 张邦卫：《媒介诗学——传媒视野下的文学与文学理论》，社会科学文献出版社 2006 年版，第 40 页。

（二）媒介控制论

"谁控制着媒介""为何控制""如何控制""控制什么""控制的后果如何"等是法兰克福学派"媒介被控制"思想的主要内容。在发达资本主义社会，国家权力对媒介的控制比封建集权要强得多，传媒的权力是国家力量的表象，作为信息与娱乐工具的媒介沦为操纵和灌输力量的媒介，进行思想引导和政治控制，"话筒"的告知功能被权力操纵为灌输与宣传的渠道。

作为国家意识形态的媒介工具，本身直接履行着意识形态的社会控制职能，维护着国家统治的合法性。在技术与科学的合流下，媒介的工具化体现在促进与维护社会思想的同一性上，既体现对自然统治，也实现对人的统治。"技术统治论命题作为隐形意识形态，甚至可以渗透到非政治化广大居民意识中，并且可以使合法性力量得到发展。"[1]这种"意识形态"具有操纵性、较小意识形态性（即统治更直接）和辩护性的特征，比以往意识形态更令人难以抗拒，因此，具有很大危害性。这种技术统治意识通过非政治力量，潜移默化地发生作用，既有效地维护了现行政治统治合法性，又成功地压制了人们寻求解放的愿望与努力。[2]

在法兰克福学派看来，作为意识形态和意识形态工具的媒介有着虚假性与欺骗性，制造普遍利益和特殊利益的虚假统一。承接着媒介异化论的论述，制造虚假需求，美化和幻化着现实，构筑统治者控制之下的全封闭的社会体系，剥夺个人的批判性思维，个人意识融入并等同于社会意识，对社会现状进行肯定，尤其是对儿童的轻松控制，延续着媒介控制的生命力。

（三）媒介资本论

资本主义社会是一个全面资本化的剥削社会，大众传媒既是资本化的产物，也是资本牟利的一个重要渠道。法兰克福学派认为：资本控制着国家、教育、媒介与意识形态，把个体纳入资本主义体系之中，达到利润最大化，维持社会控制的目的，推动资本社会向前发展。

传媒作为公共领域，本应是自由化的、独立的，却成了非自由化、被控制的功利性工具。大众传播媒介传播着必要的价值标准，提供了效率、

---

① [德]哈贝马斯：《作为"意识形态"技术与科学》，学林出版社1999年版，第63页。

② 《近代科学技术与人文的分裂与合流》，https://wenku.baidu.com/view/1a064f8158eef8c75fbfc77da26925c52dc59152.html。

意志、人格、愿望和冒险等方面的完整的训练。[①]格式化的生产，导致唯资本是图，文化生产变成了文化工业，一切成果都是预先计划好，以便经得起市场竞争，从而获取预定的巨额利润，并与意识形态控制相合谋。

资本主义社会的现代文化表现为一种文化工业，在大众文化生产中推行了标准化、一律化，是工业流水线的副产品。大众文化工业化观念是意识形态，受文化工业支配，大众文化已消除了高低级差别和文化多样性且缺乏民主气氛，文化丧失了个性和批判力，成为技术统治人的手段。[②]

法兰克福学派反对大众文化，标准化和伪个性化的持续生产形成传播流已内化为个体的需求和满足，人陷入困惑之中，感到被动、无助、乏力、孤单与忧虑，失去了众多生活情趣，踏上了非人道歧途。受资本摆布的文化工业化，潜伏着巨大破坏性与毁灭性，持续彰显，自然将受重创，大众文化自身将文化导向穷途末路，[③]人类将失去精神家园，后果不堪设想。

（四）媒介商品论

资本主义生产方式不仅生产了过度的、多余的、满足各种虚假需要的商品，而且也导致了文化的异化和物化。大众传媒作为精神文化的生产工具，标准化的生产，使精神文化产品单一化、单调化，加速了文化的全面异化。法兰克福学派认为：从相差不大的预制零部件到熟能生巧的装配程序，大众文化的生产与一件衣服和一辆汽车的生产一样，标准化生产背后隐藏着一种资本主义生产方式的垄断，结构和意义都是事先设计，结果是多样化和活跃的文化沦为不断重复的机械制造，使艺术作品原有的那种依靠真实而产生的原真性大大降低了，真品与赝品之间丧失了评判的标准。同时，艺术作品"氛围"的丧失，意味着艺术感应的丧失和植根于传统的经验的结束。艺术变得越来越大众化和日常化，艺术永恒价值的神话在不知不觉中被完全消解。

媒介产品的商品化，主体艺术创造已没有任何地位和必要。大众传媒所体现的文化对社会进行单一的浸润和熏陶，久而久之，异化为一种商品

---

① [美] 马尔库塞：《爱欲与文明》，黄勇、薛民译，上海译文出版社 1987 年版，第 87 页。

② 《社会学理论流派》，https://wenku.baidu.com/view/304bf1ad59f5f61fb7360b4c2e3f5727a4e9245a.html。

③ 《文化主义 法兰克福学派》，https://wenku.baidu.com/view/db8bdfeb90c69ec3d4bb7521.html。

拜物教。受众由个人的凝神观照转向了集体的距离审视，由原来的静观玄想变成了个人的涣散消遣，这是一种感官的惊颤效果，也是一种培养大众消遣性的习惯，淡化思维的功能，最终使人成为没有思考能力的"植物人"。

媒介商品先验地构造，是本着意识形态控制下的利润的掠夺，工业化的批量生产，几乎千篇一律的成品在市场上的扫荡，资本在收获银子的同时，使传播者、接受者、媒介文化自身都丧失了自主的性格，完成不了"颠覆""否定""批判"和"救赎"的使命，甚至日常的行为交往能力也难以实现。

三、"法兰克福学派"理论的中国之行

传播学在中国大陆的引进，一次是 20 世纪 50 年代早期，由郑北渭、张隆栋、王中等教授们在教学及科研中运用传播学相关知识，复旦大学新闻系《世界新闻译丛》也曾比较系统介绍了传播学相关知识。[①]再一次是 20 世纪 70 年代末，复旦大学新闻系创办《外国新闻事业资料》，郑北渭发表了两篇编译文章：《公共传播学的研究》和《美国资产阶级新闻学：公共传播学》。张隆栋在《国际新闻界》上连续 3 期发表摘译文章，介绍西方大众传播的过程、制度和效果。1981 年，复旦大学教授陈韵昭《传播学讲座》，较系统地介绍了传播学的基本概念。同年 6 月，复旦大学新闻系居延安撰写了我国首篇以传播学为题的硕士论文《美国传播理论研究》通过答辩。

1978 年 10 月，日本新闻学会会长内川芳美教授访问中国，在北京和上海做了有关传播学的学术讲座；1982 年 4~5 月，美国著名传播学者施拉姆（Wilbur Schramm）在其学生香港中文大学余也鲁教授的陪同下访问中国，在《人民日报》社为几百位记者、编辑和新闻研究生做了传播学讲座。这是中国新闻界人士和研究者第一次和西方著名传播学者面对面。1982 年，中国社会科学院新闻研究所召开第一次全国传播学研讨会，提出"系统了解，分析研究，批判吸收，自主创造"为内容的"16 字方针"，30 余人参加，对后来一系列相关工作的开展起到了动员和组织作用。[②]1983 年社科院新

---

① 袁军等：《要从扎扎实实的研究做起——访〈新民周刊〉副主编袁正义》，载《传播学在中国——传播学者访谈》，北京广播学院出版社 1999 年版，第 292 页。

② 陈力丹：《中国传播学研究的历史与现状》，《国际新闻界》2005 年第 5 期。

闻所编写的《传播学（简介）》由人民出版社出版。以此为开端，一批西方传播学著作也相继在大陆出版发行，如《报刊的四种理论》（1980 年）、《传播学概论》（1984 年）、《传播学的起源、研究与应用》（1985 年）、《传播概论：传媒、信息与人》（1985 年）等。

伴随着传播学的引进，1978 年《哲学译丛》对法兰克福学派的介绍和翻译，可以看成"法兰克福学派"在中国的首次之行。马丁·杰伊（Martin Jay）为《辩证的想象》（中文名为《法兰克福学派史》，单世联译，广东人民出版社 1996 年出版）写过一篇"中文版序言"，刊登在《哲学译丛》1991 年第 5 期上，可以看成"法兰克福学派"在中国突然火爆的起点。[①]因为大众文化在 20 世纪 90 年代初期呼啸而至的时候，许多人文知识分子以批判大众文化作为当时学界的一种时尚。既然要批判又不能用一些情绪化的言辞，为了使批判更加学理化，一些学者开始把目光转向了对法兰克福学派理论的征用。

在法兰克福学派思想介绍、引进和征用的过程中，中国学者也展开了自己的思考，并进行了争鸣式的反思。著名学者陶东风先生认为：大众文化在当代中国是一种进步的历史潮流，具有冲击和消解一元的意识形态与一元的文化专制主义、推进政治与文化的多元化及民主化进程的积极历史意义，法兰克福学派的批判理论更适合于分析与批判"文革"时期的极左意识形态专制和群众文化，却很难成为当下中国知识界批判大众文化的话语资源；[②]著名学者朱学勤先生把批判理论放到了马克思主义和西方马克思主义的谱系之中，认为相对于革命前辈的经济批判与政治批判，法兰克福学派的文化批判只不过是在资本结构的文化脂肪上搔痒痒，犹如清风逐流云，荆轲刺孔子；[③]知名学者曹卫东先生指出：简单地把法兰克福学派的批判理论称为大众文化批判，过于强调法兰克福学派当中个别人物所从事的文化批评实践，有悖于法兰克福学派的理论精神和原旨。[④]

---

① 赵勇：《法兰克福学派的中国之旅——从一篇被人遗忘的"序言"说起》，《书屋》2004 年第 3 期。

② 陶东风：《批判理论与中国大众文化批评——兼论批判理论的本土化问题》，《东方文化》2000 年第 5 期。

③ 朱学勤：《在文化的脂肪上搔痒》，《读书》1997 年第 11 期。

④ 曹卫东：《法兰克福学派的历史效果》，《读书》1997 年第 11 期。

　　法兰克福学派的社会批判理论当然有其生成的历史语境——西方马克思主义学者们的认知模式、法西斯主义给"社会研究所"成员带来的痛苦记忆、20 世纪 30~60 年代美国大众文化蓬勃发展的局面等。结合 20 世纪 90 年代以来的中国社会政治、经济和文化语境，可以看出三位学者对法兰克福学派的热情与兴趣，观点上的偏向，有思考上的侧重和事实上的针对性差异等原因，为进一步运用法兰克福学派的理论来研究中国的实际问题提供了相应的启示。

　　道格拉斯·凯尔纳认为："法兰克福学派的批判理论是文化研究的元理论（Metatheory）之一，其大众文化理论与大众传播研究是文化研究的早期模式，这一学派所发展起来的跨学科方法可以给后来的文化研究带来许多启迪。"[1]就公开的理论立场而言，法兰克福学派在现代文明社会中扮演了否定性的角色，不妥协的批判是一种理想主义救世情怀的激进表达。一方面，它以一种间离的方式提供了比照、评判现实的标准；一方面，又在这种比照中反衬出现实的阴暗，从而以一种自觉的理论形式培植和强化了批判的激情与冲动。[2]

　　在我国传媒娱乐化现象过度泛滥的现实环境中，政府的强烈谴责、理论界的深度忧虑与媒体的"推陈出新"、受众的"乐此不疲"形成了鲜明的比照。娱乐是必需的，健康娱乐有助于人的全面发展和社会的和谐进步。娱乐化甚至低俗化对社会文化建设造成了诸多不良的影响，已引起了政府部门的高度重视。前文化部部长蔡武说："各级文化行政部门对文艺创作娱乐化低俗化倾向严重的现象不能视而不见、听之任之，要积极发挥引导作用，善于发现、提倡反映主流价值、弘扬主旋律的作品，多用引导的办法，少用行政的办法，团结、带领艺术创作人员，逐步形成强大的良好的创作风气。"[3]

　　对待传媒泛娱乐化甚至低俗化的现象，简单的批评与反对是不明智的，

---

　　[1] Douglas Kellner，Media Culture：Cultural Studies，Identity and Politics between the Modern and the Postmodern，London and New York：Routledge1995，P.27 ～ 30.

　　[2]《社会批判的正当依据：法兰克福学派的超验价值构设》，https://www.doc88.com/p-347819948140.html.

　　[3] 蔡武：《低俗之风，岂可听之任之》，《人民日报》2010 年 8 月 9 日第 16 版（文化版）。

借鉴法兰克福学派的传媒批判理论这一"元理论"（Metatheory），进行理性分析和价值判断，厘清这一现象的多重原因并寻求多种规避的方法，将有助于我国传媒在社会主义文化建设之中，走向健康的轨道，承担起相应的责任。

第二节　阿多诺文化工业控制与传媒泛娱乐化"统治"

狄奥多·阿多诺（Theodor Ludwig Wiesengrund Adorno，1903 年 9 月 11 日至1969 年 8 月 6 日），德国哲学家、美学家、社会学家、音乐家与作曲家，法兰克福学派的主要代表之一。其思想和理论内涵主要体现在《启蒙辩证法》（1947 年）、《新音乐哲学》（1949 年）、《多棱镜：文化批判与社会》（1955 年）、《否定的辩证法》（1966 年）、《美学理论》（1970 年）等著作之中。

阿多诺的哲学思想、美学思想、社会批判理论包括音乐批判理论既丰富又深刻，在当今社会现实中仍然有着强大的生命力。他对资本主义文化工业的控制分析，涉及美学、艺术与意识形态等多个层面，去除社会阶级的面纱，可以看到阿多诺对文化工业的批判与对传媒泛娱乐化"统治"分析之间存在着某种对应关系，传媒泛娱乐化对受众的控制与文化工业导致社会的顺从在本质上是一致的。

一、文化工业批判：内涵、实质、意义

在阿多诺与法兰克福学派的眼里，文化已经被公开地、轻蔑地称为工业，遵循与其他商品生产一样的生产规则。[①]曾经培育个性的文化，已经不再是真、善、美的避难所，而是工具理性的王国，导致了个性的终结和艺术的危机。

（一）文化工业批判的内涵：商品化逻辑操纵

文化工业生产的要素是按照商品化逻辑进行生产和交换的，把艺术品

———————————————

① Kellner，D：Critical Theory Marxism and Modernity，Cambridge Polity Press1989，P.131~132.

当作可以等价交换和消费的商品，直接后果就是大众艺术的商品化，商品化的过程就是艺术的使用价值和交换价值分离的过程。艺术价值的分化，使艺术家与读者的关系变成了生产者与消费者之间的关系。现代人对待艺术的态度是"病态或反常的"，因为艺术不是作为鉴赏和审美的对象来保存，而是"作为具体化的文化遗产和作为票房顾客的快感之源得以幸存的"。①

艺术迎合社会现存的需求，很大程度上已成为一种追求利润的商业。表面繁荣的艺术种类和通过简单模仿进行大规模传播早已失去了意义，艺术的"韵味"在大众艺术的"震惊"中消散了，"膜拜价值"让位给了"展示价值"，受制于经济权力的支配和约束，变成了"欺骗大众的启蒙"；艺术的自律向通俗化转变，迎合非专业大众肤浅的艺术需要，诱惑的魅力、伪个性化的氛围和所谓生活的品位，在艺术或美的"殖民化"中，导致听众的精神涣散和听觉退化，从而对大众进行麻醉，使其丧失判断力和意志力。

阿多诺在文化工业的典型产品——流行音乐的研究中，认为流行歌曲召唤的是一种集体性的机械反应，会产生"麻木的安乐感"，听众只需要机械地顺从音乐的节拍，并没有思想的机会和空间。阿多诺直接把流行音乐斥为标准化和伪个性，这一特点可以推广到其他文化商品，结合心理分析，对远离政治的通俗文化背后的占统治地位的意识形态进行大胆揭露，工具理性造成大众精神空虚。②消费者用类同的文化商品来装饰自己，消费就是文化工业的意识形态，人与人之间的距离越来越远，商品化的逻辑操纵与法西斯威权主义统治只是形式不同而已。

（二）文化工业批判的实质：意识形态的欺骗性

阿多诺的意识形态与经济基础融为一体，意识形态已经变成了经济基础，正如经济基础已经变成了上层建筑一样。它从外部祛除了真理，同时又在内部用谎言把真理重建起来。③文化工业以意识形态的欺骗性剥夺了人们乌托邦的想象力和否定性批判的潜能，使启蒙了的世界充满了谎言和

---

① [德]狄奥多·阿多诺：《美学理论》，四川人民出版社1998年版，第338页。
② 刘海龙：《大众传播理论：范式与流派》，中国人民大学出版社2008年版，第305页。
③ 霍克海默、阿多诺：《启蒙辩证法》，上海人民出版社2003年版，第151页。

算计，充满了伤感和厌倦。

阿多诺意识形态概念的实质是"同一性思维"（同一性意识）与和谐性思维（有机整合性思维），虚假和谐已经主宰了当今发达的资本主义社会。资本主义社会的一切虚假观念：如虚假的自由观念、虚假的民主主义、虚假主体观念等，都来源于虚假的和谐一体观念。文化工业别有用心地自上而下地整合消费者，把高雅艺术与低俗艺术强行聚合在一起。高雅艺术的严肃性被人为毁灭，低俗艺术的严肃性——富于造反精神的抵抗性——在文明的压迫下消失殆尽。

在文化工业的操纵下，包含人道主义理想的、否定性的文化消失了，雅、俗艺术间的差异也在大众艺术"风格化的野蛮主义"中全部消除了。工具理性的支配和意识形态的权力操纵，想象力的萎缩、批判性的消失和欣赏力的退化，意味着对自由和"他者"权力的剥夺。碎片或部分代替了整体，人们发现新的美学存在于残损的躯干、断离的手臂、原始人的微笑和被方框切割的形象之中，而不在界限明确的整体中。[①]

意识形态不仅仅解释世界，而且建构世界，意识形态批判就相应地不再是理论，而成了改造世界的一种实践。意识形态的欺骗性背弃了自由、民主和幸福的允诺，又通过快乐的表象和文化的模式化生产重新塑造了自由、民主和幸福的假象，遮蔽了现实生活的苦难和不幸，剥夺了大众的反抗潜能和反思能力，从而有效地整合在整个意识形态化的社会之中。[②]

（三）文化工业批判的意义：人的全面异化

在资本主义社会中，上层建筑沦为经济基础，文化创作越来越具有商品生产的特征，唾手可得的快乐让大众变得易于满足、温良恭顺，忽视当下的经济环境。社会大众源源不断收到标准版的消费品，官方文化中的假个人主义很巧妙地被掺和，文化产业制造的真假需求都在市场上，使大众是非难分，文化艺术作品就不可避免地存在于异化的世界和异化意识的世界之中。

---

① 丹尼尔·贝尔：《资本主义文化矛盾》，北京·三联书店 1989 年版，第 95 页。
① 周计武：《论阿多诺的艺术终结观》，《文艺理论研究》2005 年第 6 期。

文化工业所制造的艺术是一种典型的"顺从的艺术"，满足的是大众的虚假需要。大众在虚假的需要中被意识形态的欺骗性所浸润，没有真正的快乐，没有自由选择的空间和自我决断的能力，人被全面异化。

"在今天，文化给一切事物都贴上了同样的标签。电影、广播和杂志制造了一个系统。不仅各个部分之间能够取得一致，各个部分在整体上，也能够取得一致。"①正是这种系统化的整体，使大众艺术和娱乐工业都遵循同样的目标和同一性的虚假程式，对抽象、普遍、整体性、同一性的维护，实际上是对侵犯、消灭差异性、个体性的强制性社会结构的虚假辩护。每个作品都带有被技术驯化的痕迹，日益视觉化、审美化，诉诸直观的冲动和感官的刺激，从而剥夺了消费者想象与反思的空间，②审美内在张力的迅速消失，欣赏退化成孤立的享乐和放纵，批判的功能被无情地"悬置"，"自觉"地变为对社会等级秩序的顺从。

文化工业社会人性分裂，人格丧失，世界裂成碎片的现实，促使阿多诺强调艺术的批判性中所蕴含的救赎功能。资本主义社会物质生活的改善是以丧失人的革命精神、牺牲人格和尊严为代价的。统治阶级竭力使精神产品"商品化"和"标准化"，通过现代化媒介霸权式传播，无孔不入地控制人们"内心自由"这块唯一的"私人天地"。③

"被全面管制的世界"本身就是一个异化的世界，阿多诺提出"整体是虚假的"的口号，以摧毁社会强加于个体身上的总体性枷锁，反抗社会对人性的禁锢，坚持分裂性与不和谐性，从而实现对现实社会进行有效救赎。

二、文化工业批判与传媒泛娱乐化"统治"

阿多诺对文化工业的批判，一针见血地阐述了法兰克福学派的媒介商

---

① 霍克海默、阿多诺：《启蒙辩证法》，上海人民出版社 2003 年版，第 147 页。
② 周计武：《论阿多诺的艺术终结观》，《文艺理论研究》2005 年第 6 期。
③《对法兰克福学派科学技术意识形态发展的认识》，https://wenku.baidu.com/view/7e56a44 d5b8102d276a20029bd64783e09127dff.html。

品论，并进而勾连起资本论、控制论和异化论。传媒泛娱乐化生产的批量性和程式化与文化工业生产的标准化、伪个性殊途同归，是不同文化群体在不同时期的相同控制形式。文化工业的有意识控制和传媒泛娱乐化的无意识"统治"，其结果都是人的全面异化，尤其是传媒泛娱乐化对当下青少年的深度影响。

首先是新闻泛娱乐化对受众心理层面的深度控制。新闻泛娱乐化现象传播给受众的是铺天盖地的浅显、表层的娱乐，对信息缺乏深层理性的挖掘，使大众的文化心理意识得不到成熟地发展，从而始终处于一种近乎弗洛伊德所说的"原始婴儿状态"，不能对泛娱乐化现象背后的社会现实和隐蔽的意识形态做出成熟、主动的判断和认知。[1]大众面对新闻泛娱乐化现象所带来的荒诞、刺激与丑恶表现出惊人的"顺从"，从中获得一种受虐待般的快感，以此来放弃自我对权威的认同，在浅表娱乐的众神狂欢中成为泛娱乐化"统治"的乌合之众。

比如"华南虎照片"事件。2007年陕西省林业厅新班子为做政绩、搞经费，打算建立华南虎自然保护区。林业厅选择了历史上有虎的镇坪县，派出考察队，希望找到老虎。辛苦了8个月，历经几次进山考察，却发现根本无虎。于是，林业厅相关领导便安排该县村民周正龙拍摄造假虎照，于10月12日宣布发现华南虎，并发布周正龙于10月3日拍摄的华南虎照片。[2]这一轰动的消息随即被全国各大媒体争相报道，一个传媒假事件迅速演化为一场全国上下的泛娱乐化活动。

从媒体的跟踪报道到互联网的互动加盟，网友们针对老虎图片的6个疑点，指出照片有PS之嫌，可能是纸老虎造假。10月16日，最早认可这些照片并视之为珍宝的陕西省林业厅对"造假说"予以反驳。12月2日，中国摄影家协会数码影像鉴定中心邀请了数码专家、动物学家、植物学家等各路专家对40张华南虎照片进行了鉴定，来自六个方面的鉴定报告和

---

[1] 吕萍：《被控制的欲望：新闻娱乐化的心理控制机制》，《成都理工大学学报》（社会科学版）2010年第1期。

[2] 《周正龙上京喊冤　称再次拍到华南虎痕迹》，http://news.sohu.com/20150210/n408891252.shtml。

专家意见汇总确认华南虎照片是假的。之后，国家林业局要求陕西省林业厅委托国家专业鉴定机构对周正龙所拍摄的华南虎照片等原始材料依法进行鉴定，并如实公布鉴定结果。最后照片被认定有假，周正龙以诈骗罪被判处两年零六个月有期徒刑，"周老虎"事件的相关领导干部也受到了相应的处分。

"华南虎照片"轰轰烈烈先后在全国各大媒体上畅行了一年多，媒体赚得盆满钵满不说，打虎派和护虎派各自粉墨登场，受众一睁开眼睛就关心老虎的动向，由媒体的传播变为日常的谈资，在起落变化和喜怒交加的过程中，人们的确被持续"愚乐"了一把。赞成者尾随着护虎派，反对者追随着打虎派，真和假此时变得并不重要，跟随着媒体一起摇晃就是最大的享受，纷纷拜倒在泛娱乐化所宣传的老虎的脚下。在这种休眠的快感中，受众很难对泛娱乐化现象背后的社会现实和隐蔽的意识形态做出成熟、主动的判断和认知，也不需要做出结论和判断。从传播的角度上讲，持续地进行下去，肇事者、传媒、受众都可以获得多赢。法律的最终裁决，使这场泛娱乐化活动得以真相大白于天下，受众此时应该明白，泛娱乐化的娱乐只留下苍白的"愚乐"而已。

再来看广告泛娱乐化对受众消费行为的"统治"。广告通过泛娱乐化构造一个理想的、完美的、虚拟的社会生活场景，将诸如富贵、浪漫、时髦、前卫、归属感等象征意义附系于商品之上，为商品建立起一个个美好诱人的身份符号，深化了广告的"象征性"和受众的"幻觉性"，诱惑着消费者缺乏理性认知，消解对产品使用价值的评判，更多地从商品消费中获得品牌所宣扬的价值理念和相应的社会身份地位。[①]广告对现实反映的浅层化、游戏化和娱乐化，受众对符号象征意义的重视，追求及时的感官刺激和梦幻的体验，情绪化的价值认同代替了文化的价值标准和思考的深度，再现出虚幻缥缈的幻想。

"百度更懂中文"、《蒙娜丽莎》等艺术品在广告创意中被扭曲、脑白金"今年我家不收礼、收礼只收脑白金"以及各种电视购物频道主持人

---

① 李儒俊：《广告娱乐化的传播缺陷及诉求控制分析》，《东岳论丛》2009 年第 11 期。

歇斯底里的叫喊和模特儿丰乳肥臀的展示、明星极尽媚态的代言等以幽默、夸张、悬念、奇幻、戏谑、荒诞为手法，诱惑着消费者忽视理性认知，产生冲动购买的行为，是广告泛娱乐化对受众消费行为"统治"的集中体现。据脑白金官方数据显示，脑白金 2007 年度在我国保健品市场所占份额为 6.17%，2015 年上升到 9.32%，是万年来唯一销售份额接近 10% 的品牌，打破了保健食品"活不过 5 年，火不过 3 年"的宿命。[①]脑白金销售神话的制造与功能的性价比的差距，不能不说泛娱乐化广告对消费者消费行为有着相当强的"统治"效应。

第三节　本雅明"复制"观念与传媒泛娱乐化"克隆"现象

瓦尔特·本雅明（Walter Benjamin，1892 年 7 月 15 日——1940 年 9 月 27 日），德国马克思主义文学评论家、美学家和哲学家，法兰克福学派前期的重要代表。丰厚的著述中与媒介相关的有《机械复制时代的艺术作品》《作为生产者的作者》《讲故事的人》《发达资本主义时代的抒情诗人》等，他的传媒观体现在以电子传媒为主导的复制技术的思考与分析之中。本雅明认为，人类的文明史是一个复制技术不断发展创新的历史。在工业革命以前，人与人之间的传播方式主要是叙述，在现代信息社会中，传播方式主要是信息，与之相应的是以机械复制为特点的艺术，像摄影、电影和电视等，这是艺术裂变时代的一种根本上全新的艺术。[②]

在《机械复制时代的艺术作品》一书中，他指出了两点：一是伴随机械复制技术的运用，艺术的"韵味"在大众艺术的"震惊"中消散了，抹掉了艺术的"本真性"。[③]原作是珍品与仿作是赝品的关系不复存在，因

---

① 《脑白金广告总结》，https://max.book118.com/html/2016/0814/51450501.shtm。
② 潘知常、林玮：《传媒批判理论》，新华出版社 2002 年版，第 80 页。
③ 瓦尔特·本雅明：《机械复制时代的艺术作品》，江苏人民出版社 2006 年版，第 51 页。

为技术复制已经抽空了原作、真品的意义；二是这种大众艺术有利于艺术的民主化和大众的解放。

机械复制时代的来临，意味着传统意识的没落，也意味着灵光的消失。传统的艺术创作，依赖艺术家的力量，表现艺术家的创作个性，依靠冥思苦想、细心雕琢，有时甚至还要等待灵感的来临，笔和纸、乐器、颜料、画笔和画纸等物性因素虽然必不可少，但在整个创作过程中较艺术家的构思和物化过程来说都是微不足道的。在机械复制时代，艺术品原作产生以后，大量工人就可借助机器对其进行大批量复制，不再需要闪烁艺术的火花，艺术由创造性活动变成了一种生产性行为，[①]已没有了原作的存在，机器和人共同参与了创造环节。

机械复制技术出现以后，人们对艺术的接受由个体性转变为群体性，神情涣散替代了凝神静观，面对一幅幅转瞬即逝的图片和画面已无暇思考，只能沉浸于影视所带来的震惊之中，美学感受感性化，感受到的是艺术的冲击力，模糊了幻象与现实的界限，对人们感知现实的方式产生了干扰。而人们对传统艺术的接受更倾向于一种智性行为，是一种诗意的沉思，在对灵光的品尝中，审美的地位和情趣都能得到有效地提升。

生产和接受方式的转变引起了艺术自身的质变。艺术品可大量生产复制，原作面对众多的复制品丧失了权威性，导致韵味的消失，韵味源于艺术品的独一无二性，是神秘而朦胧的，它反射着神性的光辉。随着艺术品数量的增多，展示价值日益压倒膜拜价值，围绕着艺术品的这层神秘的面纱也就被揭开，意味着艺术由带有神性的创造物变成了世俗的人工物，失去高贵出身而平民化了。但是它走向了大众，变为了公共财富，成为一种"具有全新功能的创造物"，[②]有利于艺术的民主化和大众的解放。

在《讲故事的人》一文中，本雅明具体阐述了现代传播媒介对人类传播方式的改变。作为一种交流经验的能力，讲故事随着现代传播媒介的兴起走向了消亡，在故事中渗透伦理观、实用建议或者谚语、警句向读者提

---

① 辛楠：《复制技术与现代艺术的融合——本雅明"机械复制"理论思考》，《巢湖学院学报》2005 年第 5 期。

② 瓦尔特·本雅明：《机械复制时代的艺术作品》，江苏人民出版社 2006 年版，第 61 页。

出忠告的现实作用也随之消亡了。经验的不断贬值和贫乏，讲故事的艺术变得鲜为人知，信息的传播在其中起了决定性的作用。[①]

机械复制使艺术作品的"韵味"衰竭，紧随而至的是接受者的"震惊"。本雅明把"震惊"和经验的丧失相联系，当生命处于不断增加的外界刺激的包围中，不能按传统方式保护自己，不能完全吸收外界刺激时，震惊就出现了。"震惊的因素在特殊印象中所占的成分越大，意识也就越坚定不移地成为防备刺激的挡板，它的这种变化愈充分，那些印象进入经验的机会就愈少。"[②]现代艺术把"震惊"置换成一种外在的刺激，人们不是通过传统和记忆把握它，而是在"经历"的层次上帮助人们忘掉它，毕竟"技术之光"比不上"人文之光"。

本雅明有关媒介的论述，构成了一个传播史或者艺术史的序列。历时性不同技术的出现带来传播生态的变化，暗示了媒介促进了平等和解放，为大众文化的合法性寻找理论依据。在泛娱乐化当道的当下，复制技术在一些法律的真空里，使盗版、克隆、山寨十分火爆，似乎有"创意再现"的恶搞也加入了其中。

中国电视娱乐文化的发展可分为"寓教于乐"和"纯粹娱乐"两个阶段。电视刚一诞生就非常重视思想教育功能，宣传政治、传播知识和充实群众文化生活被认为是三大宗旨，而"寓教于乐"是对所有节目的要求。[③]改革开放以后，开始接受全球文化的影响，广东电视台针对香港电视注重娱乐性、服务性和时效性强等特征，1981年元旦开办了杂志型文艺专栏《万紫千红》，引来兄弟台竞相仿效。[④]真正纯粹娱乐的节目应以湖南卫视《快乐大本营》的出现为标志，但它并非原创，而是对台湾娱乐节目《超级星期天》的模仿，而且它又被其他台所模仿，衍生出纷纷冠以"快乐""欢乐"系列的电视游戏类节目。娱乐节目开始在电视荧屏上遍地开花，纯粹娱乐又出现了娱乐化甚至低俗化。娱乐只剩下贫瘠的"乐子"，健康快乐和身心舒畅的"韵味"消失了，留下的同样也是"震惊"。

---

① 瓦尔特·本雅明：《本雅明文选》，陈永国译，中国社会科学出版社1999年版，第297页。
② 瓦尔特·本雅明：《发达资本主义时代的抒情诗人》，三联书店1989年版，第133页。
③ 郭镇之：《中外广播电视史》，复旦大学出版社2005年版，第238页。
④ 郭镇之：《电视传播史》北京师范大学出版社2000年版，第391页。

娱乐化电视节目的火爆，"得益"于"克隆"的便利，从国外、港台→央视、湖南、广东、上海→其他卫视、城市台的"克隆"路线，多半都是简单模仿或者机械复制，随意挑选几个节目通过对照就可以看得非常明白：

表 2.1　电视节目"克隆"对照表

娱乐节目	对应克隆的娱乐节目
《开心辞典》	《谁想成为百万富翁》
《智在必得》	《你比五年级生聪明吗》
《幸运 52》	《GO BIN GO》
《超级女声》《加油！好男儿》	《美国偶像》
《欢乐总动员》《超级大赢家》	《快乐大本营》
《舞林大会》	《Dancing With The Stars》
《生存大挑战》《走入香格里拉》	《幸存者》《急速前进》
《天使爱美丽》《花落谁家》	《天鹅》《我想要张明星脸》
《完美假期》	《阁楼故事》《老大哥》
《交换主妇》《变形记》	《换妻》《真的变了》
《CCTV 电视模特大赛》	《我要做超模》
《〈红楼梦〉中人》	《全美超模大赛》

美国"克隆"北欧；日本"克隆"美国；港台"克隆"日本；中国内地"克隆"港台；地方"克隆"中央。以这种顺序把电视节目"克隆"到国内并深入到地方，观众看到的永远只是三流的货色。问题的关键是节目的灵魂并没有被"克隆"过来，进行本土化改造没有创新，传统文化的精华没有得到张扬，而且还出现了异化。不光是"韵味"消失了，而且还加入了"毒素"，人们在"震惊"之余，只有遗憾和修正的迫切呼声。

眼下通过"克隆"再"克隆"的相亲节目火爆电视荧屏，把相亲变成游戏，演绎没钱勿扰；贩卖耸人听闻的话题，靠博位出名；把无耻当可爱，把隐私当噱头；提倡享乐主义，宣传金钱至上。娱乐至死成了娱乐至贱，在公共空间里放大低俗的价值观念，因经济利益而无视社会公德和职业道德，摒弃中华民族文化的优良传统，破坏公共舆论导向，混淆大众视听环境，贻误年轻一代。

网络"山寨"现象，以模仿、仿制、戏仿为基本手段，由商品领域逐步扩大到文化领域，从一个名词转变为一种现象，从一种现象转变为一种产业，又从一种产业转变为一种文化。[①]山寨明星、山寨电影、山寨《百家讲坛》、山寨《新闻联播》、山寨春晚、山寨中国，山寨在抄袭和超越的羊肠小道上一路狂奔，演绎成一种新媒体环境下的文化现象。

山寨有着草根创新的生命力，以"无端崖之辞"的形式，以"王顾左右而言他"式的"无厘头"，开辟着与主流文化相抗衡的一套话语体系，在寄生与反抗之间游离，一时间在网络空间中制造着一场场草根狂欢的新仪式。避开法律层面的因素，对受众来讲，山寨这种新异的文化现象带来的同样是"震惊"以及"震惊"之余的争鸣，依然说明技术之光掩盖不了人文之光的趋势。

作为一种"DIY"文化，以原著原作为诉求，企图实现弱势对强势的偷袭与揶揄。老孟的《春晚》、韩江雪的《红楼梦》和《从靖康耻到风波亭》、胡戈的《新闻联播》和《一个馒头引发的血案》，尤其最"雷人"的"百谷虎"搜索引擎，有创新内容和手段，但更多的是对传统的颠覆和篡改，精髓没有被挖掘，"韵味"却被抽空。至于对山寨持赞成态度，应该是在社会学层面而不应该在文化学和法学层面，当然从传播学的角度也不应该大力推崇。

在各种山寨现象中，更为出格的是网络恶搞。水立方2008手机、鸟巢1188手机、金鹏DJ918火炬手机、福娃手机和神舟七号手机就是对北京奥运会和神舟七号宇宙飞船的恶搞。[②]物质产品的恶搞还只是在经济领域，对红色经典电影《闪闪的红星》的恶搞，就延伸到了文化思想甚至政治领域。英雄人物成了整天做明星梦和希望挣大钱的富家子弟，对白配音和影片字幕被恶意篡改，还夹杂着一些下流的人物对白。创新与超越何其之有？有的恐怕只是贫瘠的乐子与无聊，甚至是低俗。

一个励精图治、民族振兴的伟大时代需要伟大的精神相支撑，需要脚踏实地的实干精神和一以贯之的忧患意识，需要昂扬的斗志、蓬勃的朝气和浩然的正气，需要培育民族文化素养和创新能力的真功夫。在走

---

① 陶东风、李玉磊：《"和谐""盛世"说"山寨"》，《中州学刊》2009年第3期。
② 刘彦超：《山寨文化现象探析》，《武警学院学报》2009年第3期。

向中华民族伟大复兴的道路上，抬头赶路，还得低头看路；看到鲜花，还得提防荆棘；看到金光大道，还得提防滑脚跌倒。克隆、山寨、恶搞等的泛化就有可能使社会主义主流文化在前进的道路上滑到，难以迈上全球化的发展轨道。

　　媒体重视发挥娱乐的社会作用，让人们在紧张的劳作之余获得轻松的消遣和愉悦，是社会的一大进步。简单模仿和机械复制诞生不了伟大的作品，浅薄、焦虑、张狂和媚俗也不是人们所期待的娱乐样态。一味沉迷于世俗化的声色之欲和轰轰烈烈的表面文章的泛娱乐化倾向，灯红酒绿的醉生梦死、花拳绣腿的逢场作戏和歌舞升平的洋洋自得都与这个伟大时代格格不入。①如何坚持积极创新，着力克服媒体不同程度存在的同质化、品位不高、格调低俗等现象，净化荧屏声屏和版面，传播先进文化，创造出一批具有民族特质、中国特色的精品娱乐节目，为社会大众提供更多的精神美餐，的确不能等闲视之。

第四节　　马尔库塞与传媒泛娱乐化单向度"涵化"

　　赫伯特·马尔库塞（Herbert Marcuse，1898 年 7 月 19 日至1979 年 7 月 29 日），德裔美籍哲学家和社会理论家，法兰克福学派的重要代表，著述有《论历史唯物主义的基础》（1932 年）、《理性与革命》（1941 年）、《爱欲与文明》（1955 年）、《苏联的马克思主义》（1958 年）、《单向度的人——发达工业社会意识形态研究》（1964 年）、《心理分析与政治》（1968 年）、《论解放》（1969 年）、《反革命与造反》（1972 年）等。其中《单向度的人》最富盛誉，全面阐述了"单向度"的思想内涵。

一、马尔库塞"单向度"理论内涵

　　《单向度的人——发达工业社会意识形态研究》就像一本病历，对当代资本主义工业社会作了极为准确和深刻的诊断，全面阐述了当代资本

---

　　① 《娱乐泛化实堪忧》，http://blog.sina.com.cn/s/blog_516043e901009fdm.html。

主义工业社会是一个新型的极权主义社会，压制了社会中的反对派和反对意见，压制了人们内心中的否定性、批判性和超越性的向度。其中心论题可概括为：单向度社会、单向度政治、单向度思想、单向度文化和单向度人。

（一）单向度社会

当今发达工业社会成了新型的极权主义社会。资本主义工业社会技术的进步极大地改善了人们的物质生活，各个阶级都从中尝到了好处，统治者利用科学技术的成果，使自己的活动更加符合科学的追求。"一种舒舒服服、平平稳稳、合理而又民主的不自由在发达的工业文明中流行，这是技术进步的一个标志"。[1]

生产力的高度发展和科学技术的进步，工人阶级已失去了作为革命主体的作用，机械化日益降低着花费在劳动中的体力的数量和强度，越来越多的工人成为"白领"，离开了生产性的工作岗位，生产率似乎由"机器而不是个别产品"来决定。[2]统治阶级借助于技术的力量有效地抑制了社会中的反对派和反对意见，变成了一种意识形态，一种肯定性的思维方式，使整个社会失去了否定性和批判性的思维原则。"新的技术工作世界因而强行削弱了工人阶级的否定地位，工人阶级似乎不再与确立的社会相矛盾。"[3]

工人阶级由社会革命的动力变成现存社会的凝聚力，同资产阶级融合不再反抗现行的制度和资产阶级，并从而与整个社会一体化。统治者还通过提供越来越多的消费品，使下层民众对各种占统治地位的官僚们的依附越来越牢固，控制人们对民主自由的追求。这个社会便成了一个被技术控制的"单向度"病态社会。

---

[1] 赫伯特·马尔库塞：《单向度的人——发达工业社会意识形态研究》，刘继译，上海译文出版社 2008 年版，第 3 页。

[2] 赫伯特·马尔库塞：《单向度的人——发达工业社会意识形态研究》，刘继译，上海译文出版社 2008 年版，第 25 页。

[3] 赫伯特·马尔库塞：《单向度的人——发达工业社会意识形态研究》，刘继译，上海译文出版社 2008 年版，第 27 页。

（二）单向度政治

马尔库塞认为，当代资本主义工业社会是利用高生产和高消费维持存在的社会，在技术合理性的控制下无产阶级先前的阶级意识被削弱了，"当他生活在肮脏和贫困中时，他只是依靠身体和劳动来获取生活的必需品和奢侈品，因而他是对他那社会的活的否定。与此相反，技术社会发达地区的有组织的工人都过着明显缺乏否定性的生活，同社会劳动分工中的其他人的目标一样，他正在被纳入由受到管理的人们所组成的技术共同体之中。"①

政治权利通过机器生产过程与国家机构组织的技术控制，成功地利用高生产率维持自己的存在。"在这个社会里，传统的麻烦之点不是正被清除，就是正被隔离，引起动乱的因素也得到控制。"②当代工业社会成功地实现了与对立面的一体化，消除了危害社会继续存在的政治派别，走向了极权主义，阶级统治走向极权主义，生产和分配也走向了极权主义。不仅原先作为政治反对派的共产党、社会民主党放弃了暴力夺取政权的主张，而且作为革命阶级的无产阶级随着机械化使劳动量和劳动强度的降低，随着蓝领工人的白领化和非生产性工人的增加，工人阶级逐渐放弃了革命性、否定性，与对立阶级资本家逐渐融为一体了。

在这种极权主义社会中，劳动阶级成了发达工业文明的奴隶，是"受到抬举的奴隶"，"但他们毕竟还是奴隶，因为是不是奴隶既不是由服从也不是由工作难度，而是由人作为一种单纯的工具、人沦为物的状况来决定的。作为一种工具、一种物而存在，是奴役状态的纯粹形式。"③人成为"受到抬举的奴隶"，社会政治成为没有反对派的单向度的政治。

（三）单向度思想

在思想领域，马尔库塞认为：作为现代哲学代表的实证哲学和语言分析哲学，把语言的意义同经验事实和具体的操作等同起来，把既定事实不加批判地接受下来，因而其思维方式是单向度的，意味着否定性思维的丧

---

① 赫伯特·马尔库塞：《单向度的人——发达工业社会意识形态研究》，刘继译，上海译文出版社2008年版，第22~23页。

② 赫伯特·马尔库塞：《单向度的人——发达工业社会意识形态研究》，刘继译，上海译文出版社2008年版，第17页。

③ 赫伯特·马尔库塞：《单向度的人——发达工业社会意识形态研究》，刘继译，上海译文出版社2008年版，第28页。

失，不能使人们做出合理的批判。因此，现代哲学失去了哲学本身的把现存世界同哲学的准则所揭示的真实世界相对照的传统，从而沦为某种顺从和附庸的东西。①"思想和行为在多大程度上同既定现实相符合，它们就在多大程度上表达着一种对维护事实虚假程序的任务做出响应和贡献的虚假意识。这种虚假意识已经具体在反过来再生产它的流行拘束装置之中。"②

马尔库塞认为理性本应该是具有批判和否定意识的，而且本身是指导人们为实现自由的一种价值判断。但在当今资本主义社会，由于科学技术的发展，理性丧失了其本该具有的批判和否定意识，批判理性被技术合理性代替。技术合理性要求客观、中立，由于这种中立性具有非人性的倾向性，决定了它只关心实用的目的及最终的结果，对价值本身漠不关心。而且技术合理性把一切都变成可以测量、可以计算、可以控制的东西，连人的思想也不例外。③最终导致了"价值理性"的缺失，理性畸形化。

马尔库塞认为："理智地消除甚至推翻既定事实，是哲学的历史任务和哲学的向度。"④现代哲学不仅使人们不能对社会环境进行合理批判，反而有助于"使精神操作同社会实在中的那些操作调和一致"，失去了自身的向度，用"形式逻辑"的思维方式去推理论证、分析现实，实质上是对现实的曲解，成为既定现实顺从和附庸的东西，成为单向度哲学。

（四）单向度文化

在文化领域，马尔库塞指出，发达工业社会的文化被高度商业化，成为一种单纯的消费品，表达人们理想、高于现实、对现实持批判态度的"高层次文化"被现实所拒斥，成了商业中心、市政中心或政府的适当场所。

资本主义的"单向度"在文化领域表现为高层文化与现实的统一。高层次文化本来是表达人们理想的文化，是高于现实、对现实持批判态度的文化。而在发达工业社会，高层次文化与现实同化了，技术合理性使文化

---

① 魏红娟：《马尔库塞社会批判理论及其现实意义——以〈单向度的人〉为例》，《浙江理工大学学报》2010年第3期。

② 赫伯特·马尔库塞：《单向度的人——发达工业社会意识形态研究》，刘继译，上海译文出版社2008年版，第116页。

③ 《马尔库塞和〈单向度的人〉》，https://www.docin.com/p-471912589.html。

④ 赫伯特·马尔库塞：《单向度的人——发达工业社会意识形态研究》，刘继译，上海译文出版社2008年版，第148页。

赋予了商品的形式。文化成果变成了文化商品，文化的产生变成了文化的生产。在大众文化的生产中，艺术家成了雇主的奴隶，艺术创造纳入了按固定框架设计的生产过程。文化工业使艺术的价值服从于交换价值。文化的真谛本来在于同日常秩序间的裂隙，在于阻断并超越日常经验，但在现实中，文化的超越性已经丧失。^①

马尔库塞指出，艺术只有在作为一种否定力量的情况下，才被赋予了它自身存在的价值和意义。在发达工业社会，艺术与其他事物一样发生了严重异化，技术合理性使艺术不仅不是一种否定现实的力量，反而成为肯定性力量。这样，现存的某些艺术风格不仅失去了合法性，而且也失去了艺术本身存在的意义。^②

发达工业社会面临着理想物质化的可能性，以实现对人进行全面操纵与控制。文化艺术已被现实所同化，无法述说自身的语言，丧失了应有的力量，即丧失了拒绝和驳斥已确定的现实秩序的活生生的力量。^③理想与现实相同一，甚至为现实所超越，整个文化就成为"单向度"的文化。

（五）单向度的人

在文化工业的影响下，"人们成了改造自己思想内容的文化机器上的齿轮"。意味着发达工业社会的人们已失去理想，麻木不仁，无论在思想上还是在行动上，都顺从于现存社会，而不是去反抗和超越。资产阶级通过文化工业的先进手段制造一些"虚假需求"从外部强加给个人，使工人成为产品的奴隶，从而有效地控制了人们的生活。人们物质上的满足遮蔽了精神上的需求，控制了人们对精神的追求。精神上的追求被人们逐渐扩大的物质欲望所湮灭，人们的需求变成了单纯的物质需求。人们对物、对财富的欲望得到了满足，无形中使人们养成了追求物、财富的习惯，导致了人们欲壑难填！

马尔库塞认为，在日常生活中，人类存在着"真实"需求和"虚假"需求的区分。"虚假"需求是指"为了特定的社会利益而从外部强加给个人身

---

① 卢涵：《试论马尔库塞的"单向度"理论——基于〈单向度的人〉的考察》（D），河南大学2008年6月。
② 廖和平、陈燕：《"单向度的人"是何以成为现实的——马尔库塞〈单向度的人〉的解读》，《大庆师范学院学报》2007年第1期。
③ 杜鸣：《马尔塞单向度理论探析》（D），黑龙江大学2008年12月。

上的那些需要,使艰辛、侵略、痛苦和非正义永恒化的需要,是虚假的需要……现行的人多数需要诸如休息、娱乐:按广告宣传来处世和消费、爱恨别人之所爱和所恨,都属于虚假的需要这一范畴"。[①]或者是由统治者的需要转变成的个人的需要或者根据统治者的利益要求制造出来的个人需求。

人被社会驯化和操纵,失去了个性和自主力,失去了对社会控制与操纵的内在反抗性、否定性和超越性,丧失了对社会的鉴别和批判能力。只有物质生活,没有精神生活,被动的大众只能依照大众媒体和广告所宣传的方式来组织自己的生活,失去了个性,失去了自主力,失去了对社会控制与操纵的反抗力,变得顺从、简单地以物欲的满足为生活的全部内容,为商品得到消费而存在,舒舒服服成为工业文明的奴隶,成为屈从于政治需要而又麻木地自感幸福的"单向度的人"。这是一种虚设的幸福,是不幸之中的欣慰,是"痛苦中的安乐生活"。

二、传媒泛娱乐化单向度"涵化"

马尔库塞"单向度"理论揭示了"物质丰富、精神痛苦"的资本主义工业社会的现状,对我国现代化建设具有一定的现实启示意义。我国正处于全面建成小康社会、实现社会主义现代化的重要时期,一定要坚持以人为本,关注人以及人类本身的生存与发展状态,关注社会对人权利的尊重,关注个人道德的自律、人格的完善、价值的追求、理想的实现等问题,[②]促进人的全面发展,使人具有否定、批判、超越的向度,成为和谐发展的人。

然而,传媒在泛娱乐化的场域中,为了吸引明星加盟和抢夺受众眼球,千方百计寻找、设计、策划、制造卖点,不惜一切代价追求感官刺激,一味强调物质的需求和满足,使娱乐和游戏变成博彩。本无功利意识的娱乐成为电视人和观众的驱动力,单纯求奇、求异、求怪、求刺激,并将其成为一种时尚,必将导致电视文化、电视艺术的低俗和劣质。[③]

---

① 赫伯特·马尔库塞:《单向度的人——发达工业社会意识形态研究》,刘继译,上海译文出版社 2008 年版,第 6 页。
② 刘顺宝:《浅谈马尔库塞的单向度理论》,《湖南广播电视大学学报》2010 年第 2 期。
③ 高雁:《电视娱乐节目:痛并快乐着》,《南京师范大学文学院学报》2001 年第 4 期。

　　传媒娱乐化泛滥，很容易形成一种无意识的单向度"涵化"机制。大众在仪式化娱乐的集体狂欢时，被"娱乐化霸权"所控制，沉迷于大众传媒构建的"快乐神话"之中，审美鉴赏能力退化和文化品位下降，在短暂、虚假和虚拟的快乐沉湎中，丧失了分清是非和取舍有别的思考能力与判断能力。尤其是许多娱乐化媒体的定位和生产方式不可避免地向低俗化方面滑坡，使分析判断能力弱、接受模仿能力强的青少年，沉迷于幼稚低俗的喧嚣欢快之中。在长久的潜移默化中，受众成为被传媒泛娱乐化"涵化"之后的"单向度的人"。

　　媒体对明星的关注与追捧导致"迷们"的狂欢本也无可厚非，但像杨丽娟们的追星行为，极端而又疯狂甚至可以定性为变态的方式，可以说是典型的"单向度"涵化的后果。电视《超级女声》让选手一夜成名，让成都市少女逃学报名，"出格打扮能出众、挨明星骂也是享受、上了电视就能出名"的想法，也可以看到泛娱乐化单向度"涵化"的影子。

　　传媒通过影视剧或广告极力宣传的消费主义行为和拜金主义，使80后美女为了参加同学聚会显摆竟然出租自己的身体来换取宝马一周使用权的行为，如果没有刻意的作秀或炒作，从中可以发现把高档消费、阔绰、奢侈品使用与成功、有实力、有成就等同起来的泛娱乐化传播起到了单向度"涵化"的作用。

　　在娱乐与暴力的涵化关系中，20世纪60年代末期，美国学者格伯纳就电视娱乐与暴力内容对受众的影响做了全国性的调研之后，提出了电视文化可以涵化、建构受众的世界观。① 1976年，格伯纳等人就电视的接触量与人们对环境危险程度的判断之间的相关性进行了调查。结果说明，尽管在现实生活中人们遭遇或卷入暴力事件的概率在1%以下，但许多人却认为这种可能性在10%以上，电视接触量越大，这种倾向就越明显。① 格伯纳在分析了大量样本后还发现：看电视较多者会比较少者更觉得世界是丑陋的、令人不舒服的；许多看电视长大的人普遍感到周围世界不安全，对他人的不信任感和疏离感也与日俱增；受众这种对世

---

① 陈龙：《现代大众传播学》，苏州大学出版社1997年版，第304页。

界和他人缺乏信任的疏离感，是患上了"邪恶世界综合征"。这一研究证明了泛娱乐化对受众精神生态产生了严重的不良影响，甚至可以说已经使许多人的精神生态处于重病的状态。这是"单向度文化"涵化"单向度人"的突出表现。

在电影、动漫、网络游戏中，泛娱乐化"涵化"案例非常多。宅男宅女，广东某少年半月玩游戏不出门，导致下肢溃烂等都是明证。再来看一则报道：

2 岁男童出门见人就打　疑因痴迷暴力动画片②

他虽然 2 岁，但相遇同龄男孩时，总会突然使出奥特曼跟怪兽格斗的招式，要把对方当成怪兽打……

昨天，南岸区华竹花园的周女士谈及儿子痴迷《奥特曼》动画片、每天模仿奥特曼打其他孩子的事时坦言，"他经常嚷自己是《奥特曼》中的'铠甲战士'……现在儿子言行让她很为难，不知如何引导他远离暴力。"

据悉，在日本，《奥特曼》是限制级动画片，规定电视黄金时间不能播出，且要求孩子必须在家长陪同下才能收看，而国内播放却不受任何限制。

当充斥着情欲、拜金、反叛、暴力的《流星花园》等"青春偶像剧"和满眼巫术、仇恨、残暴、死亡的《哈利·波特》等魔幻影片风靡大江南北之时，孩子们将 F4、小燕子当作偶像、追星扮酷、崇尚暴力、破坏规矩、无须负责等③说明了泛娱乐化"涵化"的破坏性后果，应该引起社会和媒体的高度重视。泛娱乐化已经渗透到了各个行业和领域，媒体中的表现尤为突出。不过需要分清的是：马尔库塞"单向度"理论揭示的是主体有意识的行为，我国传媒泛娱乐化"涵化"导致单向度人的出现，多半出于无意识，但后果应该引起人们更多的反思。

---

① 郭庆光：《传播学教程》，中国人民大学出版社 1999 年版，第 225~226 页。

② 《2 岁男童出门见人就打 疑因痴迷暴力动画片》，http://news.ifeng.com/society/2/200906/0625_344_1218632.shtml。

③ 龙耘：《电视与暴力——中国媒介涵化效果的实证研究》，中国广播电视出版社 2005 年版，第 44 页。

第五节　　哈贝马斯与传媒泛娱乐化对公共领域的侵害

尤尔根·哈贝马斯（Jurgen Habermas，1929 年 6 月 18 日——），德国当代重要哲学家、社会理论家之一。研究涉及哲学、社会学、语言学、政治学、法学和传播学，著有《公共领域的结构转型》（1962 年）、《理论与实践》（1963 年）、《论社会科学的逻辑》（1967 年）、《晚期资本主义的合法化问题》（1973 年）、《重建历史唯物主义》（1976 年）、《现代性的哲学话语》（1985 年）、《作为未来的过去》（1991 年）、《真理与论证》（1999 年）等。[①]

哈贝马斯被许多学者称为当今批判学派的精神领袖，法兰克福学派第二代最杰出的代表，其思想集中在科学技术意识形态理论和交往行动理论两个方面。[②]有关传媒批判理论的建构主要体现为公共领域理论。

一、哈贝马斯媒介论：《公共领域的结构转型》

哈贝马斯自己把《公共领域的结构转型》看作他进入学术公共天地、建立自己学术空间和理论立场的开山之作，更是其交往行动理论的萌芽。[③]该书是哈贝马斯思想的起点，比较全面地阐述了公共领域的发生史、公共领域和大众传媒、法治之间的关系。哈贝马斯的媒介理论体现为对公共领域的论述。

"公共领域"是指一个国家和社会之间的公共空间，市民们假定可以在这个空间中自由言论，不受国家的干涉。即政治权力之外，作为民主政治基本条件的公民自由讨论公共事务、参与政治的活动空间，独立于政治建构之外的公共交往和公众舆论，对于政治权力具有批判性，同时又是政治合法性的基础。

---

① 潘知常、林玮：《传媒批判理论》，新华出版社 2002 年版，第 85~86 页。
② 石义彬：《单向度　超真实　内爆——批判视野中的当代西方传播思想研究》，武汉大学出版社 2006 年版，第 46~47 页。
③ 曹卫东：《从"公私分明"到"大公无私"》，《读书》1998 年第 6 期，第 87 页。

资产阶级公共领域结构图

私人领域　　　　　　　　　　　公共权力领域

市民社会（商品交　　—— 政治公共领域 —— 国家（公安机关）
换和社会劳动领域）

文学公共领域
（俱乐部、新闻界）

狭小的内心世界　　　（文化市场、商品　　　　宫廷
（资产阶级知识分子）　市场、"城市"）　　（王公贵族社会）

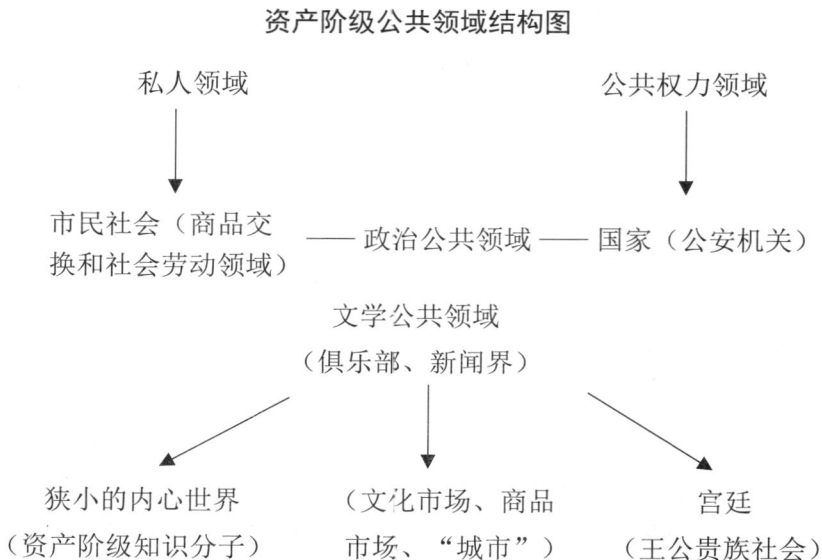

图 2.1　资产阶级公共领域结构图

　　"公共领域"理论并非哈贝马斯原创，德裔犹太女学者阿伦特和美国
哲学家、教育家、实用主义的集大成者杜威也分别从公共哲学的角度探讨
过相关问题。哈贝马斯探讨的资产阶级公共领域是作为一个历史概念来加
以分析的。"在高度发达的希腊城邦里，自由民所共有的公共领域和每个
人所特有的私人领域之间泾渭分明。"[1]到 18 世纪末，随着资本主义的发
展与信息交流机制的建立，真正意义上的新闻的出现，社会各个方面深受
生产方式的影响，市民阶级逐步意识到自己是公共权力的对立面，私人领
域随之开始从国家权威的统治下解放了出来，市民社会也与国家相分离。
资产阶级民法开始体现公众的意志，公共领域获得了前所未有的政治权利，
并开始发挥政治功能，具有批判意识的公众因而具有了政治控制功能，资
产阶级公共领域从而得以确立。

　　报纸、杂志、广播电视和互联网就是公共领域的媒介。[2]哈贝马斯一

---

① 尤尔根·哈贝马斯：《公共领域的结构转型》，曹卫东等译，学林出版社 1999 年版，第 3 页。
② 任慧：《哈贝马斯的公共领域理论及其现代启示》，《长江大学学报》（社会科学版）·
2005 年第 1 期。

开始就认识到了大众传媒对公共领域的决定性作用，甚至把政治公共领域视为一种"由大众传媒编造和传播的整合文化"。①公共领域是由大众传媒支配的，"公共领域说到底就是公众舆论领域，它和公共权力机关直接相抗衡。有些情况下，人们把国家机构或用来沟通公众的传媒，如报刊也算作'公共机构'"。②

哈贝马斯认为，报刊是公共领域最典型的机制，公共性原则的功能转变就是立足于报刊功能的转变。特别是检查制度的废除，标志着公共领域发展到一个新的阶段，理性精神有可能进入报刊，把政治决策提交给新的公共论坛，最终导致有政治功能的公共领域本身成了国家机器的一个组成部分。③随着广播、电影、电视的出现，商业化以及经济、技术、组织的一体化，媒介变成了社会权力的综合体。"大众传媒的影响范围和力度达到了前所未有的程度——公共领域本身也相应地扩展了……随着个人的新闻写作向大众传媒的转变，公共领域因私人利益的注入而发生了转变。"④公众对真正意义上的公共领域的渴望，需要传播的各种权利与义务，来满足各种交往的需求。互联网"虚拟公共领域"的开辟，回应并满足了公众对交往理性的需要。⑤

依附于大众传媒的大众文化有着启蒙和教化的社会功能。但在资产阶级的公共领域里，大众文化对公共性和公众批判意识的培养，已彻底丧失了社会批判和政治批判的功能，变成了资产阶级的统治工具，给大众带来一个"消费主义"和"人为的公共领域"。"消费主义"和"人为的公共领域"本质是为了追求一种"文化剩余价值"。哈贝马斯对资产阶级大众文化的批判，也是对资产阶级剩余价值的批判，把法兰克福学派第一代的工具理性提升到了社会批判与意识形态批判的高度，揭示资本主义现代性

---

① 尤尔根·哈贝马斯：《公共领域的结构转型》，曹卫东等译，学林出版社1999年版，第249页。
② 尤尔根·哈贝马斯：《公共领域的结构转型》，曹卫东等译，学林出版社1999年版，第2页。
③ 尤尔根·哈贝马斯：《公共领域的结构转型》，曹卫东等译，学林出版社1999年版，第69页。
④ 尤尔根·哈贝马斯：《公共领域的结构转型》，曹卫东等译，学林出版社1999年版，第224~225页。
⑤ 张邦卫：《媒介诗学——传媒视野下的文学与文学理论》，社会科学文献出版社2006年版，第59页。

的危机根源，为重建文化现代性提供了可能。①

对公共领域理论的分析，既要置入新闻传播理论的视野，更要在传媒实践中加以考察。在当今新闻传播领域中，西方公共广播电视体制本应最能体现公共领域思想。但早在 20 世纪 80 年代，台湾学者对欧洲公共广播电视节目内容进行过统计：娱乐节目比例高达 47%，新闻节目 30%，教育节目 17%，而今天，这种娱乐化的趋势变本加厉，大有将公共领域的辩论空间压缩甚至"驱逐"的危险。②虽然有学者辩解，公共广播电视的娱乐节目是高品位、高质量有益于身心健康的，不同于商业广播电视低品位、庸俗、媚俗、低俗甚至夹杂着黄色、暴力的娱乐节目，但毕竟过多的娱乐节目会遮蔽公众对公共事务的关注，影响传媒公共领域的自由与对话，稀释传媒公共领域民主化的氛围。

二、传媒泛娱乐化对公共领域的侵害

我国传媒泛娱乐化现象对公共领域的侵害早已露出了端倪。我国传媒领域迈向传媒公共领域的标志是关于真理标准问题的大讨论。③随着政治体制改革的顺利实施、社会主义公民社会的发展与壮大和法制建设的重大进步，在传媒参与社会民主化建设的过程中，我国传媒公共领域逐步迈上了健康发展的道路，但目前依然处于一种未全面成熟的阶段。其中原因是多方面的，来自媒体自身的挑战也是个中原因。比如：新闻评论丧失公正立场，记者大搞有偿新闻，夸张性广告宣传一言堂，泛娱乐化甚至低俗化等现象还时有出现。

用哈贝马斯的公共领域理论来讨论中国媒体的现实问题，哈贝马斯本人给出了回答："由于经济和国家关系的不同，我完全能够想象将西方的模式直接'应用'到中国的任何一种尝试所遇到的困难。不过，我确实认为，经济的进一步自由化和政治体制的进一步民主化，将最终促进而且需要民

① 潘知常、林玮：《传媒批判理论》，新华出版社 2002 年版，第 99 页。

② 石义彬：《单向度　超真实　内爆——批判视野中的当代西方传播思想研究》，武汉大学出版社 2006 年版，第 91 页。

③ 尤尔根·哈贝马斯：《公共领域的结构转型》，曹卫东等译，学林出版社 1999 年版，第 103 页。

主形式的舆论必须根植于其中的、我们称之为政治公共领域和联系网络的某种等价物。"[1]

传媒泛娱乐化现象表现形态多种多样：漠视苦难，轻薄死者，缺少人文关怀；性为佐料，插科打诨，用荤段子、暧昧字眼儿和暴露镜头招徕观众；大兴窥私，挖掘隐情，让明星们当场现形；暴露残忍，欣赏丑恶，掺杂一些以残忍、卑鄙、博彩为看点的情节，刻意暴露人性弱点和阴暗面，挑战公众的道德底线；疯狂恶搞，愚弄观众，把吃虫子、蚯蚓等作为参加者的比赛内容，以"向嘉宾泼馊水""食物中偷放兔子屎"等方式来挑战人类感官；奇装异服，言语无忌，不注意内在修养，想方设法通过怪异的外形设计来刺激观众；颠覆传统，演绎龌龊，忸怩作态，以此拉升人气，与节目合谋"双赢"；高额大奖，刺激暴富，把普通观众装扮成主角，以一夜成名、一夜暴富的"梦想"为诱饵，让普通大众乐此不疲……[2]

更有网络空间里的骂来骂去，以及延伸出粉丝们的口水大战。

"公共领域"的核心是合理的公共商谈。[3]网络博客的骂来骂去，成为吐口水的垃圾桶，网络恶搞、审丑、暴力游戏、色情图片和视频，以及报纸泛娱乐化新闻、夸张性虚假广告、娱乐化副刊，广播电视新闻泛娱乐化、各类选秀、谈话、讲坛、益智等节目泛娱乐化，手机无聊短信、色情图片和视频等，大量挤占传媒空间，侵害传媒公共领域的版图，减少了公众获取社会政治、经济、文化生活信息的机会，剥夺公众就社会政治经济问题发表意见、参与讨论、形成舆论的机会与权利。一些泛娱乐化内容和形式强制性传播，没有容留任何商谈的余地。向大众传媒公共领域泼去污水，污染公共领域的传播生态，造成对公共领域健康肌体的极度伤害。

作为弘扬主旋律、伸张社会正义、鞭笞社会丑恶的传媒，肩负着"高举旗帜、引领导向，围绕中心、服务大局，团结人民、鼓舞士气，成风化人、凝心聚力，澄清谬误、明辨是非，联接中外、沟通世界"的职责使命，在积极宣传党和国家的方针政策、原汁原味讲好中国故事、避免不法用户

---

① 尤尔根·哈贝马斯：《关于公共领域的问答》，梁光严译，《社会学研究》1999 年第 3 期。
② 范利：《泛娱乐化下的冷思考——传媒娱乐实证研究》，《企业家天地》2007 年第 8 期。
③ 童世骏：《批判与实践——论哈贝马斯的批判理论》，《三联书店》2007 年版，第 210 页。

和不良内容损害我国对外传播声誉的同时，要在澄清谬误中明辨是非，在化解冲突中避免消耗，在阐释民主中反对霸权，①为言论出版自由和合理的公共商谈提供有效的空间。传媒泛娱乐化现象对传媒公共领域的侵害，降低了大众理性思考的能力，麻痹了传媒公共领域合理性的追求，打破了维护公共利益与社会民主的局面，破坏了整个传媒生态环境的建设乃至社会主义和谐社会的有序发展。

---

① 参见拙文：《习近平国际观：为新时代对外传播提供新理念》，《对外传播》2019 年第 1 期。

第三章　传媒泛娱乐化之
政治经济学派理论剖析

传播政治经济学研究，是按照传统的马克思政治经济学理论，以人类的生产方式及围绕着特定生产方式而形成的生产关系以及生产资料的所有权和对财富的分配等为研究对象，从政治经济学的角度来考察传播现象。从这一角度研究传播，就是考察人类传播活动中，对传播所需要的生产资料的占有和控制、如何分配传播过程所制造的产品，以及依占有、控制和分配的形式而形成的人的生产关系和社会关系。①

第一节　传播政治经济学派：理论渊源、
分支流派、媒体观点及中国语境

西方传播政治经济学派是传播批判学派的重要分支，主要以马克思主义政治经济学为基础，同时吸收了制度经济学、新马克思主义政治经济学观念以及法兰克福学派的文化工业理论，从西方社会的现实出发，将传播组织置于广泛的政治经济背景中，通过考察传播组织与政治、经济权力机构的相互作用，来揭示政治经济权力关系，特别是经济权力关系对大众传播的生产、分配和消费的影响，批判了在资本主义生产方式下，为私人所有权控制的、以追逐利润为目标的商业媒介对公共利益、

---

① 李琨：《传播的政治经济学研究及其现实意义》，《国际新闻界》1999 年第 3 期。

公民权、民主的损害。①代表人物有达拉斯·斯密塞、文森特·莫斯可、赫伯特·席勒、格雷厄姆·默多克、彼得·戈尔丁、尼古拉斯·加汉姆、诺姆·乔姆斯基等。

一、传播政治经济学派的理论渊源

传播政治经济学派诞生于 20 世纪 40 年代末的美国，已经有 70 多年的发展历史，其影响遍及北美、欧洲和拉美等地区，近 40 年来开始进入我国传播学研究领域。我国加入 WTO 以后，在媒介全球化的背景下，新闻传播业面临着来自媒介跨国公司的巨大压力，如何提高我国传媒的国际竞争实力，以及在传媒走向市场的过程中出现片面追逐经济效益、损害社会公众利益的现象，尤其是传媒泛娱乐化现象所带来的危害，运用传播政治经济学派的理论来进行分析和批判不失为一条重要的路径。

西方传播政治经济学派主要吸收了马克思主义政治经济学、法兰克福学派的文化工业理论、制度经济学以及新马克思主义政治经济学等理论的营养，在社会学、政治学、经济学与传播学等领域展开全面的分析与批判。

（一）马克思主义政治经济学

马克思主义政治经济学从资本主义社会商品生产出发，分析商品劳动的二重属性，发现和证明了资本主义生产的本质是剩余价值的生产，来源于雇佣工人所创造的剩余劳动，进而分析剩余价值转化为资本，资本通过积累伴随着周期性经济危机的产生并制约着雇佣工人的贫困积累。因此，马克思主义政治经济学透过资本主义生产方式和生产关系或经济关系，全面分析了资本剥削雇佣劳动的实质，阐明了资本主义社会发生、发展和灭亡的客观规律以及资本主义生产过程中人与人之间剥削与被剥削的关系。

传播政治经济学关注谁拥有媒介、控制媒介、经营媒介，将大众传播活动置于广泛的政治经济环境之中，从媒介组织与政治经济权力的关系角

---

① 刘晓红：《西方传播政治经济学研究》，上海人民出版社 2007 年版，第 13 页。

度考察媒介生产过程及对媒介内容和社会的影响。把马克思主义政治经济学关于物质产品生产的诸多关系放入精神产品生产过程中加以考察，理论的相通性，使传播政治经济学理论的产生有了可行的理论基础。

（二）法兰克福学派的文化工业理论

法兰克福学派对发达工业社会进行全方位的批判，深刻揭示了现代人的异化和现代社会的物化结构，特别是意识形态、技术理性、大众文化等异化力量对人的束缚和统治。资本主义制度以其强大的极权统治和高度的物质文明，将各个社会阶层同化到现存的社会制度之中，文化工业就是同化的产物。

文化工业产品作为用于市场交换的商品，大众媒介起了关键的作用。文化工业的生产建立在消费需求基础上，产品消费造成消费主体对现实的反思和批判能力的下降，是具有欺骗性的意识形态。

法兰克福学派文化工业理论揭示了西方国家文化与媒介作为产业的内在本质，强调了文化工业在资本主义制度下的意识形态功能。传播政治经济学派把资本主义大众传媒作为一个经济组织来看待，关注大众传播活动对社会尤其是对意识形态功能的影响，与法兰克福学派的文化工业理论是一脉相承的。

传播政治经济学派还借鉴了其他一些理论思想。比如制度经济学、新马克思主义政治经济学等。

二、传播政治经济学派的分支流派

传播政治经济学派 20 世纪 40 年代在北美兴起，尔后延伸至西欧及第三世界国家。作为一种学术思潮，主要有北美流派、欧洲流派与第三世界流派。

（一）北美流派

20 世纪 30 年代以来，美国大众传媒事业获得了长足发展，成为利润回报丰厚的产业。同时由于战争的原因，大众媒介逐步走向兼并与整合，垄断程度得以加剧；60 年代中后期，美国媒介产业出现跨国化趋势；60~80 年代，美国政府为了冷战宣传而控制和利用媒体，国家成了传播的生产者、消费者和监管者。一些学者开始关注宏观的大众媒介与社会的关系，即关注大众媒介作为一种经济力量对社会的影响以及社会政治、经济权力机构对传播活动的作用，强调以一种"历史的""制度的"方法来研究传播现象。[①]

北美传播政治经济学流派以此为起点，诞生了一批代表性的人物与经典作品：达拉斯·斯密塞《传播：西方马克思主义的盲点》（1977年）、《依附之路：传播、资本主义、意识形态与加拿大》（1981年），赫伯特·席勒《大众传播与美帝国》（1969年）、《传播与文化控制》（1979年），文森特·莫斯可《按键幻想：对视传系统和信息技术的批判》（1982年），托马斯·古贝克《国际电影产业：1945年以来西欧与美国》（1969年）等。90年代后，随着卫星通信技术、网络传播等新技术的出现，关注的热点从媒介企业扩展到整个文化产业上，信息传播新技术的社会意义拓展到全球政治、经济、文化的视野下。

（二）欧洲流派

20世纪70年代，受到广播电视业商业化进程的推动，英、法、意等国家的学者开始关注媒介所有权、媒介机构以及媒介生产对媒介内容的影响、私有媒介对公共利益的威胁等。与北美流派相异的是欧洲流派更注重传播政治经济学的理论建构。

在传播政治经济学的理论建构过程中，欧洲流派注重对阶级权力、阶级斗争的研究，强调建立关于阶级矛盾与阶级冲突的媒介理论和维护服务公众的传播系统，谋求社会的变革。格雷厄姆·默多克、彼得·戈尔丁的《论大众传播政治经济学》（1974年）、《资本主义、传播与阶级关系》（1979年），阿曼德·马特拉与赛斯·西格劳伯的《传播与阶级斗争：资本主义与帝国主义》（1979年），尼古拉斯·加汉姆的《大众传播政治经济学》（1979年），都致力于上述研究。

（三）第三世界流派

第三世界国家在"二战"后面临着国家发展的紧迫任务，发展主义与现代化理论在早期备受推崇。随着全球化和美国全球霸权的建立，第三世界国家开始把帝国主义意识形态与美国等发达国家的全球文化工业联系在

---

① 刘晓红：《西方传播政治经济学研究》，上海人民出版社2007年版，第32页。

一起，提出文化帝国主义或媒介帝国主义。[①]第三世界传播政治经济学从反抗发达国家的斗争出发，注重考察现实世界中存在国际关系和现代化进程中的不平等现象。

为了建立了解全球政治经济转型的框架体系，第三世界传播政治经济学派提出了"媒介依附理论"。该理论认为：国际资本主义经济体系划分为中心地区和边缘地区，少数国家（即发达国家）在中心，而大多数国家（即发展中国家）在边缘。掌握着电信、电脑等媒介前沿科技力量的中心国家，不仅在信息输出量上对边缘国家造成攻势，而且还积极植入西方民主制度和自由主义的意识形态与价值观念，以达到控制边缘国家并使自身成为最终受益者。[②]

第三世界传播政治经济学派的研究兴趣主要集中在跨国工业，尤其是跨国媒介公司的影响力，强调政治与经济的力量对传媒的制约。从地区来看：亚洲学者重视传播与信息新科技的关系；拉美学者注重对广告、国际新闻体制和电视的政治经济学研究；非洲学者关注流行文化与新科技等方面的论题。

三、传播政治经济学派的媒体观

"意识形态媒介"是一种"权力的媒介"。传播政治经济学派研究商品媒介，从经济与政治的权力网络中透视媒介的性质与社会功能。传媒文化的生产和流通发生在一个特定的经济和政治体系之中，由国家、经济、社会机制、文化、媒介机构之间的关系构建而成。资本主义国家传媒决策的权力总是和经济的所有权捆绑在一起，经济决策权又逐步落入少数人手中，形成传媒工业的垄断，商品媒介便成了权力的媒介。

商品生产的逻辑是追求剩余价值的最大化，传媒企业最根本的目的也是追求剩余价值。那么商品生产的逻辑是怎样制约传媒生产的？以何种方式制约传媒生产？制约的结果又是咋样的？传播政治经济学派围绕着这些问题，提出自己的媒介观：媒介商品论、媒介空间论和媒介结构论。

---

① 刘海龙：《大众传播理论：范式与流派》，中国人民大学出版社 2008 年版，第 316 页。
② 蔡骐：《权力的视域：传播政治经济学与媒介研究》，《湖南城市学院学报》2007 年第 1 期。

（一）媒介商品论

延续马克思分析资本主义从商品出发的方法和秉承法兰克福学派媒体商品化的观点，传播政治经济学派提出媒介商品论，是基于一组辩证关系：一方面，传播过程和传播科技对经济学中的商品化的一般过程起了推动作用；另一方面，整个社会的商品化过程渗透到传播过程和传播制度中，使这个过程中所出现的深化和矛盾也对传播这种社会实践产生了影响。① 而且，传播政治经济学派的媒介商品论是从媒体内容商品化、受众商品化、传播劳动商品化三个环节上展开。

1. 媒体内容商品化

媒体内容商品化是指媒体信息通过传播市场转化为可以买卖的商品的过程。撰稿人作为赚取工资的被雇佣者，出卖自己的劳动力。资本控制着印刷机、办公室之类的生产工具，将被雇佣者的劳动力转化成新闻稿或其他文章和节目，最后被组合成一整套产品，拿到市场上销售。销售成功后，资本家得到利润，并将部分利润用于支付工资，扩大再生产，最后资本家获得剩余价值。然后通过延长劳动时间，保持工资不变的方式获得绝对剩余价值，或通过提高劳动强度获得剩余劳动价值。资本同时力图采取系列手段控制消费者，以实现利润最大化。这些手段既包括市场垄断地位也包括采用广告，增加产品种类来应对市场。②

传播政治经济学派的学者们把传播当作一种特殊而又强大的商品，不仅生产剩余价值，也制造符号和形象来影响人们的意识。大众传媒通过生产反映资本家利益的信息，通过不断支持整个资本或特定集团的利益来扩展生产，意识形态整合在生产过程之中，生产过程也就成了意识形态的工具。

2. 受众商品化

传播政治经济学派认为：受众是大众传媒的主要商品。媒体公司生产受众，并将他们卖给广告商，大众传媒就像提供免费午餐的小酒店一样，最后还是会算到顾客的头上。即媒体公司生产的内容免费提供给受众获取

① 文森特·莫斯可：《传播政治经济学》，胡正荣等译，华夏出版社 2000 年版，第 137 页。
② 王欣：《传播政治经济学视野中的新闻娱乐化》（D），武汉大学 2005-04。

注意力，然后把受众的注意力资源打包给广告商获得广告的投放，使免费的内容获得广告利润的回报；受众接触传媒内容，将时间交给媒体公司和广告商，免费内容是报酬，受众成了传媒工业的劳工；受众接触传媒时间创造的价值远远大于传媒制作内容所花费的费用，多出来的价值就是受众为媒体公司创造的剩余价值。

报刊的发行量、广播的收听率、电视的收视率、互联网的点击率与流量变现就是受众商品化的表征，受众的双重劳动既为媒体公司实现已有的剩余价值，又为媒体公司创造新的剩余价值。

3. 传播劳动商品化

传播劳动商品化是指传播者的专业创造转化为规范化生产过程的商品化。传播科学技术的日新月异，使用无须创造性劳动的硬件和一次性制作投入大但可长期使用的软件，需要创意但又较易复制的劳动产品在工业高度集中和劳动过程理性化的现实面前，呈现出高度标准化的共同特征。复杂的新闻生产过程在统一的模式下变得易于管理，劳动商品化的程度得以大大提高。

（二）媒介空间论

传播政治经济学派的媒介空间论受马克思时间消灭空间、吉登斯时间空间延伸、哈维时间空间压缩等理论的启发，关注传播业中企业权力的制度延伸，重点落在企业规模和企业集中上。企业集中分横向和纵向两种方式，横向集中主要表现为兼并购买新媒体及涉足非媒体行业；纵向集中是相同产业生产线上的多家公司的集中。跨国传媒公司则是整合横向和纵向两种集中的方式，进行全球融合。其中所有权的集中是传播政治经济学派最为关心的核心问题，因为所有权集中限制了生产者和发行者的多样性，从而限制传播和信息的流通。

跨国传媒公司将本国自身创造的团队协定与策略联盟挺进国际市场，空间范围得以扩大，形成媒介全球化经营与管理，同时将文化价值观念和意识形态植入其中，向他国施加压迫和剥削。

（三）媒介结构论

像政治经济学分析侧重结构考察特别是考察商业企业与国家之间结构和作用一样，传播政治经济学派对社会结构、社会实践的考察，将重点放在社会阶级上，揭示阶级权力的意义。一是社会精英对传播控制权的创造和再造，他们的阶级构成以及他们的分化；二是阶级权力在传播的不同场合，通过对体力劳动的瓦解和对工作者的监控所获得的资源。上层阶级拥有资源，因而就拥有了权力。

社会各阶层在社会结构中处于不同的位置，拥有资源的权力也随之发生变化，性别、民族、种族等差异也在社会结构中相应地体现。就传播而言，从拥有传播工具伊始，到对大众传播机会的享用，社会结构差异既体现在物质层面，更体现在意识形态层面。

四、传播政治经济学派理论的中国语境

传播政治经济学派关于媒体商品化、空间化、结构化的论述，从媒体产品本身出发，分析传媒在全球化的发展趋势中，商品化的经营策略拓展了传媒空间的布局，并产生了社会结构性的权力变化，这种由表及里、由现象到本质、由国内到国外的研究路线，契合了当今传媒发展的现实要求，对分析与研究当今我国传媒事业的发展尤其是思考我国传媒如何走出去的问题大有启发。

改革开放以来，尤其是加入世界贸易组织以来，我国传媒事业呈现出高歌猛进的态势，为国家文化软实力建设起到了巨大的推动作用。这一成果的取得，很大程度上要归功于党和国家对传媒性质的再认识和对传媒事业的扶持。

在改革进程中，我国传媒基本上被推向市场，传媒组织"事业单位、企业化经营管理"政策的出台，传媒生产力得到了巨大解放。20世纪90年代初期，传媒"自主经营，自负盈亏，自我发展，照章纳税"政策的具体化，在坚持"社会效益第一，经济效益第二，社会效益和经济效益双赢"的前提下，传媒产品的商品属性得到了普遍认同，几乎所有媒体在市场化的道路上都获得了前所未有的发展。

报刊在《洛阳日报》1985年率先开展自办发行以来，纷纷开创"自办发行和邮政代发"两条腿走路的发行渠道。以发行为导向，以市场需求定制媒介产品的生产，基本上成为一种不成文的导向。大报跟着党、小报闯市场、利益均分享成了各大报业集团的框架建构，媒体企业化运作带来空

间范围的拓展，报刊业在各诸侯竞争烽烟中打破了地方割据，共同推动着报刊业市场的全面发展。

广播电视业在广东珠江经济广播电台专业化频率发展的启发下，纷纷迈上了专业化的道路。参桂补酒广告在上海电视台的发布，打开了我国媒体广告发布的缺口，从此一路上扬，广告走向前台成为媒体的啦啦队，成为所有媒体获得生存的根基。中央电视台实行"收视率末位淘汰制"，闯市场的决心和用意让其他媒体紧随后尘，纷纷效仿。以广告为诉求、为动力、为目标，"二次购买"甚至"三次购买"的策略是对"受众商品论"的活学活用。

互联网和手机等新媒体的诞生，一开始就受到市场的诱惑。需求性传播也好，强制性传播也好，新媒体产品的商品化策略和传播优势对传统媒体构成了巨大的威胁。媒体之间的攻城略地，抢占市场空间，分割市场蛋糕，都在把政治经济学研究的基本理论运用到传媒的具体实践之中。

到新世纪，在国家实力进一步增强的前提下，党和政府号召传媒走出去，讲好中国故事，传播好中国声音，阐释好中国特色，从而塑造中国在国际上的良好形象，提高中国在国际上的地位。媒体空间结构的变化，让我国媒体开始体会到责、权、利相统一的巨大困境。媒体"依附理论"的重大提醒，第三世界传播实力的弱小，媒体传播内容、语言和文化上的障碍，启示着我国媒体如何进一步做大做强，在守土有责的前提下，提升媒体的竞争力、传播力、影响力和公信力。

我国媒体走市场的发展道路和在市场上获得发展动力的前景，为运用传播政治经济学派的理论来分析我国传媒内容生产及批判传媒生产过程中出现的种种弊端提供了切实的中国语境和生动的现实依据。

第二节　斯密塞、莫斯可、席勒等学者与文化商品论

在刚进入大学任教时，达拉斯·斯密塞最感兴趣的研究是宣传问题，特别是大众传播如何与资本主义体制在很大程度上达成了"对共识的引导"。[①]1951年，他提出商营大众传播媒介的主要产品是受众的人力（注

① 潘知常、林玮：《传媒批判理论》，新华出版社2002年版，第183~184页。

意力），为受众商品理论打下了坚实的基础。1977 年在《传播：西方马克思主义的盲点》中提出，大众媒介的运作过程，就是媒介公司生产受众，然后将他们移交给广告商的过程。这一观点标志着受众商品理论开始形成。

"受众商品论"运用马克思政治经济学的观点，解释报纸版面空间和广播电视广告时段具有价值的原因。在资本主义社会中，大众媒介涉足商业领域，成为创造利润的经济组织，来源是广告收入。"大众媒介生产的消息、思想、形象、娱乐、言论和信息，不是它最重要的产品，它们只是'免费午餐'，其目的是引诱受众来到生产现场——电视机前。真正的商品是受众，媒介根据受众的多寡和质量的高低向广告客户收取费用。"广告费支持电视媒介提供喜剧、音乐、新闻、游戏和戏剧等"免费午餐"，享用者不仅消磨时光，还在创造价值。受众的劳动不仅消费了媒介产品的使用价值，还创造了商品的"象征价值"。但是受众在闲暇时间付出了劳动，为媒介创造了价值，不但没有得到经济补偿，反而需要承担其经济后果——购买。因此，广告商掌握了媒介话语权，通过广告操控消费者，向人们灌输虚假的价值观念，鼓吹物质至上和消费主义，充分激发人们的情感，从而引导人们去购买那些并不需要的或者估价过高的物品。[1]

斯密塞对传播政治经济学的贡献在于他对于媒体消费的研究重新定义了传播政治经济学。将媒体受众视为创造交换价值的消费行为。"他率先研究媒体中广告内容与非广告内容的联系，以及媒体这两种所谓功能的象征性关系。"[2]

"受众商品论"深刻揭示了广播电视媒介传播的经济本质。斯密塞的学生和后继者也在不断发展"受众商品论"。例如，有人提出，受众不仅仅在工作，也在娱乐。他们在付出劳动（出场）和经济（购买）代价的同时，也确实得到了精神上的需要，特别是情感的慰藉、思想的交流、陪伴的作用等。[3]

---

① 《受众：商品的发现与人的忽视——受众商品论的一种解读》，https://www.docin.com/p-2459742223.html。

② Meenakishi Gigi Durkham and Douglas M.Kellner(eds)：Media and Cultural Studies Keywords，Blackwell，P.220.

③ 郭镇之：《传播政治经济学理论泰斗达拉斯·斯密塞》，《国际新闻界》2001 年第 3 期。

在诸多后继者中，文森特·莫斯可的"控制性商品"最为深入浅出。莫斯可引证艾琳·米翰 (Eileen Meehan) 以接收率等信息服务机构的产品为中心的商品观点。米翰认为，广播电视生产的商品，并不是实际的受众 (受众的人头数)，而只是关于受众的信息 (观众的多少、类别的构成、使用媒介的形态)。媒介与广告客户之间的交易，是通过收听收视率行业进行的商品交换，由这种交换过程产生的商品，是收听收视率这种信息性、资料性商品，而不是有形的商品。广告商和广播网只对忠诚的消费者感兴趣，即那些具有一定可支配收入的、对某些品牌商品习惯性购买或冲动购买的人。"实际上，商品受众与一般受众的关系就像牙签儿与树的关系：一个沦为制造品，由削减后者而成，后者是自然的现象。"①

莫斯可从商业化、自由化、私有化和国际化四个方面来说明当代西方国家对传播业的建构。商业化是指国家取消公共利益、公共服务原则，确立市场原则的过程；自由化是指国家介入为市场引进新的竞争者，增强市场竞争的过程；私有化是指国家以各种形式卖掉国有企业或公有企业的过程；国际化是指国家本身根据各种协定组成各种形式的国家联盟。②通过"四化"来分析国家与大众传播的关系，传媒"控制性商品"生产依附于跨国资本，造成对民族国家传播业建构功能的丧失，带来新的殖民主义的诞生，直接引发在传播学、媒体研究与文化研究中自成体系、影响深远的"文化帝国主义"理论的提出。

赫伯特·席勒从国际经济视角研究媒体与文化，建立了传播、信息与政治经济的理论联系，直接提出"文化帝国主义"。他重点调查了美国的传播制度和传播程序，说明了美国的政治经济势力是如何利用媒介来安抚国内公众，同时又对全球实行霸权，为传播政治经济的学科化建设立下汗马功劳。

席勒指出：政府、军队、商业和媒介构成了信息社会"四位一体"的复合体，美国媒介为美国民众勾勒了个人主义的屏障、"中立性"的华丽

---

① Eileen Meehan(1993)，Commodity Audience，Actural Audience：The Blindspot Debate，in Janet Wasko，Vincent Mosco，Manjunath Pendakur(ed)，Illuminating the blindspots：essays honoring Dallas W.Symthe.Norwood，N，J.：Ablex Pub.P.389.

② 文森特·莫斯可：《传播政治经济学》，胡正荣等译，华夏出版社2000年版，第194~198页。

外衣、"人性不变"的说教、没有社会冲突的掩饰、多元化媒介带来的自由感、自由、平等、博爱等神话的宣扬，帮助美国政府管理着民众。[①] 大众传播媒介抛弃了全面新闻报道的原则，也放弃了作为新闻工具的功能。冷战后，文化支配是起码的目的，意识形态控制乃至全面控制是最终的目标。

席勒与斯密塞、莫斯可一道，立足传播政治经济学，从分析媒介产品的商品属性出发，从器物到制度，再从制度到观念，层层推进，解析"四位一体"的联合体实质上共同控制着美国社会的传播。在电子媒体的推动下，美国的商业模式、商品、意识形态、政府的意图以惊人的速度在全世界蔓延着，造成国际文化生产和流通的不平等结构。强国在政治、经济、文化和科学技术的推动下，信息流动呈现出一种顺流的态势，源源不断地流向弱小国家；弱国的信息流动变为了一种逆流的态势，很难流向强大的国家。表层上看，信息弱国越来越弱，信息强国越来越强，造成传播格局的不平衡和传播秩序的破坏；深层次看，是信息强国对信息弱国的全面渗透和控制，不仅仅是信息的控制、文化的控制、经济的控制，而且还是超越军事力量的政治控制，导致民族文化的衰败，民族信仰的消失，直至民族国家的全面解体。

传媒文化商品化建立在以市场为导向的基础上，关注两个关键概念：市场份额（报刊发行量、广播收听率、电视收视率、网络点击率与流量）和广告。两个概念相互依存，共同生成在传媒市场环境中。

在计划经济年代，我国传媒业属国家的某一级组织和机构，自然不存在传媒市场环境一说，国家拨多少钱就办多少版面和时段。改革开放以后，传媒被推向市场，同时也成为某一级市场主体，国家不拨钱，但要尽可能地多办一些版面和时段。没有钱可向市场要，市场有取之不尽，用之不绝的活水源泉。我国传媒事业的经济转型，传媒文化出现商品化，传媒文化产品的生产与制作必然遵循着政治经济学的已有规律，在推动文化大繁荣、大发展的过程中，也出现了一些异样的形象和声音，比如娱乐化（泛娱乐化）甚至低俗化的现象。

─────────────

① 刘建明：《西方媒介批评史》，福建人民出版社 2007 年版，第 353~360 页。

在社会主义市场经济环境中，我国传媒事业同样处于初级发展阶段，粗放型的经营管理面对激烈竞争的市场，首先是抓市场份额，抢夺市场空间，分割市场蛋糕。然后是以此为依据，通过"二次购买"甚至"三次购买"，获取广告投放，扣除媒体在整个生产经营过程中的成本，获得利润回报，从而在市场竞争中脱颖而出，成为传媒市场环境中的佼佼者。

抢占市场份额，媒体就要吸引最大多数的受众。报刊发行量、广播收听率、电视收视率、网络点击率等表面上只是一个数据，实际上与利润之间存在着某种对应关系，所以媒体在内容生产方面就要想方设法尽可能多地加入商业元素。目前，媒体内容生产过程中加入插科打诨、暴力打斗、煽情恶搞、戏说逗乐等内容和手段，已取得明显的经济效应。大家相互效仿，媒体出现了一股泛娱乐化的风潮，传媒文化有朝着泛娱乐化甚至低俗化方向迈进的趋势，引发了一系列有关媒体伦理道德和新闻公正性问题的讨论，值得进一步阐释和批判。

有受众的关注只是一个方面，叫座还要叫好。但媒体生产在考虑受众的同时还要考虑广告商的要求，所吸引的受众必须适合广告商的需要，传媒内容定位要和广告商的产品消费者定位一致。在市场细化、受众需求细分的今天，各种商品都有自己的目标消费群体，而同时能满足跨越地区、跨年龄、跨阶层的商品越来越少。一边是人数众多、形形色色的受众资源，一边是寻找特定目标群体的广告商，媒介通过自己的内容安排，把庞大的受众群体分为具有不同特征的广告投放适用人群，然后交给广告商来获得利益。①这是一种起中介桥梁作用的主动行为。

另一种被动的行为表征为广告商"钦点"传媒内容制作与对制作过程的终极影响。以广告为中心制作传媒内容就得最大限度地突出广告的地位，或者在传媒内容中巧妙地植入广告的宣传。比如电视购物节目中的娱乐化广告、影视剧尤其是娱乐贺岁片中的植入式广告、网络游戏中的植入式广告等。

对市场份额和广告的追求势必要降低受众接触媒体的门槛。众所周知，娱乐或娱乐化的内容门槛最低，完全符合施拉姆"选择的或然率"公式。传媒泛娱乐化内容的生产，单从经济效益的角度上看，国内国外都有许多

---

① 《分众传播时代，再难有全民娱乐偶像了》，https://m.sohu.com/a/130180397_497339/。

成功的案例。一些跨国传媒公司用娱乐为手段开辟全球市场，通过电子传媒快速传播的特性先期抢占市场，然后进行产品的多元化开发，使传媒公司多次获利，赚得盆满钵满。

文化商品化获利的途径与机会大多通过这样的方式：首先直接出售传媒的内容产品，像广播电视的频道或节目，从中获得收视费、有线电视订购费，以及将自己的节目制作成 CD、录像带、VCD 等音像制品，把解说词和节目稿件结集出版，如同纸质媒体第一次销售有定价的报纸和杂志一样；然后是间接的广告收入，或者称"出售受众"，即用自己的节目吸引成规模的受众，然后在频道时间内播出广告，把受众群体"卖给"广告主获得广告收入；第三是开发相关产业与周边产品，包括广播电视报、收视指南、电视购物、游戏、纪念品、物质产品（玩具、文具、服饰）的标示贴牌、影视拍摄基地与主题公园的参观与旅游门票、读者俱乐部的会员收费等，这些延伸产品使媒体获得多次赢利的机会。①

国外尤其是美国，传媒文化的多元开发已取得了令人瞩目的成效。维亚康姆的 MTV 在一些国家的播放，迪斯尼主题公园在一些国家和地区的开建，米老鼠和唐老鸭 Logo 的标示贴牌所带来的近 40 亿美元无形资产，给一些国家和地区的传媒文化建设带来了很多启示，指明了努力的方向。注重传媒文化品牌无形资产的累积和传媒航空母舰的打造，或多或少得到了许多国家和地区的集体认同。

我国传媒文化建设的盈利方式基本上采取第二条途径，即依靠广告单条腿走路的经营管理模式。报刊靠发行盈利的很少，除少数几家期刊（《读者》《知音》《家庭》《半月谈》等）外，只能回收成本的 1/3~1/5，90%以上都依靠广告。广播电视收取视听费也基本上只能维持传输网络的维护和人员的工资，利润 93% 以上依赖广告。互联网的点击率收费无法填补渠道建设所需要的巨额投资，广告依然是主要来源。少数传媒和传媒产品采取多元化经营，有一些收益但相对于广告经营来讲并不明显。为了广告展开竞争，就得锁定目标对象是在特定时间段上购买力最强的群体，即使绝对收视率不高，但只要在同类节目中收视率靠前，就能在争取特定广告主

---

① 陈吉：《电视专业化频道受众的几个新特点》，《新闻传播》2005 年第 3 期。

上占有优势。①

依赖广告,被广告所牵引,我国传媒文化建设已露出了许多不足之处。在这种情况下,媒体往往与受众形成共谋关系,"报道你想看的,而不报道你应知道的"。一个典型的例子是2003年的皇马中国行。当年8月4日《北京晨报》作了题为《皇马"遗迹"卖高价:签字足球2.1万 小贝睡衣2800元》的报道,这种新闻娱乐化的做法纯属片面迎合受众趣味,但同时堵住了其他有价值消息的传播。②杨丽娟追星闹剧、"芙蓉姐姐""犀利哥""凤姐"等的报道,都有这种倾向,欲知未知应知的受众需求被简单化,只为发行量、收视率、点击率,新闻娱乐化甚至低俗化的表现达到极致,忘却了传媒自身的社会责任。

我国传媒文化建设避开娱乐化的负面效应不讲,取得良好经济效益的例子也很多。《超级女声》以娱乐经济的"七种武器"——引领创新整合潮流的娱乐传媒、超级卡拉OK模仿秀的娱乐主题、大众娱乐大众的社会心理、想唱就唱造就大众偶像、整合传播塑造超级品牌、热点话题引起市场流行、品牌延伸价值链经济等为撒手锏,收视率和广告标价曾一度挤对中央电视台《新闻联播》。在广告、短信、冠名、代言、演出、销售、活动、影视、唱片、图书、服装、食品、玩具等产业的集群下,3年内带动产值超过10亿元。③《百家讲坛》2001年7月9日随中央电视台科学教育频道一同诞生,最高收视率曾达0.57%,抢占CCTV-10收视率的"冠军宝座"。④近二十年来,加上主讲人签名售书、演讲及网络论坛跟帖所带来的点击率,创造的收入也十分可观。

施拉姆就报纸作为商品的问题曾指出:首先,报纸是观念的产物,属精神产品,受意识形态的影响很强,很难测量其质量;第二,报纸在被消费的过程中可以形成舆论,影响决策乃至促进社会变动;第三,报纸的价值是有严格的时间限制的;第四,报纸属于一次性消费产品;第五,报纸

---

① 胡正荣:《中国广播电视发展战略》,北京广播学院出版社2003年版,第61页。
② 吴飞:《传媒批判力》,中国传媒大学出版社2005年版,第69页。
③ 张小争:《娱乐财富密码——引爆传媒心经济》,复旦大学出版社2006年版,第4~18页。
④ 赵勇:《大众媒介与文化变迁——中国当代媒介文化的散点透视》,北京大学出版社2010年版,第319页。

是连续性的产品，其声誉和影响力是长期逐步形成的。①

受达拉斯·斯密塞和施拉姆的影响，我国最早提出传媒"商品属性"的学者——复旦大学新闻系王中教授早在 1957 年就提出了传媒的两重性，即政治性和商品性，因而被打成新闻理论界和新闻教育界的最大右派。② 我国媒体经济研究的先行者周鸿铎教授指出："传播活动作为一种社会运行机制和管理机制，其效益主要表现在两个方面：其一是传播给社会的管理带来了什么，其二是传播给传播者或传播自由带来了什么。"③很明显侧重于传媒的社会效益。

我国传媒学界和业界对传媒产品商品属性的认识，在今天基本上得到了全面认同，这是一种进步。但在市场经济环境中，不能矫枉过正，媒体应规避走西方传媒单纯追求经济利益的覆辙，尤其是传媒泛娱乐化从总体上对民主建制、公共利益等现实问题的回避，导致受众的公民权利逐渐丧失，从而通过为公众利益服务提高传媒公信力，实现社会效益和商业利益双赢，进而在传媒事业做大做强的过程中，走出国门，有效抗衡"文化帝国主义"的侵害，让传媒文化建设与经济社会发展一道步上健康的旅程。

第三节　默多克、戈尔丁等学者与大众文化操纵论

格雷厄姆·默多克是西方传媒政治经济学的主要开创者、当今英国"新左派"的代表人物。他涉猎广泛、视野开阔，传媒、广告、商业电视、家用计算机、文学、艺术、恐怖主义、社会风险、阶级分析、游行示威、越南战争、转基因、生态环境、纳米、克隆、数字鸿沟等看似不甚相干的领域都是他的研究对象。

默多克讨论文化话题遵循两条基本线索："一条是文化的工业化商业化的历史——沿着这条线索，可以看到几个世纪以来，文化成为怎样的一种商业，文化产品怎样成为一种可买卖的商品；另一条线索是象征和言说

---

① 施拉姆：《报刊的四种理论》，中国人民大学新闻系译，新华出版社 1980 年版，第 174~175 页。
② 张玉洪：《与时俱进话"新闻"——近年来中外学界对新闻本质的研究述评》，《新闻记者》2009 年第 12 期。
③ 周鸿铎：《传媒经济》，经济管理出版社 2003 年版，第 186 页。

的，文化在这里成为一张由语言、形象、具体物品和风格交织而成的网，有自己独立于政治和经济的历史。"①《呼唤大众传播的政治经济学》被认为是欧洲传播政治经济学的宣言性和纲领性文字。《示威游行与传播：一个个案研究》采用传统社会学的研究方法，通过量化和非量化的取样途径，剖析了英国报刊和电视因受其自身利益和逻辑的局限对学生反对越战游行示威报道的失实和歪曲，成为批判学派的经典之作。②《传播工业的大公司与控制》探讨了媒介的控制权与所有权的集中与合并，重要的媒介公司形成寡头垄断并横跨不同行业，以致势力高涨控制了文化生产范围与方向。媒介公司的目标是赢利，也常常介入意识形态的层面，把媒介主的利益与价值纳入媒介内容。把大众文化纳入媒介作品中，转变为娱乐产品，提供给大家享受。既可以吸引大量观众，避免投资风险，又可以保持现状，维护媒介主的既得利益。③《大企业与传播产业的控制》揭开了"所有权分散论"和"管理革命论"的假象，所有权的表面分散实际上强化了对传媒企业的控制。管理的革命让资本家从生产过程中消失，不表示资本家同时失去有效控制权，仔细辨析资方的拥有权与媒体从业人员相对独立的操作权，"行动／权力"理论说明了处在权力中心的管理者控制着媒介企业的未来走向。④

　　默多克还通过对美国电视连续剧的考察，谈到了广告对传播内容的影响。在《公民权益与代表》中，思考了资本主义社会的公民身份和文化权力问题，审视了西方社会人的地位和尊严，明确提出如果人们要变成完全的公民，就有权使用确保社会包容和促进参与的物质和符号的资源。为此，提出文化权的概念必须具有四方面的内容：对信息的权力，对经验的权力，对知识的权力，对参与的权力。为保障公民这些权力，又提出：必须提供一个相对开放的代表竞技场；必须把"对话的、竞争的声音"带入共同领域的中心；必须促进公民有权使用知识框架的权力，使用可接受评估和挑战的原则的权力；必须确保它的全方位服务依然同等对待全体人员；必须

---

① 格雷厄姆·默多克：《格雷厄姆·默多克访谈笔录》，陆特里奇出版社 1999 年版，第 60 页。
② 潘知常、林玮：《传媒批判理论》，新华出版社 2002 年版，第 162～163 页。
③ 黄新生：《媒介批判——理论与方法》，台北五南图书出版公司 1995 年版，第 54～55 页。
④ 刘建明：《西方媒介批评史》，福建人民出版社 2007 年版，第 217～218 页。

捍卫它们作为公共货物的地位，抗拒把它们转化为商品。①

默多克揭露了资本主义社会文化及其产品对人的控制，实现肉体的解放还不是人的最终解放，精神的解放、思想文化的解放才是实现人的自由发展的必然要求。②默多克关注社会民众的文化权力，更关注社会民生，在传播业的工作场合研究阶级权力，批判社会精英对传播控制权的创造与再造。

彼得·戈尔丁与默多克一道，吸收马克思经济基础与上层建筑的理论模式，着重从经济结构和所有制关系的层面来剖析大众传媒的内在矛盾。他们指出，大众传媒、大众文化的所有权和控制权集中在若干经济和金融集团的手中，集中和垄断的后果是：大众传媒、大众文化成为若干经济和金融集团的意识形态的传播工具和发泄渠道，并自动确保了从属群体对统治阶级的支配的默许，从而得以维持社会不平等的再生产。③

戈尔丁指出，在英国，随着大众媒介私有化进程的加剧，公共广播制度下人们平等使用信息服务与信息设施的权利也逐渐消失，信息像其他商品一样可以买卖，而信息的供应一旦由市场来保证，公民对信息的使用就会受到各种限制，尤其是经济条件的限制，传播权所需要的资源就被破坏。尽管媒介声称为公众需要提供信息服务，但通俗报纸沦为娱乐工业的一部分，公共广播遭到排斥，传播媒介不能为民主传播及公民的政治平等提供必要的基础。在信息越来越成为一种资源的时代，媒介私有化造成信息使用上的不平等，反过来进一步扩大收入的不平等，形成一种恶性循环。④

媒介私有化与公共原则相违背，最终会侵害传媒公共领域。首先，媒介私有化必然以追逐利润为目标，以经济规律为指导，往往在新闻选择上避重就轻，回避重大问题，甚至对一些严肃的问题进行娱乐化处理，淡化严肃性，造成公共生活缺乏必要的信息，影响公众对信息的全面把握和正

① Graham Murdock. Rights and Representations：Public Discourse and Cultural Citizenship[A]. Jostein Gripsrud. Tele-vision and Common Knowledge[C]. London：Routledge，1999.P.17。
② 马驰：《格雷厄姆·默多克和他的传媒政治经济学》，《上海大学学报》(社会科学版)2007年第1期。
③ 刘建明：《西方媒介批评史》，福建人民出版社2007年版，第216页。
④ 刘晓红：《西方传播政治经济学研究》，上海人民出版社2007年版，第103~105页。

确理解；其次是媒介私有化获利的诱惑，使公共图书馆、剧院等其他公共部门也商业化运作；再次是媒介跨国公司对民族国家的公共领域产生了危害，最终造成政治上的不平等。

我国媒介采取公有制，在根本上与公共原则相一致。在媒介走向市场以来，发展的前景非常看好，但伴随的娱乐化低俗化现象同样令人担忧。媒介文化逐步向娱乐文化过渡，逐渐转化到娱乐之维的动态演练，"娱乐因素"在传媒文化中由量变到质变演进，随着网络等新媒体的促动，各种娱乐化信息以惊人的速度"走村串户"，全面影响着我国公有媒介的生态环境建设。

我国媒介文化泛娱乐化进程中暗含着两条交错的路径：娱乐内容的总体膨胀和娱乐化思维向非娱乐领域渗透。媒体娱乐性内容在整个媒体中所占的比例越来越大，软新闻激增和硬新闻衰减形成鲜明的对比，各种"侃爷、丑角和明星等充斥电视、电影、广告的传播媒介，将审美风尚世俗化、生活化、享乐化"。[1]同时，本该严肃的传媒内容逐渐娱乐起来，挖掘严肃内容的娱乐价值，对其进行娱乐化处理，任何传媒事件，只要具备一丁点儿娱乐元素，就可能被策划炒作成一道娱乐大餐。传媒与不断成熟中的文化市场已经开始显现出一个异常健硕的胃口：消化一切难于消化的原材料，吐出可供即时消费的噱头或快餐。[2]

无论是降低严肃新闻的比重，还是挖掘严肃新闻的娱乐价值，进行娱乐化处理，正如传播政治经济学派所指出的那样，影响着受众对信息的准确理解，无形中形成了一种传媒文化的操纵，从根本上损害受众获取社会政治、经济生活等信息的权利。娱乐内容的喧嚣与膨胀，侵占了公共领域的空间，剥夺了大众传媒为公众提供参与社会公共生活所需的各种信息，进而就社会政治经济问题发表意见、参与讨论、形成舆论等的机会。

我国传媒在市场化的进程中，媒体以传播者为中心向以接受者为中心转变，受众需求得到了前所未有的"重视"，媒体传播的每一个内容似乎

---

① 陶东风、金元浦：《从碎片走向建设——中国当代审美文化二人谈》，《文艺研究》1994年第5期。

② 戴锦华：《书写文化英雄》，江苏人民出版社2000年版，第14页。

都重在考虑接受者的要求，似乎受众的所有需求都应该满足。商业媒介把受众看作可以出卖给广告商的商品和购买信息商品的消费者，公有媒介把受众看作公民。在媒介经营管理中，我国媒介越来越重视受众对信息商品的需求，通过二次或三次购买的程序，来实现利润的回收，结果公民在其中被巧妙地转化为消费者。一些媒体片面追求经济效益而降低媒介的品格，一味满足甚至刺激受众的低级需求，把受众的本能与原始欲望充分地调动起来，久而久之，使受众沉湎于这种感官享受之中，形成潜移默化的浸润，文化无意识操纵便成为现实。

众所周知，我国大众传媒为精英分子所把持，精英文化对大众文化实行长久的"统治"。比如一台电视晚会，从主题的确立到导演的选定，从主持的变换到演员乃至节目的最后呈现，从头至尾都是由精英文化在把持，自始至终贯穿的是精英知识分子的思想和理念。[①]一个个节目从报选题开始，节目主题、晚会板块、主持串词、节目衔接、演员形象、服装道具、背景设计甚至每一个细小的动作，都是导演在围绕晚会主题与演员和受众之间的较量，精英文化在突出欢乐气氛中，采用娱乐的形式与技巧，以大众的口味展现出来。晚会对受众的重视在某种程度上不如说是对收视率的重视，对广告的重视。精英文化通过大众文化的流变最后实现完美结合，好像是传者与受者博弈的结果，实际上是通过对受众的"重视"来谋取收视率与广告，娱乐大众不过是精英文化采取大众文化的形态对受众实施的一种文化操纵而已。

再来看随处可见的针对女性的广告用语和教导女性身体每一个部位都变得性感美丽的小贴士：温香暖玉抱满怀——做个细腰美女；美容就这么厉害——韩国刀下美女；女人，使你的臀部线条更"魔鬼"；快！看过来——好看的小腿才敢露。面对完美的身体楷模，在广告宗教式的绝对命令下，女性为了"美丽"而甘愿终其一生对身体名为保养实为自虐地施以"酷刑"。[②]节食、食素、减肥、买高档化妆品、进美容院、加

① 参见拙文：《"春晚"图腾仪式的文化贡献及内涵剖析》，《中国广播电视学刊》2010年第4期。
② 王晓、付平：《欲望花窗：当代中国广告透视》，中央编译出版社2004年版，第109~114页。

入健身俱乐部、熏蒸、练瑜伽等，极力按照广告的宣传框架——"姿本主义"来塑造自己的身体，所谓高贵优雅的清瘦佳人在泛娱乐化广告的牵引下苦苦修炼，"美丽"背面的残酷却少有人知许。

为了"美丽"神话的自恋式投入，实际上是一种压榨性的经济投入，并且是商业利润上最为暴利的剥削。传媒用模式化的标准通过广告文化对女性心理实行有意识的操纵，不过是媒体和广告商的一种共谋。

我国传媒事业的改革十分重视市场的作用，但也必须看到市场的局限性，不能走自由市场的道路。传媒泛娱乐化表面上满足了受众的需求，本质上奴化了受众，使公民意志弱化，降低参与公共事务的激情。公民在传媒泛娱乐化的框架内，自我欣赏，自我陶醉，在浅层快感的笼罩之下，淡化自己的身份，最终被剥夺了在民主政治建设中承担责任的义务和发表意见的权利。

第四节　加汉姆与文化产业论

尼古拉斯·加汉姆是英国传播政治经济学者，学术兴趣和学术立场与法兰克福学派有着天然的联系。在积极投身传播行业实际工作的同时，致力于传媒文化的理论研究，试图对经济基础/上层建筑的模式进行修订，以反击传播政治经济学为经济简论与经济决定论的指责。代表作有《电视的结构》《资本主义与传播》《电视经济学》，核心观点是大众文化的生产与销售建立在物质基础上。

加汉姆在《文化的概念：公共政策与文化产业》中，提出"文化产业的建构与组成，文化流通业的集中"这样一个被主流文化研究忽视的维度，弥补了大多数文化消费研究的不足。[1]将文化产业作为文化行为和公共文化政策分析的中心，把文化定义为象征性意义的生产与流通。文化消费特别是常见的大众文化，无论他是叙事的，还是音乐式的，都消耗一定时间。它们都是基于对时间的控制。它们都拒绝试图提高消费时间的生产。[2]将消费时间的稀缺解释为：一是文化门类对观众的竞争；二是在家中进行

---

[1] Ann Gray &Jim McGuigan，Studying Culture，an Introductory Reader，Edward Arnold，P.2.
[2] Ann Gray &Jim McGuigan，Studying Culture，an Introductory Reader，Edward Arnold，P.55.

文化消费的趋势，减少了外出旅游的时间；三是存在一个消费时间单位成本的快速上升，特别是在家中投资购买了硬件后，而使用硬件的时间没有增长。①在《资本主义和传播：全球文化与资讯经济》中，加汉姆指出：媒体与文化研究倾向将分析局限在意识形态的文本意义。根据"什么人可以在文化生产的过程中对什么人说什么话"的经济框架决定，加汉姆认为：企业经济对媒体内容如何取舍有着直接的影响，甚至可以决定传媒生产与否。

加汉姆对文化产业的考察遵循着马克思对商品考察的思路，认为文化产业独特的经济本性可以使用资本主义模式内商品生产总的趋势来解释。传媒商品化依循两个方向：一是直接生成的媒体产品，二是通过广告完成的，媒体产品乃至文化商品不会在使用中损坏，可以廉价地进行复制。文化商品有一种扩大市场份额的动力，越是新奇和与众不同越有价值，文化商品也就拒绝了同质化的倾向，并通过多种方式限制接入，以制造出稀缺来实行利润最大化。

加汉姆认为大众传媒对受众最大化的追求导致文化产业明显的高度集中化手段主要有：对流通渠道的单头或集体垄断；试图在积累中集中文化硬件和节目；将观众制作成出售给广告商的商品；制作需要持续消费的商品，比如新闻。在分析文化商品的市场风险程度与抗风险的市场规则时，加汉姆认为，文化商品的制造者主要采用了文化类目的方式来分散市场风险。即制造系列的相关产品而不是单一的文化产品，只要一小部分可以获利，就可以用利润去填补其他商品带来的亏损。同时，开发出潜在商品销售的渠道并不断扩大，也就降低了销售成本。因此，对媒体老板来说，市场定位、收视率远远比文化商品的文化品质更重要。

在《解放·传媒·现代性：关于传媒和社会理论的讨论》中，加汉姆认为，传媒是广泛的资本主义市场经济系统世界中的文化产业；传媒是科技，是专业化生产精神产品的机器；符号生产者和消费者之间的社会差距在不断分离和扩大。加汉姆赞成恢复对受众和效果统计的研究兴趣，通过

---

① 章戈浩：《加汉姆和文化产业》，https://www.docin.com/p-235866869.html。

回归商品拜物主义和黑格尔哲学本源，以及对认同的符号互动主义的创造，承认主动的受众能够积极地参与到自身的控制当中。传媒如果违背那些并不纯粹来自市场而是源自批判知识分子和公共领域的标准，受众就要让传媒为此承担责任。

加汉姆从文化产业的角度对媒体的批判考察，也看到了传媒对待批评上的对策：专家被电视传媒召集起来促成对公众和私人生活问题的现场讨论，观点似乎总是切题和中肯的，被定义为一种漫画式的科学说法，节目这样构造，就严重地妨碍了理性的批判讨论。

从消费时长的角度来看我国受众对传媒文化的消费，无论是城市还是农村，电视依然排在第一位，收视比重已达 9.2/%[①]，占 122~232 分钟，其次是网络。除去 8 小时上班、8 小时睡觉，光看电视就占去了其余时间的约 1/4~3/5 以上。

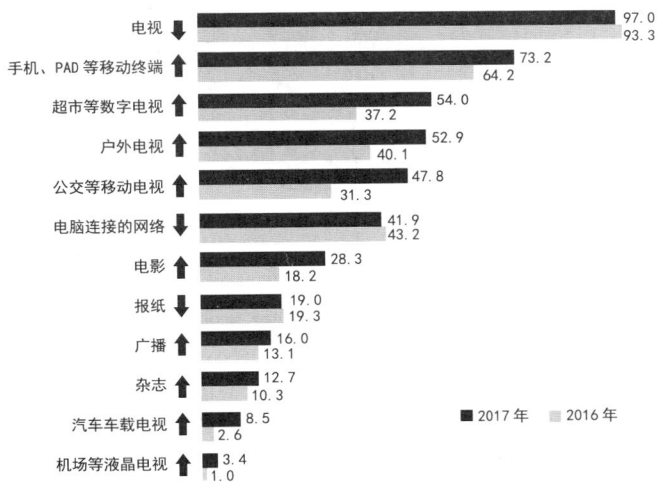

图 3.1　2016~2017 年全国电视人口对各类媒体的接触率 (%)[②]

---

① 王兰柱：《中国广播电视年鉴（2010 年）版》，中国传媒大学出版社 2010 年版，第 115 页。
② 《2017 年度美兰德中国电视覆盖及收视状况调查结果揭晓》，http://hebei.ifeng.com/a/20171110/6137862_0.shtml。

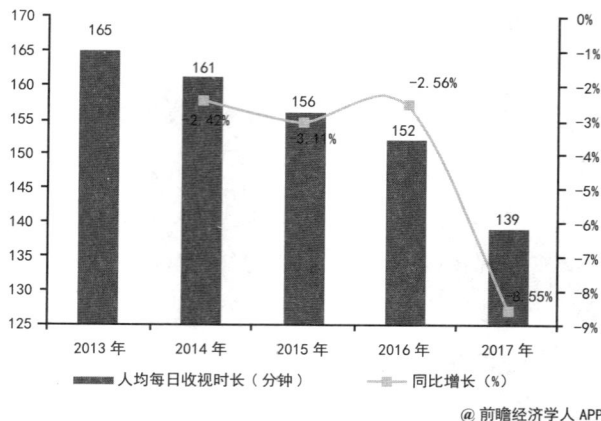

图 3.2 2013~2017 年电视观众人均每日收视时长（单位：分钟）①

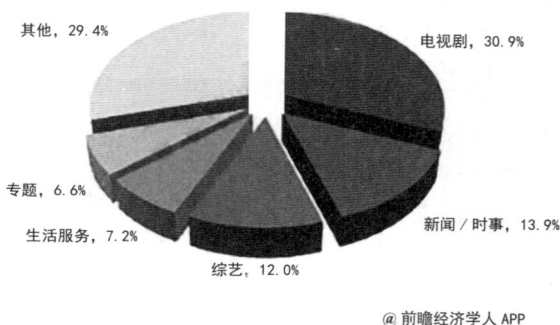

图 3.3 2017 年全国各类节目收视比重情况（单位：%）

其中观看电视节目内容所占的时间比例又呈如下分布，电视连续剧、新闻、综艺／娱乐、专题生活服务等节目排在前 5 位，从 2017 年来看，综艺／娱乐类节目在网络视频用户中远前进了一位，但如果把体育、电影、音乐、时尚／旅游／休闲、戏曲、动画、购物等都归入娱乐类的话，总量就必然排在第一位。以中央电视台第一套为例，也可以看出文艺节目中心

① 《2018 年城市电视台发展趋势分析　市场空间拓展举步维艰》，https://www.qianzhan.com/analyst/detail/220/180514-ee29ff01.html。

在贡献率上是最大的。

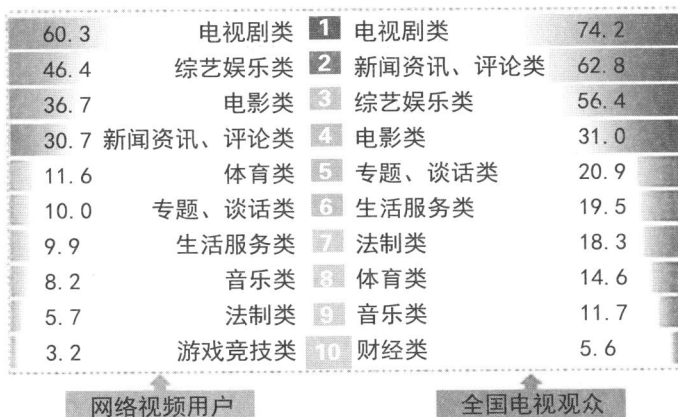

60.3	电视剧类	1	电视剧类	74.2
46.4	综艺娱乐类	2	新闻资讯、评论类	62.8
36.7	电影类	3	综艺娱乐类	56.4
30.7	新闻资讯、评论类	4	电影类	31.0
11.6	体育类	5	专题、谈话类	20.9
10.0	专题、谈话类	6	生活服务类	19.5
9.9	生活服务类	7	法制类	18.3
8.2	音乐类	8	体育类	14.6
5.7	法制类	9	音乐类	11.7
3.2	游戏竞技类	10	财经类	5.6

网络视频用户　　　　　　　全国电视观众

图 3.4　2017 年全国电视观众与网络视频用户喜爱的节目类型 TOP10(%)[1]
数据来源：美兰德·中国电视覆盖与收视状况调查数据库
Source：2017.7-2017.8@CMMR Co.Ltd

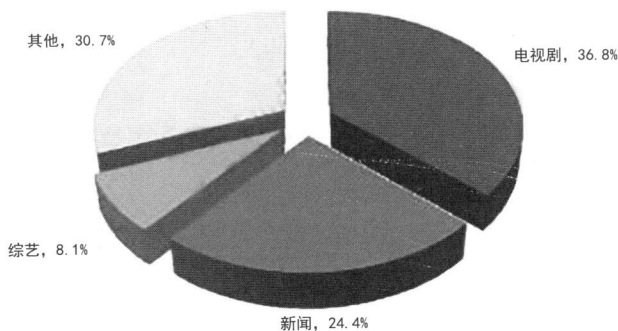

其他, 30.7%　电视剧, 36.8%　综艺, 8.1%　新闻, 24.4%

图 3.5　2017 年城市电视台各类型节目贡献率（单位：%）[2]

---

① 《2017 年度美兰德中国电视覆盖及收视状况调查结果揭晓》，http://hebei.ifeng.com/a/20171110/6137862_0.shtml。

② 《2018 年城市电视台发展趋势分析　市场空间拓展举步维艰》，https://www.qianzhan.com/analyst/detail/220/180514-ee29ff01.html。

再来看网络消费时长的分布。根据《中国互联网络发展状况统计报告》（2019 年 2 月）①最新公布，截至 2018 年 12 月，中国网民规模达到 8.29 亿，网民每周上网时间继续增加，人均周上网时长达到 27.6 个小时。互联网普及率攀升至 59.6%，域名总数为 3792.8 万个，其中".CN"域名总数为 2124.3 万个，占比为 56.0%；农村网民规模为 2.22 亿，占整体网民的 26.7%，城镇网民规模为 6.07 亿，占比达 73.3%；IPv4 地址达到 3.39 亿个，IPv6 地址数量达 41079 块 /32。网民的互联网应用表现出商务化程度迅速提高、娱乐化倾向继续保持、沟通和信息工具价值加深的特点。其中网络娱乐（网络游戏用户规模继续增长，达到 4.83 亿，网络文学使用率为 52.1%，用户规模达 4.3 亿，网络视频用户规模达到 6.12 亿）的用户持续增长，泛娱乐类内容使用率总量明显排在前列。

表 3.1　2017 年 12 月 ~2018 年 12 月，各类网络应用（含手机）使用率及排名变化①

应用	2018. 12		2017. 12		
	用户规模（万）	网民使用月率	用户规模（万）	网民使用率	年增长率
即时通信	79172	95.6%	72023	93.3%	9.9%
搜索引擎	68132	82.2%	63956	82.8%	6.5%
网络新闻	67473	81.4%	64689	83.8%	4.3%
网络视频	61201	73.9%	57892	75.0%	5.7%
网络购物	61011	73.6%	53332	69.1%	14.4%
网上支付	60040	72.5%	53110	68.8%	13.0%
网络音乐	57560	69.5%	54809	71.0%	5.0%
网络游戏	48384	58.4%	44161	57.2%	9.6%
网络文学	43201	52.1%	37774	48.9%	14.4%
网上银行	41980	50.7%	39911	51.7%	5.2%
旅行预订	41001	49.5%	37578	48.7%	9.1%
网上订外卖	40601	49.0%	34338	44.5%	18.2%
网络直播	39676	47.9%	42209	54.7%	-6.0%
微博	35057	42.3%	31601	40.9%	10.9%
网约专车或快车	33282	40.2%	23623	30.6%	40.9%
网约出租车	32988	39.8%	28651	37.1%	15.1%
在线教育	20123	24.3%	15518	20.1%	29.7%
互联网理财	15138	18.3%	12881	16.7%	17.5%
短视频	64798	78.2%	—	—	—

① 《中国互联网络信息中心发布第 43 次〈中国互联网发展状况统计报告〉》，http://www.qianjia.com/html/2019-02/28_326896.html。

续表

应用	2018.12		2017.12		年增长率
	用户规模（万）	手机网民使用率	用户规模（万）	手机网民使用率	
手机即时通信	78029	95.5%	69359	92.2%	12.5%
手机搜索	65396	80.0%	62398	82.9%	4.8%
手机网络新闻	65286	79.9%	61959	82.3%	5.4%
手机网络购物	59191	72.5%	50563	67.2%	17.1%
手机网络视频	58958	72.2%	54857	72.9%	7.5%
手机网上支付	58339	71.4%	52703	70.0%	10.7%
手机网络音乐	55296	67.7%	51173	68.0%	8.1%
手机网络游戏	45879	56.2%	40710	54.1%	12.7%
手机网络文学	41017	50.2%	34352	45.6%	19.4%
手机旅行预订	40032	49.0%	33961	45.1%	17.9%
手机网上订外卖	39708	48.6%	32229	42.8%	23.2%
手机在线教育课程	19416	23.8%	11890	15.8%	63.3%

　　另据互联网络信息中心发布的《中国青少年上网行为调查报告（2018）》显示，中国青少年网民规模已达 2.56 亿，占整体网民的 41.5%，占青少年总体的 71.8%，超过全国互联网普及率 45.8% 的平均水平 26 个百分点，较 2017 年增加了 5.4 个百分点，延续增长之势。从兴趣点上看，排名前三的分别是玩游戏、聊天交友和查资料；按上网行为归类，主要目的是娱乐，其次是网络社交，娱乐仍旧是他们最为喜欢的领域。青少年每天平均上网时长为 5.3 小时，约为全国平均水平的 2.3 倍。48.28% 的青少年接触过黄色网站，43.39% 的青少年收到过含有暴力、色情、恐吓等内容的电邮或电子贺卡，69.4% 的人认为上网或玩网络游戏是一种给生活减压或发泄情感的方式，日常生活中被压抑的情感在网络上得到宣泄。55.32% 的青少年对"如果有一段时间（比如 3 天）不上网，你会觉得难受吗？"给予了肯定回答，55.2% 的青少年有过"因上网导致身体不适的反应"。报告分析说，这类青少年网民对网络有一定的依赖性，如不加以控制和疏导，不但荒废

---

　　①《中国互联网络信息中心发布第 43 次〈中国互联网络发展状况统计报告〉》，http://www.qianjia.com/html/2019-02-28_326896.html。

学业，甚至对身体和精神产生不良影响。①

从以上最新数据及其分析发现，人们日常文化消费的主体是传媒文化消费，在传媒文化消费中，娱乐文化消费又占主体。对媒体的贡献率来讲，娱乐文化生产的贡献率最大。站在加汉姆的角度分析我国当下传媒文化的生产和建设，注重娱乐产业是可以在传播政治经济学理论视域中找到依据的。

我国传媒娱乐文化的生产与建设，在注重新奇和与众不同的同时，主宰式的快乐制造，愚乐而不是娱乐的现象非常普遍。娱乐话题的制造、娱乐明星的出位、专家走马灯似的变换、嘉宾出场的作秀、弱智问题的竞猜、暴力色情的引诱……泛娱乐化制造噱头和新奇怪异，用制造代替创造，用怪异代替创新，用工业化流水线式的生产来制造明星，在为传媒带来高额利润回报的同时，对社会、对媒体自身、对受众尤其是青少年产生了不良影响。如前所述，近一半的青少年接触黄色网站，接受暴力、黄色、恐吓等内容的电邮和贺卡，应该能警醒传媒娱乐文化的生产者们，注重健康的传媒娱乐文化建设已刻不容缓，单纯偏向经济效益的取向，只能是一种短视的行为，不注重主流价值观念和娱乐精神的建构，贻误的可能不只是下一代，还有国家的未来，当然也包括整个传媒文化自身的理性发展。

钱锺书先生在《论快乐》中说过，"快"字就已经把人生一切乐事的飘瞥难留，极清楚地指示了出来……一个拼命追逐快感的人，是无暇细细品味生活的真趣的。②传媒娱乐文化的生产注重收视率和广告价值回报，媒介会自觉地把内容定位于能够吸引最大量的顾客并赚取最多的广告收入的内容上。③浅层快感的制造，的确能迅速抓住观众的眼球，摆脱暂时的生命沉重感。但真正的快感是超越身体的，不是"玩的就是心跳"，不是在"越来越快"的感觉中享受"轻逸"和"迷醉"，而是在思考中体念知识的韵味和思想的光芒。

大众传播应将传播空间更多地让渡给时政新闻、社会教育、公共文化

---

① 《2018 年中国青少年上网行为调查报告》，https://max.book118.com/html/2018/0105/147369372.shtm。

② 吴志翔：《肆虐的狂欢——传媒美学谈》，武汉大学出版社 2006 年版，第 90 页。

③ 蔡骐：《权力的视域：传播政治经济学与媒介研究》，《湖南城市学院学报》2007 年第 1 期。

等内容，以尊重公民所拥有的知情权。然而，在以市场为导向的社会里，媒介公司更关心利润，市场原则取代公共利益原则，使用媒介的"公民"变成了经济环节中的"消费者"，市场需求成了衡量媒介的指标。20世纪90年代，西方新闻界出现了"新式新闻"——"infotainment"，是"information"与"entertainment"的合成，预示着新闻与娱乐融合的趋向。[1] 这是一种不好的取向，因为过分注重娱乐性新闻几乎注定会歪曲事实和产生误导，那些冒充新闻的娱乐（产品）更为阴毒，它们玷污了真正的新闻。[2]也失去了传媒之为"媒体"的本质意义。可怕的是，这种取向早已蔓延到了我国传媒文化的建设中，传媒文化的泛娱乐化为生产者孜孜以求，在娱乐经济中大显身手，却不经意间阻碍了受众理性的批判讨论，直至削减受众的基本权利。

第五节　乔姆斯基新闻过滤器的启示

诺姆·乔姆斯基是一位在北美传播政治经济学领域的重要人物，他尖锐地指出了市场力量对媒体的影响，以及被他称为新闻的"宣传模式"与企业、国家的联系。[3]作为语言学家的他却跳出了语言学式对符号编码等术语的把玩，以对资本社会犀利批判的左翼社会立场，挖掘资本社会的深层结构，从而在传播政治经济学派中独树一帜。

在《制造共识：大众媒体的政治经济学》中，乔姆斯基指出了媒体力图边缘化异己，并允许强势企业与国家通过媒体影响大众，但无法褪去对国家权力与意识形态的依附。美国的新闻建立在民主社会的多元理念与自由机制上，自由市场经济不可避免地将导致程式化和狭隘的条框式报道。大众传媒提供娱乐、信息，用价值、信仰和行为规范对个人进行遥控，将个人统制到整个社会中，就需要制度化的宣传做保障。

乔姆斯基将宣传分为两类：一是在权力杠杆落于国家官僚机构之手可

---

① 周宪：《文化工业——公共领域——收视率》，《国外社会科学》1999年第2期。
② 彼得·凯恩：《美国新闻界十个令人不安的倾向》，《国际新闻界》1996年第3期。
③ 梅琼林、褚金勇：《自由与权力：解读美国媒介政治的"转换生成语法"——乔姆斯基媒介研究探析》，《现代传播》2011年第7期。

以对媒体进行垄断控制的国家，宣传是通过官方的检查制度得以实现以服务于居统治地位的社会精英；二是在媒体私有没有检查制度的国家，宣传通过"媒体的所有权与利益驱动""广告的影响""专家的作用""炮轰作为媒体自律手段""反共的修辞策略和控制机制"等作为新闻过滤器得以实现。"五大新闻过滤器"侧重于财富权力不平衡对媒体趣味与选择的多层次影响来实现新闻软着陆，提醒人们在所谓的民主社会里，媒介通过推动同质化建构与压制不同声音对政策起到"制造共识"的功能，几乎不代表大多数读者和市民的声音与利益。①

乔姆斯基自越战以来一直对美国的外交政策提出尖锐的批评，他的宣传模式说很大程度上是基于冷战时期的美国新闻体系，"宣传模式"与"新闻过滤器"等理论代表了自由主义传播学理论，媒体是大企业，是更大集团的一部分，在本质上是反民主的。

在《必要的假象——民主社会的思想控制》中，乔姆斯基认为大多数的普通民众都只能从常见的媒体中获取政治事务和事件的信息，只有了解了某个议题的消息或是前因后果才能谈得上形成自己的看法。美国的媒体掌握在少数有钱人的手上，巧妙地制造同意与假象，以达到思想控制的目的。这样，媒体建构的美国民主社会的民主就成为虚无。因为一个民主的社会只有在公众能获取全面与公正的信息时，做出的选择才体现了民众自由意识的选择，才称得上真正的民主。

在新兴科学技术对传播的影响方面，乔姆斯基认为：传播科技尤其是电子邮件和通过电脑网络来交换意见和获得资讯，其成为人类解放而非控制与支配工具的前景如何要看谁在操纵，大众组织起来，才能改变资本企业的私人力量，传播科技才能为民主建设服务。

乔姆斯基的新闻过滤器俨然是一种资本控制媒体前提下的把关力量和把关标准。我国新闻信息的传播有着严格的把关原则，新闻法规、新闻政策、宣传政策、新闻价值等都是不能逾越的关卡。新闻信息及其他一切信息要做到客观、真实、全面、公正，就必须遵循有中国特色的新闻传播法规和

①王瀚东、文芳：《制造共识的"世俗传教士"——乔姆斯基媒介研究探析》，《新闻与传播评论》2009 年辑刊。

具体的把关原则。

　　然而，在传媒泛娱乐化的环境下，我国新闻信息及其他一切信息的传播不时出现娱乐化的取向和现象。一些传媒为了市场的需要，尽可能挖掘新闻事件中的"娱乐元素"，并一而再，再而三地进行放大，眼球抓住了，发行量、收视率及点击率都上升了，但新闻是否客观、公正？是否对当事人造成不必要的影响？是否对社会造成危害？是否影响传媒自身的公信力？一时还难以检验。

　　比如第一章提到的《5000万以下不愿被包养》是极力挖掘"娱乐元素"后的呈现。从下面这篇题为《×××与三陪小姐的故事》[①]的讽刺娱乐媒体人及其话语制作规则的文章中，可以看出娱乐化新闻过滤的高超技巧和别有用心。

　　×××刚抵达昆明，在场的记者问："请问你对本地的三陪小姐有什么看法？"×××早知道中国明文禁止三陪，就反问："这里居然还有三陪小姐？"于是，第二天报纸头条的新闻标题是：千里迢迢，×××抵达本地。心急火燎，脱口便问三陪小姐！

　　第二天，又有记者采访×××："请问你对本地的三陪小姐有什么看法？"×××想了想脱口而出："对不起，我对三陪小姐不感兴趣。"于是转天报纸就说：见多识广，×××夜间娱乐要求高。不屑一顾，本地三陪小姐遭冷遇！

　　第三天，记者依然发问："请问你对本地的三陪小姐有什么看法？"×××很干脆地回答："我对三陪根本不感兴趣！"本以为太平无事，没想到报道更不像话：欲海无边，×××三陪已难满足。得寸进尺，四陪五陪才能过瘾！

　　第四天，各媒体有关×××与三陪的话题到处都是。记者们纷纷发问，×××干脆闭口不语。×××无语，报纸依然有话：面对三陪问题，×××无言以对！

　　第五天，还是有记者问相关的问题，×××终于急了："你们要是再问三陪，我就去告你们！"于是，转天报纸便顺理成章写道：×××一怒

---

① 林渔：《名人与三陪小姐》，《散文百家》2003年第20期。

为三陪！

×××终于忍无可忍，把所有刊登他与三陪新闻的报纸都告上法庭，报纸依然无动于衷：法庭将公开审理×××三陪小姐案……

类似过滤的手法和技巧非常多，也非常微妙。赵薇军旗装事件的泛娱乐化报道，伏明霞英文文化衫及松霞恋的泛娱乐化炒作，各种反腐报道的泛娱乐化等，为了吸引观众的眼球，不负责任或有意识地制造爆炸性话题以迎合人性中的窥私欲望，激发本能的情绪和情感反应。娱乐化对眼球经济的追逐，已经堕入了对金钱贪婪的桎梏中，被商品的消费逻辑所控制，如此疯狂，其实娱乐化媒体在某种意义上已不是自律的主体，没有成为一个理性的、协商式的传播平台。在国家话语权力和大众话语权力的双重挤夹下，既要赢得政治权力的认同又要赢得市场的回应，娱乐化注定只能在夹缝中独行，以新奇和与众不同为突破，以改版和换花样为面目，很多时候让政治权力防不胜防。

尽管乔姆斯基所言的"五大新闻过滤器"不完全适合我国传媒的现实，不能生搬硬套作为净化传媒的具体手段。但是，通过乔姆斯基新闻过滤器的启示，去分析泛娱乐化如何才能得到纯化是有一定帮助的。比如如何规避广告的不良影响，如何发挥专家的批评指导和监督作用等。媒体净化后致力于公共文化的理性建设，在传播健康娱乐文化的同时，担当起传播信息引导舆论的重大社会责任。

以传播政治经济学视角来剖析我国传媒泛娱乐化现象，前面分析的中国语境是基础。以市场为导向的传媒泛娱乐化使媒介文化走向了世俗化、生活化和享乐化，传媒内容出现了同质化和低俗化，受众的权利也遭遇了损害，社会强势群体与弱势群体之间的距离进一步拉开。广告商和媒体的共谋，加上受众寻求快感的加盟，形成媒体经济的核心，演绎了一场场三者握手狂欢的闹剧，最终的市场失灵和社会代价的付出，还得由国家、社会、媒体和受众等共同去拯救和补偿。

第四章　传媒泛娱乐化的性别主义反思

　　西方女性主义鼻祖西蒙娜·德·波伏娃说："女人不是天生就是女人的，而是变成女人的。"①社会是性别后天变成的场所，大众传播媒介是人社会化的主要机构，所展现的社会性别图像，是通过社会性别观念来建构的，因此，女人变成"女性形象"，主要是媒介通过"拟态环境"所建构的。

　　李普曼认为：媒介建构的"拟态环境"不是真实的环境，但人们却根据这种不真实的假象做出反应。②性别（sex）和社会性别（gender）是一对二元对立的概念。性别指的是生物学意义上的人体差异，即男女之间的生理差异；社会性别是指男女之间的社会差异，即由于男女生理差异所形成的对男女两性不同的期望、要求和限制。③在现实社会和媒介影像中，社会性别以及由其所引发的社会分工、性别形象、性别身份、性别角色以及自我想象的性别认同等方面的种种差异更为人们所关注。虽然"拟态环境"不真实，媒介受众却依然执着地依据这种假象做出相应的反应，尤其是建基在"性别差异影像"上的传媒泛娱乐化现象，对"女性形象"的异化导致受众认识上的片面和歪曲，就应该从源头上破解建构的手段、方法、技巧与目的，以性别主义理论为视角进行深层次的反思。

---

　　① 西蒙娜·德·波伏娃：《第二性》，陶铁柱译，中国书籍出版社 1998 年版，第 14 页。
　　② 蔡骐、蔡雯：《媒介竞争与媒介文化》，复旦大学出版社 2007 年版，第 228 页。
　　③ 曾强娥：《从社会性别理论谈男女平等关系》，https://wenku.baidu.com/view/0fd8ccd74a35
eefdc8d376eeaeaad1f3469311aa.html。

第一节　传媒性别主义：源流、理论、研究方法及中国视域

　　对传媒性别主义的阐释应该以社会性别理论为基础，因为以批判性为主要特色的社会性别理论瓦解了西方 19 世纪以来盛行的"生物决定论"，论证了两性社会性别形成主要是社会建构的结果，从而揭示了女性受压迫的真正根源。[①]社会性别理论自 20 世纪 80 年代以来发展成一个分析范畴和研究领域，并逐步进入主流文化阵地，期间的发展历程需要从女性主义理论的发源讲起。

一、传媒性别主义溯源

　　女性主义（女权运动、女权主义）以 18 世纪启蒙时代的思想为起源，诞生于西方女权主义运动中，是一个主要以女性经验为来源与动机的社会理论与政治运动。在 18 世纪的欧洲，女权思想伴随着资产阶级民主思想和天赋人权观念萌芽并发展起来，爆发了大规模争取妇女参政和男女平权的妇女运动，[②]在 19 世纪渐渐转变为组织性的社会运动，20 世纪初和 60 年代形成了两次高潮。

　　法国女性主义理论家克莉斯蒂娃在《妇女的时间》中把女性主义的发展分为三个阶段：第一阶段为自由主义的女权主义，表现在政治要求上争取同工同酬，争取享有与男人平等参与社会机构的权利；第二阶段为激进的女性主义，强调妇女同男人之间的差异性，以差异为名否认男性秩序，颂扬女性特征；第三阶段是以 1979 年以来兴起的女性主义者为代表的新式女性主义，提议女性自尊、自省、自爱、自觉、自理、自治，要求男性辅助女性摆脱蒙昧和压制，走向等位同格，达成人类解放的根本手段——解放女人也解放男人，以及把其他的相关社会问题一起解放。

---

① 刘清泉：《社会性别差异与大众传媒刍论》，《西南师范大学学报》(人文社科版)2002 年第 6 期。
② 曾少四：《女性主义媒介研究扫描》，《新闻知识》2007 年第 6 期。

女性主义作为一个不断发展的思想体系，和西方社会政治理论有着密切的联系。一是 17~18 世纪的哲学家和政治理论家洛克、卢梭等人的影响；二是社会主义理论思想的影响；三是 19 世纪末 20 世纪初在西方社会和政治背景中对性行为的考察。①女性主义不断地从这些思想理论中汲取营养，为在政治领域、经济领域和性生活领域争取权利，逐步分化出精神分析女性主义、存在主义女性主义、生态女性主义和后现代主义女性主义。

女性主义（feminism）凭借着第二次运动高潮走进了西方高等教育与研究机构，作为一个特定的教育和研究领域逐渐开始形成。随后，女性主义学者在文学、历史、社会学和心理学等领域展开了声势浩大的性别清算，诞生了女性主义文学、女性主义历史学、女性主义人类学、女性主义社会学等支流学派。

在女性主义思潮向社会学科领域全面渗透的趋势下，女性主义学者很敏捷地将目光投向由大众媒介传播的通俗文化上，尤其是大众媒介对于女性不平等的文化表现上。②随着大众传播学理论在全球学术领域的广泛"传播"，与其他学科的交叉融合已渐成气候，用女性主义视角来审视人们习以为常的传播现象，从中观照女性在现实社会中所处的独特位置，并探寻出构成这样一种文本现象的内在机制，逐渐成为一种新的学术动向。

二、传媒性别主义的主要观点

1978 年，美国传播学女学者塔奇曼（Gaye Tuchman）主编出版了《炉床与家庭：媒介中的女性形象》论文集，其中收录了《大众媒体中女性被象征消除》等重要论文，标志着女性主义媒介研究正式成为传播学研究的一个分支。四十多年来，从"男权"模式到性别歧视，从方法论层面探讨女性观点到采用文化研究的理论架构，女性主义媒介研究开始显山露水，多种观点备受关注。

（一）女性刻板形象及其对阅听人的影响

女性主义媒介研究学者首先关注媒体中的女性刻板形象及这些形象对

---

① 汪振城：《当代西方电视批评理论》，中国广播电视出版社 2007 年版，第 173 页。
② 蔡骐、黄金：《女性主义媒介研究初探》，《湖南师范大学学报》(社科版)2004 年第 3 期。

阅听人的影响，也就是性别社会化的问题。

由于经济社会的发展，当时美国已有超过半数的妇女进入了就业市场，但媒体几乎没有任何报道与关注，女性在媒体符号世界中消失了。电视所呈现的符号世界里，男性为主导，女性只在电视肥皂剧中是主角，而且被描述成低能次要的家庭主妇，对男人总是卑躬屈膝，依附在男性这棵大树下。在女性主义媒介研究学者们看来，女孩和女人都缺乏正面积极的形象，电视符号世界对女性的歧视会危及社会的正常发展。

女性主义媒介学者运用量化的内容分析和社会实验法对媒介女性形象进行研究，借助拉斯韦尔的"五 W"模式，分析女性的工作角色往往要服从家庭角色，女性因此丧失了大量工作和升迁的机会，致使女性做事业的动力降低，导致阅听人也认为女性比较集中的职业由于缺勤率高、精力投入少，变得价值较低，[①]报酬较少也是正常的现象。

（二）媒介色情产品将女性物化为男性娱乐的客体

女性主义媒介研究学者们认为，媒介把权力与暴力遮盖上性欲的色彩，建构了一套男性透过权力与暴力来寻欢作乐的性欲形式。色情作为男性憎恨女性的最终文化表现，不只是男性性幻想的再现方式，而是男性对付女性的性暴力，同时也就成了社会深层厌恶女性的来源与产品，实际上是在歌颂男权控制女性的权力。色情产品鼓励并合法化男性暴力，严重影响了对待女性的行为。

因此，反色情的女性主义运动举行了大规模的游行，炸掉了红灯区的色情商店，并制定了反色情的法案。认为色情就是以图像或文字明显而具象地描述女性在性行为中的屈从角色：女性被表现为不具人性的性对象、物品或商品；女性是一种喜欢疼痛或屈辱的性玩物；女性被强暴时会觉得性兴奋……女性被视为天生的娼妓；以堕落、侮辱、低贱与受折磨的情节来描述女性，肮脏、低等、流血、乌青与受伤情境被描述成具有性吸引力。[②]

将色情定义为一种性暴力，反映了激进的女性主义对这一现象的深恶

---

① 彭军：《从女性主义角度解读〈幸福蛋糕店〉中的女性形象》，《北方文学》2017 年第 21 期。
② 梵·祖能：《女性主义媒介研究》，张锦华、刘容玫译，远流（香港）出版公司 2001 年版，第 29 页。

痛绝，同时也强调了女性受残害与受歧视的危害。

（三）媒介文本对女性进行意识形态控制

女性主义学者对资本主义的生产模式和女性压迫之间的关系有着极大的政治与理论兴趣，以新马克思主义、心理分析和意识形态理论为依据，分析资本主义社会不仅存在着资本家和劳动阶级的差别，也有性别、种族、族群、年龄、性倾向和国家等特性，解释了性别的再制与父权的关系，揭示了媒介是当代文化霸权过程的中介者，体现的是统治阶级的暴力或国家机器的强制性权力。

那么媒介内容是如何产制女性特质的意识形态的呢？这些意识形态对谁有利？女性主义学者通过对媒介文化霸权的生产、再生产及转换进行意识形态剖析，指出了统治阶级为建立协调一致的社会而加以掌握或付诸流通的价值体系，是一种本质意义上的"虚假意识"，必然对女性形象进行象征性歼灭，由于被统治阶级对统治者世界观的无意识接受，就会促使文化霸权的进一步再生产。

（四）话语建构扭曲了真实的女性形象

女性主义学者们认为：媒介传送性别歧视、父权社会和资本主义价值观，目的是为了维护现有的社会秩序，这种传播模式将媒介建构性别角色视为一种扭曲真实性别意义的过程，忽略了性别原来就具有矛盾冲突的本质。

女性主义先驱福柯提出"训诫式凝视"（disciplinary gaze），即女性身受社会压力和性别定轨的"凝视"，不能逾矩而为，同时女性也不知不觉在这样的框架内对自我加以约束与管制。受福柯的影响，新女性主义提出了整合以往女性主义媒介研究的文化研究框架，把性别视为一套有关性别分歧的文化叙述和规范的话语，彼此重叠又相互矛盾。媒介对女性形象的塑造，不是一个真实反映的过程，而是一个复杂的协调、建构和再建构的过程，屏蔽了客观真实的女性形象。

媒介阅听人对媒介建构的女性形象不是简单的接受或拒绝，会依照自己的认知基模和社会文化的逻辑来使用和解释。真实本身也不只是对象或过程的客观呈现，是在反映与生产权力的一套话语中建立起来的一种社会建构。媒介在资本的控制和需求下，无法被指定去反映真实，只是再现着集体的希望、恐惧和幻想，并执行着神话和仪式的功能。

传媒性别主义观点可以从女性主义媒介理论的传播模式（见表 4.1）[①]中得到清晰归纳：

表 4.1　女性主义媒介理论的传播模式

研究主题	传播者	过程	讯息	过程	效果
刻板形象	男性	扭曲	刻板形象	社会化	性别歧视
色情	父权体制	扭曲	色情	模仿	压迫
意识形态	资本主义	扭曲	文化霸权	通俗化	常识

三、传媒性别主义的研究方法

传媒性别主义理论是多元的，但核心都承认女性受压迫的历史事实。无论是法国派还是英美派，都主张女性主义批判应走出媒介文本，为结束现实社会中女性处于"第二性"状态而努力。女性主义理论与文化研究学派对阶级、性别与种族的研究遥相呼应，在具体的批评实践中，主要采用内容分析批评、精神分析批评和意识形态分析三种研究方法。

（一）内容分析批评

内容分析批评广泛运用于对妇女杂志、报刊、广告、电影、电视栏目、肥皂剧等媒介的分析中，通过以量化分析为基本手段，致力于对某一"处境"做出定性的结论。基本假设是：某个项目出现在文本或广告中的次数，制作者的兴趣或意向，与受众的反应之间存在着一种联系，文本的意指或制作者隐藏在文本中的意指，[②]通过识别和清点可以得到揭示，计算的结果能用作以后解释的基础。

黛安娜·米翰在《晚间的妇人们：黄金时段电视节目中妇女人物》中采用量化的研究方法计算女性人物或女主人公的人数，计算损害妇女的喜剧性笑话在情景喜剧中出现的次数，计算节目中妇女作为受害人或者针对

---

① 梵·祖能：《女性主义媒介研究》，张锦华、刘容玫译，远流（香港）出版公司 2001 年版，第 42 页。

② 《传播作为文本世界：女性主义的反省》，https://www.taodocs.com/p-48623109-1.html。

女性暴力出现的次数，来讨论女性的权力问题，女性的无权状态，女性的弱点与优势。[①]通过计算和整理，米翰全面研究完整系列的女性角色，使女性与社会联系起来。

定性结论来源于男女形象的统计和比较。比如在广告中，女性普遍出现在服装、食品、家用电器、厨房用具、清洁用具中，而男性则与高科技产品的广告联系在一起，媒体对两性的分工，自然强化了一套传统的性别陈规——权威的、力量的、有理性的男性天然地支配着被动的、柔弱的、非理性的女性。[②]

内容分析批评注重媒介中的性别分工，主张媒介应该反映妇女的实际状况，使媒介表现有助于实现性别平等，改变女性仅作为家庭主妇的社会角色，获得与男性一样的工作权利、工作机会和工作待遇。

（二）精神分析批评

精神分析借助弗洛伊德有关主体如何建构、意识与无意识如何形成的观点，对父权制社会中性与无意识的建构过程的分析，为女性主义解释媒介受众的主体建构提供了一个可行的路径。

劳拉·穆尔维的《视觉快感与叙事电影》被认为是精神分析应用于女性主义传媒批评的经典之作。穆尔维认为：电影叙事中女性角色的作用主要是给观众提供视觉愉悦，这种愉悦的生成源于视淫快感和认同的心理结构。以这两种心理结构为基础所产生的视觉愉悦经过父权制的叙事转化，男性被建构为电影文本的观看主体，女性被展现为被观看的客体。看与被看的形成，俨然依赖于电影建立了三种能够满足男性潜意识欲望的"看"：摄影师（男性）的看，男性角色的注视，观众的注目。从生产到传播再到接受，女性形象达成了被看身份的塑造，复制了父权制社会男女不平等的权力结构。

穆尔维的分析表明：观众不是一个独立的个体，是媒介机器的构造物，是电影播映过程仿制了精神分析所谓的主体建构而建构的观众主体，即回归、原初认同、对作者的掩盖。媒介的欣赏空间制造了一个类似于"柏拉

---

① E.安·卡普兰：《女性主义与电视》，转引自罗伯特·艾伦：《重组话语频道——电视与当代批评理论》，牟岭译，北京大学出版社 2008 年版，第 233 页。

② 潘知常、林玮：《传媒批判理论》，新华出版社 2002 年版，第 259~260 页。

图洞穴"似的环境，观众回归到主体形成之前的原初状态，通过精心剪辑及视线转换，观众产生一个真实的世界幻觉，促使观众在心理上融入电影世界，建构起原初认同。

与电影要求观众凝视不同，电视只要求观众零碎化扫描。电视所建构的是一种具有碎片化的多元主体认同的受众。

莫德斯基认为肥皂剧的结构和主体建构方式在观众与角色之间建立了一种亲密的关系，女性观众在心理上趋于对剧中虚构角色的认同，混淆角色形象与自己实际生活的界线。在观众心理认同的作用下，肥皂剧衍生出一个有关大家庭的乌托邦幻景，[①]美化了现实生活中的男性形象，掩盖了现实生活中男女不平等的状况，满足了电影不能提供的女性观众对聚合式的共同体的心理需求，同时也容纳了女性对传统男女关系进行颠覆的空间。

在对浪漫小说阅读的研究中，珍尼斯·拉德维认为：女性阅读的种种乐趣同她们在父权制家庭中的从属地位有关。阅读小说包含着一种乌托邦式的抗议与对美好生活的向往，找到休闲娱乐的社会空间来逃避现实，并对父权制进行了一定程度的批判。但是，只有对付了男性的文化嘲弄并消解了自身的内疚心理，对浪漫小说的享受才能真正实现。因此，要想发生真正的社会变革，女性必须从浪漫小说的沉醉中走出来，成为女权主义的积极分子。

（三）意识形态分析

意识形态分析是当代媒介批评中最有影响的理论之一，滥觞于马克思主义的文化理论，与意识形态批评理论密切关联，探讨文化产品如何提供大众特定的知识或社会立场，使受众认知媒介产品背后潜藏的压制。

意识形态理论与精神分析批评等在 20 世纪 70 年代对主体与统一的主体性一致认同，主体性不是人类个人的身份或个性，无法脱离社会而存在，不是天生的意识，是后天获得的，通过表达系统而建构起来。[②]

早在阿尔都塞的意识形态批判理论中，就主张将文化作为意识形态来分析。意识形态是一种思想构架，人们在其中阐释、感知、经验与生活，建构并内化了个人对现实的意识。具有自我意识的主体本质上是一种虚

---

① 《传播作为文本世界：女性主义的反省》，https://www.taodocs.com/p-48623109-1.html。
② 鲍德韦尔、诺埃尔·卡罗尔：《后理论：重建电影研究》，中国社会科学出版社 2000 年版，第 9 页。

构，自我认识的产生依赖文字、教育和媒介等一系列的意识形态，人的主体身份并非由自己产生，而是由文化形塑的。[①]因此，意识形态批评支持了女性主义者的"女人不是天生"的观点，揭示了女性形象、女性气质、妇女长期受压迫的社会地位是居于统治地位的父权制意识形态强加的。

葛兰西在阿尔都塞意识形态决定论的基础上提出了文化霸权，强调主导意识形态在赢得地位时，对被统治者存在某种程度上的自愿性依赖，即协商与调适的过程与结果。媒介性别意识就是在这种协商和调适的场所里进行运行，从而使文化霸权理论形成一种更开放、更分散的取向与非线性的论述。

四、传媒性别主义的中国视域

性别话题在我国源远流长。在原始的母系氏族社会里，女性有着至高无上的地位，这一传统至今还在某些少数民族中延续，比如云南泸沽湖岸的摩梭族。在漫长的奴隶社会与封建社会中，女性由于自身生理因素的约束，不能同工或同工不同酬首先表现在经济上对男性产生依赖，继而带来在政治、文化教育等方面不平等地位，这种不平等现象在封建社会父权制强化下，一直延续到现在。

五四新文化运动以来，女性争取性别平等的权利意识开始觉醒，要求受教育权、参政权、就业权、婚姻自由、性解放等呼声开始在社会上激荡，妇女参与社会经济、政治生活的平等权利也开始在报刊话语中建构，由"他、男性"所形成的传统话语让位给"我们、我们的"新型话语，社会革命和建设需要发动女性并开发妇女人力资源的认识得到了普遍认同，虽然真正意义上的男权文化结构并没有被打破，但新的自由开放观念的萌芽也应该算是社会的一大进步。

随着社会历史的变迁，公有制计划经济和国家父权制剥夺了男性家长的威权，按照国家政治需要重新界定了女性的内涵，塑造了女性的社会角色，由国家传媒宣传张扬的"铁姑娘"作为一个时期的文化符号完全摒弃了传统的三从四德的性别规范，颠覆了传统的社会性别话语和社会性别秩

---

① 《传播作为文本世界：女性主义的反省》，https://www.taodocs.com/p-48623109-1.html。

序。①但改革开放以后，认为特殊政治时期所倡导的那种"男女都一样"包含了对人性的扭曲，在强调和承认"男女不一样"的同时，各行各业都重视和发挥"半边天"的作用。体育竞技中阴盛阳衰的现象开始辐射到社会各个领域，人们开始重新思考女性的发展问题。性别各异的思路逐渐演变发展成了强大的"女性味"话语，传媒开始呼吁女性实行本真回归，一些女企业家女强人事业发达但家庭不幸福的故事与新闻报道在各种媒体中时有出现，意味着母性贤内助还是回归的本真内涵。

1995 年，联合国第四届世界妇女大会在北京召开，大会 NGO 论坛3000 多场专题研讨会中有关大众传媒的专题研讨会约有 70 个，大会所举办的 24 次全体会议中有两次全体会议是关于大众传媒的讨论，大众传媒被列入大会《行动纲领草案》中的"重点关注议题"。②大众传媒如此受到关注，是因为大众传媒话语建构有着重要的示范力量，再次证明波伏娃"女人不是天生的，而是后天被逼成的"观点被认同的正确性，以及由此引起全世界妇女的高度重视，关注大众传媒对女性形象建构的重要影响。

在中国的神话传说和文学作品中，女娲补天、精卫填海、木兰代父从军、穆桂英挂帅等被建构为女性英雄形象外，孟姜女哭长城、孔雀东南飞、天仙配、白蛇传、祝英台、昭君出塞等女性形象，在被建构为有着"执着"性格的形象中多少都流露出一些弱者的含义，除此而外，女性要么被建构为传统的母性或弱者，要么就处于一种缺席的状态。

当下中国，大众传媒广泛推销着带有"现代化"标签的中国传统和西方传统的社会性别理念，在把女性界定为由其性功能决定的本质化的性别话语中，对女人身体的要求明显表现了男性"洋化"了的欲望。传媒宣传在坚持有"女性味"的女人应该保持"东方女性传统美德"的同时，对女人身体的要求却不再传统化了。在传媒话语的造势下，"三寸金莲"让位给了现代"女性三围美"标准，丢掉裹脚布获得解放的中国女性纷纷走进美容院做起了美容手术。加上韩日影视文化在我国电影电视中的狂轰滥炸，所建构的女性形象对受众的作用几乎是全方位的，从言行举止到服饰打扮，

---

① 王政：《浅议社会性别学在中国的发展》，《社会学研究》2001 年第 5 期。
② 陈龙：《传媒文化研究》，中国人民大学出版社 2009 年版，第 255~256 页。

从饮食起居到时尚信仰，都成为大家极力模仿的对象。在市场经济推动和放眼看世界的双重作用下，占主导地位的社会性别话语在媒介化社会中，再次将女性置于被动、从属、他者和物化的位置上。

在今天的大众传媒话语体系中，无论是新闻报道还是新闻评论，电视专题、广告还是流行的娱乐游戏、真人秀、婚配交友、体验式娱乐等节目，消费性的视觉文化对性（两性、色情、肉欲）、情（感情、爱情、亲情）、力（力量、能力、暴力）等往往都建立在对女性形象消费的建构之中，成为传媒泛娱乐化内容和手段的主角，强化了拉康所言的"镜像理论"，负载了超越人们想象的沉重。

在传媒泛娱乐化的环境中，媒介在对女性形象进行传统观念的建构时，男性形象也成为媒体消费的对象。足球先生、男性健美、力量广告、男模展示、标致帅哥、企业总裁、绯闻贪官等不一而足，把男色消费也推到了媒体话语建构的风口浪尖，成为获取注意力资源的又一重要渠道。

同时，在《超级女声》《莱卡我型我秀》《加油好男儿》《快乐男声》等电视选秀节目的推波助澜下，"中性美"无意中成为电视媒体对青少年性别形象的建构，一时间"中性风"火爆整个电视荧屏，中性装饰风靡神州大地，为电视赚取了不少的收视率，为广告商拓展了中性产品生产的广阔空间。不男不女、亦男亦女、女性男士化、男性女生化等突破了传统性别统治的框架，引发了关于传媒性别形象建构讨论的又一话题，也引起了社会对性别形象建构紊乱的忧思。

考察传媒性别主义的中国视域，在传媒泛娱乐化的场域中，就不应该仅仅停留在西方女性主义理论的框架内，要实行传媒女性主义批评理论的中国化转向，在关注女性形象建构的同时，也要关注男性形象、中性形象甚至所谓的"第三性"形象的具体建构，才能全面反映出我国传媒在性别形象建构时的内容、方法、技巧、目的以及隐藏在背后的权力关系和社会的深层结构。

第二节　传媒在泛娱乐化场域中对性别形象的建构

让·鲍德里亚认为："在消费的全套装备中，有一种比其他一切都更美丽、更珍贵、更光彩夺目的物品——它比负载了全部内涵的汽车还要负载更沉重的内涵，这便是身体。"[①]身体是最美的消费品，传媒对性别形象的建构首先是对性别身体的建构，尤其在泛娱乐化的场域中，性别消费以身体建构作为抓眼球的主要手段。因此，要了解我国传媒在泛娱乐化场域中对性别形象的建构，可以从对女性形象、对男性形象、对中性形象甚至对子虚乌有的第三性（女博士）形象的建构等多个方面进行详细地反思。

一、对女性形象的建构：从"主体虚位"到"符号异化"[②]

改革开放初期，大众传播媒介由党领导下的单一的党报党刊、电台电视台组成，从中央到地方，单一的体制依然保持着媒介作为政治宣传者的主要角色。体制单一、机制不灵活、靠财政拨款生存，内容呆板、文字生硬、画面单调，居高临下、强迫收视、可读性不强。经过四十年的改革与探索，媒介规模做大了，实力做强了，形成了以党报党刊、电台电视台为主，整合都市类媒体、网络媒体等多种宣传资源的舆论引导新格局。[③]

四十多年的沧桑巨变，媒体思想活跃了，文字生动了，画面丰富了，视频绚丽了，在一定程度上展示了国民的精神面貌；媒体规模扩大了，种类增多了，渠道多样化了，实力增强了，也反映了国家的强盛和人民的幸福安康。时代的发展促使人们不再满足于物质生活的改善，更多的要追求精神文化生活的丰富，休闲娱乐成为人们日常生活的一种自在追求和时尚潮流。

在人们需求和满足的导向下，在媒体发展利益的驱动下，娱乐成为媒体的主要内容。娱乐内容、娱乐方式、娱乐场所和娱乐载体的巨大变化，把大众传播媒介推进到一个泛娱乐化的时代。在一片繁荣和兴旺的背后，仔细甄别传媒业内的性别系统，无论是主体结构、身份地位、文本内容还

---

① 让·鲍德里亚：《消费社会》，刘成富、全志钢译，南京大学出版社 2008 年版，第 120 页。
② 本小节内容主要参见拙文：《从"主体虚位"到"符号异化"——论媒介在娱乐化场域中对女性形象的建构》（传播·中国·世界——第三届全国新闻学与传播学博士生学术研讨会会议论文，2009 年 4 月 25 日于北京，后浓缩为《媒介在娱乐化场域中对女性形象的建构》发表在《中国广播电视学刊》2009 年第 5 期上）。
③ 胡锦涛：《在人民日报社考察工作时的讲话》，《人民日报》2008 年 6 月 21 日。

是形象识别，都呈现出巨大的差异。在泛娱乐化的场域中，女性的话语权被不同程度地剥夺，女性的身份被刻板成见论所困扰，女性的社会地位被刻意地降低，女性形象的识别系统遭到歼灭性的毁损。媒介对女性形象的建构从"主体虚位"走向了"符号异化"。

（一）女性主体虚位的具体体现

1. 女性传播主体虚位

我国电视、广播、报纸、期刊从业人员数量在 80 万人左右（不包括互联网和出版社等单位），其中女性人数占总人数 40% 以上，而且还呈上升趋势。20 年前，女性在报业中占全部记者编辑的 27.5%，在广电业占 37.3%，在通讯社中占 29.29%，从全国范围来看，男性占 67.19%，女性占 32.91%。[①]

后来媒体从业人员的性别比例变化似乎能让人们看到许多可改变的希望。例如：上海的媒体从业人员男性占 56.70%，女性占 43.30%（其中男女分配：报纸 57.80%，42.20%，电视 57.70%，42.30%；电台 46.30%，53.70%）。[②]有调查发现，因新闻工作的特殊性质和强度，女新闻从业者学历本科以上较多，年龄结构也趋于年轻化，其中 20~30 岁青年人最多，占 29%；30~40 岁中青年人占 27%；40~50 岁中年人占 24%；50 岁以上者只有 20%。[③]

根据 2014 年 9 月 15 日发布的《新媒体环境下中国新闻从业者生态调查报告》显示，男性与女性新闻从业者的比例构成分别为 48.5% 和 51.5%，男女比例基本持平。这与 2013 年国家新闻出版广电总局公布的数据比例（男女比例为 56：44）有所差异。但与 1997 年喻国明的全国新闻工作者调查结果（以下简称"97 调查"，男女比例为 67：33）相比，则差异更大。纵向比较看，近年来，女性比例明显提高，这可能主要有两个原因：第一，近年来在新闻院校就读的女生人数迅速增加，比例明显高于男生，因此毕业后从事新闻工作的女性比男性多；第二，报业受到数字化

---

① 英健：《性别与媒介：表象的背后》，《妇女研究论丛》1996 年第 1 期。
② 陆晔、俞卫东：《社会转型过程中传媒人职业状况——2002 年上海新闻从业者调查报告之一》，《新闻记者》2003 年第 1 期。
③ 《我国新闻采编人员越来越年轻》，《新闻前哨》2005 年第 12 期。

冲击后面临生存压力和危机，而男性对自我实现的追求尤其物质回报的要求更高，投身传统报业的积极性相对减小。[1]

男女比较分布

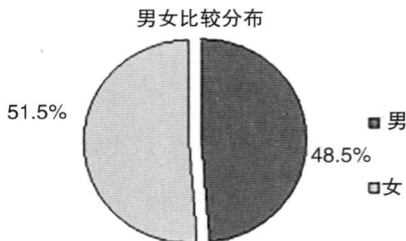

51.5%

48.5%

■男
□女

图 4.1 新媒体男女性别从业比例[2]

通过上述数据，可以看出女性从业人员的确呈动态变化的上升趋势，尤其是在新媒体中。但殊不知女性"要么是从事行政工作，要么是在那些被认为是她们所肩负家庭责任的延伸领域内工作，如儿童、教育、消费、家庭节目或版面"，女性在一个媒体中任中层及以上主要领导岗位的却不多，占与传媒业生产与发展最紧密的位置却不到20%[3]，有的媒体甚至为零，近年来的变化也不大。即数量大，实位少，主体虚位被总体数字所遮蔽，话语权自然得不到有效保障。

2.女性文本内容的虚位

媒介对女性形象的建构，还需要依赖媒体的规模、女性形象出现的频率、女性以什么样的形象在什么样的场合和事件中出现、出现时的角色和价值等综合因素，才能塑造一个完整的性别形象。

（1）媒体数量：10家综合女报和两个女性频道

改革开放以来，我国女性话语平台主要有10家综合女报和两个不完全的女性频道。《中国妇女报》《都市女报》《今日女报》《新女报》《当代女报》《现代女报》《山西妇女报》《妇女之声报》《时尚女报》和《家

---

① 张志安：《中国新闻从业者生态调查报告》，http://net.blogchina.com/blog/article/2250817。
② 张志安等：《新媒体环境下中国新闻从业者生态调查报告（2014）》，http://www.cssn.cn/xwcbx/xwcbx_xsqy/201409/t20140915_1328471_3.shtml。
③ 陈阳：《性别与传播》，《国际新闻界》2001年第1期。

庭主妇报》以及以女性为对象的时尚休闲类报纸如《中国服装报》《精品购物指南》《服装日报》《名牌日报》等，电视有长沙女性频道和广西卫视以及一些媒体中的女性专栏与专版等。这些平台（有的已退市）为女性话语提供了广阔的空间，为展示女性形象起到了一定程度的保障作用。但相对于一千多家报纸和两千多个电视频道来讲，数量的绝对寡少，必定是声音的绝对微弱。

有人说女性期刊数量很庞大，但多为美容美体、时尚、家居、服饰、购物、卫生保健、美食、育儿教育类杂志。这类市场化的女性期刊所刊登的内容以市场为导向，抓住目标受众群体进行准确定位，获得了市场的有效回报，但很难进入主流话语渠道，边缘化的话语甚至加剧了女性主体的虚位。

（2）出现频率：频度较高，但社会身份和地位相对弱化

打开媒体尤其是电视媒体，到处都闪现着女性形象。但女性新闻人物形象在出现频度、被引用频度、被拍摄频度等方面远远少于男性，即使出现也很难摆在显要的位置。在文字和图片新闻中，男性往往是主角；在重要新闻人物中，女性只占 16.81%；在有言论被引述的主要新闻人物中，女性占 9%；在有照片被拍摄的新闻人物中，女性占 29%；在正面事件中显示出组合作用的重要新闻人物，女性占 17.72%。[①]也就是说，女性形象在新闻、言论、正面事件等具有话语引导权的媒介建构中只占 9%~29%。

媒介在对女性政治人物和各级各类女性领导人物的报道受现实客观状况的影响。在现实环境中，女性领导人物在各阶层和各行业中，占的比例本来就比较少，即使担任了领导职务，大多数也难逃"无知少女"的话语笼罩。

媒介在对女性的报道和评论中，娱乐性和生活性等处于弱势地位的题材居多，事件性题材较少，即使是强者也遭到有意识的形象弱化。改革开放以来，在典型人物宣传中，有影响的女性人物形象远远低于男性人物形象。比如张海迪和李素丽，一个是残疾人一个是公交汽车售票员。再比如网络评选的十大美女市长，不是去挖掘女市长们的才能和政绩，而是从发型、脸蛋、服饰等方面进行漂亮度的展示，美则美矣，未尽善也，娱乐化

---

① 鲍海波：《新闻传播的文化批评》，中国社会科学出版社 2002 年版，第 240~241 页。

痕迹和别有用心的点击率获取十分明显。

（3）价值作用：被动、辅助、衬托

科技传播专家刘兵认为，科技发展中金字塔型的性别分垂结构十分明显。媒介在对女性形象的建构中也呈现金字塔型的分垂结构，被动辅助地位和起衬托作用的女性形象处于金字塔的底层，优秀有能力起社会主导地位的女性形象处于金字塔的塔尖，塔底是多数，塔尖是少数。

中央电视台寿沅君曾经说过："即使是《东方时空》这样的主流媒体的主流节目，也存在性别不平等的意识，东方之子中有几个是女性，生活空间中又有多少不是讲述女性生活中的琐屑小事？"①媒介对成功人士的报道和挖掘，对新闻人物的追踪和评述，最终延伸到其家属成员的时候，却用辅助衬托的文本框架和话语方式来展现女性形象的"伟大"之处。

3. 女性阅读虚位

女人看电视，看新闻节目时，一看便睡着了；看娱乐节目时，睡着了还在看。这种调侃式的画像，一方面反映了我国新闻节目的可视性还有待进一步改善，一方面也反映了女性大多数不看新闻的确是一个不争的事实。

有学者认为，从女性受众接受新闻的行为来看，一般很少有女性会专门坐下来阅读报纸新闻或收听收看广播电视新闻。她们接受新闻就犹如在商场选购买一赠一的商品：既然有电视剧看，那么，把插播的新闻也看了吧！或者是在做其他事情时，眼睛"闲着也是闲着"，就看看新闻吧，反正也没什么其他好看的节目！

二十多年前就有资料显示：把获得社会新闻及信息"当平时的娱乐消遣"的女性占其总数的28.1％；而把新闻及信息"作为平时行为、决策依据"的女性只有6.6％。②男性更多地注重社会新闻与信息的实用价值，而女性则更侧重于娱乐功能。因此，从女性受众关注的媒介内容来分析，即使女性接触新闻，她们的关注点也不会是政治、经济、军事和科技等领域的硬新闻，而是一些诸如家居、时尚、美食、购物、娱乐、家庭之类的软新闻，即使在话语现场，不是永远沉默着潜隐在历史的背后，就是被迫按照既定

---

① 寿沅君：《从〈东方时空〉看主流媒介的性别平等意识》，《妇女研究论丛》2003年第5期。
② 凌山：《大众信息从哪里来》，《世界信息报》1998年1月12日版。

的话语模式发言。一般而言，家庭、娱乐、休闲等问题往往是被视为私人领域，政治、经济、军事和科技等问题则往往被归于资源、声望、地位之所在的公共领域。因此，从某种意义上来说，女性受众在公共领域仍然处于一种虚位状态。

（二）女性符号异化的现实镜像

1. 女性符号对象化

大众传媒以男性的审美视野和标准通过各种各样的方式大量塑造女性形象，无论是期刊封面、报纸广告、电视超女、网络电游，还是车展模特儿、礼仪小姐、形象大使等，让感性的身体得到足够的关怀。事实上一场接一场的造美运动背后，闪现着一双双男性的大眼在观看、在审视，从而使"女性什么时候最美"成为街谈巷议的热闹话题，就连女性的知识修养、文化内涵都被外化并依附在身体的外表，使得女性自己在塑造自身之美的过程中反而不得不依赖大众媒介。

将女性符号对象化，并不能让女性读者发现自身的美丽，唤醒自身的性别意识和自我意识，而是将女性陷入技术操作和男性视野的藩篱之中。有研究者对我国多家女性期刊中大量涉及女性的文本和图片进行分析后发现：所谓女性美，一是男性眼光中的性感尤物，二是具备男性所需要的温柔和风情。"做女人挺好"的广告词，将女性的自然之美纳入男性的审美范畴，女性的主体性和独立人格被忽略，女性不再是完整的个体，被切割为零件细片：双腿要修长而健美；双手要纤细而柔软；前胸要隆起而坚挺；肌肤要白皙而光滑；腰身要细小而紧束；长发要柔顺而飘逸；臀部要圆硕而上提等。

美容、整形、化装、束身、纤体，第一章所提到的"花50万整一个臀部"等诸如此类的报道，似乎是女性对美的一种追求，实际上是女性在知识化科技化的时代被男性审美标准所控制，经历各式各样的自虐仪式，装饰自己成为待价而沽的后现代"白雪公主"，是媒介利用符号将其对象化的共谋。

2. 女性符号物化

把本应具有主体意识和尊严自觉的人转化为物，成为男性把玩、欣赏和品尝的对象，是媒介惯用的符号物化女性的手段。女性是男性眼中的"他者"（the other），是"被男性所观看的"（being looked at），女性遂由"人"的地位被贬降到了"物"的地位。"名门之秀"五粮春、江西广丰"月兔春"等电视广告和"斐济香水·蛇缠少女"平面广告、各种促销活动现场的人体彩绘与比基尼表演、足球宝贝、篮球宝贝等就是对应的文本。

"名门之秀"五粮春电视广告，本体是酒，喻体是女性，喻指出身名门颇有品位的女性。广告采用修辞学喻指的方式来扩大、丰富和深化文本的内容，以意象暗示与其相似但没有被选择的存在，引导观众去找寻隐藏在意象里的各种言外之意，由"缺席"达到"在场"的目的。沦落为客体的女性，主体意识、精神内涵和价值尊严被无形地剥夺。

"蛇缠少女"[①]香水平面广告，本体是香水，喻体是女性身体和性，喻指具有高贵气质的女性正在享受人生最高境界的身体快活。广告运用修辞学的手法来挖掘只可意会不可言传的文本内容，促使读者去展开想象：购买香水就是购买高贵的身份和身体的快活。

电视体育节目中的篮球赛和拳击比赛，女性啦啦队的形体和动作表演，在灯光的配合下被物化为有节奏的符号，在比赛中对运动员力求起到咖啡和巧克力的提神与刺激作用，也是以身体消费品抓住观众眼球以免遭受被换台的尴尬。

3. 女性符号商品化

大众传媒在对女性形象的宣传报道中，文本内容尽量采用娱乐化的手段赤裸裸地与商家合谋，以制造挑动消费者窥私欲望的卖点为中心，烹调出一道道秀色可餐的"菜肴"来提高收视率、扩大报刊发行量和增长电影票房收入。"菜肴"中的主菜就是被传媒不断塑造和被男性不断期待的女性形象。

电视画面中，"女性应该珍惜自己""自主追求完美的曲线""女人的问题女人办"等听起来颇具女权意识的话语，渗透了以女性身体服务于商业的利益和男性的视觉利益，被转化为媒体赚钱的声音。

---

① 阿瑟·阿萨·伯杰：《媒介分析技巧》，李德刚、何玉译，中国人民大学出版社 2005 年版，第 175 页。

互联网就更加肆无忌惮。任何一家综合性的网站主页上都有女性频道或女性栏目，家居装饰、摩登美饰、热线交友、减肥秘诀等任网友点击，网络小姐、最佳美眉、电玩美女、人体艺术、创意广告再度成为卖点，女性话语被不断地培育以外表和看相为中心，女性形象在被叙述、被欣赏、被塑造的过程中被歪曲，不仅被逐出主流话语渠道，被放逐主体文本边缘，成为商家牟利的无烟工业。

电影媒介也一样，《湘女潇潇》《虎兄豹弟》《红高粱》《大红灯笼高高挂》《满城尽带黄金甲》《色戒》《晚娘》《白鹿原》等票房收入高的影片，无不以女性形象为卖点，对文本内容进行男性书写，女性符号完全被商品化。

（三）对女性形象建构的批评分析

西方媒介批评理论中的女性主义理论关注媒介对女性形象的建构，女性主义媒介研究主要着眼于四个视点：媒体中的女性刻板印象，媒介中的色情议题，媒介中的意识形态剖析，媒介理论的文化构架和新女性主义电视研究。从西方波伏娃的理论奠基到我国作家张洁在《无字》中的有意识思考，从现实真实的女性角色到媒介超真实的女性书写，女性形象的建构都没有逃脱批评的视线。在泛娱乐化的场域中，媒介对女性形象的符号异化，已引起了女性研究者们的高度重视，仔细探究其中的深层缘由，才能为建设性对策的提出带来许多希望。

1. 单一的"刻板成见"论

刻板成见（Steorotype）即支配人类整个知觉过程的"先入之见"，是一种僵化的固定的印象。

婴幼儿用药广告中出现的生活情景大都是妈妈、外婆或奶奶等女性角色在照料孩子，推荐用药的也大多是女性。比如某女演员"三精葡萄糖酸钙"广告，看了之后让人觉得很亲近、很可信，因为现实生活中照料孩子的一般是女性，该女演员又在电视剧中成功演绎了温柔、慈爱的母亲和大姐等妇女角色，所以说这个广告符合人们心目中的刻板印象。

媒介关于性别的刻板成见通常基于两种视角：传播学和社会学研究者提出的儿童性别角色的社会化问题和女权主义媒介研究者提出的性别平等

问题。前一视角发现，媒介中男性出现概率远远大于女性，且女性多以温柔、迷人、少竞争、多性感、情绪化地依赖男性的角色出现；后一视角主要指出媒介中的性别刻板成见，没有科学地反映现实，也没有反映人类对性别问题的科学认识。

在现实生活中，由于性别特征和社会分工的差异，男性与女性总是处于一种相互搭配的状态之中。男性是父亲、女性是母亲，男性是医生、女性是护士，男性是律师、女性是秘书。但媒介在建构人物形象时，不断地去强化这种性别成见：女性是肉体的、非理性的、温柔的、母性的、依赖的、情感型的、主观的、缺乏抽象思维能力的；男性则是精神的、理性的、勇猛的、富有攻击性的、独立的、理智的、客观的、擅长客观分析思辩的。媒介往往通过个别典型的宣传，不断重复刺激和刻意传播，引起人们的模仿和认同，最后以一种固定的含义传承下来。

2．意识形态中的男性话语霸权

媒介在后现代文化语境中具有敞开和遮蔽的双重优势，能对女性进行初级的肉色包装，能对女性文本进行男性改写。媒介通过扩张公共空间，把大众的视线引入私人空间，或者通过放大私人空间，把个人隐私转化为公共话题。在这种阴谋转换中，女性往往沦为一个多功能的玩偶，成为一个被众人窥视的性对象，成为男性欲望出口的承载符号。

温柔甜蜜、委婉曲折、荒诞不经的荧屏故事，温文尔雅、雍容华贵、时尚现代的广告展示，逆来顺受、胆怯固执、感性冲动的画面叙述，在高科技的拷贝（Copy）之下，被一遍又一遍地重复，女性主义被冲淡和清洗。

在泛娱乐化的场域中，一直处于压抑状态的感性欲望得到了极大的释放，一种具有世俗性、大众性和娱乐性的感性文化开始形成。欲望、需求、本能、无意识、想象、激情等感性力量充分显现，将女性界定在依顺、服从、服务和性吸引等层面上。流行歌曲、卡拉OK、摇滚音乐、广告LED、电子游戏、影视剧场等消费文化的感性气息无所不在，潘多拉魔盒已经打开，人们充满着好奇和渴望。个体神经的麻痹，媚俗的大众文化通过世俗的甜腻意趣填充了人们苦涩的心灵，不给人留下反思的空间，使得父权意识的话语成为一种新的统治和控制力量，成为新的市场意识形态，坚信女人不是天生的，而是被变成的"第二性"。

3.通过议程设置，对女性形象进行边缘化处理

议程设置理论认为：媒介不能让受众对一个问题怎样去思考或思考到什么样的程度，但至少可以引导受众去思考什么样的问题。对世界上发生的事件进行有选择的报道，媒介提供给受众的就不是事件的本来面目。因此，媒介关于男女两性在社会生活中的表现也就不能代表事实的本真。

影响媒介进行议程设置的把关因素有政治、经济、文化和社会观念等，对女性议题的设置主要受以男性为中心的文化和社会观念的影响。强化女性传统角色的分工、暗含落后的贞操观、女祸论的宣扬、女性外表美的强化、成功的男性背后有一个伟大的女性等都是媒介进行议程设置的惯用手法。

埋头家务、无私奉献，不计回报、逆来顺受，这是数千年来传统中国的女性形象。时至今日，母亲的无私和牺牲精神仍常常成为新闻讴歌的主题，但母亲们的独立人格、个人发展及选择生活的权利却未得到肯定。在媒介中，母亲的价值并不是她自身的价值，而是"夫贵妻荣"和"子贵母荣"；在杰出女性形象的报道中，或以欣赏的口吻报道她们如何挤出时间照顾家庭，是个地道的贤妻良母，连撒切尔夫人也在孩子生日时亲自下厨做蛋糕；或以无奈的语气渲染她们因未尽到妻母职责而产生的愧疚和自责。

在"扫黄打非"报道中，人们常常看到三陪女抱头鼠窜的羞涩相，却鲜见三陪客的狼狈相；一个领导干部的思想作风如何、廉政形象好不好，往往与其配偶的影响不自觉地捆绑在一起；有些文化新闻津津乐道于女明星的化妆细节，其身体已被分解成各个细小的部分：唇、发、眼、指、睫毛、眉毛、指甲等，进行仔细的检视、研究和改造，并渲染她们为自己的种种缺陷而焦虑、沮丧等，这些边缘化处理，使女性形象被不断地符号异化。

4.传媒用文化陈规钝化女性对生命的感受

生活在被强大男权话语笼罩的现代媒介中的女性，遵循着传统文化陈规的塑造模式。"丈夫下岗，妻子拿出陪嫁钱和女儿的学费让他做生意，又动员娘家人帮他找工作，丈夫却用钱包起了'二奶'。妻子百思不解：'人家说饱暖思淫欲，我家丈夫又穷又老，下岗还去包二奶'，任我使出浑身解数，至今他仍不肯回头"的报道正是遵循"嫁鸡随鸡，嫁狗随狗，嫁个扁担抱着走"的旧观念的表现。

媒介对女性形象的建构，陷入了社会性别的陈规框架，被类型化为三类：（1）生育的主体，把女性形象与母亲进行必然的等同；（2）被娱乐、欣赏、消费的美女；（3）圣女或荡妇，将女性形象极端化。形成女性媒介形象的性别陈规，一方面受到社会积习遗传的影响，一方面来自大众媒介在传播过程中对女性社会性别的潜在成见。同时，由于媒介传播的影响力，女性秩序总是成为男性秩序表达和构筑完成之后的表达需要，在无形中强化着男权中心文化下的性别秩序。

把殉情女颂为"现代祝英台"，残害婚前失贞妻子的丈夫似乎值得同情，传统封建道德观念被媒介假借和延伸。经媒介传播的文化陈规在女性心理深处的认知结构中埋下了深深的烙印，"男性通过征服世界获得成功，女性通过征服男性获得成功"经过长期的涵化浸润，内化为女性的集体无意识，对既有的两性不公平秩序丧失了批判能力，钝化了女性对生命的感受。

（四）对女博士"第三性"形象的建构及批评分析

传媒经常有意无意间宣传世界上有三种人：一为男人，二为女人，三为女博士。同时还有一些"经典"的对女博士形象的建构：本科生是黄蓉，硕士生是李莫愁，博士生是灭绝师太。以"女博士、第三性"为关键词在百度上搜索，共出现三万八千三百多条信息，有的还图文相间很抓眼。以能言善辩著称的老板严某某经常在电视上放言：员工中最差的是博士，其次是MBA，读到博士都是低智商的。

传媒对女博士"第三性"形象的建构是一种极端和偏见的表现，以另类词汇和行文方式对女博士的日常生活、为人处世、婚姻爱情、家庭事业等进行片面和歪曲的细致书写，演绎一场"阅读"上的狂欢，娱乐大众建立在对女博士形象破坏的基础上，是对女博士的"妖魔化"，是一种不负责任和不真实的传播现象。

二、对男性形象的建构：挖掘符号中的消费元素[①]

相对于女性形象的"主体虚位"来讲，媒介对男性形象的建构处于一种符号实位的状态。在消费弥漫的社会里，男性形象在媒介中的展示也难逃被消费的命运。尽管所建构的内容、方法与技巧不同，但目的与结果都一样，在一场场泛娱乐化的狂欢仪式中，同样满足了受众的好奇、窥探和视觉快感。经过短暂而又浅层次的娱乐狂欢之后，所有的意义被媒体"多次购买"的盈利方式所抽取，受众留下的只会是一种"被欺骗"的感觉和感觉过后的空洞"回味"。

（一）男性形象建构的媒体呈现

媒体在泛娱乐化的场域中对男性形象的建构同样是对拉康"镜像理论"的积极应用。拉康认为：幼儿对"自我"的界定与理解全部来自镜中的对立物的影像，通过镜子确认自己与自己的镜像的同一，对自我产生一种虚假的圆满感。媒体泛娱乐化通过对真实的戏仿给受众以参照的镜像来满足和调动受众的窥视欲望，这种欲望在生理上满足了受众感官刺激的需要，在社会认知层面也仿佛填补了精神上的空虚。快乐取向给媒体带来滚滚红利的回报，在身体是最美消费品的导向下，男性形象被建构为视觉消费品的花样也层出不穷。

1. 肌肉男的视觉冲击

由于近代中国的积贫积弱和海外鸦片在境内的销售，中国民众很长一段时间在国内国外都被建构为一种"东亚病夫"的形象，对强身健体的渴望与追求在全民健身运动号召下，已成为人们日常生活的一个组成部分。美国《第一滴血》在国内公映后，史泰龙形象一度被人们所推崇；《健美》杂志的创办和各地健美活动的开展，健美先生和健美小姐为人们所认同。改革开放以后，各地城市运动会、农民运动会、全运会、大学生运动会及

---

① 本小节及之后的第三、第四节内容参见拙文：《超越女性主义：新媒介环境下的性别形象建构与消费》，《中华女子学院学报》2013 年第 6 期（《新华文摘》2014 年第 8 期观点摘编）。

各种趣味运动会与全面健身运动的宣传，尤其是亚运会和奥运会的举办，推动了全民健身运动。

大众传播媒介在推动全民健身运动中起到了巨大的鼓舞作用。但近年来受泛娱乐化风潮的影响，媒体对肌肉男的炒作出现了一种不良的倾向，生理上的肌肉被演化为一种社会祝觉上的偷窥，强健的肌体变成一种消费的视觉文化，把人们本能的好奇、窥视欲望充分调动起来，制造能带来短暂快感的媒介事件，并使之演绎成一场场视觉仪式的狂欢。

媒体曾围绕着"山东二哥"肌肉男所进行的炒作一度成为全国上下的时鲜话题：《山东二哥自称中国第一性感男欲跟芙蓉比胸部》《中国第一性感男人要向徐静蕾求婚》《致清纯女神：山东二哥给徐静蕾的正式求爱信》《"山东二哥"为徐静蕾坚守处男之身！》《徐静蕾亮出了她的底线：山东二哥自娱自乐，我有了真命天子——徐静蕾给"山东二哥"求婚亮红牌》《疯狂追求被羞辱，山东二哥绝食要求徐静蕾公开道歉》，再加上《浙工大肌肉男比赛　引台下女生疯狂尖叫》《蔡依林与三角裤肌肉男同台献艺》等，肌肉男伴随着各种媒介事件成为传媒泛娱乐化所建构的男性形象之一，进入了公众的娱乐视野。

2．绯闻男的唾沫横飞

核心含义为桃色新闻的绯闻，通常是指娱乐明星自身与周边异性或同性之间的桃色故事，利用绯闻来炒作是娱乐界的家常便饭。绯闻不论真假，媒体报道往往不与法律意义上的真实发生关联，读者对绯闻往往趋之若鹜。明星对绯闻的态度，往往以有利于自己名气的维持和传播而听之任之，并不在乎它的负面作用。所以人们常说娱乐界有一条绯闻地下生产线。

在娱乐消费无孔不入的环境里，媒体除了热衷于女性绯闻外，也同样热衷于男性绯闻，而且范围突破了影视界，内涵突破了桃色新闻，为了收视率，为了广告，置公共领域的禁忌不顾，构建了一批批"绯闻男"的形象。艳照门陈冠希、窥淫癖伍兹、性交易黄健中等，还有各类贪官桃色新闻的绯闻化，权钱交易、权色交易、钱色交易、名利交易等成为媒体建构"绯闻男"形象的方程式。在大势炒作和程式化的仪式狂欢中，以舆论监督的名义，媒体把"绯闻男"置于媒介事件的中心进行连篇累牍的报道与宣传。

殊不知，受众在对"绯闻男""绯闻"欣赏的过程中，持续不断的格式化"绯闻"已钝化了受众的神经，不过如此的心态淡化了义愤填膺的激情，唾沫横飞的指责让位给了姑且听之的坦然，毕竟他们离自己很远，毕竟一个贪官背后有多个情妇已成为一种铁律。因此，茶余饭后的谈资与议论也多半是为了乐趣，视觉消费变成了打发无聊时间的诉求，甚至以娱乐传递再传递来娱己娱人，真正的评论者和思索者却只是少数。

3.广告男的超级奇观

法国学者盖·德堡认为："媒体奇观是指那些能体现当代社会基本价值观、引导个人适应现代生活方式，并将当代社会中的冲突和解决方式戏剧化的媒体文化现象，它包括媒体制造的各种豪华场面、体育比赛、政治事件；人类的体验和日常生活是由媒体文化和消费社会的奇观所塑造和传递的；奇观是去政治化和推广绥靖政策的工具；对奇观的'屈从式消费'使人类远离对生活的积极参与和创造。"[1]奇观理论区分了受众主动参与和被动接受，区分了谁生产和谁消费，也说明了完全被动的消费理念对人类潜在的创造力和想象力的破坏。

与对女性形象建构注重生理性别不同，广告巧妙地运用奇观理论对男性形象的建构是注重男性的社会性别和文化性别。以男性形象为主人公的广告，在表现技巧与形式上，在价值取向与观念形态上，基本符号和出场仪式都表现出程式化的一致性。即"成功男士"的社会形象，"英雄本色"的性格形象，"享受生活"的家庭形象。飞人乔丹、刘翔、罗纳尔多、姚明、濮存昕、葛优、李连杰、陈道明、周杰伦、张铁林、唐国强、孙红雷等明星，包括虚拟的卡通人物和生活中的小人物在广告中的呈现基本上被建构在三类形象的奇观范畴之中。

"成功人士"的社会角色几乎无一例外地从事着社会性竞争性的工作，多为科学家、大学教授、医生、工程师、企业家，以智者、导师、权威的身份出现在高科技产品、名车、花园别墅、名牌服装、名表等广告的潇洒

---

[1] 道格拉斯·凯尔纳：《传媒奇观——当代美国社会文化透视》，史安斌译，清华大学出版社2003年版，第2~3页。

消费中；"英雄本色"往往以跃马纵横、尽情奔放、粗犷、勇敢、富有冒险精神的性格和力量、奋斗、创造、征服的象征，以广袤的平原、旷野、雪域、群山、太空、海洋、摩天大楼等为背景，以悬崖、峭壁、锁链、铁锤、黑暗中的火把，豆大的汗珠，坚毅的脸，艰难的攀缘为出场和表情，鲜明的"男性话语"模式塑造着从大、从伟、征服世界的男性形象；"享受生活"是男主外女主内、事业第一、家庭第二等传统刻板印象被认同的结果，"丽珠得乐——其实男人更需要关怀"，广告对男性倾注的关爱集中地体现在对男性家庭形象的塑造上。

"真正的猎人需要一支好枪，真正的骑手需要一匹好马，真正的男人需要一种豪情。伊力特曲，英雄本色！""鹰牌洋参丸——目光明锐，积极进取，高瞻远瞩，领导全军，这是鹰的特征，也是成功人士的品质！""万基洋参丸——每天压力这么大，加班加点，活儿干不完，心有余力不足，快去给爸爸买点洋参丸补补身体，早就准备好了，还是'万基'牌的呢！""雅戈尔——不要太潇洒啊，男人应该享受"……

从以上几则广告词及配备的画面和图片中，无论是伊力特曲——剽悍勇武的骏马、七匹狼夹克——勇猛善断的狼，还是鹰牌洋参丸——凌空搏击的鹰、春兰虎豹摩托——彪悍无敌的虎豹，男性在广告中以超级奇观的形象似乎演绎一部计时短暂但视觉吸引力超强的西部片，带给受众一段短暂的视觉狂欢。锻造也好，构建也好，泛娱乐化手法充分调动一切可利用的娱乐元素，构建表面上多元实际上程式化的广告男形象——可消费的男性形象。

传媒对男性形象的建构还有智慧男、妆效男、痞子男、中型男或型男、酷男、色男、智男等①，无论是哪一种建构的方式，和对女性形象的建构一样，在本质上都是为了吸引眼球，为了消费。一句话，为了广告，为了赚钱。

（二）对男性形象建构的深层剖析

人们生活在一个媒介化的时代，也生活在一个消费社会里。与通过物

---

① 张敬婕：《性别与传播——文化研究的理路与视野》，中国传媒大学出版社 2009 年版，第 291~293 页。

质消费活动来证实自己的价值一样，受众获取和享用大众媒体的精神产品或传播服务的各种活动来确定自己的存在和把握未来，同时也标明与时代同步甚至在追赶着时尚与前卫。大众媒介通过源源不断的信息与图像，展示着一个流光溢彩的消费世界，与消费经济联手制造了以快节奏、无深度、片段性为特征的现代社会。[①]

传媒在新闻信息、影视剧目、体育节目、广告宣传中对男性形象的建构在很大程度上是为了消费或者是为了更好地消费——快乐消费。身体作为最好的消费品，是大众传媒制造消费的原始动力。如果说前面论及传媒对女性形象的建构以及建构从面孔延伸到身体、由丰满转向骨感，并出现西洋化的审美取向等是以消费取向为导向所出现的趋势的话，那么这种趋势也牵引着传媒对男性形象的建构，因为此种建构的方式贴近市场，为传媒盈利获得了广阔的空间。

"名门痞女"洪晃做客沪上谈话节目《头脑风暴》时，曾大胆放言消费男色："男人好看才有好价钱"，引起了社会各界的一片哗然。身体美不再局限于女性，男性以五官棱角分明、皮肤健康、肌肉发达等跻身其中，男性影星的走红，小虎队、F4等以俊美的形象赢得不同年龄段人们的喜爱，男性选美的宣传和展示都说明了男性身体也成为消费的又一对象。[②]

被认为"第一性"的男性伴随经济关系的变化，面对女性在消费领域的异常活跃反而集体失语，也说明了消费上的平等根本没有得到解决。男性占据社会生活中显赫的政治地位，并没有享受自主支配的消费权力。[③]传媒中的男性形象同样遭遇了刻板印象，要么被建构为成功的社会上层人士、受异性追捧的"白马王子"、处于家庭核心地位的父亲，要么被建构为贪恋女色和美酒、与家务无关、需要补肾的丑化形象。借用波伏娃的话

[①] 燕道成：《简论媒介消费》，《中国石油大学胜利学院学报》2007年第4期。
[②] 张捷鸿：《大众文化的美学阐释》，中国海洋大学出版社2006年版，第84页。
[③] 陈兆娣：《从"第一性"到"第二性"：中国广告中男性概念的缺失》，https://www.doc88.com/p-235796548887.html。

同样可以说：男性不是天生的，而是后天变成的。在男权中心文化的教导下，男性的存在也丧失了个性和自我，种种道德规范使男性遭受重大的压力，父权制中心文化注定"男人要成为强者"对男性的压抑和束缚反而使女性得到较多的关注。

一篇通俗的网文《男女有别》①道出了社会对男女不同性别的角色期待，传媒对男性形象的建构也基本上是出于此种刻板成见论。再加上单一的传统文化批判形式，使男性成为女性消费背后的附属。一句"女性比男性更好色"让传媒敏锐地感知男性形象的消费建构同样具有巨大的市场潜力。

三、对中性形象的建构：偶然中成就的消费时尚

传统观念的"男女有别"不但表现在生理性别上，也表现在社会性别和文化性别上。"手如柔荑，肤如凝脂，领如蝤蛴，齿如瓠犀，螓首蛾眉，巧笑倩兮！美目盼兮！"《诗经·国风·卫风·硕人》对女性的描摹在历代其他文学作品中基本上都是同样的建构手法。随着电视媒体多种选秀节目的全面铺开，传统"中庸""中和""中道"的接受心理认可了电视荧屏上的中性形象，并在偶然中成就了当下一股有蔓延之风的中性消费时尚。

2005年湖南卫视推出一档平民选秀节目《超级女声》，李宇春、周笔畅等中性化代表的女生引起了全社会的广泛关注，她们留着短发，穿着牛仔服，以中性的外形和装扮赢得大众的喜爱。2006年《超级女声》中的尚雯婕、黄雅莉，2007年的厉娜、许飞等再一次将"春哥式"女生带入了大众审美的视野。同时，其他选秀节目《加油！好男儿》《快乐男声》《我型我秀》等推选出来的温柔可爱型的向鼎、师洋、王思思、高娅媛等也受到大众的喜爱，80后作家郭敬明吹弹可破的面孔也为他

────────────────────

① 《男女有别》，http://forum.xitek.com/forum-viewthread-action-printable-tid-144612.html。

的博客带来了大量的人气。因电影《王的男人》在大陆及港台地区走红的韩国男影星李俊基，以其俊美漂亮的脸型"比女人还女人"成为新男性的偶像，包括韩国很多杂志封面的花样美男也带动男性中性化的趋势。于是在中、韩、日甚至西方国家，刮起一股中性美的时尚消费潮流。

李宇春1.74米的瘦高身材，短头发，单眼皮，低厚的中性嗓音，瑞奇·马丁式的拉丁舞蹈，从小学起就只穿裤装不穿裙子，让人听上去、看上去都分不清男女，却奇迹般地夺冠。各种媒体对她的评论用词频率最高的是帅和酷，而非一般女明星所专用的漂亮、美丽、大方、有女人味之类。[①]

《加油！好男儿》中的山东男孩马天宇，才能、表演多少有些差强人意，但清纯羞涩的笑容却赢得评委（高晓松）控制不住自己的怜爱，"这孩子把我的心都揉碎了"；奶油气十足的吴建飞，正面看像金城武，侧面看像吴建豪，评委金海心说在听他唱歌时就在看他的照片，高晓松又重复了这样的意思：长得太好看了，所以唱什么、唱得怎么样根本就不重要了。

中性不同于双性，自然不同于装扮，建构有赖于呈现。林青霞俊美的男生相，Ella的帅气活泼，日渐蹿红的李宇春、安七炫、柏原崇，英年早逝的张国荣，人气旺盛的主持何炅，你方唱罢我登场的传媒影像始终散发着中性魅力的时尚。

传媒对中性形象的建构，带来社会对中性时尚消费的崇尚，尤其是对部分青少年的言行举止和穿着打扮的影响，成为一种新的前卫风向标。

在外形装扮上：中性形象的服装类型基本上是韩国版颜色鲜艳的Hip-Hop装束；男生戴耳环、烫发、染发、戴项链，甚至化妆；女生理寸头、穿男装；男生细声细气，女生则大声吼叫；使用的手机、手表、香水、汽车

---

① 林亚斐：《中性美：当代审美新视阈》，《宁波大学学报》（人文科学版）2006年第4期。

电脑等中性化设计。①在性格气质上：男生"娘娘腔"，扭扭捏捏不像男生；女孩"假小子"，言行粗犷泼辣不像女生。在言行举止上：身为女孩子，却想像男性那样变成强势，于是模仿男性那样抽烟、爆粗口甚至打人，女生暴力趋升。②

美国著名未来学家托夫勒曾预言世界发展的十大趋势中，就包括性别的中性化趋势。青少年外表装扮的中性化如果不加以控制，可能会导致心理上的中性化。这样一个由外而内、逐步异化的过程，使人的内心和外在不能保持一致，最终就有可能会导致行为的变样乃至人格的分裂。

当下是一个文化多元并存的时代，传媒泛娱乐化以精神抚慰的温情和势不可当的搞笑功能虏获了庞大的受众，为媒体赚取巨额的投资回报，但所宣扬的不确定性、易逝性、碎片性和零散化，也导致了文化生产的商品化和文化消费的即时性与虚假需求。传媒对中性形象的建构，有意无意中推崇着"酷、小资、时尚、新潮、刺激、奢侈、叛逆，故意回避理想、消解崇高、游戏人生，甚至以媚俗为乐事，加上不断克隆与恶性竞争"等，③造成了部分青少年对中性时尚消费的集体癫狂，全民"愚"乐的尴尬最终可能造成整个社会性别形象识别系统的紊乱。

四、建构纠偏：建设和谐先进的社会性别文化

传媒在泛娱乐化场域中对社会性别形象的建构，无论是由主体虚位走向符号异化的"女性形象"，还是极力挖掘符号中消费元素的"男性形象"，包括"中性形象"和"第三性形象"，不单纯是一个性别观念的问题，而是传统文化的厚重积淀、商业文化的消费促动、外来

① 曹红蓓、刘黎黎：《中性时尚：第三种魅力》，《中国新闻周刊》2005 年 10 月 3 日版，第 48~49 页。
② 逄伟：《青少年中性化述评》，《中国青年研究》2009 年第 9 期。
③ 金丹元：《电视与审美——电视审美文化新论》，学林出版社 2005 年版，第 192~193 页。

文化的渗透影响、性别群体自身的刻意所为、传媒市场化运作的利益需求等共同合谋的结果，在一定程度上也反映了性别群体的现实生存状况与理想憧憬状态之间的差距和抗争。

西方女性主义批评理论的中国化转型，扩大了媒介建构社会性别形象反省的视野，不仅关注女性形象，也关注男性、中性甚至"第三性"形象。西方女性主义理论的介入只是外在影响，中国自 20 世纪 80 年代末男权意识的隐藏与转化以及女性问题在现代化进程中的重新提出，是媒介性别叙事和建构发生演变的内在原因。

女性是人类社会的半边天，本应与男性共同支撑起人类的天空，然而自有社会（母系社会除外）以来，女性便被囿于家庭而成了男性的隶属。工业革命后，妇女为争取自身的权利和解放进行了长期艰苦卓绝的斗争，各国也相继颁布一系列的法律、法规和政策确保妇女的权利和地位。但根深蒂固的性别歧视不会轻易消失，仍然渗透于意识形态的各个领域，作为社会意识形态载体的大众传媒也就"继续显示负面和有辱人格的妇女形象"，而"没有以均衡的方式描绘妇女在不断变化的世界中不同的生活和对社会的贡献"。[①]在大众传媒的引导下，一些爱慕虚荣的女性误把外在包装当成提高自身价值的唯一途径，追求物质金钱而忽视内在品格的培养。这些都在一定程度上导致人们在就业、婚姻、社会生活领域中对女性年龄和外貌的偏见。[②]因此，这种抗争的道路将是漫长而又艰巨的，需要社会、媒介和女性自身等多方面的共同努力。

随着社会进步和文明程度的提升，女性的社会地位和自主意识得到了相当程度的提高。一个国家观念更新的最后落脚点和视角往往是对女性的审视，马克思说："社会的进步可以用女性的社会地位来精确地衡量。"[③]而面对大众传媒对女性固有的歧视和女性报道的虚位化、

①第四次世界妇女大会《行动纲领》第四章，http://www.nwccw.gov.cn/2017-05/23/content_157555.htm。

②蔡荷芳：《性别文化建设与和谐社会》，《当代世界与社会主义》2007 年第 5 期。

③《马克思恩格斯全集》第 32 卷，第 571 页。

边缘化和泡沫化现象，自律和他律的内外兼顾就应该被提上了议事要领：首先，女性在现实生活中应该自主、自立、自强，自我主体意识觉醒和成熟了，为女性挤占媒体话语空间也就创造了有利条件，媒体求真务实的根本要求也就不会漠视女性的这一变化和要求；其次，媒体从业人员性别意识要自觉，加强对女性发展、女性进步和女性问题的宣传，极力回避对女性形象的贬低和侮辱性描绘，以增进全体公民对女性人格与尊严、权力与地位的认识，改变社会对女性的歧视和偏见，坚守女性主义立场像弘扬主旋律一样去建构女性的媒介正面形象；第三是国家相关的法律、法规和政策的同步跟进，以相关制约手段来确保女性形象在媒介上真实呈现；第四是对民众进行媒介素养教育，提高公民自身的媒介素养能力，引入社会监督力量对现有媒介女性形象建构进行有效"批评"；第五是在技术手段上设立传媒监测网络尤其是在治理措施上加强各地妇联组织与传媒组织的良性互动；第六是在公民社会建设中，培育女性公民社会组织积极参与媒介对女性形象的正面建构。

改革开放以来，一些大众传媒在提升妇女地位和男女平等的观念上有了很大的进步，用打破常规的多样化且均衡的方式建构妇女与男性的形象，已释放了很大的潜力和空间，许多女性新闻报道和影视剧塑造女性正面形象的行为已做出了向导性示范引领。但具体的行为只在一些传媒中出现，要从整体上或根本上进行改变，对媒介性别形象进行全面纠偏，就应该调动传媒宣传和倡导先进性别文化的主动性和积极性，增强抵御腐朽落后的性别文化观念的自觉性和自律性，媒介性别形象的识别系统才能得到长久、良好的系统维护。

构建和谐先进的社会性别文化，是指树立社会公众共享的、以性别平等为核心的价值观念，传播体现社会性别平等和谐的语言和知识，创造表现性别平等和谐的物质和非物质形式的社会过程。构建和谐先进性别文化是以推进性别平等和社会和谐为根本目的、顺应文化演进规律、引导文化前进方向、与时俱进的社会行动。①传媒以泛娱乐化的手法对社会性别形象进行娱乐化建构，严重破坏了和谐先进的性别文化建设。只有构建男女平等基本国策的长效宣传机制，克服以性别形象尤其是以性别身体形象来娱乐大众的做法，媒介性别形象才会真实、客观和公正，社会整体的性别认知才会健康与正确。

---

① 谭琳：《论先进性别文化的构建》，《南开学报》（哲学社会科学版）2007 年第 2 期。

第五章 传媒泛娱乐化之文化研究的解读

  如果说法兰克福学派及其对传媒泛娱乐化的批判是站在精英知识分子立场上的一种无情、彻底、否定性的批判的话，那么文化研究学派则是超越传统马克思主义的二元论框架，以开放、多元、包容和实践的态度面对大众文化及其所反映的社会关系。文化研究学派强调受众主观意识的能动性，立足于大众文化的立场，关注语言和文化的关系及传媒作为话语和形象建构对文化生活的实践作用，扩展了对传媒文化功能、文化意义、文化独立性的理解。在反思传媒批判理论的精英主义倾向中，从文化与其他社会活动领域和文化与权力关系建构的角度，将大众传播视为文化生产和意识形态再发现的过程，将日常生活的权力关系反映为意识形态的争夺，始终将传媒大众放在突出的地位。

  传媒作为话语生产的场域，文化研究强调参与性解读，生产与消费之间是一种编码与解码的关系。在文化研究学派看来，传媒生产的文本不是社会现实本身，而是拉康所言的镜像；受众阅读的也不是社会现实本身，而是被反复建构的需要正确理解意义的文本。意义要进入流通领域，传播者和接受者之间要发生关系，受众就应该能读出文本的底蕴和奥秘，文本（作品、宣传品、产品）才能真正被消费和使用。文化研究学派在理解大众传媒与大众、大众文化的关系时，与法兰克福学派的傲慢、优雅、狭隘的态度和悲天悯人的精神乌托邦的立场迥异，对精英文化的否定、对"共同文化"的诉求、对边缘文化和亚文化的关注、对文化实践性的重视等成为独特的景观；文化研究学派批评美国电视、流行音乐、犯罪小说等是文化赝品，缺乏在大众生活、文化经验中有机的、牢固的根基，认为"二战"后20世纪50年代堕落、时髦的美国式大众娱乐文化正在侵蚀、取代"二战"前30年代健康、淳朴的工人阶级传统大众文化；①文化研究学派肯定受众的能动性，表层喧嚣获得了深刻的审视，流行被塑造成经典，强调平等和开放的姿态，完成了对法兰克福学派文化研究"无望救赎"的救赎。从法兰克福学派到文化研究学派，实际上发生了三个方面的转变，即从文化精英主义转向文化民粹主义，从政治性转向方法论，从悲观态度转向乐观态度。②在对文化赝品（比如泛娱乐化、低俗化）的批判中，鲜明的态度和强烈责任感的体现贯穿在整个转变中，在一定程度上说明了两派对健康文化建设有着一致的价值取向和共同的目标诉求。

文化研究以多元共存、开放包容的姿态对大众文化进行分析和解读，是一种与时俱进的行为态度。大众文化在电子传媒推波助澜下，平面化、碎片化、商品化、娱乐化、低俗化等特征也日益凸显。法兰克福学派把大众传媒作为一个异化的文化世界对其负面效果进行激烈的批判，在当下娱乐化泛滥的媒介生态环境中仍然有着重要的指导意义。文化研究学派虽然以平等和开放的态度对大众文化的各种现象采取包容和解读的态度，其中的转向肯定了大众对娱乐的正常需求，娱乐化以彰显"娱乐功能"的名义在传播者和接受者中也拓展了相当的市场，泛娱乐化"仪式化"狂欢对娱乐意义的抽空和对传媒生态环境的破坏，也已引起了众多研究者的高度重视。面对众相斑斓的各种大众文化秀"乱象"，在全球化的视域中，如何重新语境化？是社会、政府、传媒、传播者、接受者，尤其是人文知识分子介入大众文化研究的一次凤凰涅槃。"文化即生活"是对传媒文化健康建设的又一次审视，也是对我国传媒文化建设如何才能走出去的重新思考和责任担当。对大众传媒文化泛娱乐化这种外部现象的解读，深入到内部各种关系的研究，文化研究学派沿袭马克思主义的异化理论批判传媒文本和意义的生产，建立一种超越自律和他律、内在和外在的新研究范式，对

---

① 李庆本：《伯明翰学派文化研究的发展历程》，《东岳论丛》2010年第1期。
② 孔令华：《德国法兰克福学派与英国文化研究学派》，《新闻与传播研究》2005年第1期。

传媒泛娱乐化进行仪式拯救，将知识传递给非知识分子阶层，反对学科干预，强调社会实践，提出知识分子走向日常生活，参加政治生活和社会运动，为在泛娱乐化场域中消费和享受"娱乐"的受众培养批判意识和提高媒介素养提供了种种可能。

第一节　文化研究学派：传媒文化观念和中国化视野

文化研究起源于 20 世纪 60 年代的英国，80 年代开始盛行于整个英语世界。1964 年伯明翰大学当代文化研究中心（CCCS）的创办，成为文化研究的标志和重要思想的发源地。文化研究学派以"西方马克思主义、卢卡奇物化思想、法兰克福批判学派、葛兰西文化霸权理论、阿尔都塞意识形态理论、法国结构主义、符号分析"等为思想基础，诞生一大批有代表性的批判知识分子：理查德•霍家特、雷蒙德•威廉斯、汤普森、斯图亚特•霍尔、约翰•费斯克和戴维•莫利等，是葛兰西所称道的"有机知识分子"。他们从权力错综复杂的关系角度考察文化，以实践、实际为目的，从上层建筑和意识形态的相对独立性出发来研究资本主义社会的大众传播，围绕着文化与权力、意识形态与霸权，认为传播实践的过程勾连着意识形态，折射着社会关系，准确地界定意识图画形态体现在具体的传播实践中，发现传播速度与消费方式的变革，使当前文化具有平面感、偶然性、当下性，直观式生活犹如拼接，历史感和思维深处的内涵在削减，[①]但大众具有主动的批判接受能力和创造性的主体地位。

一、文化研究学派的传媒文化观

文化研究源于文学研究，从文学入手来讨论文化问题。文化研究学派早期的学者作为精英文学的研究者和新批评学派，认为精英文化掌握在少数精英分子手里，只有通过阅读精品和教育才能使更多的人接触和欣赏高雅文化。这种研究的起点是秉承法兰克福学派的思路，到 20 世纪 50 年代

---

① 潘知常、林玮：《传媒批判理论》，新华出版社 2002 年版，第 194 页。

开始关注工人阶级的社区生活，使文化研究走进普通人的日常生活，关注大众文化。60 年代伯明翰大学当代文化研究中心的成立，在对大众文化的分析和解读中，与政治与意识形态联姻，开始抵制资本主义社会的主导思想，否定马克思主义的经济决定论和阶级决定论，在独立开放的文化研究领域建构社会现实和人性结构的关系。

文化研究学派没有明确的学科界限与知识领域，是一种充满实践精神的方法论，既跨越学科界线，扩大研究范围，又集中火力，对社会文化现实进行实质性的剖析。随着科技发展对社会生产力的提高，推动消费社会的来临，商业电视借助商业广告进一步推动了大众消费，文化研究着眼于当下的消费文化，把以美国文化为代表的大众文化和英国本土的高雅文化相结合，形成所谓的文化混合体，揭示其中蕴含的深层社会情境，以非"价值中立"的立场和态度，认为所谓的价值中立往往容易被挪用为掩盖真实政治动机与意识形态的借口，公开倡导对社会文化现象的价值批判态度以及对社会文化现实的规范性研究，而不只是单纯的描述性的研究，准确界定了"意识形态"对人的深度控制，探讨了大众传媒有意无意中采取的意识形态立场。

文化研究学派取消文化产品中审美标准的首要地位，深入具体地研究不被认同的娱乐、摇滚、电视剧等下层的传媒文化，也不掩饰对传媒文化的高度喜爱，认为意识形态就体现在具体的传播实践之中，大众传媒之所以能够作为"国家意识形态装置"从事"合意"的生产与再生产，是因为它有一种"赋予意义"的独特功能。大众传媒通过新闻和信息的选择、加工、结构化等活动，每日每时地都在为社会事物赋予这样或那样的"意义"。[①]

伯明翰当代文化研究中心关注媒介在主导意识形态形成过程中的角色，打破了传媒对社会直接影响的"魔弹论"模式，以传媒文本内容分析和意识形态结构之间的关系为对象，消除"受众"被动无差别的概念，在传媒相对应的体制内认为大众传媒的符号化活动在本质上是按照支配阶级的价值体系为事物"赋予意义"。由于符号的多义性和受众社会背景的多样性，受众可以对文本信息做出多种多样的理解，文化研究学派的传媒文化观以受众的接受与使用、阅读与反应等为诉求，提出了许多到今天仍然

---

① 谢尚子：《转型期语境下新闻生产的建构》，《活力》2012 年第 12 期。

具有借鉴意义的理论和分析方法，具体表现在文化研究学派学者们有代表性的著作之中。

（一）雷蒙德·威廉斯：传媒文化的"接受与反应"论

出身于穷苦工人阶级家庭的威廉斯对工人阶级的生存境遇始终抱着深深的同情与理解，在倡导文化研究的过程中，采取与传统精英文化分子决然不同的立场，对人类的生存和社会的发展充满着终极关怀。作为英国文化研究的拓荒者，对文化进行了正本清源的探究，肯定了大众传媒与流行文化的地位，奠定了文化研究学派平民化的学术取向。代表作有《文化与社会》《漫长的革命》《关键词》《传播》与《电视：技术与文化形式》等。

威廉斯认为文化概念的界定有三种方式：理想型的文化定义，文化是人类追求完美的一种心灵状态，文化分析就是对生活或作品所呈现的永恒秩序或普遍的人类状况有永恒关联的价值发现与描写；文献式的文化定义，文化是知性和想象的作品的整体；生活类的文化定义，文化是对一种特殊生活方式的描述，不仅表现艺术和学问中的某些价值和意义，也表现制度和日常生活行为中的某些意义和价值，文化分析就是阐明一种特殊生活方式、一种文化隐含或外显的意义和价值。生活类文化观是对文化的一种全新理解，被认为具有"建立文化主义的决定意义"，[①]将文化从传统的精英文化定义之中解放出来，文化不是思想家头上的理想光环，也不是精英分子倍加推崇的传统经典，是生活文化，与日常生活同义。这一具体的认识成为英国文化研究的理论基础。

威廉斯的"文化即生活"论，使大众文化逃离了洪水猛兽的刻板成见，取消了文化的等级论，发掘了精英文化与大众文化在内容上的差异，否论它们在审美价值上的高低。大众文化没有等级的划分，由下而上产生于大众，为大众所接受，大众的能动性得以发挥。

威廉斯认为技术只是一个中性的概念，对传媒的影响表现在传播手段的改变上，技术控制不了传媒和文化，也导致不了人的主观能动性的丧失。"技术决定的只是传送，传播不仅仅是传送，而且还是接受与反应。在一

---

① 约翰·斯道雷：《文化理论与通俗文化导论》，杨竹山等译，南京大学出版社2001年版，第74页。

个转变期的文化中，技术高明的传送可能会对活动和信念的几个方面有影响，而且有时是决定性的影响。但是在混乱中，整体的经验将会重新抬头，固守它自己的世界。"①技术所决定的传送是单向传送，真正的传送应该是复式传送，威廉斯合理地道出了传媒文化的"接受与反应"论。

在《电视：技术与文化形式》中，威廉斯通过考察美国的商业电视和消费文化，提出了"电视的流程"和"流动的藏私"两个重要的观点。商业电视节目以不同的形式形成"电视流"，尽管形式不能决定内容，但还同为一个连贯的文本。威廉斯对电视文本内在的权力结构和意识形态的忽视，也使他的"接受与反应"论难免有理想化的色彩。

作为大众世界本身的大众传媒，观众身居家中却主动参与社会行为，再一次把受众放在了主动的地位。"大众服务型节目"是说教式的，与国家调控有关；"商业电视"并非无意义、轻浮、缺乏理想，拥有自己独特的信息传播形式和思想表达方式。威廉斯认为文化研究应该拓展内容，生产组织、家庭结构、表现或制约社会关系的制度的结构、社会成员借以交流的独特形式、两性、种族、广告、电影、电视等都是研究的对象。②尤其电视是科技、社会制度与文化三者聚合的焦点，其特殊性与重要程度，举世难有匹配，实在占有无与伦比的地位。③

威廉斯以传媒文化的"接受与反应"论奠定英国文化研究学派的研究指向，肯定受众的主观能动作用，比较客观地对待接受主体是经得起时间检验的。威廉斯文化研究对象的扩大化，使大众传媒和长期被忽视与压抑的亚文化成了被关注的对象，也是一种进步的表现。威廉斯对商业文化娱乐化属性的关注为今天研究传媒泛娱乐化现象打开了思路，不过威廉斯对文化等级的忽略，导致文化批判力度的减弱，是一种单纯的文化主义的表现，有一定的时代局限性。

（二）斯图亚特·霍尔：传媒文化的"编码与解码"论

作为英国文化研究学派最重要的转折性学者，斯图亚特·霍尔对传媒

---

① 雷蒙德·威廉斯：《文化与社会》，吴松江、张文定译，北京大学出版社1991年版，第336页。
② 罗刚、刘向愚：《文化研究读本》，中国社会科学出版社2000年版，第126页。
③ 雷蒙德·威廉斯：《电视：科技与文化形式》，冯建三译，（台湾）远流出版公司1992年版，第2页。

文化的研究重点依然放在受众主动性和能动性的解读上，但不再是单纯的文化主义，而是与结构主义重组，实现了研究思路的深度转向。代表作主要有《通向复兴的道路》《现代性及其未来》《现代性的形构》《文化身份问题》《文化表征与指意实践》《视觉文化》等。①

结构主义通过追问意义是如何产生的来了解意识是什么的研究方法，主张符号的能指与所指之间没有绝对的一致性，意义是在符号组合选择的结构中产生的，还能够发生转义。结构主义在分析传媒文化时，主张对传播文本进行解码，从表象之中发现内在的规律。一种类似于"读者批评"的模式深入到了解码文本的复杂境地，比如对电视卡通节目的分析，儿童对卡通着迷是在能理解的范畴内，被卡通中的口语、叙事、视觉、美学、意识形态等方面的符号所吸引，实际上是在对所处文化最重要的结构进行解码。在霍尔看来，隐藏在符号之中的结构有着无形的控制作用，决定了受众的接受与反应，在此基础上，霍尔又提出了文化研究最重要的概念——意识形态。

阿尔都塞认为意识形态是现实意识的基础而不是真正的人的意识，对人在社会中产生的现实意识起着前提和规划的作用，通过召唤和设定来建构受众主体。比如面对广告的诱惑与召唤，受众通常会认为自己就是使用该商品的对象，这种对号入座式的设定就是意识形态建构主体的效果体现。

霍尔认为阿尔都塞的意识形态论是单向度的，受众不能真正地主宰自己，甚至成为传媒劝服的消费对象，对传媒产生认同。在大众传媒社会中，霍尔认为统治阶级的意识形态通过语言的阶级斗争演变成全社会的意识形态，文化研究的重要任务就是要解构传媒有意无意采取的意识形态立场。②传媒文化是活动的，是通过持续性迂回曲折的张力（关系、影响、对抗、接受、拒绝、投降）来维持的。

从霍尔开始，英国文化研究逐渐转向了流行文化的消费者研究。媒介作为表意的工具，通过表意过程来建构现实，给消费者构建一个"现实世界"的图景。传媒虽然不会直接从权力机构获得指令来有意地对现实世界进行

---

① 陆扬、王毅：《文化研究导论》，复旦大学出版社2007年版，第153页。
② 赵斌：《英国的传媒与文化研究（上）》，《现代传播》2001年第5期。

歪曲建构，但必须在大众形成共识的框架内才能合法地运行。媒介用共识来引导自己，同时又用建构的方式塑造着共识，必然代表着国家中优势的社会利益。

流行文化的建构式生产，是一个编码的媒体过程，生产建构了信息，阅读消费（解码）产生了意义。解码依赖于受众预存的立场产生三种方式：优势的、磋商的、对抗的。优势阅读出自接受优势意识形态的大众，大众在主导符码的范围内解码，解码与编码一致；磋商阅读的大众对优势意识形态采取有限度的接受，保持与之不同的意见；对抗阅读的大众完全了解编码的意图，采取另类解读彰显主观能动，突出了大众的主体性地位。主动的大众把传媒文化纳入自身的文化，而不是传媒把大众纳入其特定的文化。①从而可望推翻编码的意识形态渗入。

霍尔模式阐释了意义不是传送者传递的，而是接受者生产的，树立起了受众的权威。传媒文化文本的阅读是一种社会活动，是一种社会谈判的过程，在不断的编码与解码中，人们不再相信信息的发送者掌握了文化传播的主动权。这一模式的深层阐释和逻辑演绎，为传媒文化研究带来了乐观的前景，为传媒文化泛娱乐化乱象的频出寻找到了一种新的视角——极力探讨如何培养大众的批判意识和提高大众的媒介素养来规避泛娱乐化的危害。当然，仅仅从传播接受终端来寻找危害解决的措施与方法，也就容易纵容传播生产者只关注文化经济、文化市场，而不重视文化内容建设的健康发展。

（三）戴维·莫利：传媒文化的"多元化话语"论

如果说霍尔模式推动了"阅听人"研究的优良传统，那么戴维·莫利则是从传媒文本研究转向阅听人研究的关键人物。在传媒文化研究中，莫利采用调查大众阅读文本的方式，用民族志的研究方法考察媒介信息在社会上的传递。比如对英国电视新闻杂志节目《联邦新闻》的研究，莫利根据霍尔模式等因素，对抽样的文本进行分析，首先勾画出主导性阅读的"首选"意义是如何受到传送者所使用的编码、习俗及节目中的声音、图像的影响；在确定了喜欢的文本后，向接受者播放录像带，并组织对观看的节

---

① 鲍海波：《媒介文化的阐释与批判》，中国社会科学出版社 2009 年版，第 60 页。

目进行讨论。莫利发现：阅读在一些无法预知的方面像年龄、地位和性别限制的影响下发生变化，除去阶级因素外，阅听人的话语范围是最重要的因素，受众是通过相关的话语对文本进行解码的。

莫利在此基础上还发现：读者带给文本的话语总是多于文本的话语，读者用多元化话语对传媒文本进行磋商式阅读。因此，磋商阅读应该取代偏好阅读，成为大众对传媒文本阅读的主要形式。

莫利的"多元化话语"论后来发生了转换，从单纯依靠文本及文本在再现社会状况中的作用转换到关注受众作为媒介和日常生活交叉点的角色上来。这是向更加广泛的关注家庭范围使用的各种信息和通信技术的转换，逐渐抛弃文本研究的模式，关注传媒作为建立广泛社会联系的通信产业，使英国以文本为基础的传统文化研究吸收了民族志这个全新的文本分析类型。①

民族志受众研究是用日常生活的叙事代替宏大的政治理论，是一种文本实践，也是一种社会实践。它提供了有关媒介受众及他们与媒介内容之间关系的新资料，以及对大众社会态度的更深刻理解。②从媒介批评和文化的研究的角度来看，民族志受众研究证实了经验主义研究方法在生成大众传媒相关社会功能诸多方面有着巨大的力量。

在今天娱乐话语以消费见长的传媒泛娱乐化文本中，多元化话语的分析是一种元（基础）分析方法，也是一种扩展视野的分析方法。泛娱乐化文本中的话语以超越时代的步伐密集"创新"，以超炫奇异甚至怪癖陌生为特征，制造大众阅读时的内心狂欢，来引领所谓的"文化经济"，从而实现传媒的"金融经济"。多元化话语的存在是传媒向前发展的结果，一方面丰富了传媒的话语形态，比如外来词语的引进和网络新词的诞生；一方面符号使用的暧昧和不当，也会对传媒文本产生破坏作用。用民族志的方法来进行考察，在一些群体选择上的使用，分析泛娱乐化的负面影响，尤其是对青少年的涵化研究，是一种可取的研究方法，已取得了一些可喜的研究成果，散见于各类报纸期刊和部分学术专著之中。

---

① 《传媒作为文本世界：文化研究的解读》，http://www.beiwang.com/bbs/showtopic.aspx?forumid=6&topicid=1848&go=next。
② J.Fiske，Reading the Popular，Boston：Unwin Hyman，1989，P.104.

（四）约翰·费斯克：传媒文化的"快感概念"论

在霍尔之后，费斯克的文化研究走向了"语符民主之路"，用他的"文化经济"和"金融经济"理论进一步说明了受众拥有"符号的权力"，将理论的焦点从文本结构转向阅读实践，将分析路径从文本分析转向阅读实践分析，赋予作为大众文化真正生产者的受众以主动的地位。在费斯克看来，问题的关键不是受众在"阅读什么"，而是在"怎样阅读"；需要研究的不仅仅是文化商品本身，更是受众在什么样的情况下怎样使用文化商品。

费斯克强调大众文化消费者创造性和抵抗性阅读，相信"阅听人"完全有能力将文化商品改制成自己愿意接受的形态，在阅读中成为意义和快感的生产者，超越被剥夺思考语境的迷茫与痛苦，获得自在、主动的明辨和快活，完全摆脱文化工业的控制，成为大众文化生产与消费的主角。

费斯克运用结构主义和符号学原理，将电视节目制作与符号对象化，分析和建构金融经济和文化经济的内涵。电视节目作为文化商品首先在金融经济领域流通，然后在文化经济领域流通。在文化经济领域看到的不是作为实物的商品，而是形象与符号，观众收看节目的消费过程是对节目进行解码的过程，拥有决定意义的权力。

费斯克将电视符码分为现实、表现和意识形态三个等级：现实不是纯客观自然的现实，是经过编码被电视摄像的事件与人物，是所谓的拟现实和仿现实；表现是通过镜头、灯光、音乐等技术符号，使叙事、对话、斗争得以实现；意识形态是现实与表现和意识形态（像个人主义、男权主义、种族、阶级等）符码的结合，被社会所接受。电视也和其他传播媒介一样，通过编码来传播意识形态。

费斯克在抵抗性与创造性阅读中引入快感概念，大众文化可以制造积极的快感，这种快感来自反霸权的意义生产。即大众文化不是由传媒集团炮制的，是大众与统治者在文化经济领域斗争过程中产生的，充满着权力与反抗。在斗争的方式上体现了生活中无处不在的、弱者的权力，有点类似于周旋的艺术。

费斯克通过强调文化经济的存在展现了一幅文化商品流通的真实图景，剖析了大众文化的本质：戴着温情假面具、缠绕着恶之花的大众传媒将诗意化的陷阱布满人们每一个可以隐匿的角落，大众无法在传媒环境和外部世界中找到理想的避难所时，求助于心灵的超越来寻求感性的突围是一种优先的选择。①大众是多样而不是单一的，是能动而不是被动的，是乐观享受而不是悲观遁世的，是创造性而不是被灌输的，能按照自身的审美需要对媒介产品进行解读。

对平民主义审美来说，快感是大众文化意识形态所忽略的范畴。费斯克承认快感并承认快感是个人的事情，确立了抵抗性与创造性阅读的地位，能够抗衡来自主导意识形态操纵的快感和文化工业资本积累的快感。①大众有可能以偏离或对抗的解码方式来消解媒介的权威，从而瓦解权力操纵的神话，费斯克从弗洛伊德快乐原则出发确立了大众的主体尊严，伯明翰大众文化研究中心编写的《仪式与抵抗》所论述的青少年反文化行为就是有说服力的论据。青少年在接受大众文化时往往会颠覆文化赋予的本来含义，借以建立自己的价值体系，传达对大众文化的反叛意识。像飙车、剃光头、穿奇装异服、不遵守校规校纪等。

费斯克的快感概念集中在个人欲望与个人经验上，忽视了集体无意识和集体经验。传媒文化的泛娱乐化表征注重受众个体的快感体验和情绪宣泄，忽略传媒作为公共领域的文化引导和责任担当，对大众文化的牵引和建构需要进行批判性反思，大众文化在消费环境中才能步上良性与健康的发展轨道。

二、文化研究学派理论的中国化视野

文化是人类社会现象中最为复杂的现象之一，是由文化生产主体、生产工具和接受主体等共同参与生产与流通的创造性精神活动及其成果。英国文化研究学派站在平民大众的角度肯定接受主体在意义与快感生产和流通中的主观能动性，把受众放在主体性的地位来解读传媒文化的意识形态结构和权力控制，是一种敢于面对社会客观现实的文化实践和理性的批判态度。

主导文化、精英文化和大众文化是当前我国文化系统中三种相对独立

---

① 肖小穗：《传媒批评——揭开公开中立的面纱》，黑龙江人民出版社 2002 年版，第 110~111 页。
② 潘知常、林玮：《传媒批判理论》，新华出版社 2002 年版，第 221 页。

的文化类型，其中大众文化作为社会现代化发展过程中产生的文化现象，在社会大众中有着巨大的市场竞争力和强大的影响力。大众文化以满足市场消费和追求商业利益为目的，以娱乐为核心功能，采用世俗的生活内容与通俗的表达形式，将审美生活日常化、通俗化，在大众传媒的推动下日益成为我国社会的主流文化，至少在生产数量、接受范围和接触面上说明了这一点。

表5.1　主导文化、精英文化、大众文化的异质性

种类	目的	功能	特征
主导文化	宣扬主流意识形态，整合社会的思想观念	以教育（教化）为核心功能	突出思想内容的权威性，具有政治与伦理的说教性或宣传性
精英文化	体现理性思考、人文精神、艺术创造	以审美为核心功能	注重艺术独创性与内容的深刻性，强调审美与生活保持距离
大众文化	满足文化消费，追求商业利益	以娱乐为核心功能	采用世俗的生活内容与通俗的表达形式，将审美日常生活化

大众文化以市民社会和民主政治环境为社会基础，以商品（市场）经济为经济基础，以工业化生产技术和现代科技条件为技术基础，以现代社会大众为主体基础，具有社会大众性、日常生活性、复杂多样性、商业营利性、数量巨大性、娱乐消遣性、强烈渗透性和意识形态性等特征。[1]在法兰克福学派看来，大众文化是指借助于大众传播媒介而流行于大众之中的通俗文化，包括通俗小说、流行音乐、艺术广告等。它融合了艺术、音乐、

---

[1] 金民卿：《大众文化论——当代中国大众文化分析》，中共中央党校出版社2002年版，第38~47页。

政治、宗教和哲学等各方面，在闲暇时间内操纵广大群众的思想和心理，培植支持统治和维护现状的顺从意识。①

我国大众文化的发展先后经历了几个重要阶段："五四新文化运动"中的平民文学运动是播种启动阶段；20 世纪 30 年代文艺大众化运动是发芽出土阶段；70 年代末的改革开放，解放思想、实事求是、团结一致向前看的拨乱反正运动促进了大众文化的真正产生和蓬勃发展；90 年代中后期开始形成了有中国特色的大众文化。社会经济的向前发展是基础中的基础，尤其是文化教育的普及提高、人们文化素质的提升、社会大众独立自主能力的发展，为大众文化的发展提供了强大的受众市场。同时，大众文化为社会大众的娱乐消遣提供了广阔的空间，甚至开辟了启蒙大众教育的有效渠道，也造就了经济领域的新兴大众文化产业。

改革开放以来，西方大众文化的诱导与渗透，所隐含的西方价值观念、生活方式和意识形态传递到我国，形成了强大的文化殖民力量。加上大众文化自身的商业性、娱乐性和消费性的特征，对我国的社会生活产生了不少的影响。我国大众文化在前行发展的过程中导入了与我国社会发展进程不相适应的后现代因素，这些因素和大众文化的世俗性、商业性、娱乐性相结合，对我国大众的日常生活和价值观念产生了强烈的震撼，在一定程度上削弱与破坏了我国数千年的文化传统与人文精神，冲击或威胁着当代中国的民族精神和文化建设。

一定层面上，我国学者对大众文化概念的界定是比较多样化的，比较具有批判色彩的有：大众文化是一种在现代工业社会背景下所产生的与市场经济发展相适应的市民文化，是在现代工业社会中产生的，以都市大众为消费对象和主体的，通过现代传媒传播的，按照市场规律批量生产的，集中满足人们的感性娱乐需求的文化形态。简单地说，当代大众文化具有市场化、世俗化、平面化、形象化、游戏化、批量复制等特征。②

由于大众文化的媒介化属性较为明显，一些学者经常把大众文化（Mass

---

① 陈振明：《当代资本主义社会变化了的文化模式：法兰克福学派对大众文化的批判》，《哲学研究》1995 年第 11 期。

② 邹广文、常晋芳：《当代大众文化的本质特征》，《学海》2001 年第 5 期。

Culture）、传媒文化（Media Culture）、通俗文化（Popular Culture）混合在一起进行分析和批判研究，它们的许多特征和表象的确也有相通的地方。传媒文化是传媒产品所表征的意义及受众的解读，它包含着从文化产品的生产、文本的呈现到文本的接收、运用这样一个过程。学者秦志希是这样评判的：这实际上是文化视域的媒介传播的一个既封闭而又开放的循环往复的过程，它几乎无所不包。因为其产品的生产就必然与社会的政治、经济结构和文化环境相关联，而文本涉及新闻、广告、影视娱乐节目及媒介其他的符号产品，其接收又涉及受众及其社会、文化背景。媒介文化的两端深植于社会的土壤之中。①

　　传媒文化在文化研究中是一个后起概念，与大众文化、通俗文化、流行文化、消费文化、时尚文化，以及后现代文化等有着许多相同的特征。在消费社会传媒泛娱乐化的环境中，文化研究学派的中国化视野之一是文化研究的转向，即从文化到大众文化，从大众文化到传媒文化，从传媒文化到传媒娱乐文化，以传媒文化的通俗、流行、游戏、休闲、时尚、消费为视野，以娱乐化为轴心，进行批评性解读；文化研究学派的中国化视野之二是关注转型社会传媒文化对大众的影响，在确立大众首要地位和主体尊严的前提下，以人文精神、价值判断、道德评判、审美取向为杠杆，对传媒娱乐文化和泛娱乐化的乱象表征进行文化解读和理性分析与批判，来探求传媒泛娱乐化对健康文化建设的深度影响。把我国的传媒文化建设成为立足当代社会实际、继承传统优秀遗产、面向世界面向未来的有中国特色的科学的民族的大众的文化，真正起到"传承文明，开拓创新"的作用，更好地为社会主义现代化建设服务，为社会主义精神文明建设服务，为社会主义民主政治建设服务，从而在世界大众文化领域彰显先进文化的引领优势。

第二节　传媒泛娱乐化与消费主义文化

　　大众文化具有消费的品性，通过传媒泛娱乐化的手段成为当下主导性

---

① 秦志希：《媒介文化研究的视域》，《武汉大学学报》(人文科学版)2005年第4期。

文化形态。它是以文化工业为生产主体，以大众传播媒介的文化效应为主导因素，以大众为消费主体并通过大众消费活动使其意义得以诠释的商品性文化。①资本主义生产的动力是新奇，资本主义文化的特征是梦幻，寻求新奇是获得梦幻影像的源泉。②在传媒泛娱乐化的当下场域中，一些传媒文化的泛娱乐化生产与制作，对新奇的追求，对梦幻的炮制，与资本主义社会相比，有过之而无不及。一些传媒文化的作品没有意义也没有法则，没有传统的继承也没有理想的诉求，以消费为核心指导，在娱乐、搞笑、消遣、戏谑和狂欢中，圣徒与流氓具有同样的地位和价值，无赖与痞子成为文化的明星，历史、理性和申诉日趋消解，物质的欲求、享乐的张扬、消费的升腾、金钱的霸权成为传媒文化作品与活动的指向。冷也好热也好，活着就是好，神圣精神、理想追求被肆虐地嘲讽、调侃，终极价值关怀及相应的伦理道德体系日益被解构和丧失。③勾人心弦的广告诱惑、仪式盛大的旅游推介、温情迷人的服装表演、五光十色的展览展示、眼花缭乱的视频图像、富丽堂皇的歌舞晚会、各种各样的波普艺术，形式复杂但技巧单一——用泛娱乐化的手法让大众高兴消费，乐意掏钱。

　　传媒文化的转型与变化，很大程度上归因于消费社会的形成。19 世纪中叶，作为资产阶级世界观的理性至上、讲究实际、注重实效、强调工作、厉行节约的新教伦理，不仅统治了资本主义社会的技术——经济结构，也逐步控制了文化，并规定了人的道德行为和社会责任。④20 世纪 20 年代，新教伦理和清教精神开始崩溃，大众消费开始形成。消费往往与"摧毁、用光、浪费、耗尽"同义，与经济损失或伦理道德价值的沦丧相联系。⑤消费在成为社会经济的主导力量时，对消费态度的培养与对消费需求的引导，必然导致对消费的操纵和控制。消费社会中的日常文化、社会资源、生活方式和符号、物质资源的关系通过市场表达演化成一种社会协调，其

---

① 孟鸣岐：《大众文化与自我认同》，江西教育出版社 2005 年版，第 49 页。
② 邢崇：《后现代视域下本雅明消费文化理论研究》，山东人民出版社 2009 年版，第 25 页。
③ 金民卿：《大众文化论——当代中国大众文化分析》，中共中央党校出版社 2002 年版，第 142~143 页。
④ 丹尼尔·贝尔：《资本主义文化矛盾》，三联书店 1989 年版，第 102 页。
⑤ 迈克·费瑟斯通：《消费文化与后现代主义》，刘精明译，译林出版社 2000 年版，第 30 页。

中的消费观念、消费追求、流行文化、时尚概念与生活态度、生活方式一道构成了消费主义的主要形态。

随着消费社会的来临，新的消费类型出现了：人为的商品废弃，时尚与风格的急速变化，广告、电视、媒体对社会的全面渗透，城市与乡村、中央与地方旧有的紧张关系被普遍的标准化取代，超级公路庞大网络和驾驶文化的来临……①这样的消费方式所产生的消费文化，极度深入地影响着人们的日常生活方式。

20世纪90年代，我国改革开放政策进一步深化，经济市场化、产业化的步伐加快，文化领域也发生了巨大的变化。大众消费水平的提高，物质用品的消费增长，居住条件的改善，高档耐用消费品开始大量进入普通居民家庭。一时间各种洋式的消费品和消费方式渗入了城市生活的各个角落，街面上随处可见的户外媒介传播着各种静态的图片和动态的影像，报亭中的各类书刊充斥着时尚、娱乐和新潮的气息，所有公共场合充满着精心策划的用以刺激各种欲望的商业信息，都包裹着一种让人怦然心动的美轮美奂的生活方式，潜移默化地兜售着"消费、消费，还是消费"的"煽动"理念。

消费社会是由大众传媒尤其是电视传媒竭力支撑的世界，传媒文化和消费文化的蔓延相依相伴，齐头并进，传媒文化语境也相应发生了巨变。一种超现实建构的乌托邦式的传媒泛娱乐化手法在传媒文化的消费语境中肆意地演绎着仪式化狂欢，刺激着人们对各种消费的虚假需求，并制造"权威性"的认同标准。消费主义文化语境中的传媒文化的泛娱乐化现象主要体现在以下四个方面：建构对传媒文本（新闻文本、舆论文本）的消费，建构对广告的消费，建构对影像图片的消费，建构对语言符号的消费。

一、建构对传媒文本的消费

传媒泛娱乐化建构受众对传媒文本的消费，主要表现为对新闻泛娱乐化文本和舆论监督泛娱乐化文本的消费。

---

① 杰姆逊：《文化转向》，胡亚敏等译，中国社会科学出版社2000年版，第19页。

新闻是新近发生的事实的报道，是一种反映客观事实的活动，事实是"新闻"的本源，但需要借助于人的主观活动并在主观意识的作用下公开传递，才能成为新闻；新闻是一种对社会事实的"反映"，是传播者和新闻制作活动对"事实"的选取、写作（制作）和利用有效途径进行传递的成果，并不是"纯客观"的呈现，只有当它为人们所感觉、报道或相互传播时，才是新闻；新闻传播涉及大众传播技术工具的本质，也与传播者的"意图"密切关联，是传播者表达他对社会生活的认识评价，从而影响社会舆论的一种特殊的社会意识形态。

霍尔把客观事实成为新闻的过程看成传播者依据事实、通过"过滤""把关"和"建构"的一种意识形态化的行为，是一种政治实践。他视传媒文本为现实的"建构"而非实现的"反映"，是一种意识形态的"建构"。因此，诉诸事实性的新闻真实性问题是一个伪问题，新闻从本质上来说是一种社会意识形态。

新闻分为硬新闻和软新闻。硬新闻是指影响大众生活得失、事业成败、生存安危的新闻，如政权更替、国家与地区战争和社会灾难等；软新闻是指街谈巷议的奇闻轶事，如体育新闻、娱乐新闻、民生新闻等。软新闻是一种"接触性信息"，对大众的日常生活没有决定性的影响，只是提供一种消遣。传媒文本中大量的"娱乐节目""娱乐新闻""明星绯闻"以及"硬新闻的软处理"，与百姓的实际生活并不密切关联，是一种"接触性信息"，却占据着重要版面和众多时段，成为新闻的主导性内容。新闻是"新近发生的事实的报道"演变成了"新闻是一种娱乐消遣"的情绪宣泄，新闻便娱乐化了。

新闻娱乐化文本除去有偿新闻文本和虚假新闻文本之外，一般都有一定的新闻由头和客观事实依据，由于采用娱乐化的建构方式，诉诸大众消费的目的十分明显，客观事实有意无意中被建构为一场仪式化狂欢的"媒介事件"。人们长期沉浸其中，甘心被娱乐，甘心被娱乐掏空，获得一种被操纵的快乐，带来的不仅是个体思考能力的迟钝，可能还是社会智力水平的集体下降。

有关某体育明星的"脏裤子"、杨丽娟追星、马加爵杀人、皇马中国行、华南虎照片事件、重庆打黑除恶等典型的泛娱乐化报道，虽然已成为历史，但文本阅读的消费化取向依然值得进行深刻反思。

2004 年 3 月份的"马加爵"杀人案在媒体报道中成为"好看的故事"：截止到 3 月 26 日晚，人民网的马加爵专栏中有 67 篇报道，在介绍马加爵本人时，不少报道的大字标题对其冠以"校园杀手""云大屠夫""混世魔王"等名，一些媒体的版面和网页还出现这样的描述："马加爵是一个具有同性恋倾向的人，与某大学艺术系男生存在同性恋行为"；"星象学家认为，马加爵生于 5 月 4 日，他的星象预示他有强烈的暴力倾向"；一家电视媒体更在《新闻故事会》中宣称，将根据公安部发布的权威信息，对马加爵一案进行全程模拟拍摄，扮演者是与马加爵有几分神似的一位南方大学生。至于马加爵的作案和逃跑过程、警方的追捕行动、举报人以及社会的反映，媒体无不对其进行了最为即兴的戏剧化的渲染，如马加爵如何被发现，举报人与他的 25 万元奖金；错过奖金的各色人等（保安、白领、乞丐、清洁工）的表现。媒体泛娱乐化报道，使马加爵落网后，社会上衍生出许多让人哭笑不得的事：先有某街头张贴的一个酒吧的招聘启事，内容却酷似马加爵的通缉令；后有网站上唱起了声情并茂的"马加爵之歌"，在短短几天内就如同水银泻地般广为传唱："想用一把刀把自己灭掉 / 好让你们停止疯狂行为 / 到处贴我照片 / 我经过的地方 / 都会被狂热警民所包围 / 一时冲动杀了几个哥们儿 / 二十万通缉我真是狼狈 /……"随之而来的"马加爵之诗"，更是将人民纪念周总理的严肃诗篇涂上嬉皮笑脸的外衣："我们的 20 万 / 你在哪里呵 / 你在哪里 / 你可知道 / 我们想念你 / 祖国的人民想念你……"[1]

　　上述泛娱乐化报道将严肃的社会事件当作"逗乐"的内容，通过暴力细节的渲染、图像、图片的选择以及恶意搞笑元素的加入，将真实的新闻事件"制造"成为仪式化狂欢的"接触性事件"，在媒体的媚俗起哄之中，在一阵娱乐而混乱的搞笑之后，新闻事件的历史语境、新闻主体的变态心理以及值得深刻反思的内涵全部解构成支离破碎的可消费的游戏片段，真实的事件成为一幕出场的"戏剧"，化成了短暂"快感"的获取。受众不再对历史、深刻、严肃和程序产生任何质疑，唯一的选择是欣然地全部接

---

[1] 谢梅：《新闻与消费》，四川大学 2007 年度博士学位论文，第 173~174 页。

受。社会整体性地丧失道义感、责任感以及对社会实践的关注与深刻反思，观看成了唯一的行为，社会也就重回了"愚乐的时代"，整个社会的精神就有可能被涣散殆尽。

舆论监督往往关注公共议题的事件。网络新媒体的崛起，私人议题迅速进入了公众的视野，并成为舆论监督泛娱乐化的主要对象。反腐败、收容遣送、工程承包等公共议题的新闻报道泛娱乐化推动了对公共议题舆论监督的泛娱乐化，在前文中已略有论述。私人议题舆论监督泛娱乐化抬头，都是为了建构对舆论监督泛娱乐化文本的消费，市场观念的本质诉求依然是核心的动力。

网络媒体对各种"门"和"事件"的监督手法基本上同出一辙，建构出舆论监督泛娱乐化的文本，在持续、反复、系列化的传播中，加上网友的拍砖、注水和跟帖，情节的设计、悬念的设置、叙事的故事化，同样演绎成仪式化的广场狂欢，网友在消费的过程中，瞬间的快感享受抽空了对意义的解读，网络冲浪时的全身心卷入，除了留下谈笑的乐子，只是为网络存进源源不断的点击率。

艳照门、解说门、拉链门、厕所门、卧室门、阳台门、兽兽门、车震门、泄露门、插笔门、扯蛋门、电梯门、飞机门、海运门、黄瓜门、排便门、混账门、夹腿门、街头门、酒瓶门、考试门、空姐门、摸奶门、摸鸟门、劈腿门、秋千门、跳蛋门、脱裤门、网吧门、喂奶门、洗手门、野战门以及黑砖窑、俯卧撑、打酱油、躲猫猫、虐猫等事件在网络媒体中应接不暇，从私人议题进入了公共议题，引发传统媒体纷纷加入对事态的跟踪，进行隐私权、人性、新闻伦理、语言暴力等角度的反思性评论。基本上形成这样一种程式化的模式：网络发帖——网友和网站转帖——网络舆论渐成热点——网络媒体热捧(少量传统媒体报道)——网络舆论失控——私人议题向公共议题转化——传统媒体大量评论——网络舆论理性回归。①

在程式演进的过程中，当"门"已打开，网民出于道德渴望与集体娱乐的欲望，掩饰不住窥私的激动，疯狂寻找并转发照片，等待被称为"奇拿"

---

① 言靖：《网络事件舆论形成模式及传媒特异性研究》，《郑州大学学报》（哲社版）2009年第6期。

的网民放猛料，并不质疑投料人是谁？其道德和用心何在？网民在娱乐消费中参与营造虚幻的网络奇观，形成一种广场狂欢的快感。广场上恣意的脏话、口号式语言，迅速地制造出"出场效应"，"让参与者真正得到一种集体式的生命体验，并在如痴如狂的状态中充分享受宣泄的快感、痛感"。[①]

新闻泛娱乐化，舆论监督泛娱乐化，尤其是"门"现象的传媒文本，在消费主义文化诉求的推动下，充分调动了大众的积极参与，大众和传媒一起狂欢，大众真正的主体地位和尊严并没有体现，因为大众根本就来不及解读，被传媒文本所牵引，陷入传媒泛娱乐化建构的意识之中而不能自拔，但媒体的商业追求得到了实现，甚至超出了预期计划。

二、建构对广告的消费

广告是通过一定媒体向用户推销产品或招徕、承揽服务以达到增加了解和信任以致扩大销售目的的一种促销形式。[②]具有传递信息、沟通产需、激发需求、增加销售，促进竞争、开拓市场，介绍知识、指导消费，丰富生活、陶冶情操等作用，是大众日常生活的欲望修辞，是美女形象拼贴的动感地带，显现了消费社会的主导逻辑与程式配方。[③]

当消费在消费社会跨越量的消费和质的消费进入感性消费阶段之后，消费者不完全根据自己必需的物质消费来选择商品购买，很多时候是为了情感上的满足甚至情绪上的宣泄，或者是追求所购买的商品与社会地位、个人身份和理想憧憬的吻合。因此，广告通过对生活观念和舆论导向的建构发挥了极大的宣传作用，刺激、诱惑消费者进行消费，使商家、厂家和广告商三方获利。广告文化的功利性和消费文化的物质性相契合，在消费社会中扮演了核心角色。"广告文化一旦进入消费社会的文化语境，消费社会的最终目的——把消费者充分调动起来，对于一切需求实行一种心理上的垄断，从而使消费方面的一致与生产方面的完全控制达到完美的统一，

---

① 齐效斌：《人的自我发展与符号形式的创造》，中国社会科学出版社 2002 年版，第 293 页。
② 卢苇：《音乐在广告创意中的运用》，《商业文化》2011 年第 6 期。
③ 范玉刚：《欲望修辞与文化守夜——全球化视域中的中国大众文化研究》，中国文联出版社 2008 年版，第 220 页。

就指日可待了。"[1]

　　置身于现代化的消费环境中，人们包围在广告资讯与广告视像之中，广告成了日常生活的指南。广告是造梦的过程，这些梦与其说是广告商外在的强加，不如说是消费者内心潜藏的挖掘，以特有的敏感和现代化技术的表现手段将消费者或意识到或还未觉察的欲望转化为形象化的符号表达。作为一种激发人们购买欲望的工具，不但要迎合消费者的现实需求，还要制造一些虚拟的需求甚至虚假的需求。因此，对超越现实的富裕生活的细致描述，对流光溢彩的享乐世界的竭力展示，对充满诱惑力的超前消费的尽情渲染，美好生活观念的建构和温情神话的绘制，俊男美女、名人明星、卡通搞笑等密集度穿梭往来，[2]展示商品的超强诱惑力，神化商品的使用价值，建构商品的符号价值，展现消费者对商品的迷恋与崇拜，消费神话与商品拜物教的结合，广告便娱乐化成狂欢的仪式。

　　广告本来是用来指导消费引领消费的，在消费社会的语境中，一切都是可以被消费的理念，使广告也成了消费的对象。广告娱乐化或娱乐化广告以娱乐的形式给消费者轻松和快感的体验，自然在消费中更加引人注目。

　　2004年11月下旬，耐克"恐惧斗室"广告片在央视体育频道和地方电视台播出。NBA巨星勒布朗·詹姆斯脚穿耐克鞋，独闯一个五层高的建筑，逐层挑战对手，最终取得胜利。被詹姆斯打败的五个对手中，有三个"中国人"：①詹姆斯走到一楼大厅内，里面设有一个擂台，台阶旁立着两个与中国渊源深厚的石狮。突然从空中飘落一位身穿长袍、须发花白、形似中国老人的武林高手。两人随后开始"腾挪"，结果詹姆斯做出一个杂耍般的动作摆脱对方，从背后将篮球扔出，经柱子反弹将老者击倒，詹姆斯跃起上篮得分。②詹姆斯来到二层，这里到处飘着美钞和身穿中国服

　　① 陈翔：《消费社会背景下的广告文化批判》，《新闻与传播研究》2002年第2期。
　　② 陈龙：《传媒文化研究》，中国人民大学出版社2009年版，第80~81页。

饰的妇女。飘浮的女子与敦煌壁画中的飞天造型极其相似，这些女子暧昧地向主人公展开双臂。不过，随着詹姆斯扣碎篮板，"飞天形象"随之破碎。③在第四层，篮板旁出现了两条中国龙，二龙变成吐出烟雾阻碍詹姆斯的妖怪。詹姆斯几个动作晃过所有障碍，投篮得分。①

耐克"恐惧斗室"俨然采用了好莱坞的手法企图演绎一个娱乐化的广告大片，冲击大众的视觉，获得可遇不可求的注意力。中国元素的大量使用，娱乐情节与画面悬念的精心设计，殊不知，国内观众甚至海外华人认为，广告含有"侮辱"中国人之意，娱乐化的消费企图便成了昙花一现。

娱乐化向来与低俗化难以分开，娱乐化建构一旦滑向低俗化，无论是国内还是国外，都会遭到不同程度的批评甚至被禁止。

碧昂斯一直都以性感形象示人，她的一段香水广告，由于内容太过香艳，遭到美国各大电视台的禁播。在这段香水广告内容里，碧昂斯穿着暴露，搔首弄姿的表演，足以让观众"热血沸腾""欲火焚身"。美国广告标准管理局认为，广告虽然不涉及色情的限制，但碧昂斯长时间的半露酥胸的举动，实在是儿童不宜，且部分看过该片的家庭，也频频投诉。②

再来看南京某创业园起名"卵巢"，打出寻找"精子"的广告。③"所有的巢位已经为您准备好了，您是各行业的精英分子吗？带上你的想法和执行力，像精子一样的速度快来卵巢吧！"

被广告策划称为形象且温馨的"卵巢寻找精子"的广告围绕"卵巢"和"精子"做足了文章，"卵"字右边一点用大大的乳白色颗粒代替，还配上一句广告语"为怀才不'孕'的精英分子们打造创业的乐园"！为了吸引眼球，广告以直白的身体或身体中难以启齿的词语为所指，利用心理

---

① 花家明：《当代中国广告批评研究》，四川大学 2007 年度博士论文，第 191 页。

② 《碧昂斯香水广告禁播　穿着暴露让人遐想》，http://video.sina.com.cn/p/ent/s/m/2010-11-18/161161187193.html。

③ 《卵巢寻找"精子"　南京"最黄"房产广告惹争议》，《金陵晚报》2008 年 6 月 17 日。

学迷人心智，出击大众的视觉神经，在错觉与幻觉中制造乌托邦式的意淫，"永无休止地、无孔不入地对大众进行手淫式的操纵和愚弄"①，实际上陷入了低俗与黄色的泥淖。

广告泛娱乐化建构对身体的消费在前文中已有论述，时尚女性、时尚先生的打造是惯用的手法。广告中的身体、炫色主义、罗曼蒂克、奇珍异宝、欲望、美、成功、共同体、科学进步与舒适生活等各种意向附着于房产、肥皂、洗衣机、摩托车及酒精饮品、化妆品等消费品之上，②在花里胡哨、自由驰骋的美丽外衣下，激发消费者的购买欲望和认同快感，企图支配和控制大众的消费意志和审美趣味，强化物对人的支配性和人对物的依赖性。广告泛娱乐化甚至低俗化以梦幻工厂般的生产（建构）方式，置大众于无意义甚至低俗的狂欢化仪式中，是对大众文化的肆意践踏和对消费文化品位的有意降格。

三、建构对影像图片的消费

道格拉斯·凯尔纳说：电视自 1936 年问世以来，它就一直充当推广消费文化的工具。电视不仅被用来推销汽车、时装、家用电器等商品，而且还被用来传播中产阶级的生活方式和价值观。③

作为电子媒体中的主流媒体，电视以覆盖面广、传播速度快、节目制作相对简单、画面逼真、声画结合等优势，在消费社会环境中建构对影像图片的消费，尤其是一些电视媒体用泛娱乐化甚至低俗化的手法建构对影像图片的消费，获得了巨大的市场份额，却毁坏了传播的生态环境。

电视剧以虚构的、有完整故事情节和每天在固定时间连续播出的形式，可以说是对所谓中产阶级价值观传播的主要途径。它使用固定的演员、连

---

① F.R. 利维斯：《大众文明与少数人文化》，转自《文化理论与通俗文化导论》，南京大学出版社 2001 年版，第 31 页。

② 迈克·费瑟斯通：《消费文化与后现代主义》，刘精明译，译林出版社 2000 年版，第 21 页。

③ 道格拉斯·凯尔纳：《传媒奇观——当代美国社会文化透视》，史安斌译，清华大学出版社 2003 年版，第 8 页。

续性故事、在固定的影视基地，以豪华、滥情、戏说、聊天、破案等手段不断地生产明星，并使明星偶像化，进入家庭日常生活成为人们议论和模仿的对象，并控制着人们的作息时间，构成人们日常生活中不可或缺的一部分。在我国城市尤其是乡村，观看电视剧已成为人们日常消遣的主要方式之一。

电视新闻报道对明星人物和明星八卦的器重，以时尚、炫目、时空交互为主要元素，跟踪明星的活动，挖掘明星的隐私，张扬明星的绯闻，塑造明星可消费的形象；电视广告以明星为代言，以明星夸张的口吻为商品的可靠性奠基，以明星的生活方式为导向，制造生活的乌托邦想象；电视访谈、电视选秀、电视娱乐等节目更是以明星为主体，以偶像为主导，以不是话题的话题、人人可参与的活动、群疯的搞笑"技能"，在受众的视觉狂欢中完成消费的潜在意图。

网络视频与图片的传播往往也以热点话题和女体盛宴为诉求，或通过幕后推手产制网络红人，生产所谓的明星与偶像，呈现出低级趣味化、娱乐化、泛商业化的倾向。为了追求"注意力经济"和"眼球经济"，女体形象往往成为经济利益的产物而并非是女性的理想追求，女性卖点成为媒介追求商业化、利益化的工具和手段，造成了对女性的伤害。①网民在点击和欣赏中，以瞬间或持续的快感来对换网络媒体所追求的点击率和流量。

时尚杂志和一些电子杂志以女性为预期读者，内容以女性时装、化妆、美容、旅游、生活休闲及家居装饰为主要题材，在形式上以精美的印刷、时髦的装帧、豪华的气势、富有质感的画面和滚动的版式、动感的 Flash、悦耳的音乐、小资的情调，为大众制造一个"明星般生活"的域外风情和温馨浪漫的氛围，引领大众进入审美幻觉，进而跻身炫目的时尚潮流。它们以"乱花渐欲迷人眼"般的图片设计甚至部分视频链接，以"物化"为自身张扬的底色，以消费欲望和需求为诉求目标，通过泛

---

① 盖源源：《女性主义视角下的"芙蓉姐姐"现象》，《湖南大众传媒职业技术学院学报》2006 年第 1 期。

娱乐化产制的话语权来引导和调控人们的消费观念和消费方式，灌输关于格调、品位、时尚和个性等相关的概念，使人们难以分清实在与幻象的差异，徜徉在所建构的"审美幻觉"中无法抽身，从而引导人们的生活方式。

《"酷男切·格瓦拉"出场》在时尚杂志《创意》中把切·格瓦拉红色的脸庞、黑色深邃的眼神、凌乱卷曲的长发、浓密的络腮胡子描述成一个酷男的形象，成为在当时中国特殊的时间和场域中"追求自己理想而永远在路上"的符号，至于理想是什么？路在何处？变得不重要，娱乐化的图片建构造就消费市场最重要的要素，进入话语中心。[1]切·格瓦拉在消费文化的格局里，被抽空成一个传奇，一个充满魅力有故事性的酷男，一个巨大而空洞的流行符号，为时尚杂志开创了以消费为主导的意识和观念的话语空间，并得到全球化确认的地位。

从战斗英烈、传奇人物、生产模范、道德楷模到四大天王（刘德华、张学友、黎明、郭富城）再到四小天王（林志颖、苏有朋、金城武、吴奇隆）；从影视明星、体育明星、搞怪丑星到"日流韩意"（金喜善、张东健、裴勇俊、李英爱、权相宇、全智贤）等日本、韩国偶像如潮水般涌来；从由山鸡变凤凰的超女、酷男到网络推出的"红衣教主""芙蓉姐姐"和"天仙妹妹""凤姐"等"网络红人"，从快男、好男儿、男模展示到车展、会展、各类小姐大赛，众相斑斓的视像图片旷日持久。这种从生产英雄到生产偶像的传媒文化泛娱乐化建构，多元化的包含表现离不开电视媒体的消费意识建构和网络温床的幕后孵化，在媒介文本构成的庞大明星阵容中，多种意识形态和价值观念在明星形象中不断糅合、拼贴，明星奇观产制着社会的多元意义，成为社会控制与抵制的实践场域。[2]

---

[1] 雷启立：《传媒的幻象——当代生活与传媒文化分析》，上海书店出版社 2008 年版，第 40~54 页。

[2] 岳璐：《论当代社会传媒奇观的建构策略与意义产制——以明星为例》，《贵州社会科学》2010 年第 4 期。

消费社会是视觉文化的温床，传媒文本对视像图片的泛娱乐化建构，英雄的退位与淡出，明星偶像的强势出场，是对传媒文本的刺激性消费启动。视觉文化注重对声色的渲染，与语言文字话语相比，视像图片的视觉物化对大众的消费能力要求最低，具有傻瓜式和快餐化的特点。[①]在商品过剩、信息冗余、眼球稀缺的消费社会里，简单明了、平面直观的视像图片减少了语言文字话语介入所需要的理解和思考，从深度转向平面，从整体转向碎片，契合了以驱动视觉快感为目的的消费社会的要求。视像图片的泛娱乐化轻松地召唤着大众进入可轻松消费的视觉文化里，享受着快感与愉悦，欲望和冲动取代了反思和批评，沉浸和溺爱替代了静观和审美，当下的即时反应代替了意味无穷的体验。

四、建构对文本符号的消费

大众传播事业快速向前发展，媒介形态的多样化叠加态势，在传媒文本建构方面一个重大的变化是语言文字所占比例的相对下降，视像图片符号比例的大幅度上升。在消费社会的可视化与读图时代里，传媒文本的这种建构方式不仅使文本形态发生变化，也深刻影响着大众的阅读方式，传统文本的深阅读已转化为浅阅读，并深入到了大众对日常生活的解码之中。

瑞士语言学家索绪尔认为："语言的问题主要是符号学的问题，符号是能指（Signifier）和所指（Signified）通过意指（Signifying）作用共同组成的。"[②]"能指面构成表达面，是音响形象；所指面构成内容面，是概念。"[③]符号的能指与所指之间以及符号和它所指涉的外在事物之间的关系，显示了符号有两层意义：一层是符号明显的意义，一种文化里众所周知的一般常识；一层是文化意义，源自对符号的一种社会使用与

---

① 徐瑞青：《电视文化形态论——兼议消费社会的文化逻辑》，中国社会科学出版社2007年版，第82~84页。

② 费尔迪南·德·索绪尔：《普通语言学教程》，高名凯译，商务印书馆1980年版，第39页。

③ 罗兰·巴特：《符号学原理》，李幼蒸译，三联书店1988年版，第133~134页。

社会评价，即第二次符号化，第二次意指化。[①]因此，符号的使用是一个宽泛的概念，在传媒文本的建构之中，语言文字、标点符号、字体字号、视像图片、线条色彩、区间强势、编辑版式、时段编排等都属于版面语言的范畴，都是符号的指代，能起到符号意指的作用。

传媒文本对不同语言符号的利用是与社会发展变化同步的，就像不同的时代有不同文本体裁一样，不同的时代有不同的符号表达方式。在消费社会的读图时代，传媒文化通过传媒文本对传播符号的使用来建构消费文本的过程是实现传播意指的具体过程。这一过程只有有意识地与消费文化相合拍，传媒文本才能成为能消费的对象，进入大众浅阅读的消费视野。

传媒泛娱乐化文本就是借助娱乐化的语言符号来建构的，在以娱乐取向为浅阅读诉求的现实环境下，比非娱乐化的语言符号所建构的文本有着更加广阔的市场前景。社会政治的开放与包容、传媒市场化的利益驱动、文化建设的大众化走向等提供了相应的传播环境，但娱乐文化滑向娱乐化、低俗化，文化建设所需要的健康肌体就可能遭到不必要的病毒侵害。

电视传播以声画结合的方式在传播中最方便文本的娱乐化建构，能把娱乐化的相关手段与元素集中地加以利用，先来看几则新闻娱乐化处理的技巧：[②]

叙述某村小学操场被租给养羊户当草场的新闻：老师在讲授古诗时，突然"咩咩"羊叫声不知趣地响起；下课时分，胆小的女生被羊吓得四处躲闪；胆大的男生表演斗羊等，配以俏皮的解说与特写镜头的使用。

关于贫困山区孩子求学的报道：坐在四面漏风的教室里的孩子们齐声喊了一句：我要读书。接着是一个私企老板无私捐赠山区儿童的故事新闻，然后《祝你平安》歌声响起，老板憨厚的笑，孩子感谢的眼神以慢镜头交替叠出。

一个人在扒车，大概是为了搭车，车斗里已坐满了人，显然是违章行驶，这时镜头一下定格，一个爆炸式的字幕"好危险！"这条新闻没有语言解说，只有一点现场音及字幕。

---

① 曾庆香：《新闻叙事学》，中国广播电视出版社 2005 年版，第 159 页。
② 《电视新闻娱乐化处理技巧》，http://www.360doc.com/content/10/1201/11/284801_73976879.shtml。

第一则新闻所使用的文本符号有：教室、操场、古诗声、咩咩声、惊吓的女生、斗羊的男生、俏皮的解说，像演一个喜剧小品，让观众在忍俊不禁的同时体会其中的荒诞；第二则新闻所使用的语言符号有：四面漏风的教室、我要读书的自然声、老板捐赠、歌声、憨厚的笑、感激的眼神，像一个电影短片，观众在获得信息的同时，感情上也经历了一次强烈的震撼；第三则新闻所使用的语言符号有：运动的车、车行驶的同期声、扒车人动作与表情、漠然的乘车人、字幕，更像电影中的一个特写镜头，定格的画面和爆炸式的字幕都是煽情化的体现。三则新闻基本上可以归纳为"民生新闻"，注重故事性、情节性和细节性，幽默风趣、嬉笑怒骂皆成新闻，甚至被谑称为"调侃新闻、MTV新闻"。所使用的语言符号虽然不能完全代表娱乐化手段所惯用的语言符号，但这些符号元素的结合总体上相对体现了娱乐化手段所制造的氛围，在戏剧式的情节处理和形式大于内容的建构中，达到了娱乐化手法的目的：轻松、浅表、煽情、震惊和视觉冲击。

电视选秀节目中的流行语和流行口号：PK、海选、VCR、待定、复活、大众评委、大众评审团、短信投票、秀、想唱就唱、想秀就秀、毒舌、黑幕及各种粉丝的名称等，语言符号的任意拼贴和各种口号的随意速成，加上各种各样的服饰、怪异的行为、搞怪的表情及夸饰性语腔语调等，所建构的文本像节目本身一样呈现出一种阅读上的狂欢仪式，娱乐化的添料增加了可消费的分量。

我国播音学科创始人张颂教授说：现在有的节目招欢卖笑，以赢得观众的欢心，博得更多的金钱，这对民族文化是一种侵蚀！语言传播应该负载"以事醒人、以情感人、以理服人、以美愉人"的丰富内容和优美形式，绝不能摈弃语言基本功，简单给受众以感官刺激或快餐消费，否则，就是语言传播者的失职。①

张颂先生还撰文对这种语言现象提出尖锐批评：美国CBS王牌主播丹·拉瑟接受采访时曾说，他们宁肯冒收视率下降的危险，绝不能搞新闻娱乐化！……电视上有气无力者有之，站立指画者有之，旁设电脑者有之，慢条斯理者有之，眉飞色舞者有之，胡说乱侃者有之，啰里啰唆者有之，

---

① 张颂：《播音创作的重要性》，http://www.lunwenup.com/xinwenlunwenfw/39392.html。

怪腔怪调者有之，鹦鹉学舌者有之……哪里还有一点中华民族的作风和气派？哪里还有一点新闻传播的氛围和味道？从中我们不是感觉到了某种酸涩和凄凉吗？①传媒语言的常规形态、基本特点，或本体价值，大概可以归纳为：规范与简洁，权威与引领，鲜明与丰富，理趣与情趣，多维与贴近，通俗与浅显。只有清除"假、恶、丑、烂、野、粗"的流毒危害，传媒语言的文化身份才能得到尊重和强调，使大众传播的形态规范化、审美化，充分发挥她那"沁人心脾""渐入佳境"的巨大功能。②

在有关明星新闻的报道中，不少标榜"新锐"的平面媒体着眼明星们的私生活，刻意描述明星们的绯闻和个人隐私，在活灵活现的口水四溅中，用词露骨，用语直白。个别媒体甚至不惜走"下三路路线"，将娱乐化干脆演变成"色情化"，所使用的语言符号多涉及"初夜、性、美女、处女、阉割、销魂、勾引、性生活、禁欲、裸露、性感、屁股、坟墓"等字眼儿。③

我国媒体改革之后，面对不完全市场化的恶性竞争，少数媒体片面追求市场效益，忽视社会效益的现象时有发生。新闻报道中"新闻价值愈来愈少，暴力、煽情、趣味等日益递增，节奏快、上书快、日益即食，大众日增，但逐渐麻木，注意力渐趋短暂"。为了留住受众，暴力加码、煽情加码、节奏加码，就构成了一个恶性循环，必然会使煽情沦为过街老鼠的地位。④

在网络媒体中，泛娱乐化对语言符号的消费性建构，除了包含上述表现外，还体现在网络媒体中具有消费功能的符号的使用：⑤

> 网络新词：基民（指购买基金的人），房奴（指背负巨额房贷的人），宅男/宅女（指沉迷于电脑或电视而很少出门的人），抓狂（指受不了刺激而行为失常）；雷或雷人（出乎意料，令人震惊，多用于表达对喜剧、

---

① 张颂：《捍卫新闻的严肃性　拒绝娱乐化》，《南方电视学刊》2000年第5期。
② 张颂：《传媒语言文化身份的当下识别》，《现代传播》2005年第3期。
③ 岳游松、杨珍：《体育新闻不能一味"娱乐化"》，http://cms.cyu.edu.cn/tabid/1276/InfoID/264095/frtid/1332/Default.aspx。
④《电视新闻娱乐化处理技巧》，http://www.360doc.com/content/10/1201/11/284801_73976879.shtml。
⑤ 高永亮：《网络传播消费主义现象批判》，中国传媒大学2009年度博士论文，第55~56页。

无奈、尴尬场合中行为和语言的感受，与晕倒、无语相近），囧（尴尬、无奈、郁闷），槑（"梅"的异体字，网友根据该字的外形将其用来指反应迟钝的人），山寨（模仿、抄袭、剽窃），偶像（呕吐的对象），圣女（剩下来嫁不出去的女生），天才（天上掉下来的蠢才），蛋白质（笨蛋＋白痴＋神经质），白骨精（白领＋骨干＋精英），菜鸟（新手），恐龙（长得丑的女生），青蛙（长得丑的男生），果酱（过奖），灌水（在论坛中发帖），潜水员（只看帖而不回帖、不发帖的人）。

数字谐音词：55（呜呜，表示哭、难过、悲伤），88（拜拜），02746（你恶心死了），1314（一生一世），20863（爱你到来生），5646（无聊死了），765（去跳舞），9494（就是就是），98（酒吧，以前也指windows98操作系统）。

拼音缩写：GG（哥哥）、JJ（姐姐）、DD（弟弟）、MM（妹妹）、TMD（他妈的）、BB（宝贝）、BT（变态）、FB（腐败）、LG（老公）、PMP（拍马屁）。

英文缩写：ICU（I see you），SP（support），BF（boyfriend），GF（girlfriend），VG（very good），BTW（By the way，顺便说一句），SM（Sadism&Masochism的缩写，性虐待或（被）虐待狂），THX（thanks，谢谢），PLZ、PLS（please，请），BBL（Be back later，过会儿回来）。

特殊符号、图形和表情："：（"（代表哭，伤心），"：）"（代表笑，开心），"0-0"表示戴眼镜的人，"）"：代表愤怒时横眉立目的表情，O（^_^）O代表听随身听，p(^o^)q表示双手握拳、加油努力，（⊙ o ⊙）表示目瞪口呆，（^_^）/表示谢谢，Y@_@Y表示胜利，p（～～）q表示我赢了，（. .）？表示请问，。-_-。表示对不起……

有时相互交叉、杂糅和混用网络语言：3ku（thank you），啤9（啤酒），e心（恶心），b4（before，之前），f2f（face to face，面对面），上网ing（正在上网）。

还有一些刺激审丑效果、构建感性共生理念的"雷语""潮词"及相关话语：如网络炫词"经济适用男""回床率""蚁簇""蜗居""骚锐"；视觉艳词"人间胸器""胸狠""胸猛"；平民心态语"关我鸟事，我是出来打酱油的""很黄很暴力""我是来做俯卧撑的"；官员狂语"我是交通部派来的，级别和你们市长一样高"！雷人官腔"你是准备替党说话，还是准备替老百姓说话"？最牛官腔"要跳就去跳五楼"；荒诞论点"丈母娘的需求推高房价"等。①这些雷词潮语和相关话语在传媒泛娱乐化的反复建构下，聚集着丑态百出的众生相。

网络语言符号的使用以及其他媒体对网络媒体语言符号的高密度挪用，毫无疑问能增添传播文本的幽默、风趣、反讽、搞笑等风格。但挪用、东拼西凑、有时甚至语无伦次的话语表达，加上与音乐、流行的 Flash 相配合，以"偏""怪""热"甚至惊悚等网言网语来迎合大众的猎奇心理。一些传媒文本对语言符号的泛娱乐化建构所呈现的乱象，在表面似乎活泼、新鲜、多元表象中，以娱乐为取向的目的非常明显。娱乐取向的市场认可导致上述现象的高频率重复，一个传媒文本的完整性就被几个网络语言符号所轻描淡写地"篡改"，娱乐越界的浅阅读走势便是娱乐化的最终结局。

语言符号建构的任意性，也反映了符号能指与所指在进行意指的过程是灵活的、开放性的。传媒泛娱乐化文本的建构对一些语言符号的有意使用，多少体现了传媒文化的意识形态性，在对大众进行表层视觉阅读愉悦时，文本消费的内在取向注定了主体受众只能获得浅层的快感，久而久之也就培养了受众只猎奇而不深思的阅读习惯，是对阅读行为本身的毁弃，同时也降低了受众的主体地位。

第三节　传媒泛娱乐化：亚文化、负文化与反文化

自 1950 年代以来，英国特别是传统的英国工人阶级社区兴起了形形色色、离经叛道的青年亚文化，如无赖青年（Teddy boy）、光头仔（Skinheads）、牙买加小混混（Rudd Boys）、摩登派（Mods）、摇滚派（Rocker）、足球流氓（Hooligan）、朋克（Punk）、嬉皮士（Hippie）等。他们在音乐形式、舞蹈和语言、时装风格、休闲活动等方面显现出种种惊世骇俗之举，为自己争夺文化地盘。或改装英国贵族服装，或盗用美国大众文化的符号，迷恋摇滚乐，在街头涂鸦，在足球场闹事，攻击外来移民，殴打同性恋，和学校当局抗衡，对巴基斯坦移民施暴……②与时代相逆的

---

① 胡剑平：《构建国家软实力景深中的"丑文化力"研究》，《社科纵横》2010 年第 3 期。
② 胡疆锋：《亚文化的风格：抵抗与收编——伯明翰学派青年亚文化理论研究》，首都师范大学 2007 年度博士学位论文，第 18 页。

青年亚文化往往被描绘成粗野、暴力、通宵聚会、追逐时尚、听令人难以忍受的音乐、不愿承担成年期的责任、击破官方宣称的"社会共识、社会富裕和资产阶级化"的神话，对主流社会文化形成了强烈的冲击。

"亚文化"（Subculture，"次文化"）是伯明翰学派在文化研究鼎盛时期最为关注的领域，既指生活方式也指文化群体，多有自身的价值判断和意义建构。受英国"文化马克思主义"和新左派运动的深刻影响，伯明翰文化研究学派的亚文化理论体现出鲜明的政治性、阶级文化特色和强烈的社会批判性。[①]

"亚文化""负文化"和"反文化"都是具有另类的（Aitemative）和抵抗性的特征。"亚文化"既是对主导文化的否定也是对其的补充，有时还盗用主导文化的符号形成自己的风格，但往往只提供象征性的抵抗；"负文化"是丧失了价值、信念后处于绝望状态而表现出来的放纵的"反常行为"和失范，是颓废和放弃价值（如吸毒文化和犯罪文化）的文化形态；"反文化"是对主导文化采取直接的、政治上革命性的激进对抗，是"亚文化"的极端表现，可能造成对主流文化的替代，而且目标更明确、更直接、更容易解读。

在文化成为消费文化的消费社会里，亚文化被"亚文化产业"变成了大众文化和商业现象，成了年轻、新潮、前卫、时尚、流行、奢侈、浪费、刺激、恶搞、搞笑、离经叛道，甚至暴露、性侵犯、狂野、斗殴、拉帮结派、吸毒、犯罪等的代名词，主体反叛风格变成了消费风格和市场风格。从无赖青年、光头仔、摩登派、朋克、嬉皮士、雅皮士到摇滚的一代、迷惘的一代、垮掉的一代、烂掉的一代……从流行歌曲、摇滚乐、美女写作、街头涂鸦、超女粉丝、疯狂追星族到小资、下半身写作群体、愤青、闷青、大话文艺、戏仿经典、同性恋亚文化、网络亚文化……形形色色的亚文化虽然有着大相径庭的风格，但都给主流文化带来了难以抵挡的冲击力，也形成了大众解读上的困境。

在消费文化的主导下，传媒文化对亚文化的建构往往呈现出不确定性、无深度性、非原则性、非中心性、非体系性、零散性、多重性、或然性、

---

① 胡疆锋：《伯明翰学派青年亚文化理论的生成语境》，《青年研究》2007 年第 12 期。

边缘性、无序性、多元性、暂时性、过程性、游戏性、悖论性等后现代文化特征与主张。这些特征与主张通过具体的语言符号在传媒领域中不断地爆炸扩张，亚文化的主体类像突破所有的界限被出售给大众，在娱乐、娱乐化或泛娱乐化的戏仿下，现实与虚拟、高雅与世俗、美丽与丑陋、精英与大众不再有区分的必要。信息与娱乐的界限消失了，新闻、舆论、广告、副刊都追求娱乐的效果，戏剧化、故事化、夸张性的拼贴成为组编传媒文本的主要方式，一切都与"娱乐"相结合，传媒文本就成了游戏的世界，传媒文化也就成了亚文化张扬的主要载体和渠道。

文化研究学派认为：亚文化风格的产生，不是在一无所有（nothing）中创造物体和意义，而是在现有的语境中把已有的物体进行转换和再次安置，转向新语境，并且改编它，从而生成一种新的意义。电视娱乐化节目的克隆和网络媒体大话文艺与恶搞经典和亚文化风格的生成有着同样的路径，转换、安置、改编都具有拼贴的痕迹。拼贴是"一种即兴或改编的文化过程，客体、符号或行为由此被移植到不同的意义系统与文化背景之中，从而获得新的意味"。[1]传媒泛娱乐化文本的拼贴所塑造的传媒文化的碎片化、平面化和同质化现象，使传播失去了创造的自由，使制作变成了千人一面的复制，传媒文化的推陈出新异化成了转换、安置和改编。久而久之，传播者失去了创造力，传媒自身失去了传播力，接受者也失去了发现力和阅读兴趣。

在电视娱乐化节目中，当《快乐大本营》群疯式的娱乐方式为大众所见怪不怪时，江苏卫视新派交友节目《非诚勿扰》横空出世，成为2010年最为火爆的电视节目。据央视索福瑞34城市收视率调查统计，节目收视率最高达到2.82%，成为全国卫视综艺娱乐节目的收视冠军。[2]

我国内地婚配交友节目起源于曾经火爆一时的《玫瑰之约》，到《我们约会吧》《爱情连连看》《非诚勿扰》，板块格式虽然作了一些调整，但总体上都有克隆境外或海外的痕迹。《非诚勿扰》采用五个板块：女嘉宾出场、男嘉宾出场、心动女生、VCR介绍（女选男）、牵手（男选女）

① 约翰·费斯克等编撰：《关键概念：传播与文化研究辞典》，李彬译，新华出版社2004年版，第31页。
② 程刚：《从〈非诚勿扰〉栏目看话题营销传播》，《今传媒》2010年第7期。

或失败退场，中间穿插一些话题（有时有一些禁忌的话题）并相应设置《Girl Freid》《Can You Feel It》《Gee》《You Raise Me Up》等背景音乐，[①]将娱乐、服务和谈话等节目形式混在一起，各个板块环节的拼贴与组装并没有太多经得起推敲的逻辑性，抽掉或增加其中的一个环节对节目的进程影响不大。但私密话题的公共化、板块节奏戏剧化、噱头制造有意化，以及一些嘉宾身份造假、自我炒作、言论低俗、行为失检、恶意嘲讽，主持人引导乏力，盲目追求收视率，放任拜金主义、虚荣、秀胸、涉性等不健康、不正确的婚恋观等受到大众和社会的严厉指责，严重背离了社会主义核心价值体系，没有尽到媒体应尽的责任。

恶搞其实在网络之前就已出现，法国画家杜尚给达·芬奇的蒙娜丽莎加上两撇小胡子，把男厕所的小便池简单地倒置一下就拿去参加艺术展，以及我国在开演唱会时裤管一高一低的崔健和"我是流氓我怕谁"的王朔身上，都可以窥见一些恶搞的端倪。[②]20世纪80年代对潘振声著名儿歌《捡到一分钱》街头小痞子口气式的改写已是比较典型的恶搞："我在马路边，捡到一支烟；把它交到警察哥儿们手里边。哥儿们点着烟，吐出烟圈圈。我气愤地说声：哥儿们，掏钱！"这种恶搞在讽拟和揶揄的同时还透着些许反动。[③]完整意义上的恶搞则是周星驰主演的电影《国产凌凌漆》和《大话西游》。以《馒头》为起点的网络恶搞在移用、拼贴、互文、戏谑、重构、反讽等手法上承启了前者，娱乐也好讽刺也好，都标志着后大话文化时代的来临。[④]

无论是偏娱乐的恶搞还是偏讽刺的恶搞，以"无厘头"的方式颠覆经典、张扬个性，都有恶搞者自身的价值判断和意义建构。从"百变小胖"到《分家在十月》《网络惊魂》《馒头》等，网络恶搞开始倚重恶搞者的内在判断，对恶搞对象进行无情的嘲讽与批判，在喜剧性的效果中体现颠覆性的激进对抗，是对权力精英和主流文化的仪式性反抗。当重庆钉子户被恶搞成霍

---

① 《浅谈〈非诚勿扰〉》，https://wenku.baidu.com/view/22429f5bc081e53a580216fc700abb68a982ad0b.html。

② 张嫄：《从娱乐到反抗——网络时代的"恶搞"分析》，载于雷启立、孙蕾：《在呈现中建构——传媒文化与当代中国人精神生活研究》，上海文化出版社2007年版，第94页。

③ 高小康：《狂欢世纪——娱乐文化与现代生活方式》，河南人民出版社1998年版，第167页。

④ 黄平：《"大话文化"：解构与流变》，《中国社会导刊》2007年1月下期（总第147期）。

元甲，北京奥运会会徽被恶搞成男女厕所标志，恶搞本身成了一个新的霸权，挤走了纸质媒体严肃新闻的版面，抢占电子媒体的时段与空间，从而设置公众的议程，导致不关心恶搞的大众为了避免被孤立也开始关心起恶搞来，恶搞便走向了对自己的反拨。

虽然恶搞不能称得上是政治上革命性的激烈对抗，但借助网络媒体技术上的方便性和传播上的全息性得以遍地开花式的泛滥，尤其是对经典的恶搞，对名人明星的恶搞，汇集成一种独特的网络亚文化，对传统文化及理想信念产生的解体与破坏难以预测。比如恶搞《西游记》"如来传经"中的一段台词：①

  如来：你们有没有带 U 盘？

  唐僧：U 盘？

  如来：U 盘你都不懂啊，那移动硬盘呢？

  唐僧：这……

  如来：气死我了，那你们就原路返回去，叫李世民加我 QQ，我直接用 QQ 传给你们。

  唐僧：早知道你也有 QQ，我就不会白跑一趟了！

  如来：那你怪谁？哼！

  如来：这么简单的基本常识都不懂，真不知道你们是怎么走到最后一关的。

  唐僧：回如来大哥的话，贫僧跟三个徒弟是靠打怪升级才走过来的。

  如来：哦，是这样哦，那你的装备很厉害嘛……

网络"恶搞者"在没有完全理解原创作品背后的时代含义和价值准则的前提下，利用现代化的电子技术手段，在有意无意中触及神圣和权威，是青年人亚文化行为的一种异化和畸变现象。恶搞者以及恶搞行为正在拷问着青少年的消费价值取向，接受了这种畸形消费主义的生活方式，无论

---

① 摘自《信息日报》2009 年 8 月 23 日《网事焦点》版。
② 李虹：《恶搞——一种消费主义文化病》，《中国青年研究》2008 年第 6 期。

是自觉的还是被动的，意识到还是没有意识到的，都意味着对支撑这种生活的价值、思想和观念的认同。②恶搞契合了青年人求变、求新、求异、反叛、颠覆、解构等的心理特征，同时也反映了青年人品位、价值、欲求等在当下宽松环境中的畸变。当这种亚文化现象被传媒大势利用之后，对青年群体所产生的促进与推动，就可能出现新的亚文化现象或者负文化现象甚至反文化现象。

网络媒体对"恶搞"的建构，大众从中可以获取一种颠覆权威的快感，但也容易沉浸在一种想象的权力满足之中，沦为一种阿Q式的自我欣赏，失去在现实中的实际行动能力。"恶搞"以娱乐化的方式在短时间内迅速地聚集人气，获得拍砖、跟帖、灌水和雀跃式的互传狂欢，点击率的收获意味着资本的追求能快速实现。在"资本"的暗示下，就面临着被无孔不入的市场收编的危险，成为文化工业的组成部分，难逃被纳入消费逻辑中被消费的命运。

"迷"现象可谓由来已久，票友、戏迷、剧迷、歌迷、影迷、球迷、邮迷、收藏迷等应有尽有、"迷"态万千，是指对某人某事陷入"迷狂"状态中的人或人群。①传媒泛娱乐化对"迷"现象的建构，抓住迷们过度而痴迷和狂热的看客气质，刻意细描他们不遵守现代社会及其日常生活的文化逻辑，对对象及其活动主动、热情、狂热、参与式的投入，一种爱屋及乌式的沉溺，在认同、排他、占有的心态支配下，出现行为模仿、话语戏仿、心地崇拜甚至为之拉帮结派、打架斗殴、殉情自杀等现象，亚文化的"迷"现象异化成了负文化甚至反文化的现象。

如果说"迷"行为的异化是个人意志涣散、举止怪异、精神空虚、浅薄病态等的表现，无可厚非但需要引导的话，那么传媒对其泛娱乐化建构和持续不断的舆论造势，推动这种异化行为进一步群体化、变态化，甚至对整个社会稳定造成破坏性影响，本身就是一种"媚俗"的行为。大众传媒对亚文化现象的报道是为了反思亚文化现象的社会背景，引导和规避亚文化行为，使其走向规范、合理、科学、健康发展的轨道。传媒泛娱乐化局限在消费领域里对亚文化现象和行为的建构，在"众神狂欢"的快活情

---

① 曾军：《观看的文化分析》，山东文艺出版社2008年版，第275页。

境中，导致其滑向负文化甚至反文化的境地，小到个体或群体行为怪异，大到背离整个社会主义核心价值体系。因此，在面对社会亚文化现象时，大众传媒如何建构，需要做出合情合理的选择。

第四节　传媒泛娱乐化与审美文化

审美文化是人类审美活动的物化产品、观念体系和行为方式的总和。它由三个基本部分构成：第一是审美活动的物化产品，包括各种艺术作品，具有审美属性的其他人工产品，如衣饰、建筑、日用工艺品等，经过人力加工的自然景观，以及传播、保存这些审美物化产品的社会设施，诸如美术馆、影剧院等；第二是审美活动的观念体系，也就是一个社会的审美意识，包括审美趣味、审美理想、审美价值标准等；第三是人的审美行为方式，这种独特的人类行为方式，通过审美创造和审美鉴赏两种行为，不断地将审美观念形态客体化，又把物化的审美人工制品主体化，形成审美对象，产生审美感兴。[1]"审美文化是人类发展到现时代所出现的一种高级形式，或曰人类文化发展的高级阶段，它把艺术与审美诸原则（超越性、娱乐性以及创造与欣赏相统一等）渗透到文化及社会生活各个领域，以丰富人的精神生活，使偏枯乃至异化了的人性得以复归"。[2]

我国当代文化的发展自20世纪80年代以来经历了两个具有显著特征的阶段：一是20世纪80年代以知识精英宏大叙事话语为主导的启蒙文化；二是20世纪90年代以世俗娱乐为主导的普通大众的消费文化。传媒泛娱乐化就是在传媒市场化大背景下与消费文化当道相合拍的一种传媒异化行为，从审美文化的角度对传媒泛娱乐化进行审视，传媒文化的娱乐化建构注重大众悦耳悦目的诉求，但偏离悦心悦意更偏离悦志悦神的追求，具体表现为审美视觉上时尚化、世俗化、身体化、快感化、反审美和审丑的取向。

---

[1] 叶朗：《现代美学体系》，北京大学出版社1988年版，第32页。
[2] 聂振斌、滕守尧、张建刚：《艺术化生存——中西审美文化比较》，四川人民出版社1997年版，第527页。

一、传媒泛娱乐化：审美时尚化与世俗化

大众文化是与现代生活中每个人的现实生存息息相关的日常生活领域，同时也是每个人以其直接感性的方式所从事的活动。大众文化并没有一般文化及其传统对人们的思想意识及其活动具有普遍的规范价值和解释学意义，很难引起作为大众文化主体的社会大众的自觉反思或强烈的情感关注。

当下传媒泛娱乐化所建构的传媒文化对大众的思想意识及其活动同样没有普遍的规范价值和解释学意义，大众以浅阅读的方式消费着娱乐化的传媒文本，深阅读的自觉反思或强烈的情感关注在消费文化场域中已成为一种难得的幻想。

传媒泛娱乐化所建构的传媒文化要获得消费的青睐，首先要满足大众浅阅读的诉求。为此，传媒文本的制作在语言符号和话语选择上符合施拉姆选择或然率的公式，以标准化生产为量，以视觉狂欢为质，才能在消费竞争中获得"收视率"回报。传媒文化的审美时尚化往往是传媒文本标准化制作的外衣，在娱乐化新闻、舆论、广告、副刊尤其在影视剧场中表现得淋漓尽致。

时下，影视经典翻拍成风，20世纪五六十年代一大批表现革命斗争题材的经典影片扎堆儿被翻拍成电视连续剧：《铁道游击队》《红灯记》《阿庆嫂》《一江春水向东流》《青春之歌》《红色娘子军》《小兵张嘎》《林海雪原》《红岩》……走"人性化""世俗化"的路线，将几十年来已在我国普通老百姓心目中扎根的偶像真实的、日常的、人性的一面展示出来。新编经典《野火春风斗古城》《山间铃响马帮来》《永不消逝的电波》等也一样，弄得那些穿帮的大编导们狼狈不堪，不知如何应对。电视警匪片、电视潜伏片、电视古装戏、电视爱情片、电视故事片甚至包括青春励志片等和翻拍、新编"经典"一道，文化啃老在"市场化"操作的统合下，都走向了"时尚化""娱乐化"和"泛娱乐化"。大量时尚元素、娱乐元素、现代场面、俊男靓女的添加，在人物塑造上采取"沉底"法，刻意表现人的本能属性、感性心理、原始冲动以及劣根性的一面，将人性的层次拉得不能再低，用打斗、功夫、言情、暴力、惊险、戏说、搞笑等"卖点"来增强作品的情节性、可视性和感官冲击力，将故事稀释、抻长、演绎，罗

织情节，杜撰故事，编造纠葛，制造悬念，来调动兴趣、争夺眼球。①极尽包装之能事，以时尚化为表征，以娱乐化、低俗化的手段，将市场利用的可能性空间拓宽到极致。

同理，传媒影视作品的"世俗化"审美倾向也十分明显。"世俗化"主要体现为从内容形式到深度都无限接近人们的日常生活。②传媒文本泛娱乐化建构的传媒文化的"当下性享乐"就是为了无限接近大众的日常生活。在世俗化的审美活动中，传媒文本的建构者深知：大众可以没有伟大的理想追求、宏大的生活目标和坚毅的精神信仰，但需要满足生活基本享受的热情、摆脱现实困境的幻想和获取瞬间陶醉的快感。在这种倾向的直接或间接引导下，大众审美不再追求历史意义和文化深度，而是极力寻求能够直接体现当下满足的活动，以便在其中最大限度地实现直接的乐趣。

电影市场上的贺岁片就深懂"当下性享乐"的奥秘。电视剧场也一样，历史影视剧（《秦颂》《荆轲刺秦王》《康熙帝国》《雍正王朝》《大明宫词》等），以影视技术特有的影像方式，制造出异彩纷呈的"娱乐化历史"图景，将历史演绎成为大众感性层面上的"当下性"存在，把历史放逐成大众的直觉性活动及其娱乐性满足，生成一种"享乐性"的文化产品。在日常生活的直接享受活动中，文化正在被不断消解，娱乐化成为一种具有巨大力量的支配性话语。

电视论坛对"学者明星"的建构在所谓"严肃文化"的领域内，凸显了大众审美口味的世俗化倾向，如易中天"品三国"、孔庆东"散评鲁迅"、于丹"感悟《论语》"、喻大华"讲溥仪"等。显然，《三国演义》的价值、鲁迅其人其文的认识、《论语》的精深、溥仪的为人为政，是不能完全由易中天、孔庆东、于丹及喻大华等"评书式"解读中得到准确认识的。易中天、孔庆东、于丹、喻大华式的"学者明星"在传媒文化领域内有大批的追随者（粉丝），原因在于他们很大程度上迎合了大众在文化审美上的"世俗化"倾向，能从中切身体味到一种"当下性"的享乐。大众对曹操的奸诈、鲁迅的深刻、孔子思想的博大精深、溥仪的起落并非都能理解品味，也并

---

① 姚文放：《"审美文化"概念的分析》，《中国文化研究》2009 年第 1 期。

② 谭时康：《当代审美文化的世俗化与物化倾向》，《商情》2008 年第 2 期。

非都有兴趣理解品味，传媒把经典放在当下世俗文化中来解读，抓住了大众世俗化的审美取向，大众自然会津津乐道。其他文学名著的改版也一样，或多或少都融入了一些时代的世俗化趣味。

不仅仅影视剧及电视论坛节目，传媒泛娱乐化对新闻、舆论、广告、副刊及其他电视节目的建构，都有审美时尚化或世俗化的内在把握。传媒文化抓住了当代中国文化从理想主义向世俗化转变的脉搏，通过"天堂般的生活、无处不在的娱乐、睁眼可视的美女"等视觉形象兜售时尚与流行，消解艺术与生活的差异，从而使时尚化与世俗化结合，达到日常审美生活化或使日常生活审美化。

二、传媒泛娱乐化：审美身体化与快感化

当今中国的大众，尤其是城市居民物质生活水平得到了极大的提高，要求获得一种令人满意的生活享受意识也已萌动，在大众传媒中也总能看到大众物欲冲动和满足的感性形式。重庆卫视曾经播出一则女性的电视征婚，其先决条件是应征男士必须有 500 万，理由是 500 万才能体现出应征者的能力与智力。[①]

这种典型的日常生活审美标准的物化现象，通过大众传媒的传播，既潜移默化地影响着大众日常生活的审美判断，也反映了消费社会里传媒娱乐化建构者的审美标准：拜金主义、身体化、快感化。

我国传统文化的审美原则往往以伦理判断代替审美判断，肯定心灵美淡化人体美。比如"鸟美在羽毛，人美在勤劳""花美在外面，人美在心里"等。在古人眼里，美人"翩若惊鸿，婉若游龙，荣曜秋菊，华茂春松""远而望之，皎若太阳出朝霞；迫而察之，灼若芙蓉出渌波"（曹植《洛神赋》），也是一种人神有别的精神寄托。在当代审美文化中，人体美越来越受人重视，化妆、丰胸、整容一系列新手法层出不穷，当红明星中的帅哥靓女整容早已不是什么秘密，甚至有"超女"为了整容而命丧手术台的事实。[②]

---

① 谭时康：《当代审美文化的世俗化与物化倾向》，《商情》2008 年第 2 期。
② 《超女王贝整容命丧手术台》，http://www.ycwb.com/ePaper/ycwb/html/2010-11-24/content_978589.htm。

　　物质生活水平的提高，人们的社会生活走向追求感性快感，滋生着拜金主义、享乐主义，许多中产阶级和白领阶层在灯红酒绿、纸醉金迷、声色犬马之中陶醉已是不争的事实。年轻一代也在好莱坞电影、肥皂剧电视、感性化广告、爵士乐、迪士高等的诱导下追逐时尚、崇拜明星、贪图享乐、游戏人生、享受身体。传媒泛娱乐化建构的传媒文化映照着现实与影像的吻合，在一种无意识互动或涵化推动下，相互认可着日常生活的审美标准。

　　在大众传媒领域，身体或者肉体，不再是人们讳莫如深的禁忌，成为审美领域和艺术领域的热门话题。身体写作、下半身写作、写真摄影、人体绘画、人体摄影、内衣广告、美女秀、T台秀、接吻秀、选美大赛、美女香车、性感明星、性感模特儿、床上戏、性表演、裸露视频、裸聊等，以前只能在隐蔽角落展示和表演的身体都暴露于大庭广众之前，成为人们欣赏的审美对象和艺术作品。①

　　除物质生活水平的提高和传媒娱乐化的建构等原因外，20世纪90年代以来"政治责任感冷漠综合征"也造成从理性沉思到感性愉悦的审美趣味转向，使审美文化走向娱乐化、欲望化和享乐化。②欲望膨胀、一味享乐、追求感官刺激、满足于生理快感的审美倾向，娱乐或者说娱乐化就成了当代审美文化最为显著的特点。最早明确将"享乐"看作审美目标的19世纪西方唯美主义者"王尔德们"强调在审美的享乐中体味并领悟纯粹的"美"与"艺术"："为艺术而艺术"和"为美而美"。但他们也没有想到，在当代娱乐化的审美活动中，无论是宗教的神圣目标、道德的善之目标、政治的功利目标还是唯美主义的美之目标都没有了，剩下的只是纯粹的观赏与享乐。泰戈尔说："光通过肉眼，而不是同时通过心灵，就不能真正地看到美。"③

　　消费社会要求每个成员都成为生产者与消费者，使当代审美文化带上

---

① 张玉能：《消费社会的审美观》，《西北师大学报》（社会科学版）2009年第4期。
② 傅守祥：《审美化生存——消费时代大众文化的审美想象与哲学批判》，中国传媒大学出版社2008年版，第17~18页。
③ 泰戈尔：《美感》，摘自《泰戈尔论文学》，倪培耕、刘建等译，上海译文出版社1988年版，第30页。

了浓厚的商业色彩，成为一种适应商品社会而生、以大众传播媒介为载体、以现代大众为消费对象的文化形态，包括流行歌曲、摇滚乐、卡拉OK、迪斯科、肥皂剧、武侠片、警匪片、明星传记、言情小说、旅游读物、时装表演、西式快餐、电子游戏、婚纱摄影、文化衫等。①加上在当代社会里，人的生活世界被一分为二：工作与休闲。白天工作、晚上休闲，一段时期工作，一段时期休闲，工作与休闲的界限从来没有这样清楚过。"工作——休闲"或"紧张——放松"成了现代人生活的基本轮回。充分的休闲不仅是劳动者再生产的基本方式，还是滋生当代娱乐工业的温床。休闲就是放松，放松就是别劳神费力，就是身心的轻松与快乐。基于这一原理，使各电视台的搞笑节目和搞笑主持人日益中心化，就连有某种严肃意图的联欢晚会也越来越搞笑了，搞笑逗乐、油滑痞气，结果是"感动也快，遗忘得也快"，成了当代审美文化伪悲剧性的显著症状。

传媒泛娱乐化的消费文化建构以身体为依托，以快感为诉求，诸如《超级女声》"芙蓉姐姐"《快乐大本营》《非诚勿扰》"网络裸聊""网上恋爱""网上结婚""网上做爱""成人影视""美女视频""性趣大观""黄色短信""明星风流韵事"等必须积极引导，使大众审美文化的感性化、身体化、娱乐化、快感话、庸俗化、狂欢化趋势转化为合理的感性审美、适度的身体审美、高尚的娱乐审美、雅俗共赏的审美、有节制的狂欢审美。如果报纸版面、电视荧屏、电脑图像都飘浮着刘德华或范冰冰式的标准美男或美女的面孔，千人一面、千图一律的审美糖衣，不仅信息和思想丧失了多样性，大众的认知意识也会萎缩，审美意识慢慢板结，审美疲劳甚至审美厌倦无疑会紧随而至。

当今传媒文化所建构的审美化生活承诺给大众的欢乐神话与身体解放，却往往使大众陷入娱乐化透支后的身心疲乏和性感聚焦后的精神空幻，形象的欲望满足取代了文化的意义追索，消费时代日常生活的审美化内蕴着莫大的吊诡。②传媒文化凭借外在形式的充分技术化效果而遮蔽文化内涵或者干脆取而代之，大众满足于对象外观的快适而无心在静观中体味对

---

① 姚文放：《当代审美文化批判》，山东文艺出版社1999年版，第3~4页。
② 傅守祥：《审美化生活的隐忧与媒介化社会的陷阱》，《文艺理论研究》2007年第2期。

象的文化意蕴，心理化的审美活动往往变成一种感官化的直接操作。像波德里亚所说的那样："正如狼孩因为跟狼生活在一起而变成了狼一样，我们自己也慢慢地变成了官能性的人了。"[①]

三、传媒泛娱乐化：反审美与审丑

反审美是指对于传统审美方式的自觉反抗或消解形态，反对传统审美的固定化和权威化，力图以各种个人的方式重新表达对美的体验和认识。[②]反审美者往往以个人化描述的方式对生命淤积物和世俗生活加以重新涂抹，不仅是对理想、意识的重新描摹，也是对语言、语词的叙事方式的重新描摹。

娱乐化传媒深知在一个崇尚自由、张扬自我的时代，大众会更多地关注自我，社会给大众树立的许多楷模，无论是光彩照人、高雅端庄的"时代明星"还是雄韬伟略、才高八斗的"先锋模范"，大众在敬仰与崇拜的同时不免产生"审美疲劳"。于是，传媒开始有意识地告别英雄，躲避崇高，消解传统。芙蓉姐姐、石榴哥哥、犀利哥、著姐、兽兽、凤姐、马诺等一大批"传媒红人"的出场正是为了迎合大众反审美取向的需要，以反讽、自嘲的面目出现，颠覆理想型偶像的高大全和假大空，掏出大众心目中的真小实乃至庸常的一面，自然会受到极致关注，被亿万网民点击和议论。

"传媒红人"的走红，可以窥见传媒娱乐化所建构的审美情趣的改变，一种对传统审美观念的反叛：传统的明星要美，要稳重，要有气质，但现在偏偏选择丑陋、滑稽与另类，以反叛的姿态宣泄大众在消费社会里的焦虑与恐慌，追求刺激，解构权威，颠覆传统，随性叛逆，进行一种"欲望的狂欢"。[③]"传媒红人"以反审美的方式摆到大众面前，满足了处于"审美疲劳"下的大众的娱乐趣味。

---

① 让·波德里亚：《消费社会》，刘成富、全志刚译，南京大学出版社 2008 年版，第 1 页。
② 王一川：《美学概论》，复旦大学出版社 2005 年版，第 70 页。
③ 欧阳友权：《数字化语境中的文艺学》，中国社会科学出版社 2005 年版，第 61 页。

传媒泛娱乐化迎合大众反审美的情趣，建构"传媒红人"满足了大众的"偷窥欲"并引起"网络围观"，实际上推动了大众的"审丑快感"。所谓"审丑快感，是指以美裁判丑而激起的快感。人们欣赏的不是丑本身，而是欣赏对丑的揭露与批判，对丑的征服是令人痛快的，会使人产生胜利感及愉悦之情"。①车尔尼雪夫斯基说："在滑稽中丑态是使人不快的，但是，我们是这样明察，以致能够了解丑之为丑，那是一件愉快的事情。我们既然嘲笑丑态，就比它高明"。②

叶朗先生说："美学意义上是有审丑这个概念的，像我们的假山怪石，是越丑越美。但现在社会上的很多东西，是变态的、畸形的、低俗的，与整个广义上的美都是对立的。"传媒泛娱乐化建构大众反审美的取向，一夜之间涌现了许许多多人们耳熟能详的人和事，除了前面的"传媒红人"，还有木子美、竹影青瞳、流氓燕、小沈阳等以及不知道哪个时候又有丑角的可能出场。在网络上，从宁财神与李寻欢、安妮宝贝一起被称为"三驾马车"开始，到"网络罂粟"从此盛开的木子美现象，从芙蓉姐姐到小月月，可谓是一招鲜红遍天，丑角用偏激、自傲的方式对传统女性审美观念进行反叛，"我丑，我快乐"让大众感受着"丑"的刺激，填补猎奇、无聊甚至有点空虚的心理。

大众传媒对丑的张扬，无休止地炫丑、示丑、露丑、窥丑、品丑、赏丑以及丑角的仪式化出场，过度关注人性的阴暗与残忍，走进嗜丑的误区，扭曲了正常的审美观。《丑女贝蒂》《丑女无敌》的热播，欲进军奥斯卡挑战麦当娜的芙蓉姐姐，号称智商"前300年后300年无人能及"的凤姐，扬言让"女人无路可走"的"伪娘"③……大众传媒应摒弃"尖叫原理"，当人们展开报纸或打开电视时，不会尖叫一声："哇，凤姐出来了。""哇，某人自杀了。"尖叫原理追求的是通过煽情的故事和恶搞的丑闻来抓住受众的眼球。

---

① 钱中文、童庆炳：《文学审美特征论》，华中师范大学出版社2000年版，第289页。
② 车尔尼雪夫斯基：《论崇高与滑稽——美学论文选》，缪灵珠译，人民文学出版社1957年，第118页。
③ 王传宝：《"审丑"热潮的幕后推手》，《人民论坛》2009年第25期。

　　大众传媒通过"审丑"来"绑票"大众的注意力,以精神表演、曝光度、车震门、闷骚、裸奔毕业、裸体抗议、养眼指数、泛性语图化、裸播新闻、裸体促销掠夺大众视觉,冲击视觉常态等,出现伪情商、伪语境、伪人性的审丑社会百态,容易瓦解人的精神常态,出现人文迁移的负价值。

　　丑有两类:一类是违背观感的丑,一类是违背道德底线的丑。传媒丑角既不能代表中国的先进文化,也不可能成为推动社会前进的精神力量。相反,"审丑"现象的流行,还会从根本上降低大众的文化价值鉴别力,迷失应有的批判与基本的理性,导致大众精神归属的迷茫,甚至把大众引向虚无与绝望。①

　　"审丑"不是为了求异,为了寻求刺激,"审丑"的终极目的与审美的终极目标是一致的,追求的同样是真、善、美。毫无疑问,一个社会,任凭"审丑"泛滥成灾,怎么说都是一件非常可怕的事情。大众传媒抓住大众的社会心理脉搏,采取"审丑"的媒介策略,让"媚俗的小沈阳"现象等"傻乐文化"泛滥,粗俗搞笑,哗众取宠,弱智化与审丑热蜂拥而至。"审丑狂欢"的混乱局面使得人文失语、理性缺席,审美意趣荡然无存。这些低俗现象带给大众的只是一时的感官刺激,视听盛宴的狂欢过后,徒留一堆文化垃圾。长此以往,不仅大众的审美能力停滞不前,而且会出现"劣币驱逐良币"的格雷沙姆法则,让一大批格调高雅的传媒作品失去赖以生存的理性空间。

　　尼尔·波兹曼所著的《娱乐至死》封面上用了这样一幅画:一个四口之家坐在一起看电视,他们的服装、姿势以及整体观看的氛围是最常见的娱乐场景,其乐融融但没有头脑。事实上,无思的审美娱乐已成当代大众的日常生活。在波兹曼看来,当代文化的娱乐化是一种致死的疾病,导致文化思性的消失。没有思性的文化是没有大脑的文化,也是不能为人类生存奠基的文化。当代审美文化的娱乐化加剧了文化的非思化,必须对它保持一种反思与批判的态度,否则,大众在放松肉体的同时将放逐灵魂,②导致人的主体性全面沦丧。

　　英国作家奥尔德斯·赫胥黎在 1932 年出版的《美丽的新世界》中预言:

---

　　① 董莎莎:《美学概论·论审丑现象》,https://wenku.baidu.com/view/ba3b9c1f6bd97f192279e932.html。

　　②余虹:《当代审美文化的基本取向》,https://www.bilibili.com/read/cv625447/。

未来真正威胁人的不是令人厌恶的专制独裁，而是招人喜爱的审美娱乐。尼尔·波兹曼也强调过：如果一个民族分心于繁杂琐事，如果文化生活重新被定义为娱乐的周而复始，如果严肃的公众对话变成了幼稚的婴儿语言，总而言之，如果人民蜕变为被动的受众，而一切公共事物形同杂耍，那么这个民族就会发现自己危在旦夕，文化灭亡的命运就在劫难逃。①

全国人大代表、人民日报社原副总编辑梁衡指出："近年来高喊发展文化产业的背后，文化的社会教化作用被忽略了。我们不能否认超女、小沈阳等带给观众的快乐，但他们的一夜成名、一夜暴富的神话以及'边缘性'的表演，也在一定程度上误导了青少年的价值观以及大众的审美评价。"②

第五节　《百家讲坛》与《世纪大讲堂》的文化对比性解读

电视讲坛节目亮相于新世纪之初，在湖南卫视《新青年·千年论坛》开播后，凤凰卫视《世纪大讲堂》、中央电视台《百家讲坛》、东方卫视《东方大讲坛》、陕西卫视《开坛》、上海教育电视台《世纪讲坛》和湖南卫视《岳麓书院》等纷纷开讲。尽管各节目的定位、选题、风格和取向不一，但都是将学者从僻静的书斋请到了万人瞩目的电视前台，以"学以济世""传播知识""普及文化"为总体追求，采用电视化的手段，寻求知识的最大限度发挥，让观众关注时代常识，享受智慧人生，可谓是学术融入市场，理论融入实践的至真至纯的选择。③

经过近二十年的大浪淘沙，讲坛型电视节目依然有着旺盛的生命力，反映着观众对电视传播文化知识的强烈需求。央视《百家讲坛》和凤凰卫视《世纪大讲堂》，一北一南，在华夏神州和两岸三地，形成了电视文化建设的独特景观。

---

① 尼尔·波兹曼：《娱乐至死》，章艳译，广西师范大学出版社 2004 年版，第 202 页。
② 梁衡：《超女、小沈阳等误导大众审美》，http://news.xinhuanet.com/politics/2010-03/09/content_13133215.htm。
③ 张泪泪：《把学术搬上荧屏——讲座型栏目的选择与追求》，《电视研究》2005 年第 4 期。

一、《百家讲坛》和《世纪大讲堂》的前世今生

2001年7月9日，《百家讲坛》随同中央电视台科教频道（CCTV-10）一起诞生，栏目宗旨为"建构时代常识，享受智慧人生"。栏目选题广泛，曾涉及自然科学、人文科学、饮食起居、养生保健等各个方面，只要能与学术领域沾边，都在选题范围，像一部电视版的学术"百科全书"。

《百家讲坛》汇集百家学养，追慕大师风范，以平和开放的胸襟，企图在电视与大众之间架设起一座桥梁。主讲嘉宾个个都是以专业性和权威性见长的学术大师，受众对象定位为高端观众，栏目的特点是"聚集知识精英，共享教育资源，传播现代文化，弘扬科学与人文精神"，学理性与实用性并存，权威性与前卫性并重，做成一档具有较高品位的学术电视节目。严肃的内容、益智益神的理念、没有故事、没有悬念、小众化收视绘制了《百家讲坛》前世的命运，不久就遭遇被淘汰出局的警示。

2004年5月，清史专家阎崇年开讲《清十二帝疑案》，受到观众热烈追捧，收视率一路飙升，开始走向起死回生的道路。顺着这一道路，栏目开始重新定位——"让专家、学者为百姓服务"，制作目标弃现代重传统——"普及优秀中国传统文化"，以受众为中心，相继推出以易中天、于丹等为代表的通俗讲解方式，市场反应极为异常，创造了最高收视为0.57%的神话。[①]收视率、初中以上文化程度、妇孺皆知、历史人物、通俗、故事、悬疑、眼球共同缔造了《百家讲坛》今生的"盛世"图景。

《世纪大讲堂》是凤凰卫视于2001年1月6日开办的一档学术栏目，它以"学术一样让你听懂"为宗旨，开国内学术电视的先河。选题包括社会、政治、科技、人文、地理、教育等，涵盖中西，信息密集，阐微发幽，

---

① 赵勇：《从"学术电视"到"电视娱乐"》，选自张法、肖鹰、陶东风等著：《会诊"百家讲坛"》，安徽教育出版社2007年版，第29页。

打通古今，邀请海内外著名专家学者担任嘉宾，就社会各界关心的议题及学术成果进行互动式讨论，展示世纪人文科学和自然科学的最新动向，为观众解惑答疑，发掘知识的乐趣，领略学术的魅力，成为人类思想、观念、文化和语言交锋、交流、融合的大舞台。

《世纪大讲堂》是凤凰卫视一档坚守"思想性和学术性"、有着强烈文化抱负、具有一定文化品位、形式活泼、双向互动的周播节目，是大中华文化圈的学者阐释独特思想，展示最新学术成果的传播平台。[①]前世今生基本固定的风格与模式，淡化主持人，凸出主讲嘉宾，台上嘉宾和现场观众自由互动，真知灼见，雅俗共赏，成为《百家讲坛》模仿的蓝本。《世纪大讲堂》不变的教育品格、科学品质、文化品位，让观众领略国际一流大师严谨、磅礴、引人入胜的演讲。在没有任何偏见，强调"独立之精神，自由之思想"，"究天人之际，通古今之变，成一家之言"的氛围里，享受思想的盛宴，走进学术的殿堂。

二、《百家讲坛》和《世纪大讲堂》的文化取向

新世纪的来临，社会变迁和时代进步推动着社会大众对文化知识有着强烈的渴求，快节奏的生活步调使得社会大众渴望用一种有营养的思想来慰藉渐渐萎缩的心灵和浸润渐趋板结的头脑，媒介化社会媒介实践的方便性选择，客观上为电视学术论坛型节目的诞生提供了现实动力与土壤。

《百家讲坛》和《世纪大讲堂》在电视讲坛节目竞争中淘尽英雄，作为中坚力量生存下来，并架构起一种全新的电视学术生态图景——学者与电视"共舞"缔造的文化思想传播的新形态。电视学术论坛在向观众呈送一道道思想盛宴与精神饕餮大餐的同时，清晰而又顽强地传达出这样一个信息：作为大众文化制造机器的电视也可以成为具有浓郁精英色彩的高雅文化的"摆渡者"。[①]

"摆渡者"的目的与追求都是一样的，但摆渡的手段、方法、过程等则因人而异。《百家讲坛》和《世纪大讲堂》的栏目宗旨、栏目追求和栏

---

① 《世纪大讲堂》，http://phtv.ifeng.com/ziliaozhongxin/detail_2010_05/10/1501197_0.shtml。

目愿望都有许多相似的地方，两者都很注重节目内容讲述的通俗性，致力于用通俗的语言讲述深奥的学术话题，但所呈现出的文化取向让人感觉大不相同。同样都是传授知识、传播思想、利用现代视听化的手段对民众进行教育、具有理论价值和文化品位的平台，在文化价值展示上的差异，可以从选题内容、讲解方式、传播方式、受众定位、传播效果、评价机制等六个方面来进行对比性解读。

（一）选题内容：传统与现代的区分

讲坛节目讲什么？在"内容为王"的传播年代里，选题内容的确定是重中之重。首先，选题范围上：《百家讲坛》经过收视低谷的严重考验，以清宫话题为突破口，并在"三国、论语"等题材上见到了收视曙光，一路走来，选题内容主要集中在中国传统文化与经典上；《世纪大讲堂》选题来自现实和当下各方面的学术问题，上及天文，下至地理，广泛涉及哲学、宗教、经济、政治、历史等内容。其次，选题时效性上：《百家讲坛》讲述的大多是历史性或经典性的鸿篇巨著、历史事件和历史人物，把观众带入对历史的回味和想象之中，不特别具有现代性和时新性；《世纪大讲堂》紧贴时代的脉搏，选择的话题常常与时下热点、大众关注的事件联系在一起，通过专家学者的口吻来解答社会生活中的重大事件、人们感到困惑的问题和绝大多数关心的话题，将学理上的知识与社会生活相结合，使观众学以致用，引发观众的兴趣。[2]比如在"非典"期间的一系列选题：《中医瘟病学的历史成就与非典型肺炎》《疾病病因研究及其预防》《从病理学看"SARS"》《灾难应对与心理健康》《SARS 的医学人文审视》等。第三，选题的衔接性上：《百家讲坛》的选题注重系列性和规模性，以引起观众注意、培养观众收视习惯、提高收视率为设置向导；《世纪大讲堂》选题多为散点式分布，灵活、多样、易变，注重新闻性和针对性，紧跟时代步伐和社会热点实事。

（二）讲解方式：泛娱乐化与学理化的比照

《百家讲坛》和《世纪大讲堂》都追求讲解的通俗易懂，在具体的讲

---

①罗锋、杨新敏：《幽雅的摆渡者：一场与收视率抗争的电视仪式——对电视学术论坛现象的学理审视》，《社会科学论坛》2006（11）上。

②张迪：《〈百家讲坛〉与〈世纪大讲堂〉比较研究》，《现代视听》2009 年第 6 期。

解方式上，两个节目却有着泛娱乐化和学理化的明显差异。

《百家讲坛》主要采用泛娱乐化的讲述方式，利用悬念甚至八卦故事来吸引观众的眼球。制片人万卫认为："必须像好莱坞大片那样，要求3~5分钟必须有一个悬念。悬念性、单线条和戏剧性是我们总结出来的讲座和论文不同的地方。"①总悬念统领多个小悬念和故事情节的有意设置，类似于古代勾栏瓦舍的说书和现代戏曲相声，通过抖包袱来回答问题，养成电视观众按照叙事的顺序来保持关注的收视惯性，缺乏思考与质疑，从而削弱观众主体性思考的能动性。专家学者在电视上本来建构的是一个多元开放的学术系统，需要观众的质疑与探讨来共同完成一次学术旅行。但《百家讲坛》所有主讲嘉宾在与观众见面之前都是经过编导、策划、制片人海选和面试选出的，反复的"训练"和"修理"，最终按照节目定制的标准出镜——"学术水平、表述能力和人格魅力"兼具。

为了很好地履行节目组的"标准"，主讲嘉宾"明星化亮身"，在开讲的过程中对经典进行现代话语的阐释，进行知识传输，与专家本人的思想关系不大，不过是知识传输的中介而已。口头用语的随意化、古今对比的调侃化、术语典故的想当然以及一些解读上的错误和莫名其妙、戏剧性悬念的人为痕迹等把观众引进娱乐和狂欢的广场，随着故事情节的起伏而狂欢愉悦。故事化的讲述将抽象的学理知识具象化，本来有利于观众理解和接受，但娱乐搞笑的加盟，使理解和接受停留在浅层和表面，在仪式化的狂欢之后，很难准确或者根本就不触及学术内核。戴维·洛奇说："由于悬念总是与通俗文学形式连在一起，因而现代的高雅小说家对之不屑一顾，至今认为它属于低等的形式。"②总体上的曲解、随意、娱乐甚至低俗的解读，导致"孔子不高兴，老子很生气"的批评自在情理之中。

《世纪大讲堂》则还原讲坛节目的本来样式，采用学理化的讲解方式。凤凰卫视中文台执行台长刘春说："我们不愿给学术披上盛装，因此极力

---

① 赵晓峰《电视讲坛还很兴盛》，《齐鲁晚报》2008年12月14日。
② 戴维·洛奇：《小说的艺术》，王峻岩等译，作家出版社1998年版，第14页。

避免与那些总是乐于用曲高和寡来诠释学术水平的人遭遇,《世纪大讲堂》的原则就是要让学术能被人听懂。"①《世纪大讲堂》采取如下的路数:场地一般设在北大、清华、南开和中国传媒大学等名校;入场之后,主持人幽默的介绍开始与嘉宾互动;演讲嘉宾极为浓缩的学术内容演讲;演讲结束与现场观众的问答和争鸣。《世纪大讲堂》不采取《百家讲坛》"征集观众"的做法,也不对嘉宾作过多限制,不为了遵从电视媒体的收视率至上而要求嘉宾运用特定安排的讲述技巧,嘉宾就像老师在课堂上讲课一样,轻松阐述自己的观点,进行思想交流与互动。

《世纪大讲堂》讲座式演讲,嘉宾能够完整地阐述自己对演讲话题的见解和思考,迸发出思想的火花,有利于和现场观众与电视机前的观众进行深层次的学术互动和交流。《世纪大讲堂》注重传输思想和思考的方式,鼓励嘉宾讲述自己的独家观点和研究成果,思想性是它的生命,独家观点是它的卖点,尽管是"一家之言",但毕竟是嘉宾的研究成果,是原创的思想。"知识是死的而思想是活的,《世纪大讲堂》的使命就是在充斥着文化快餐的'泛物质主义'的时代里,传播最缺乏的原创思想,由此对社会产生影响"。②

(三)传播方式:单向与双向的区别

《百家讲坛》不设节目主持人,现场观众可以根据安排有顺序地向主讲嘉宾提出问题进行交流,多少缺失了争鸣互动的环节。主讲嘉宾单向地向观众传授知识,只能和观众有眼神上的交流,而没有其他更多交流的方式。单向的传播方式也造成了内容上的单面性讲述,缺乏讨论、争鸣与质疑,使得所传输的知识和信息只讲一面,类似于填鸭式的灌输。

单向的传播方式严格意义上来讲不是完整的传播方式,信息传出去之后没有回流反馈,传播者不知道接受者的反应。美国心理学家卡尔·霍夫兰通过实验证明:两个版本的广播新闻,一面提示的信息对于原先就赞同此信息的人群非常有效,对于教育水平低的人群非常奏效;双面提示的信

---

① 张迪:《〈百家讲坛〉与〈世纪大讲堂〉比较研究》,《现代视听》2009 年第 6 期。
② 邓力:《世纪大讲堂:思想和故事的 PK》,http://culture.ccca.org.cn/zjpl/068810321530459.html。

息则对原先反对此信息的人群非常有效，对于教育水平较高的人群非常奏效。也就是说，单面性的传播有利于对受教育程度低的人群进行宣传，因为他们只接受不思考；双面性讲述更适合教育水平高的人群，能够引发他们多角度思考，从而对问题理解得更深刻。

《百家讲坛》单向度的传播方式只能满足低端观众的需求，而收视率和末位淘汰制的指挥棒驱使节目必须以受众为中心，收视率的提升也就只意味着低端受众群体的增加，正如阿尔都塞所言，受众越多内容就越浅，这也给娱乐化讲述提供了巨大的空间。主讲嘉宾讲得头头是道，口沫四溅，浅阅读的观众只获得娱乐的享受，几乎没有知识的传承和思想的浸润。

《世纪大讲堂》节目由访谈、演讲和提问三大板块组成。开头是主持人对主讲嘉宾的访谈，介绍主讲嘉宾的学术身份，接着围绕演讲主题进行发问，使电视观众明白讲座的重点、难点和关注点，并引发观众进行同步思考；然后是主讲嘉宾大约半小时的精彩演讲，有叙事、有故事、有观点、有思想；最后是现场观众及网友根据演讲的内容进行提问，主持人在现场活跃气氛。整档节目下来，主持人先是做一个倾听者，使主讲嘉宾有自我发挥的空间，然后是做一个引路者，引导演讲嘉宾谈经论道，跨学科、跨地域地与现场观众交流沟通，发挥传声筒的效用，在演讲嘉宾、台下观众、电视机前的观众之间架起一座学术互动的桥梁，让普通大众领略到学术演讲的魅力所在。

《世纪大讲堂》双向互动传播方式一开始就引入提问的形式，尽管有时提出与主讲嘉宾相冲突的观点，但毕竟提问体现了观众的信息接收程度和思考深度，也是知识转化为解决实际问题的关键所在，有利于推动演讲向前迈进。

根据卡尔·霍夫兰的实验，《世纪大讲堂》双向互动式的传播方式，形成了一个完整意义上传播场，适合教育水平高的受众群体在互动中接受和反思演讲的内容。传播场域中互动式的交流与争鸣本身就是一个思考的过程，是一种深阅读的体现，所以学理性的讲述才能得以顺畅地进行。

（四）受众定位：低端与高端的分化

受收视率和末位淘汰制的高压政策影响，《百家讲坛》的受众定位为低端群体就成为必然的选择。尽管我国早已实行了教育公平制度和高考扩招政策，接受高等教育的群体相对于一个偌大的国家来讲还是少数，绝大多数的人群在社会影响力度上、文化知识拥有上、社会购买能力上都处于弱势。整个社会系统中的低端人群数量大、分布广，虽然收入较低，但作为集体，加起来的总购买力是可观的，不会影响广告商的青睐。已有调查研究证明，教育层次低的群体花在媒介接触上的时间较多，尤其是接触电视，尤其是农村观众对电视的接触。

《百家讲坛》的受众定位于平民百姓和普通大众，范围是 12~15 岁以上具有初中文化水平的人群。据笔者最近观察与访谈发现，小学高年级（4~6 年级）9~12 岁的部分学生也开始加盟收视队伍。美国传播学家梅尔文·德弗勒指出："最能吸引最大量受众成员的是那些较为戏剧性的、趣味较低的娱乐内容，它们是我们通俗文化中的主要内容。"面对收视群体年龄走低的趋势，用戏剧性、娱乐化、趣味较低、过于通俗的解读方式去换取收视率的产出，已成为《百家讲坛》饱受社会诟病的直接原因。

《世纪大讲堂》不考虑收视率和末位淘汰制等因素，受众定位为高端群体，基本上采取"以演讲嘉宾为中心"的策略，注重在两岸三地的影响力反映。一般来说，影响"有影响力的人群"是提高影响力的重要途径。《世纪大讲堂》影响社会中"有影响力的、有社会行动力的人"，对他们关心的问题提供知识和信息，进行契合他们实际需求的解读，从而进一步影响社会整体的发展进程。所以，定位于"高学历、高收入、高职位"高端人群的定位与选择是较科学的行为，也决定了《世纪大讲堂》传播的是有高度思想性的和高级趣味的学理性内容。

受众定位低端与高端的区别，使《百家讲坛》和《世纪大讲堂》呈现出两种决然不同的文化取向，看来传媒理论界和业界曾一度流行的"收视率是万恶之源"的说法是有一定道理的。《百家讲坛》覆盖面广、收视率高，面对好经如果被和尚念得好的话，对于普及中国传统文化是有一定意义的。《世纪大讲堂》以影响高端群体去影响整个社会的发展进程，提高两岸三地民众的文化素养，推进整个社会的改革发展，树立中国在世界的形象，从电视文化建设的角度来讲，是值得充分肯定和推广的，也是值得讲坛类节目学习、借鉴和效仿的。

（五）传播效果：记问之学与审思之学的差别

"记问之学"出自西汉·戴圣《礼记·学记》："记问之学，不足以为人师，必也其听语乎？"大意指"只是记诵书本，以资谈助或应答问难的学问"。林语堂在《论读书》中进一步阐述了"记问之学"的对比性含义：非慎思明辨之学，即未融会贯通、不成体系的学问。

在一个提倡万事万物都应该创新的年代里，人们对"记问之学"总是持批评的态度。《百家讲坛》不设主持人，没有提问环节，演讲嘉宾对传统文化、历史经典、历史事件、历史人物、文学作品进行戏剧化、故事化、娱乐化的解读，很少有演讲嘉宾个人的研究和原创的思想，电视观众持欣赏的态度而没有进行思辨和争鸣的机会，所传播的"记问之学"乃是被娱乐化、泛娱乐化甚至是错误讲解之后的"记问之学"，一些演讲嘉宾也就不足以为人师。《百家讲坛》极尽"故事化讲述、影像化呈现、明星化包装"等程式化仪式，失去了作为一个开放式大学有教无类的功用，"学术超男"与"学术超女"演绎的说书景观，让不少人看来宛如一片美丽的学术绿草，那么，倘若真的用学术的眼光看去，得到的，犹如韩愈的诗境：草色遥看近却无。①

"审思之学"与"记问之学"相反，是一种通过对所学加以怀疑、考察、分析、辩论等之后所获得的学问。《论语·子张》子夏曰："博学而笃志，切问而近思，仁在其中矣。"《中庸·第二十章》中也提到了获取学问的过程："博学之，审问之，慎思之，明辨之，笃行之。"《四书》把上述过程解释为获取学问的五个阶段："博学之"意谓为学首先要广泛猎取，培养充沛旺盛的好奇心；"审问之"即有所不明就要刨根究底，对所学加以怀疑；"慎思之"是指问过以后还要通过自己的思想活动来仔细考察、分析，为自己所用；"明辨之"是指学问越辩越明，不辩，则"博学"为鱼龙混杂、真伪难辨、良莠不分；"笃行之"是指既然学有所得，就要努力践履，使所学最终有所落实，做到"知行合一"。②

---

① 张法：《从"百家讲学"到"百家说书"》，选自张法、肖鹰、陶东风等著：《会诊"百家讲坛"》，安徽教育出版社2007年版，第12页。

① 《笃学之，慎思之，明辨之，融会有得而用之于实践》，https://zhidao.baidu.com/question/166579431.html。

《世纪大讲堂》设节目主持人，但不喧宾夺主；以演讲嘉宾为中心，但不是讲完了事；有现场观众，但不按顺序安排提问。演讲内容是演讲嘉宾个人长期研究的成果和独到的思想，学理化的讲述加上现场观众的积极提问与充分的争鸣，使演讲内容在交流和思辨之后更加明晰和透彻，有利于观众指导今后的所思所言所行。"博学之，审问之，慎思之，明辨之，笃行之"明显体现在传播现场与播出之后，所以所传播出去的自然是"审思之学"。

（六）评价机制：收视率与影响力的不同标准

《百家讲坛》与《世纪大讲堂》的巨大差异很大程度上取决于评价标准的不同。中央电视台以收视率高低作为电视节目的评价机制，采用末位淘汰制的方法管理电视节目，本来这是一个单位自己内部的事情。但传媒作为社会公器，用广告商投资做广告的主要依据来作为衡量节目播出效果、改进节目管理的标准，多少与我们的国情不相符，容易造成收视率方法学上的价值误区。[①]

我国人口结构存在着巨大的差异，文化精英和中产阶层比例小，文盲、初高中文化程度的观众比例还比较大，收视率不能准确反映收视群体的质量，往往反映的是非主流文化人群和亚文化状态人群的需求。收视率是一种电视节目制作者用以向广告主介绍观众情况以便投放广告的商品，收视率导向背后隐藏的是电视节目乃至这个文化的商品化。[②]

"末位淘汰制"起源于美国通用电气公司，是企业对员工绩效考评时所采用的一种方法。《百家讲坛》作为央视科教频道的一档科教节目，不能与其他类型节目尤其是娱乐节目一样，采取同样的大棒政策，科教节目追求的是文化效应而不是市场效应，把《百家讲坛》与收视率捆绑，放在"末位淘汰制"的篮筐里，娱乐化的取向的确难以回避，一个国家级大台的文化责任感也就工具理性化了。

《世纪大讲堂》注重社会影响力评价而非收视率标准，它不是科普园

---

① 赵勇：《大众媒介与文化变迁——中国当代媒介文化的散点透视》，北京大学出版社 2010 年版，第 311 页。

② 时统宇、吕强：《收视率导向批判——本质的追问》，《现代传播》2006 年第 2 期。

地，而是文化类节目，是为学者和观众提供一个思想争鸣的平台。当然，凤凰卫视和中央电视台的生存环境大不相同，它的收视群体遍及全球各地的华人圈和喜爱中国文化的外籍人士，在这个环境中，很难用收视率、覆盖面等标准来衡量节目的优劣，强调节目的影响力是它的追求和取向。

《世纪大讲堂》所涉演讲内容广泛，以影响力为价值取向，以"审思之学"作为文化追求，用通俗的语言把深奥的理论知识和学术观点讲解出来，让非专业的电视观众愿意认真倾听，得到释疑解惑和萃取知识的乐趣，使其文化传播的价值得以有效实现。

三、讲坛类节目的文化展望

通过《百家讲坛》与《世纪大讲堂》的文化对比性解读，可以发现时下是一个知道分子当道而知识分子淡出的时代。福柯在 20 世纪就发出了"普遍知识分子"已死的感慨。知识分子缺席电视是一个全球性的现象，真正的知识分子（思想型学者）上不了电视，上了的则都是那些知道分子。"那些试图通过媒体传播思想的知识分子，常常变成服务于这一节目的电视评论员。他们常常发现只有当他们提供没有损害的针砭和娱乐时，才会被容忍。"[1]根据弗兰克·富里迪的观点和《百家讲坛》海选演讲嘉宾的要求与标准及演讲嘉宾在演讲过程中的表现，很显然，《百家讲坛》的演讲嘉宾多为知道分子而少有真正意义上的知识分子。

专业化、职业化、体制化是知识分子的天敌，越来越汹涌的商业化浪潮把知识分子卷入其中，在电视媒体的召唤下，踏上时代的娱乐快车，被极力诱导叫卖自己的知识。祛学术魅力，造演讲明星，丧失人文关怀和社会批判的基本动力，是知识分子介入电视丧失主体立场的必然代价。易中天也说过：学者与电视的对接，做好了是双赢，学术扩大了传播范围，电视提高了文化品位；做坏了就是双输，学术失去了自身品质，电视失去了广大观众。[2]如此平面化的表述，本身就是主体性丧失、缺乏思想深度和

---

[1] 弗兰克·富里迪：《知识分子都到哪里去了》，戴从容译，江苏人民出版社 2005 年版，第 37~38 页。

[2] 赵勇：《学者上电视——以〈百家讲坛〉为例》，《文艺争鸣》2008 年第 1 期。

思考水平的具体体现。

在以消费为主导的市场环境下，中国的文化主流突然离开了五四以来近百年的思想、美学和文化传统，人文知识分子对文化的控制权拱手让给了金钱、资本，创造、风格、艺术被策划、工艺操作所替代，中国文化进入了一个大众文化的时代。①电视媒体遵循政治风险最小化和经济利益最大化的原则，在传媒文化建设中扮演着主要的角色。电视讲坛类节目在这一时代氛围里，让媚上、媚俗、媚权的知道分子顺理成章地取代了特立独行的知识分子，把十年坐旧的冷板凳打扮成明星走秀的展示台，学者们真正的思想无法清晰连贯地传播出去，充满异端之美和激进色彩的声音和图像已事先被过滤或清除，留下的是平面化、碎片化甚至傻瓜化的"记问之学"，与新时代条件下传媒应该担当"高举旗帜、引领导向，围绕中心、服务大局，团结人民、鼓舞士气，成风化人、凝心聚力，澄清谬误、明辨是非，联接中外、沟通世界"的职责使命②去履行传播先进文化、构建和谐社会、推动社会"创新、协调、绿色、开放和共享"的发展背道而驰。

电视讲坛类节目应该以"传承文明，开拓创新"为宗旨，坚持文化自信，以弘扬中华优秀传统文化、伟大革命文化和社会主义先进文化为导向，以《世纪大讲堂》等优秀讲坛类节目为榜样，取长补短，推陈出新，走出唯收视率为尺度和末位淘汰制的框框，还原电视讲坛类节目的本源面目和真实追求，在通俗性、学理化上做好文章，不做金钱的奴隶，而做文化的主人，真正给观众传播能提高文化素养的"审思之学"，培养电视观众的思辨能力，为传媒文化的健康建设鞠躬尽瘁，为新时代中国特色社会主义建设提升文化竞争软实力。

---

① 尹鸿：《为人文精神守望——当代中国大众文化批评导论》，《天津社会科学》1996年第2期。
② 《习近平在党的新闻舆论工作座谈会上强调：坚持正确方向创新方法手段　提高新闻舆论传播力引导力》，《人民日报》2016年2月20日。

第六章　马克思主义新闻观视域下的传媒泛娱乐化诊疗

　　改革开放四十多年来，建设有中国特色的社会主义事业取得了伟大胜利，中国特色的新闻传播事业同样获得了长足发展，有中国特色的新闻传播理论逐步得到有效构建。毛泽东新闻思想、邓小平新闻理论、江泽民新闻舆论思想、胡锦涛新闻发展观、习近平关于新闻舆论工作的一系列重要论述等，都是马克思主义新闻观中国化的理论成果，是有中国特色社会主义理论体系关于新闻传播事业发展的重要思想，是党和国家领导中国特色社会主义新闻传播事业极为宝贵的精神财富，是全国新闻舆论工作者们群策群力、锐意进取、团结奋斗、协同创新、共同推进新闻传播事业向前发展的思想基础和行动指南。

　　我国新闻传播事业一路高歌猛进，各级各类新闻媒体迅猛发展，基本形成了以党报党刊、电台电视台为主，整合都市类媒体、网络新媒体等多种宣传资源，努力构建定位明确、特色鲜明、功能互补、覆盖广泛的舆论引导新格局。[①]各级各类新闻媒体唱响改革开放的时代主旋律，全面、深入、持久地掀起新闻宣传改革的创新热潮，坚持在创新观念、创新内容、创新形式、创新方法、创新手段上实现新的突破；将新闻舆论工作提高到关系党和国家工作全局、关系改革开放和经济社会发展大局、关系国家长治久安的高度去认识和把握，充分发挥新闻媒体宣传党的主张、弘扬社会正气、

[①] 胡锦涛：《在人民日报社考察工作时的讲话》，《人民日报》2008 年 6 月 21 日。

通达社情民意、引导社会热点、疏导公众情绪、搞好舆论监督的有效职能；深入学习宣传科学发展观，贯彻落实"高举旗帜，围绕中心，服务人民，改革创新"总要求，高唱奋进凯歌，讴歌人民首创精神，为激励全党全国各族人民积极投身改革开放和社会主义现代化建设做出了积极贡献；着力开创新闻宣传新局面，着力调动广大新闻舆论工作者的积极性、主动性、创造性，为丰富和发展中国特色社会主义新闻传播理论和实践、构建社会主义新闻事业新格局做出积极贡献，极大地振奋了民族精神，凝聚了党心民心。[①]在进行伟大斗争、伟大工程、伟大事业、伟大梦想的新时代环境下，各级各类媒体不但响应社会主义市场经济建设，积极讲好中国故事，传播好中国声音，阐释好中国特色，推进"一带一路"倡议和构建人类命运共同体的进程，而且在全面建成小康社会、实现中华民族伟大复兴和"两个一百年"奋斗目标、开创有中国特色社会主义事业新局面的伟大征程中谱写了辉煌的新篇章，开创了良好社会效益和经济效益的双赢局面。

传媒事业在取得辉煌成就的同时，传媒文化建设坚持"以人民为中心""为人民服务，为社会主义服务"，坚持"百花齐放，百家争鸣"，坚持弘扬主旋律、提倡多样化，正确把握文化建设的思想导向、艺术导向和工作导向，努力构建社会主义核心价值体系，积极发挥文化在构建和谐社会中的作用。[②]传媒文化建设以科学导向指导正确方向，不断解放和发展传媒文化生产力，弘扬先进文化，提高传媒文化凝聚力，扩大传媒文化的影响力；在塑造传媒文化市场主体、吸收传媒文化新生血液、发展传媒文化新兴形态、拓展传媒文化发展空间等方面，为增强中华文化的创造力、凝聚力、传播力和影响力，提高文化竞争软实力；增强全球传播意识，加强国际传播能力与实力建设，多维立体地把民族优秀文化传向国内外，获得国内国际话语权，塑造良好国家形象，做出了相当大的贡献。

民族复兴呼唤"大雅正声"。我国文化建设理应用中国特色、中国模式、

---

① 李长春：《在第十八届中国新闻奖第九届长江韬奋奖颁奖报告会上的讲话》，《人民日报》2008年11月10日。

② 蔡武：《魂兮归来：中国文化的复兴之路——改革开放30年文化建设回顾》，《人民日报》2008年11月6日，第16版。

中国发展来回应国际国内社会的关切。在全球一体化的发展趋势中，传媒文化建设在遵守文明传播秩序的前提下，充分发挥传媒工作者和全社会的智慧，构建传媒自身的核心价值，推动我国文化事业大发展、大繁荣。改革开放以来，传媒出现了一些和传媒文化建设不合拍、不和谐的现象，泛娱乐化甚至低俗化的情况比较普遍，严重损害了社会公众的利益，也破坏了传媒自身的形象，与传媒文化建设呼唤的"大雅正声"相杂糅甚至相抵触。传媒噪声和传媒乱象的出现，自然有其复杂的社会背景和多方面的深刻原因，在马克思主义新闻观视域下进行揭示、分析、甄别、批评、反思与诊疗，显得非常必要且迫在眉睫，既是推动传媒大踏步向前发展的现实需要，又是一种学术立场、学术良知和社会责任感的体现。

第一节　传媒泛娱乐化潮流中的低俗风延伸①

长期以来，低俗化似乎成了一些媒体的代名词。低俗化在此是专门指媒体的低俗化，包括网络新媒体和传统媒体。②低俗，即低级且庸俗，与"高级且高雅"相对，违背人类理想追求，靠拢卑下的本能冲动，已经不属于艺术表现范畴，对精神世界有危害作用。③从世界上公认的普适性和中国国情下的普遍性这两个维度来看的话，有违人类生命尊严，尤其是有违人类伦理的基本规范、突破人类基本道德底线的思想表达和现实行为；有违或有悖中国历史文化传统和现实基本伦理道德要求的思想表达和现实行为；有违社会主义核心价值的种种思想、言语和行为，如宣扬拜金主义、盲目追星、网恋等不健康、不积极乃至颓废消极的思想与行为，都应视为低俗化。④

我国传媒低俗化现象的出现可以追溯到宋代的小报、元代的"小本"、明代的"抄报行"、明清时期的民间报房和北洋军阀统治时期的黄色小报。

---

① 本小节参见拙文：《论传媒娱乐化潮流中的低俗风延伸》，《中国广播电视学刊》2011年第9期。
② 《低俗化是什么意思》，http://ciyu.cihai123.com/c/1173780.html。
③ 周星：《论大众文化》，《半月谈》2005年第17期。
④ 胡智锋：《电视低俗化三题》，《中国电视》2008年第9期。

改革开放初期，媒体的低俗还仅仅局限在对娱乐圈的报道上，跟踪娱乐明星的行踪，炒作明星的绯闻，挖掘明星的隐私，展示各种淫秽照片和图片等，对明星个人、家庭、娱乐行业，包括对整个社会造成了巨大的影响，最典型的例子莫过于对台湾艺人白小燕绑架案的炒作和西班牙皇家马德里足球队中国之行连篇累牍的报道。现在低俗已经波及一些媒体的诸种传播形态之中，像新闻报道尤其是各类娱乐新闻、社会新闻、舆论监督、各种广告、报纸副刊、电视各类节目尤其是娱乐节目、广播谈话节目、网络各类频道等，到处都有低俗的影子。一些媒体本着"狗仔无罪，娱乐有理"的理念，一味地讨好市场，使低俗有愈演愈烈的态势。

传媒低俗之风出现的原因很复杂：社会经济体制的转型，传媒急功近利对轰动效应的追求，以传者为中心向以受者为中心的转化，受众本位观念的崛起，国际国内传播环境的变化，媒体人自身良莠不齐的素质，国家法律法规制度建设相对落后等。低俗的表现总是打着娱乐的旗号，与娱乐有着某种"天然"的关系，似乎很难把握其中的分寸。导演张艺谋在做客《非常故事汇》时谈过自己的切身体会："我觉得三枪是我的一个尝试，至少，我觉得其实很难拍，但是你要去拍那个所谓的嬉闹风格的时候，你其实和那个所谓的庸俗，只隔一张纸了，非常薄了，它的那个分寸，我觉得这个其实很难把握。"[①]张导其实也想把"三枪"拍成一个严肃的故事，不小心拍成了另一种标准另一种风格，道出了分寸把握的难度。

娱乐是指快乐有趣的活动，需要有观看者、可见的表演提供者、表演内容和形式的组成，产生欢娱快乐，使人感到轻松、愉悦、欢乐、忘我。人人都有追求快乐、缓解生存压力的天性，传媒制造娱乐，契合了观众需要提供享乐、休闲和逃避工作压力的机会。从娱乐的社会功能上看，大众娱乐无疑为社会关系的创造和维持提供了润滑剂，使人与人之间的交流变得更为畅通；从娱乐的心理功能上看，娱乐活动允许分享他人的生活，娱乐节目能够激动观众、教育观众，并促使观众进行想象和思考，激活观众对节目或节目角色的长期认同或与节目中的人物（或人物形象）之间"建立"

---

① 《山楂树之恋》主创做客《非常故事汇》，http://yule.sohu.com/20100920/n275150225_2.shtml。

一种类社会关系。

因此，娱乐是人类生存的社会需要，是人类天性的一种自然表现，大众传媒所建构的娱乐内容和形式有利于对受众主体性的培育，在媒介娱乐文本与受众的媒介素养之间形成良性的互动，最终获得一种"双赢"的效果。比如我国媒介娱乐文本与受众之间的关系经历了这样一个发展过程：《正大综艺》和《综艺大观》"教你玩"——《快乐大本营》"为你玩"——真人秀节目"带你玩"——网络互动游戏（包括恶搞）"你来玩"；相对应的则是受众在"不敢玩"——"看别人玩"——"和别人玩"——"自己玩"的过程中，娱乐需求意识被唤醒，主体性不断得到发展。[①]传媒娱乐文本建构的发展线条让大众看到也享受到了娱乐的积极作用。但也就在这种线条的发展过程中，传媒市场化政策的出台，由于传媒对市场化政策的单一性理解，使传媒在市场化的运作中出现了一些偏差，传媒在传播活动中主动放弃自身的社会责任，片面迎合受众的低级趣味，着重满足受众的原始需求，娱乐便走向了娱乐化和泛娱乐化，使娱乐的性质和形态发生了变化，甚至出现了异化。加上和低俗只有一纸之隔的关系，传媒泛娱乐化潮流就大量衍生出低俗化之风，尽管不同的媒体衍生的程度和范围不一样，总体上对社会、对受众、对传媒自身所产生的不良影响是十分深远的。

一、"星、腥、性"内容的强势出场

传媒低俗化是 20 世纪 90 年代传媒市场化、娱乐化蓬勃兴起之后所产生的一种变异现象和传播倾向，主要表现为提供"星、腥、性"等低俗内容来刺激受众的低级欲望，使飘浮在空中的"娱乐化"仪式直接落地，撕破脸皮冲击受众的感官。它不是传播说教向传播迎合的逆转，是迎合式传播还不能够激活受众阅读疲劳的黔驴技穷尴尬下的一种讨好式传播。传媒大亨默多克曾经很经验地说过，传媒格调低一点，受众数量就会多一些。传媒为了回避市场反映的尴尬，通过"星、腥、性"的强势出场，带来的却是受众、传媒自身和社会的多方尴尬。

---

① 宋妍：《十年媒介娱乐文化对受众主体性的培育》，《新闻大学》2008 年第 3 期。

（一）星：炮制明星绯闻，挖掘名人隐私

过去人们总是指责"狗咬人不是新闻，人咬狗才是新闻"是西方错误的新闻观念，只偏重新闻的奇异性和情趣性，殊不知，这种新闻观念在娱乐化当道的市场化环境中，也成为我国一些媒体参与竞争的制胜法宝。影视明星、歌舞明星、体育明星、文化明星、政治明星等各类"星"们成了一些媒体的主角，绯闻、偷情、恋爱、闪婚、结婚、怀孕、生育、离婚、同性恋、第三者、小三、二奶、三奶、写真、裸照、斗殴、吸毒、犯罪等成了一些媒体的大卖点，"零态度、零逻辑、零技巧、零深度、零意义、零诚意、零痛苦"的深描细写和视频图片的展示，在对娱乐戏仿的狭隘理解和片面追求中，媒体娱乐失去了开阔的空间和广阔的视野，违背了"通俗而不庸俗、用情而不滥情、娱乐而不愚乐、平凡而不平庸"的原则。[①]明星取代了模范，美女挤走了学者，绯闻顶替了事实，娱乐覆盖了文化，低俗代替了端庄，媒体娱乐功能失去了立足之道，传媒的核心价值体系一再降格，最终成了低俗泛滥的场所。

在注意力经济时代，媒体是各类明星的创造者和推动者。[②]由于眼球经济的影响，一些媒体报道明星绯闻与隐私争先恐后，秉承"坏事情就是好消息，绯闻就是好新闻"的价值取向，调制"明星不坏，媒体不爱"的视觉大餐。在追逐和贩卖绯闻与隐私中，坏人坏事取代了好人好事，低俗审丑代替了娱乐审美，传媒场域中的娱乐休闲被绯闻和隐私所遮蔽，传媒文化健康建设的领地成了明星当道的角斗场。

在前文提到的各类"门"事件中，2009 年 1 月的章子怡"沙滩门"炒作可以说是明星与媒体合谋的现象。当章子怡和男友的一组沙滩照在网络上流传开来后，使章曾经拍过的一部名为《*The Horseman*》好莱坞电影迅速在北美公映，"沙滩门"成为炒作这部电影的一大卖点。同时，章监制的新片《非常完美》迅速在天津开拍，新片因为"沙滩照"的关系，连续几天登上部分媒体的娱乐版头条。[③]与此相类似的还有"冯小刚与某女演

---

① 欧阳宏生：《电视传播核心价值论》，北京大学出版社 2010 年版，第 170 页。
② 张雷：《注意力经济学》，浙江大学出版社 2002 年版，第 46 页。
③ 李旸：《隐私"交易"给娱乐新闻带来的冲击》，《新闻记者》2009 年第 11 期。

员闹绯闻引发婚姻危机"的消息，其用意是经纪公司与媒体合谋炒作冯执导的《集结号》及片中一位新演员，后来冯出面揭穿内幕才使绯闻得以消散。

传媒炮制明星绯闻和挖掘名人隐私，对传媒和明星与名人来讲，是一种双赢的结局。正是因为有这样一种"好处"隐藏其中，从而也就推动了这一行为持续不断地进行下去，使得传媒低俗化的现象难以令行禁止。

（二）腥：以残忍血腥为噱头，放肆暴力符号

在泛娱乐化的传播场域中，一些媒体对抢劫、凶杀、自杀、自虐、强奸、爆炸、暴力冲突等类的报道毫无顾忌地大势张扬，对以竞争博彩为看点，刻意暴露人性之恶，挑战人类道德底线之类的新闻毫无遮拦地进行曝光，以残忍血腥为噱头，极尽渲染夸张之能事，放肆符号暴力的传播，在吸引眼球、刺激发行量、获取收视率和浏览量的同时，忘记了传媒暴力的涵化作用，无疑成了教唆"犯罪"的助手，对社会有百害而无一利。

乔治·格伯纳认为：暴力是公开表现以实力对抗他人或自我，或者反对他人意愿的强制行动造成被伤害或杀害的痛苦。[1]在虚拟技术不断演化和全球化、网络化高度发达的今天，暴力行为更多地演化为精神上的伤害，而且这种隐蔽的"软性"暴力常常以种种合法的方式予以表现，危害性往往被人们所忽略。[2]受众屈从于传媒反复传播的暴力符号，在残忍血腥的镜头和文字叙事中浸染，形成缓慢累积的"痛苦"。同样根据格伯纳的"培养理论"，暴力符号培养了受众的认同意识和价值观念，传媒暴力符号形成了传媒的符号暴力，离奇古怪、另类刺激、色情恐怖等强制性地传播，有意无意地侵犯和伤害受众的审美观念、消费主张、伦理道德乃至民族情感，引起受众的普遍痛苦，就是一种放肆暴力符号的强暴行为。

报刊的法制报道和电视的法制节目本来对普及法律知识和建设民主法制社会具有积极的作用。但是，一些法治报道过分渲染犯罪过程，追求节目内容的观赏性，常常采用情景再现和导演补拍的做法，详细地描述罪犯如何作案的经过、如何躲避追踪、如何杀人的残暴行为和凶杀惨状，让人

① 沈新潮、周靖：《电视暴力镜头传播效果分析》，《青年记者》2009年第11期。
② 宋奕勤：《后现代广告符号暴力之研究》，选自《中国传媒发展研究报告2009年·广告卷》，武汉大学出版社2010年版，第104页。

看到的只是善和美被毁灭。①如此则造成观众不知不觉被案情所吸引，把兴趣和注意力投向了罪犯作案的细节，无意识地为潜在"罪犯"提供了犯罪的方法和手段，忽视了传媒应该承载的法律教育功能，所带来的痛苦是社会、家庭和个人无法预测、无法防范也无法承受的。

不仅法制类报道，体育竞技类比赛尤其是拳击、武术和足球比赛，同样充满着暴力文化的内容。与日本队比赛是抗日，赢取德国队是攻克柏林，战胜西班牙是干掉西班牙；德意志血洗英格兰，高丽战车碾过巴林，森林狼加时咬死国王；教练是元帅和掌门人，队员是枪手杀手和射手，队伍是战车战舰和X家军。②帮派门派味、血腥残忍味浓厚，暴力性的语言符号远离了友谊第一，比赛第二的体育精神。

消费社会中的广告宣传也同样带有符号暴力的特征，有意无意对受众产生精神或肉体的伤害。"兔女郎"内衣广告运用低俗的广告符号对受众有意造成紧张、尴尬和难堪，是一种精神上的迫害；苹果MP3性暴力系列化广告中，衣着暴露的年轻男女明显的性虐待行为；SONY巨型婴儿平面广告中，接生的医生、挣扎的产妇、刚出生的婴儿的脸在产妇的两腿间扭曲变形成一张成年男士的脸；各种高档消费品依赖明星裸露出场的广告符号等。传媒放肆暴力符号的传播，甚至贩卖残忍血腥的文本，泛娱乐化的仪式出场，在恐怖、紧张、害怕、恶心之后，留给受众的只是低俗甚至恶俗的阴影。

（三）性：展示性感迷人身体，诱导受众集体意淫

传媒大亨默多克认为：性、体育和比赛是报纸热销的三大要素，更是传媒竞争制胜、市场赢利的法宝。我国新闻界自20世纪90年代中期报纸周末版和都市类媒体的兴起，流行一句行话"Sex Sells"（性是好卖的）。一时间，性闻、性广告、性趣闻、裸体、荤段子、屁啦、死三八、艳照门、写真、名模身材、露点、走光、喷血、情色游戏、色情聊天室、情色文学、网上红灯区等大势充斥到各类媒体中，诱导受众产生无意识集体意淫。

翻开一些报纸，经常可以看到这样一些新闻：《打工妹被囚七年当性

---

① 虞达文：《新闻心理学》，新华出版社2001年版，第251页。
② 赵学勤：《体育报道"暴力"何时休》，《解放日报》2006年5月24日。

奴》《贪官为何难过美色关》《重庆少女仅着三角裤赤裸彩绘醉山城》《女教师沉湎婚外情不过瘾，笔录各个激情瞬间》《母亲动手训幼女，打破女儿处女膜》《一场球赛就是一场性爱》《小S公开谈性事，与妈妈交流哪种姿势最爽》《另类人体摄影，让你产生跳跃冲动》等。报道大熊猫华美和灵灵交配的事情，也采用拟人化的手法，以《两分钟大熊猫女郎过了"初夜"》为题，仔细描写大熊猫交配的过程，洋洋洒洒，娓娓道来，活灵活现，极具现场感。[①]

相对于电视和网络而言，电子媒体中的广播娘娘腔、港台腔、插科打诨和一些荤段子、性病广告、午夜呻吟、情感热线就不值得一提了。电视剧中的戏说风、婚外恋、一夜情、风流帝王、红妓名娼、床头戏；警匪片中的土匪奸淫杀戮民女、偷盗抢掠良家妇女；改革题材中的打工妹失身、女秘书插足、商人嫖娼包二奶、大款纳妾；[②]电视综艺节目中的无聊哄笑、故弄玄虚、测量三围、设置勾引情节、当场调情、对骂揭丑、逗笑小孩、无情游戏；电视"星气象"节目中的身穿艳装，裸露胳膊和大腿，斜躺沙发作妩媚状，娇滴滴、嗲兮兮、甜丝丝、轻飘飘、梦呓呓、黏糊糊地播报天气变化等。电视公共空间成了低俗淫荡任意践踏的场所，私密话题和个人行为在公共领域肆虐地大胆传播。

网络与电视相比，有过之而无不及。娱乐新闻和社会新闻在各商业网站新闻排行榜中总是占有最大的比例而抢占网民关注的视线；人体摄影、车展模特、美女靓照、校花校草、博客相册、快乐交友、行为艺术等，尽情展示性感迷人身材；情色文学、色情网站、色情电影、色情聊天、情色游戏等，虚拟空间的黄祸屡禁不止。低俗、庸俗、媚俗的内容和形式在网络空间中尤为严重，成为政府和职能管理部门常抓不懈而又无法彻底清洁的空间。

低俗广告是所有媒体中普遍存在的现象：广告用语粗鄙庸俗，画质低劣，张冠李戴，移花接木；儿童广告成人化，名人广告泛滥化；女模特衣

① 郑岩：《传媒文化的异化现象批判》，中国广播电视出版社2009年版，第88~89页。
② 邵培仁：《媒介生态学——媒介作为绿色生态的研究》，中国传媒大学出版社2008年版，第178~179页。

薄如蝉，扭捏作态，搔首弄姿，追求性刺激和性挑逗；丰胸、美乳、减肥等类广告大量出现裸露女性乳房的镜头。[①]据《关于我国电视广告中女性形象的研究报告》统计，以低领露乳沟，露腰及肚脐，露大腿 1/2 以上，裸背、裸肩为标准，符合其中一种以上为裸露，则女性暴露占女性角色总数 14.5%，而且暴露这些性感部位多以特写镜头来处理。[②]暴露广告似乎宣传了这样一种价值观：因为性感而被男人欣赏是女性的骄傲。广告的消费性最终被落实到对女性身体的消费上，电视购物频道中的广告尤为突出，其低俗竟然还未被女性自身所领悟，正好印证了民间那台词：卖了自己还帮别人数钱。当然，广告中的女模特从中抽取利润的也不是少数。

二、"鬼、怪、丑"角色的大势夹击

妖魔鬼怪丑的角色与形象，在传统经典文学作品和影视剧中往往是作为反面帮衬形象起反面教材作用。在现代传媒中，当高大全以致平民偶像都成为座上嘉宾使受众产生审美疲倦时，为了刺激受众的阅读兴趣，调动受众的审美情趣，调制受众的收视口味，一些传媒不顾弘扬主旋律、传播正能量、揭示假丑恶的责任担当，以塑造妖魔鬼怪丑的形象和制造相关的新闻报道来吸引受众的眼球，假借"奇闻、异闻、珍闻"的幌子，极尽夸张渲染和粉饰的技巧，颠覆传统，制造恐怖气氛，让受众在程式化的故事情节中进行狂欢，在浅阅读和视觉欣赏中获取短暂的快感，无形中又激活了封建迷信在现实生活中沉渣泛起。

（一）鬼：制造恐怖氛围，演绎新版聊斋

提起有关"鬼"的经典作品和影视剧故事，人们首先就会想到《聊斋志异》和《倩女幽魂》等，这是作者在特定年代无奈直言的一种讽喻之作，无论是主题内容、故事情节、语言艺术，还是讽喻技巧、谋篇布局、人物塑造等都堪称上乘之作。而 20 世纪 80 年代，国门洞开，港台一些有关"鬼"故事的录像带和 VCD 开始在内地上映，胡编乱造的故事情节，真假难辨的鬼狐形象，耀眼炫目的灯光色彩，血腥怪诞的恐怖氛围，无实际内容而

---

① 孙宜君、孙飞：《我国大众传播低俗化现象透析》，《新闻界》2005 年第 4 期。
② 张殿元：《广告视觉文化批判》，复旦大学出版社 2007 年版，第 87 页。

取形式外壳，在惊悚怪诞恐怖之中企图演绎现代版聊斋，走一条分享市场蛋糕的另类影视传播之路。

鬼怪迷信在科技高度发达的现代社会，本该没有市场空间，然而与之相关的传媒文本却大受欢迎，反映了特定时代人们的心理困惑与茫然失措的精神状态。现代社会巨大的恐惧感攫住了现代大众，越来越感到无法掌握宇宙也无法掌握自己，对技术工业文明走向的恐怖、对无法治愈的疾病恐惧，对人性自身取向的恐惧，使大众在阅听神狐鬼怪的过程中，能够寻求强烈的感官刺激，以及刺激后带来的放松和过瘾，从而排解心理压力和对生活无法掌控的恐惧感。恐怖是对大众心灵的强烈刺激，来自大众对所处环境与所见对象的一无所知，这种心理被部分媒体所理解和利用，于是一些鬼怪迷信被有意无意地宣扬，逗引大众对这类信息和故事寻寻觅觅，甚至欲罢不能。

一些故事类、文摘类报纸和都市类报纸副刊经常刊登诸如此类的《不屈的冤魂》《零点尖叫》《姐姐死了》等鬼故事，也包括一些带有极富挑逗性的新闻《杀人奸尸恶魔家中搜出瞄准镜、狙击枪和手雷》《爱上那一场骑虎难下的恋情》等。[①]国家级贫困县河南桐柏县耗资亿元建豪华办公楼，并建有"聚宝盆""牌坊""龙眼""怪兽"等这些与办公环境无关的风水建筑，长春一法院门前挂着的"辟邪宝剑"，河南宜阳国土局入门处绘着的"八卦图"，[②]等等鬼怪乱神的无稽之谈在媒体中被大肆炒作，折射出政府官员的信仰危机、科学素养偏低和价值观偏离甚至沉沦的事实，搞一些"避邪""降妖"来保佑自己"平安无事""升官发财"，也反映了媒体低俗赢了眼球，输了口碑的社会认同。

（二）怪：奇装异服、怪语怪行，算命测字求神拜佛

可以毫不夸张地说，只要一打开电视，除了一些整点时间的新闻节目以外，无论遥控器点到哪里，各种综艺游戏类的节目随处可见。奇装异服、怪言怪语、搞怪行为成了吸引眼球的主要支柱。一些主持人通过奇装异服等外在形式刺激观众的感观，戏说、调侃、索吻、摸胸，无所不用，拿肉

---

① 梁丹：《"鬼故事报真的有'鬼'"》，《山西商报》2006年4月7日。

② 《党员干部岂能"不问苍生问鬼神"》，http://news.xhby.net/system/2008/11/05/010370204.shtml。

麻当有趣，以挑逗、暧昧的言语，或港腔台调，或打情卖俏，或恣意嘲弄，或刻意调笑，在俗不可耐中充满着低级趣味。[①]

翻开一些报纸，《广州孕妇提前剖腹产"猴仔"》《北京新人"吉日"扎堆领证忙》《新年南京人热衷改名字》等大肆宣扬"鸡年无春不宜结婚"的说法，把民间流传鸡年是"盲年"、黄道吉日甚少、不宜嫁娶和生子的习俗异变为"科学信仰"，于是一些孕妇违背自然规律赶在大年三十前剖腹生产，一些准备来年成婚的情侣不顾时机是否成熟便扎堆领证，平常有点挫折的人便开始改起名字来。还有什么水变油、气功大师手到病除、贴贴某产品就可以减肥的广告等。

除了出版市场上大肆流行一些伪科学或宣传封建迷信的出版物外，互联网上也不乏宣扬愚昧迷信、看相、算命、测字、看风水、求神拜佛等的现场测试和电子读物下载，有关封建迷信的磁带、光盘、计算机软件随处可见，让国家新闻出版署发出的《关于不得出版宣传愚昧迷信的图书的通知》和《关于不得出版宣扬愚昧迷信和伪科学内容出版物的通知》等文件流于形式，难以监管。

国家行政学院程萍博士曾公布过《中国县处级公务员科学素养调查报告》，报告显示：有半数以上的县处级公务员都存在相信"相面""周公解梦""星座预测"和"求签"4种迷信现象的情况，现实里这个人群中热衷占卜算命、求神拜佛乃至大肆造墓、择日选辰的也不鲜见。[②]这些现象的存在不能不说与媒体低俗无聊的迷信宣传可能有着某种直接或间接的联系。

2010年长沙各大媒体疯狂炒作"万圣节"，一些商家搞噱头玩鬼怪，南瓜灯、化装舞会、骷髅面具、巫师帽、咖啡馆酒吧商场搞"鬼"迎客等成为媒体报道的热点。[③]且不说媒体无意宣传了崇洋媚外的思想，怪异主题在媒体中的"横行霸道"多少违背了大众对媒体的期待。

---

① 孟娜：《反思当今电视节目中的低俗化现象》，《理论界》2008年第4期。

②《党员干部岂能"不问苍生问鬼神"》，http://news.xhby.net/system/2008/11/05/010370204.shtml。

③ 石月：《万圣节搞噱头玩鬼怪 长沙人过洋节为哪般》，《长沙晚报》2010年10月28日。

（三）丑：颠覆传统审美，挑战道德底线

丑闻、丑态、丑角是一些媒体长盛不衰的调料。就在文学界以夺人耳目的《丰乳肥臀》《妻妾成群》《欲火黑天鹅》《大欲女》《作女》《暧昧》《我这里一丝不挂》《不想上床》《我把你放在玫瑰床上》《天亮以后说分手》等撕破"下半身"赤裸裸地面向大众"狂欢"时，这些三无（无思想、无境界、无文笔）的作品便借助大众传媒进行连载和评论，将前现代、现代、后现代以及全球和本土、激越与颓废、浪漫与怀旧、色情与纯真拼贴在一起，对诸如暴力、吸毒、做爱、摇滚、流浪、歇斯底里、疯狂表演和自我封闭进行直白地解读，[①]制造一个个媒介文学事件，把反文学、反文化、反审美的阅读取向变成取悦大众的生活甜点，让丑闻、丑态、丑角顺理成章地成为甜点的佐料，在传媒消费市场上成为耀眼的卖点。

传媒通过丑闻、丑态、丑角等来包装其他文化消费产品的同时，也同样包装了自己。凡是能在消费市场上获得丰厚回报的对象，像前面已经提及的各种丑闻、丑行、丑态和丑角，如电视节目中的对骂揭丑、调情嬉笑、奇装异服、高声怪叫尤其是身体展示，都是传媒的消费符号。萨特说恋爱中的抚摩是肉体精神化或精神还原为肉体的一整套仪式，服务身体的美丽包装正是这种仪式。它应当精神化，但又常常被流行的、推销的、广告性普适性命令所阻断，被消费商品包装的偶像所诱骗。[②]也就是说，身体被符号化了，被仪式化了，被消费化了。

美的身体成为媒体捕捉的对象，丑的身体也难逃媒体的视线，更何况主动投怀送抱的身体。前者有媒体通过幕后推手策划出的媒体红人，像芙蓉姐姐、凤姐、犀利哥等；后者有木子美、竹影青瞳、伪娘等。无论是超级自恋，还是借助媒体扬名，都成为媒体消费的有利对象。

还有更多的明星丑闻，官员丑态，潜规则丑角。无论是报刊文字叙述，还是电子媒体的视频图片，每一种媒介"丑"类报道和展示，出场、炒作跟踪、高潮、谢幕、淡出，程式化的仪式带给大众的是一场广场式的狂欢，

---

① 范玉刚：《欲望修辞与文化守夜——全球化视域中的中国大众文化研究》，中国文联出版社 2008 年版，第 198~199 页。

② 彭逸林：《真实·人文的宿命——思想、传播、叙述、意义》，重庆出版社 2005 年版，第 112 页。

颠覆了传统的审美观念，挑战着社会的道德底线，回避了真善美的颂扬，跳进了假丑恶的泥坑，遭受社会诟病，最终难逃"近墨者黑"的结局。

三、"冷、潮、讽"形式的无顾忌张扬

冷嘲热讽、夸饰消费、歪曲时尚、漠视生命、歧视弱者、缺乏人文关怀等现象在一些媒体中也时有发生。这些现象小到作为媒体贩卖内容的调料，大到引起社会大众对传媒伦理道德的深思。媒体冷硬新闻的报道，漠视生命、歧视弱者、缺乏人文关怀，在一些悲剧性事件（像地震、台风、海啸、交通事故、泥石流、矿难等）和一些特殊的人群身上（残障人员、农民工、农村妇女和留守儿童等）比较集中；媒体以娱乐为取向贩卖低俗，冷嘲热讽、夸饰消费、歪曲时尚，在一些电视综艺节目和电视购物广告中比较普遍。一些媒体对娱乐功能的过分追求，带来娱乐越界走向低俗，似乎成了一浪促一浪的必然趋势，让一些媒体深陷其中而不能自拔。

（一）冷：漠视生命苦难，缺少人文关怀

2008 年 4 月 28 日凌晨，胶济铁路发生列车相撞事件，人员伤亡惨重，面对这样的灾难，居然有人"创造"出这样一条短信：胶济铁路火车相撞事故告诉我们一个真理，出轨并不可怕，可怕的是被撞到。

现实生活中的各种调侃并不奇怪，它只是一种放松、发泄、自嘲、解乏、无聊而已。作为社会的瞭望塔、党和国家的耳目喉舌、民众的代言人，大众传媒以调侃的姿态去面对各种危机事件、重大问题和特殊人群的话，不仅是严肃性的降格，淡化大众对问题的认识，而且是对报道对象的极为不敬，对大众对媒体期望的辜负，也是对传媒自身责任的回避，对传媒自身形象的损毁。

中国工人在阿富汗遭遇袭击，俄罗斯人质事件，国内电视节目在报道之后号召观众通过短信有奖竞猜，把一个涉及生命安危的重大国际问题变成了一项观众娱乐竞猜的活动，这种漠视苦难、轻薄死者、缺少人文关怀的做法让国人难以接受；[1]还有对于车祸现场、凶杀现场赤裸裸的画面展现，将农民工的自杀说成一场"跳楼秀"等，都是冷漠生命、忽视人性的

---

① 邱红杰、邹声文：《低俗之风"拷问"传媒社会责任》，《四川日报》2004 年 12 月 20 日。

现象；更有不少媒体（尤其是电视情感类节目）将精力关注于夫妻间的日常情感，展现社会中畸形的爱情观以及价值观，赤裸的话题完全不顾及当事人双方的感受，只顾电视化的手段是否能把情节推向高潮，不考虑是否向社会传递了不健康的信息。

农民工往往以弱势群体、受害者的形象出现在一些媒体中，或在事故中死亡或受伤，或在求职中遇到挫折、上当受骗、愚昧无知，或被盗、被抢、被雇主侮辱，或者为生活所迫到处流浪、无家可归……这样的报道依然很多：[1]像《农民工跳海轻生自杀前将女儿扔进大海》《农民工车库内摸黑施工坠井身亡》《农民工遭遇"二道贩子"的层层转包》《肩膀拍了一下　农民工被骗14万》《春运要来了农民工抢购防盗内裤》等，这些被媒体刻意拟制的新闻标题，营造出真实、新奇、惊悚、凄惨、血腥、恐怖的气氛，充满人性冷漠。媒体的良知荡然无存，把农民工的死亡或不幸制作成"媒体奇观"供人欣赏，达到"吸引眼球"的效果。

（二）潮：虚高奢侈浪费，歪曲时尚潮流

在消费社会里，凡是能够被消费的对象，媒体都进行尽心尽力的挖掘，除了像前面所列举的采用非常手段，甚至通过偷窥的方式，把注意力集中在明星的绯闻、隐私、丑闻、八卦、诉讼和琐事上，似乎一个没有上述事件沾身的明星就不是一个引领时尚潮流的明星。同时把"时尚"报道理解为：热衷于对豪宅、盛宴、名车和其他奢侈品的炒作，或者将性虐待等低俗的文化元素当作时尚标签加以追捧；报道一些明星的奢靡生活，特别是顶级体育明星生活奢靡，如舒马赫私人飞机接狗；策划明星生活奢靡度大比拼等报道。[2]

在电视各种选美节目中，衡量白人美女的尺度成为标准化趋同的尺度，可以量化的身高三围和不能量化的眉眼的距离、眼眶的大小、嘴唇的厚薄、脸颊的宽窄……这些都成为衡量美貌的时尚标准。这种趋同化的选美标准必然会引导出单一化的审美倾向。可能有的未成年人通过大众传媒审美观的影响，出现审美偏差，甚至良莠不齐，把怪诞当时髦，把粗野当豪放，将玩世不恭和放荡不羁视为潇洒和有风度。对时尚潮流单一化甚至歪曲式

---

① 权波：《农民工媒介形象建构研究》，《青年记者》2010年3月中旬刊。

② 人民网·人民宽频：http://tv.people.com.cn/GB/79889/5855792.html。

的引导，否定了审美取向的多样化标准。

一些社会热点、焦点和莫须有的事件往往是媒体消费的时尚，像艳照门事件、"华南虎"事件、白岩松"被自杀"事件等。明星消费、身体消费、热点事件、热点话题成了媒体制造消费的本能。广告中的奢侈品崇拜、影视剧中的奢侈品张扬、节目主持人和参与嘉宾奢侈品显摆等虚高奢侈浪费，对商品化赤裸裸的投机，对严肃文化的思想性、拯救意识和批判精神的嘲讽，歪曲了时尚潮流。

（三）讽：讽喻谩骂和诋毁，原汁原味酿低俗

在一些电视节目中，双方当事人在镜头前互相指责、谩骂、诋毁，甚至大打出手，这种"火爆"场面时有发生，有的还是编导和主持人有意策划出来的，通过"原汁原味"地播出以达到"真实"的效果，这正是电视节目对收视率追求的体现。但是，这种场面极有可能给当事人双方形象、名誉带来负面影响，等当事人双方冷静下来后，其行为或心理可能会得到纠正，但其负面形象却被"定格"在屏幕中了，牺牲的是当事人双方，满足的是电视收视率和观众的"窥私欲"。

中国美术学院院长许江先生曾有一段耐人寻味的话：有些媒体人太年轻，对许多事情缺少准确的判断。他们在心里构建了一个虚拟的大众群体：这个群体是不喜欢读书的、不喜欢讲大道理，是乐于嘻哈打闹的。[①]

对受众的"自信"判断，就会相应地制作出供受众消费的媒介产品，比如"费翔胸毛事件"的沸沸扬扬。事情经过是这样的：东南亚海啸发生，中国艺人纷纷解囊，捐钱捐物，给人印象最深也是最有争议的是费翔"捐"出一根胸毛。一向有着良好声誉的费翔"捐献"胸毛事件被媒体报道后，在社会上引起很大的反响，广大受众尤其是网民纷纷讨伐费翔。"拍卖胸毛"一事源自费翔参加台湾电视节目《康熙来了》的录制活动，当时主持人要求费翔拿出一样东西拍卖善款捐给灾区，费翔当场摘下了自己的戒指。但主持人随意发挥，要求他捐出一根胸毛，为了避免节目陷入尴尬，费翔同意主持人剪下一根胸毛。[②]

---

① 许江：《关注传媒"稚化"现象："三俗"并非大众文化的必然》，http://culture.zjol.com.cn/05culture/system/2010/08/23/016868069.shtml。
② 《费翔出面澄清拍卖胸毛"赈灾"事情始末》，http://news.cri.cn/gb/6851/2005/01/10/602@417294.htm。

无论是媒体自身被认为借机炒作，还是明星就此借势再度扬名。近些年来，传媒低俗内容对现实生活已经产生了不少的负面影响，可能在有意无意之中，推动了民间社会审美情趣的低俗化，社会道德水准的滑坡，乃至纵容了对党政机关、领导干部和社会体制的嘲讽、质疑、蓄意攻击。①

第二节　马克思主义新闻观与传媒社会责任

丰富的实践活动是理论突破的肥沃土壤。改革开放四十多年来，有中国特色的新闻传播学理论不断得到有效构建、创新和发展。有中国特色的新闻传播学理论既是整个中国特色社会主义理论体系的重要组成部分，又是马克思主义新闻传播学理论中国化的最新成果，核心部分是马克思主义新闻观。

中国特色新闻传播学理论始终坚持以马克思主义新闻观为指导，始终根据我国的实际状况和时代特征赋予其鲜明的理论内涵与价值意义。坚持党性与人民性从来都是一致的原则，坚持以人民为中心，把体现党的主张和反映人民群众的呼声统一起来，把坚持正确导向和通达社情民意统一起来，把实现好、维护好、发展好最广大人民群众的根本利益作为新闻传播的出发点和落脚点。②

改革开放四十多年来的经验说明：无论国际国内出现怎样的复杂情况，无论体制机制改革发生怎样的变化，新闻舆论工作始终坚持和牢牢把握党性与人民性高度一致这个中国特色社会主义新闻传播学的根本原则，坚持党对新闻舆论工作的领导，全心全意为人民服务，紧跟时代实际和科技前沿，才能真正担当起"高举旗帜、引领导向，围绕中心、服务大局，团结人民、鼓舞士气，成风化人、凝心聚力，澄清谬误、明辨是非，联接中外、沟通世界"的职责使命。③

①《新媒体如何助推"新道德"》，http://jls.huatu.com/xyzl/2012/0306/215306_2.html。
② 尹韵公：《解放思想，开拓进取，丰富和发展中国特色社会主义新闻学》，《新闻与传播研究》2009 年第 1 期。
③《习近平在党的新闻舆论工作座谈会上强调：坚持正确方向创新方法手段，提高新闻舆论传播力、引导力》，《人民日报》2016 年 2 月 20 日第 1 版。

一、马克思主义新闻观中国化的最新理论成果

我国新闻舆论工作在中国共产党的领导下，在马克思主义新闻观的指导下，在近百年具体的新闻传播实践中，形成了以下一系列马克思主义新闻观中国化的新闻传播理论创新成果。①

1）坚持党性原则是新闻舆论工作的根本原则。

新闻媒体是党、政府和人民的耳目喉舌，是党的重要思想舆论阵地。习近平强调："党的新闻舆论工作坚持党性原则，最根本的是坚持党对新闻舆论工作的领导。党和政府主办的媒体是党和政府的宣传阵地，必须姓党。党的新闻舆论媒体的所有工作，都要体现党的意志、反映党的主张，维护党中央权威、维护党的团结，做到爱党、护党、为党；都要增强'四个'意识，在思想上、政治上、行动上同党中央保持高度一致。"②坚持党性原则是新闻舆论工作的根本原则，党性和人民性从来都是一致的。

2）坚持以人民为中心是做好新闻舆论工作的根本要求。

人民立场是中国共产党的根本政治立场。习近平强调："要牢记全心全意为人民服务的根本宗旨，坚持人民至上理念，站稳人民立场。中国共产党人的初心和使命，就是为中国人民谋幸福，为中华民族谋复兴。全党同志一定要永远与人民同呼吸、共命运、心连心，永远把人民对美好生活的向往作为奋斗目标。做好党的新闻舆论工作，必须坚持以人民为中心的工作导向，坚持以民为本、以人为本，解决好为了谁、依靠谁、我是谁这个根本问题，把实现好、维护好、发展好最广大人民根本利益作为全部工作的出发点和落脚点。"③这表明新闻舆论工作就是要彻底贯彻人民是历史创造者的根本观点，充分尊重人民在中国特色社会主义事业中的主体地位。实现新闻舆论工作以党和政府的关注为关注，以人民群众的关切为关

---

① 节选自本书编写组：《马克思主义新闻观十二讲》，高等教育出版社2019年版（内容有增、删、修、改）。

② 本书编写组：《习近平新闻思想讲义（2018年版）》，人民出版社、学习出版社2018年版，第55页。

③ 新华通讯社课题组：《习近平新闻舆论思想要论》，新华出版社2017年版，第61页。

切，把坚持党性原则与坚持以人为本紧密结合起来。

3）坚持把建设社会主义核心价值体系作为根本任务。

建设社会主义核心价值体系，努力在全社会形成有利于社会主义核心价值体系建设的舆论强势，是新闻媒体义不容辞的社会责任。新闻工作者应当成为社会主义核心价值体系的坚定信仰者、积极传播者和模范践行者，坚持不懈地用马克思主义中国化的最新成果武装全党、教育人民，牢固树立中国特色社会主义共同理想，自觉把社会主义核心价值体系的要求贯穿到新闻宣传工作的各个方面，通过新闻报道宣传科学理论、传播先进文化、塑造美好心灵、弘扬社会正气，引导更多的人自觉践行社会主义核心价值体系，扎实推进和谐文化建设，推动在全社会形成统一的指导思想、共同的理想信念、强大的精神力量和基本的道德规范。

4）肩负起党的新闻舆论工作的职责使命是加强新闻舆论工作队伍建设的根本要求。

党的新闻舆论工作的职责使命是高举旗帜、引领导向，围绕中心、服务大局，团结人民、鼓舞士气，成风化人、凝心聚力，澄清谬误、明辨是非，联接中外、沟通世界。习近平提出：新闻舆论工作者坚持正确政治方向，同党中央保持高度一致，坚持马克思主义新闻观，坚守党和人民立场，坚持中国特色社会主义，做政治坚定的新闻工作者；坚持正确舆论导向，深入宣传党的理论和路线、方针、政策，深入宣传全国各族人民为实现"两个一百年"奋斗目标，实现中华民族伟大复兴中国梦进行的奋斗和取得的成就，弘扬主旋律，释放正能量，做引领时代的新闻工作者；坚持正确新闻志向，提高业务水平，勇于改革创新，不断自我提高、自我完善，做业务精湛的新闻工作者；坚持正确工作取向，以人民为中心，心系人民、讴歌人民，发扬职业精神，恪守职业道德，勤奋工作、甘于奉献，做作风优良的新闻工作者。①

5）提高舆论引导能力，是加强党的执政能力建设的重要方面。

新世纪、新时代、新阶段，舆论传播方式与渠道日益增多，舆论引导难度不断加大。习近平强调：过不了网络关就过不了执政关，要适应分众化、

④参见习近平：《在文艺工作座谈会上的讲话》，《人民日报》2015年10月15日第2版。

差异化趋势，加快构建舆论引导新格局；要坚持团结稳定鼓劲、正面宣传为主，落实意识形态工作责任制，加强阵地建设和管理，注意区分政治原则问题、思想认识问题、学术观点问题，旗帜鲜明反对和抵制各种错误观点；要抓住时机、把握节奏、讲究策略，从时、度、效着力，体现时、度、效要求；要坚持创新为要，创新理念，创新内容，创新方法手段，创新体制机制，努力推出有思想、有温度、有品质的作品；要做好网上新闻舆论工作，网上网下要形成同心圆，走好网络群众路线，以法治网、依法办网、依法上网，不断提高对互联网规律的把握能力，对网络舆论的引导能力，对信息化发展的驾驭能力，对网络安全的保障能力，不断提升党的执政能力建设。

6）遵循新闻传播规律和新兴媒体发展规律。

规律是客观世界的运行法则，决定着事物的发展方向。新闻舆论工作是一门科学，有其内在的客观规律。习近平总书记多次强调：要遵循新闻传播规律和新兴媒体发展规律，必须坚持解放思想、实事求是、与时俱进，适应国内外形势的新变化，顺应人民群众的新期待，以改革创新精神做好工作。要坚持用新时代要求审视新闻宣传工作，按照新闻传播规律办事，创新观念、创新内容、创新形式、创新方法手段，努力使新闻宣传工作体现时代性、富于创造性，不断提高新闻舆论传播力、引导力、影响力、公信力。"按新闻传播规律办事"，就必须完善体质、健全机制，"第一时间发布权威事实信息"，提高时效性，增加透明度，牢牢掌握新闻舆论工作的主动权。

7）加快传统媒体和新兴媒体融合发展，占领新传播格局下信息传播制高点。

把握现代新闻传播规律和新兴媒体发展规律，运用互联网思维，推动传统媒体和新兴媒体融合发展，构建立体多样、融合发展的现代传播体系。习近平强调：要积极探索有利于破解工作难题的新举措、新办法，特别是要适应社会信息化持续推进的新情况，充分运用新技术新应用创新媒体传播方式，整合新闻媒体资源，尽快从"相加"阶段迈向"相融"阶段，从"你是你，我是我"变成"你中有我，我中有你"，进而变成"你就是我，我就是你"，着力打造一批形态多样、手段先进、具有竞争力的新型主流媒体，建成几家拥有强大实力和传播力、公信力和影响力的新型媒体集团，推动传统媒体和新兴媒体在内容、渠道、平台、经营、管理等方面的深度融合，不断扩大主流媒体的覆盖面和影响力，占领新传播格局下信息传播制高点。

8）加强国际传播能力建设，让世界认识一个真实、立体、全面的中国。

传播力决定影响力。谁的传播手段先进、传播能力强大，谁的思想文化和价值观念就能更广泛地流传，谁就能发挥更大的影响力。传播能力越来越成为国家和地区软实力的重要组成部分，在国际和地区竞争中的地位和作用日益突出。习近平指出，当今世界是开放的世界，当今中国是开放的中国。中国和世界的关系正在发生历史性变化，中国需要更好了解世界，世界需要更好了解中国。要下大力气加强国际传播能力建设，让世界都能听到并听清中国声音，让世界认识一个立体多彩的中国；要以中国梦为引领，讲好中国故事，传播好当代中国价值观念；要加强对外话语体系建设，打造融通中外的新概念、新范畴、新表述，用中国理论阐释中国实践，用中国实践升华中国理论，更加鲜明地展现中国思想，更加响亮地提出中国主张；要优化战略布局，加快建设国际一流媒体，发挥新兴媒体作用，借力国外媒体平台，线上与线下相结合，构建政府、媒体、社会组织、企业、个人五大行为主体多音齐鸣、协同创新的"复调传播"，努力形成与我国经济社会发展水平和国际地位相适应的国际传播能力，赢得话语权，掌握主动权，扩大国际影响力，为我国社会主义现代化事业营造良好的国际舆论环境。

二、新闻舆论工作者的角色身份与职责使命[①]

2016 年 2 月 19 日，习近平主持召开党的新闻舆论工作座谈会，提出要深入开展马克思主义新闻观教育，引导广大新闻舆论工作者做党的政策主张的传播者、时代风云的记录者、社会进步的推动者、公平正义的守望者。[②]新时代习近平对新闻舆论工作者角色身份的精准定位，表明党

---

① 本小节部分内容参见拙文：《新闻舆论工作者的角色身份：自我认知与社会认知》，《当代传播》2017 年第 6 期。

② 习近平：《坚持正确方向创新方法手段，提高新闻舆论传播力引导力》，http://www.xinhuanet.com/politics/2016-02/19/c_1118102868.htm。

和国家要求新闻舆论工作者从党的工作全局出发，把握自身定位，明确自身角色，摆正自身身份，防止失范行为；也有利于全社会对新闻舆论工作者进行角色评判、身份考究和成效期许，推动新闻舆论工作者在纷繁复杂的意识形态斗争中为党立命、为民立言、为己立身，构建新闻舆论工作阐释共同体，实现个人价值与职业价值的统一，切实履行党赋予新闻舆论工作者的职责使命。

（一）党的政策主张的传播者

党的政策主张的传播者是党的新闻舆论工作者的政治属性、第一要务和耳目喉舌功能的具体体现。党的新闻舆论工作既是政治性很强的新闻业务工作，也是新闻业务性很强的政治工作，传播党的政策主张，要把正确的政治方向摆在第一位，坚持党性和人民性高度一致的原则，以正面宣传为主，正确引导社会舆论。新媒体环境下做党的政策主张的传播者，要掌握先进的传播科学技术，熟悉媒体融合的生态环境，克服本领慌，提升传播能力。在党的政策主张的传播过程中，一要及时准确、全面系统地传播党的政策主张；二要情真意切、深入浅出地阐释党的政策主张；三要原原本本、客观真实地宣传党的政策主张在实际贯彻执行中所取得的创新成果。时下改革开放全面推进，发展是解决一切问题的根本，新闻舆论工作者要及时准确、全面系统地传播"稳增长、促改革、调结构、惠民生、防风险"，"落实创新、协调、绿色、开放、共享"五位一体总体布局，"全面建成小康社会、全面深化改革、全面依法治国、全面从严治党"四个全面战略布局等党的政策主张。这些党的政策主张，只有通过党的新闻舆论工作者的有力传播，明确是非对错，才能走进千家万户；只有通过党的新闻舆论工作者的有效阐释，以人民群众乐于接受的话语方式，听得懂，听得进，才能入脑入心，变成亿万人民的自觉行动；只有通过党的新闻舆论工作者对政策成效的极力宣传，以政策主张的实效验证政策主张的正确性，才能增强全党全国各族人民的凝聚力和向心力，从而树立好党的执政形象，引领"治国理政，定国安邦"的舆论导向。

（二）时代风云的记录者

时代风云的记录者是新闻舆论工作者着眼全局、立足中国、放眼世界的史家精神的根本要求。做好时代风云的记录者，首先要明白我们正处于一个什么样的时代，中国共产党正带领全国人民致力于实现"两个一百年"奋斗目标和中华民族伟大复兴中国梦，中国越来越走近世界舞台中央，与世界各国共同推进和平、发展、合作、共赢的伟大征程。新闻舆论工作者要有"弄潮儿向涛头立"的英雄气概，围绕中心，服务大局，对各种社会问题、社会现象、社会思潮保持敏锐的观察能力，在热点、难点、焦点问题面前"不失语、不乱语、不错语"，把握时代进步的主旋律和历史发展的大趋势，记录人民群众的精神风貌和国家发展的前进足迹，在众说纷纭中主动发声，齐声合唱，抢占新闻舆论制高点。其次要打通国内与国外、内宣与外宣、网上与网下、线上与线下的界限，实行同心圆运作，对世界各国出现的新事物、新情况、新思想、新知识，要睁开眼睛，统筹国内国际两个大局和发展安全两件大事，成为中国观察世界的晴雨表和世界了解中国的风向标。再次要做连接中外、沟通世界的桥梁纽带，向世界讲好中国故事，传播好中国声音，阐释好中国特色。用国外民众听得懂的语言和能够接受的话语方式通俗易懂地讲中国的好故事，全面立体真实地展示文明大国、东方大国、负责任大国和社会主义大国的国家形象。同时也要倾听"他国说我"的客观评说，加大对国际事件、热点问题、涉我敏感问题的报道评论力度，打好舆论攻坚战，展示理性成熟的大国心态，建立平等相待、互商互谅的伙伴关系，营造公道正义、共建共享的安全格局，谋求开放创新、包容互惠的发展前景，促进和而不同、兼收并蓄的文明交流互鉴。[①]

（三）社会进步的推动者

社会进步的推动者是新闻舆论工作者参与社会建设、推动社会发展进步的使命使然，是解决好"为了谁、依靠谁、我是谁"这一根本问题的时代要求。做好社会进步的推动者，首先要认知和把握社会进步的动力和规律，改革是社会发展进步的动力，衡量这一动力的标准是看是否促进经济社会发展、是否给人民群众带来实实在在的获得感。进步的社会是"国家富强、民族振兴、人民幸福"的社会，新闻舆论工作者要做"国家富强、民族振兴、人民幸福"的推动者，推动人民对美好幸福生活的向往变成现实。其次要弘扬主旋律，坚持正面宣传为主，在全局与局部、成绩与问题、

---

① 王一彪：《自觉履行党的新闻舆论工作者的职责使命》，《新闻战线》2016年第11期（上）。

主流与支流面前，走基层、转文风、改作风，俯下身、沉下心、静下气，察实情、说实话、做实事，动真格、揭真相、抒真情，以典型报道反映社会的向上向善，努力推出有思想、有温度、有品质、接地气的新闻作品，形成引领社会进步的舆论推动力。再次是传播正能量，打通"现场"和"立场"，接通"天线"和"地线"，贯穿"国内"与"国外"，权为民所用、情为民所系、利为民所谋，心系人民、讴歌人民、团结人民，鼓舞士气、成风化人、凝心聚力，因势而谋、应势而动、顺势而为，在知势、识势、引势中提升新闻作品的吸引力和感染力，推动国家富强、民族振兴、人民幸福和自身的发展进步。

（四）公平正义的守望者

公平正义的守望者是新闻舆论工作者的职业要求，也是党和人民对新闻舆论工作者的共同期盼。公平正义是社会主义核心价值观的重要内容，守望公平正义，首先不能辜负党和人民的信任与期盼，党把"促进社会公平正义，增进人民福祉"作为全面深化改革的出发点和落脚点，新闻舆论工作者就要秉持公平正义的立场，严守职业良心，宣传好哪里有不符合促进社会公平正义的问题，哪里就需要改革；哪个领域哪个环节问题突出，哪个领域哪个环节就是改革的重点，[①]做到为党分忧，为民尽责。其次把人民利益放在最高位置，新闻舆论工作者的根基在人民、血脉在人民、力量在人民，树立"以人民为中心"的工作导向，让人民成为中国故事的主角，宣传好辛勤劳作、为国奉献而又默默无闻的普普通通的人民群众，做到"民有所呼，我有所应；民有所求，我有所为；民有所难，我有所助"，自觉将人民群众观点、群众路线贯穿到日常实际工作中，与人民群众同呼吸、共命运，反映人民群众的愿望、呼声和要求，始终保持与人民群众的血肉联系，切实维护人民群众的根本利益。再次要开展有实效性的舆论监督，舆论监督和正面宣传是高度一致的，开展有实效的建设性舆论监督，新闻舆论工作者要做公平正义的化身，杜绝"新闻敲诈""媒体勒索""有偿新闻""有偿不闻"和以"暴力色情"

---

① 刘建明：《新闻舆论工作者社会角色的现实定位——习总书记对马克思主义新闻观的当代阐释》，http://media.people.com.cn/n1/2016/0506/c192362-28331517.html。

夺人眼球的不良行为，以公开批评和内参报道相结合的方式，激浊扬清、针砭时弊，果断揭露一切践踏公平正义的行径和侵害人民群众利益的行为，把握好时、度、效，为民剪恶除害，为党清政养廉，形成风清气正的舆论生态和健康向上的社会风尚。

新闻舆论工作者为讲好中国故事而走到一起，为对重大公共事件进行报道而连接在一起，为共享对现实的集体阐释而团结在一起。做党的政策主张的传播者、时代风云的记录者、社会进步的推动者、公平正义的守望者，培养和造就一支政治坚定、业务精湛、作风优良、党和人民放心的新闻舆论工作队伍，构建新闻舆论工作阐释共同体，让全社会认同新闻舆论工作者的角色身份，实现新闻舆论工作者个人价值与职业价值的统一，新闻舆论工作者就应该强化政治意识、大局意识、核心意识、看齐意识，在思想上、政治上、行动上自觉与党中央保持高度一致；就应该坚持政治家办报、坚持走群众路线、坚持党性和人民性高度一致的原则，做党和人民信赖的新闻工作者；就应该坚持正确政治方向、坚持正确舆论导向、坚持正确新闻志向、坚持正确工作取向，做引领时代的新闻舆论工作者，切实担当起"高举旗帜、引领导向，围绕中心、服务大局，团结人民、鼓舞士气，成风化人、凝心聚力，澄清谬误、明辨是非，联接中外、沟通世界"的职责使命，不断开创党的新闻舆论工作新局面。

三、传媒泛娱乐化与社会责任

根据《汉语大词典》的解释，责任大致有三重含义：使人担当起某种职务和职责；分内应做的事；做不好分内应做的事，因而应该承担的过失。[①]社会责任因而就是社会大系统中的每一个行为主体为社会所做的分内的事，相应地担当职务和职责，否则就应该承担相应的过失。

新闻媒体担负着传递信息、沟通社会、引导舆论、宣传教化、提供娱乐的主要功能。作为党和政府的"耳目喉舌"，我国传媒还担负着引导人、教育人、鼓舞人的重要职责，宣传党的主张，弘扬社会正气，通达社情民意，

---

① 谢军：《责任论》，上海世纪出版集团、上海人民出版社 2007 年版，第 24 页。

引导社会热点，疏导公众情绪，搞好舆论监督，营造积极健康的思想舆论氛围，以事实为依据，以生活为源泉，以人民群众是否接受和满意为检验标准，增强社会责任感。①

新闻传播要遵守真实性、准确性、权威性、公正性、可信性。传媒泛娱乐化甚至低俗化，无疑已使传媒误入了歧途，导致传媒权威性和公信力的丧失，对受众、对社会、对传媒自身产生了不良的影响，为了克服日益增长的传媒泛娱乐化趋势和倾向，有必要高度重视起大众传媒的社会责任。

首先，平衡商业利益与社会责任的关系，强化自身的责任意识。江泽民同志视察《人民日报》时曾说过："舆论导向正确，是党和人民之福；舆论导向错误，是党和人民之祸。"大众传媒作为党和政府的"耳目喉舌"，肩负着传达党的声音，沟通党和政府与人民群众的联系；作为大众舆论，必须为建设中国特色社会主义营造良好的舆论环境；作为舆论监督，更要发现当前社会中存在的各种问题，并提出有建设性的解决方法，以供相关部门参考。也就是说，"匡扶正义""追求真理""主持公道""解危济困""铁肩担道义""为人民鼓与呼""让无力者有力，让悲观者前行"等都是大众传媒不可偏离的社会责任。②

在市场经济环境下，平衡商业利益与社会责任两者之间的关系，坚持社会效益第一、经济效益第二，实现社会效益和经济效益双赢，保持社会公信力和目标读者的认同，超越传媒低俗的趋势，体现社会责任感，重新打造媒体形象。传媒的首要功能是报道事实、提供信息、监督环境、守望社会，为人们的决策提供信息服务。能够在多大程度上影响受众，影响社会进程、社会决策、市场消费和人们的社会行为，是传媒的价值所在。传媒泛娱乐化将传媒的首要功能异化为单一的娱乐功能，使之成为休闲生活的一部分，并成为价值取向的首要标准，也就篡改了传媒传递信息、引导舆论的社会责任。

其次，传媒娱乐化要把握好一个"度"，不但内容上要娱乐有度，形式上也要娱乐有度。从内容上来说，并不是所有传媒文本都可以娱乐化，

---

① 周辉：《新闻娱乐化与构建和谐社会》，《安徽职业技术学院学报》2007年第2期。
② 张凤环：《以新闻的力量推进社会文明与进步——谈媒体的社会责任》，《精神文明导刊》2009年第12期。

都需要娱乐化。与老百姓日常生活关联度不大的新闻形式，比如娱乐新闻、社会新闻、体育新闻，从娱乐的视角、娱乐的态度来报道、评论一下倒也无妨，但作为政治新闻、经济新闻与科教新闻是决不允许用娱乐化的手段来处理的。从形式上来讲，传媒泛娱乐化形式的度应该是既能娱乐大众，又不至于减损受众对传媒内容的信任。

面对传媒泛娱乐化，必须准确把握好一个度，既要做到贴近实际、贴近生活、贴近群众，又不能一味地迎合受众。以新闻传播规律为新闻编辑的前提，以新闻价值为新闻的内在核心，以新闻的属性是否变性变质为最后的关口。大众传媒在不违背公益性和社会责任的范围内充分发掘其娱乐功能，使传媒真正走向大众，为大众欢迎，同时为自己带来预期的市场效应，走向发展和壮大之路。反之，只看重经济效益而不顾社会效益，弃公益性和社会责任不顾，一味迎合受众的低俗化需求，纵然可以带来一时的市场效益，长此以往，传媒的公信力和权威性必将丧失殆尽，其生存和发展壮大的可能就无从谈起。①

第三，建设社会主义核心价值体系，弘扬先进文化，以人为本，遵循新闻传播规律和新兴媒体发展规律，切实加强传媒影响力建设，主动争取话语权，扩大在国内国际的影响力。大众传媒是社会主义核心价值体系的主要传播者，在促进政治文明的进程、促进经济社会的健康发展、促进社会文化繁荣进步和促进多元文明交流互鉴等方面，有利于增强国家意识形态的吸引力和凝聚力，从而推动社会全面发展与进步。但是，实现核心价值体系传播面临着整体上的泛娱乐化现象，人为制造低俗笑料、什么内容都掺进娱乐元素，用不健康的情节、画面、视频和文字来取悦大众，造成恶性循环，损害了社会主义核心价值体系的建设，影响了广大观众特别是青少年的心灵健康。

先进文化是指以马克思主义为指导，以培育有理想、有道德、有文化、有纪律的公民为目标，面向现代化、面向世界、面向未来，民族的、科学的、大众的社会主义文化。②始终代表中国先进文化的前进方向是中国共产党

①王涛：《新闻娱乐化呼唤新闻媒体责任的回归》，http://blog.sina.com.cn/s/blog_4db136cf0100bg7o.html。
②魏戫：《党报与先进文化》，天津人民出版社2010年版，第26~27页。

在思想文化领域的执政理念,具体表现为以人为本,拯救弱势群体,把人(每个人)的全面发展作为出发点、核心任务、价值准则和归宿。很显然传媒泛娱乐化彰显的不是先进文化,而是一些低俗落后的东西,迎合受众也不是以人为本的体现,更不是按传播规律办事,也不能争取国内和国际的话语权。白岩松曾经在"中国电视节目主持人25年论坛"上一针见血地指出:"现在的娱乐正在突破道德的底线","所有的节目都在娱乐,连新闻都要娱乐,我们已经疯了。"的确,一些新闻节目在娱乐的道路上已经走向歧途和异化,如某频道"全新"推出一档新闻栏目,为拉抬收视率,连续一个多月的内容让人惊讶侧目:先是以"鸭子"开道,后以"婊子"雷人,其间还穿插凶杀、色情、婚外恋等题材,许多社会丑恶现象被"原生态"式地搬上荧屏,细细展示。①

传媒泛娱乐化尤其是一些电视相亲节目低俗化已经引起了人们的深刻反思,就连法国一位电视人也忧心忡忡地对《环球时报》记者说,这些所谓的相亲节目和现身的男女,目的越来越赤裸裸:性和金钱,爱情和婚姻在这里很难找得到。素有德国"文学教父"之称的文学批评家马瑟尔·赖希—拉尼茨基对这类电视相亲节目大加批评,认为这类节目低俗,全都是垃圾。②

大众传媒倡导走通俗的路线,尽可能扩大传播的范围。但通俗不等于庸俗,通俗是小心谨慎地一步一步地提高人们的文明意识,而庸俗则是迎合落后的观念和行为。改变现状,当务之急是切实提高新闻队伍素质。作为一种崇高的职业,必须经得起历史的考验,无愧于社会、时代和大众。这就要求新闻从业者必须牢固树立马克思主义新闻观,具有良好的职业道德素养,有较高的专业学识,有强烈的敬业精神和出色的业务水平。深入社会,准确看待和把握事件的本质真实,即使专做娱乐新闻的记者,对娱乐新闻的处理也要把握"通俗但不庸俗"的原则,更多地承担起文化传承的责任,而不是对流行文化和明星无原则地赞美吹捧,或是为了所谓轰动

---

① 欧阳宏生、闫伟:《快乐有度 过犹不及——对当前"电视娱乐化"问题的再思考》,《当代电视》2010 年第 2 期。

② 青木:《西方学者批评电视相亲类节目低俗化》,《观察与思考》2010 年第 7 期。

效应而进行无端的谩骂攻击。①

传媒泛娱乐化把公众的注意力从重要的事务上引开，那些无关紧要、琐碎的名人趣事、日常事件及带煽情性、刺激性的犯罪新闻、暴力事件、体育新闻、花边新闻等软性内容成为报道的重点，对人们的切身利益有着重大影响的硬新闻就会逐渐地减少，有关公众利益的劳动权利、生态环保、高新科技、行业危机等方面问题很少得到重视，造成了对大众知情权的损害，公众利益所包含的不迎合及多元、全面的原则也被践踏。总之，迎合受众口味的泛娱乐化遮蔽了对重大新闻事件的报道；对自身私利的追求削弱了传媒的公益性；传媒泛娱乐化难以担当党、政府和人民赋予传媒围绕"中心工作"为公众提供监测社会的信息，以维护公众利益和民主制度的神圣责任。

第三节　回归新闻传播本位　讲好中国故事

在市场经济环境下，利益的驱动，各种传播活动力所能及娱乐化，媒体（尤其电视媒体和网络新媒体）实施泛娱乐化似乎就成了救命稻草。我国新闻传播事业实行社会主义公有制，在中国共产党的领导下，肩负着报道新闻、传递信息、引导舆论、文化教育、提供娱乐等多方面的社会职能。大众传播具有很强的公共性，传媒作为社会公器，必须对社会和公众承担和履行相应的责任与义务，不是传媒自身牟取利益的工具，受众有权要求传媒从事高品位的传播活动。

中央广播电视总台的新一轮改革，让大众看到了许多希望：新闻立台、思想强台既带动了全国范围内传媒新闻立台（报、网）、思想强台（报、网）的示范作用，又给电视台带来了巨大的经济效益和社会效益，也重塑了传媒自身的良好形象。传媒加强回归新闻传播本位的意识，以中国梦为价值引领，努力讲好中国故事，在对内对外传播中展示全面、客观、真实的中国，既担当了舆论引导、信息传递、社会教育、文化建构、健康娱乐的责任，也必然对泛娱乐化尤其是低俗化产生巨大的警示作用，这种发展趋势有利于传媒功能的形塑和再造。

---

① 《试论大众传播泛娱乐化倾向》，http://www.doc88.com/p-7949189642964.html。

一、坚持新闻立台（报、网），追求思想强台（报、网）

公众利益是中国传媒业的立足之本，无论在何种社会制度下，实行何种传媒体制，对传媒业具有公共性的认识是一致的。由此，传媒业必须把公共利益视为最高原则的认识也是一致的。[①]传媒在泛娱乐化过程中，向社会泼出去的是污水，自己收获的却是真金白银，其后果却全部由社会来承担！在这样的情况下，政府规制与市场双重失灵，现在的媒体就其改革来说是毫无方向，必将加速往娱乐化方向走。[②]把公众利益放在首位的要求，规避泛娱乐化的负面影响，以《新闻联播》为代表的硬新闻节目和许多地方台民生新闻节目一直处于高收视状态带来了巨大的启示：大众传媒回归新闻传播本位才真正认清自己的本质属性，找到属于自己的道路，坚持新闻立台，追求思想强台，才能在传媒竞争中脱颖而出，实现双赢局面。央视新闻频道、综合频道和央视四套是"新闻立台"的典范，即使像以"娱乐立台"的湖南卫视，在巡视组"两次"点名的前后，《县委大院》《绝对忠诚》《湖南好人》《"智"造者》《湘江北去》《黑茶大业》《梦向朝阳》《我的青春在丝路》《湘商闯老挝》《新时代学习大会》《不负青春不负村》《时光的旋律》《故园长歌》等高收视率的现象级新闻作品，在收获各类新闻奖项的同时，也为讲好湖南故事、做大做强主流舆论做出了重要贡献。

"以新闻为本位"是邵飘萍 1923 年在《实际应用新闻学》中提出的对新闻传媒的基本要求。无论是从纵向的历史角度看，还是从横向的地理方位上看，新闻传媒业的可持续发展和壮大，都印证了邵氏观点的正确性。2009 年以来，央视明确提出"新闻立台"的方针，认为新闻与新闻节目是央视的立台之本，是央视的核心竞争力。在"技术先进、信息量大、覆盖广泛、影响力强、国际一流"的建设目标下，央视集全台之力，提高新闻的自采率、首发率、原创率、落地率，实现新闻的最快捷、最准确、最全面、最丰富，使之成为海量信息的发布源地，成为满足人们及时获取新闻的主渠道，成为影响社会主流人群、引导社会舆论的重要阵地，成为维护国家利益、塑

---

① 李良荣：《公共利益是中国传媒业立足之本》，《新闻记者》2007 年第 8 期。
② 乐晓磊：《传媒狂欢的多视角观察——中国传媒娱乐化趋势冷观热议》，《新闻记者》2007 年第 4 期。

造国家形象、传递中国声音的重要力量。①

正是在这样的发展理念和办台方针的指导下，央视展现在观众眼前的新闻与新闻节目已经发生了巨大变化：信息量大幅增加；贴近性显著增强；时效性极大提升；新闻评论明显加强；形象更具时代感和亲和力。与此同时，经济效益也获得了大幅度提升。据"合作品牌传播战略"2019央视产品方案发布，2018年上半年，中央电视台继续贯彻新闻立台，CCTV—1、CCTV—4、CCTV—新闻等频道份额位居全国前列，《新闻联播》《天气预报》《焦点访谈》等王牌栏目稳居收视制高点。2018年，当收视率在2%以上的节目越来越稀缺时，《新闻联播》平均收视率高达8.05%，《焦点访谈》收视率2.59%，两会期间（3月3~20日）CCTV—新闻的关注度大幅提升，全国网平均收视份额2.63%，较2月同期上涨25.32%。其中，人大闭幕式当天频道收视份额达到3.39%，社交媒体频现"央视报了"体。②央视的改革再次证明了"有新闻，就有市场"的硬道理，对其他电视台（包括其他各类媒体）无疑会产生指导性的启示作用。

在媒介共存共荣、相互融合的现实面前，人们生活在一个被媒体包围的环境中，海量的信息使人们不知所措，过剩的信息使人们获取信息的时间相对不足。尤其是互联网上海量信息的相互遮盖；危机事件中大量信息的传播所产生的信息恐慌，会导致危机事态的激化；各领域中的信息不对称导致劣币驱除良币的现象大量出现……就需要有思想观点和理念的及时疏导和正确引领。

让公众在海量信息中获取有用的信息资源；让公众在危机恐慌中获得情绪缓释；让各领域中的信息平衡对称，电视媒体走新闻立台的路线，关键还要有思想观点强台的理念。波兹曼说："和语言一样，每一种媒介都为思考、表达思想和抒发情感的方式提供了新的定位，从而创造出独特的话语符号。"因此，大众传媒既要"善于发现、发掘和报道那些反映时代变革的时代信息、时代印记和时代故事，同时又要善于阐释与传播那些推动时代变革、催生时代故事的时代思想和时代理念"。即：一方面用信息

①梁建增：《坚定"新闻立台"，提升传播力》，http://news.a.com.cn/Infos/news_83697.html。
②《总台时代：2018年央视收视率成绩单亮眼》，http://www.iwucai.com/article/504.html。

彰显思想，用故事传播理念；一方面又用思想解读信息，用理念强化故事。总之要用思想做新闻，要做有思想的新闻。①

当今社会的快速发展，人们需要信息进行导航，更需要思想观点进行启发。新闻信息让人们知道周围的变化，思想观点让人们体验变化背后的本质。新闻信息能够满足人们的感性需求，思想观念更能推动社会的理性提升。当前媒体的竞争已由新闻信息的速度、流量竞争转向新闻信息的解读和观点提炼的竞争，新闻媒体可以没有独家报道，但不能没有独家观点、独家的解读。因此，大众传媒通过对新闻信息的有效过滤，用有形的观点去牵引公众对新闻事实进行选择、思考和判断，获取有用的新闻信息；通过受众认知平台的建设、当好受众认同的中介、成为社会行动的依据等手段，提升大众传媒的公信力，以思想观点和理念强台的品牌特色去科学引导社会舆论，抢占话语权，提升在国内国际的传播力。

中央广播电视总台《中国之声》以"板块＋轮盘"的节目架构集新闻和评论为一体，追求"第一时间、第一现场、第一话语权"的新闻传播速度和及时"解读、点评、追问"的新闻思想高度，是一档典型的"以责任，赢信任"的新闻立台和思想强台的广播节目。2018年第一季度全国累计触达13亿人次听众，在全国车载广播市场中，累计触达6.21亿人次私家车主，兼具年龄多样、高收入、高学历和高社会影响力的高端听众品质，在全国最主要的500多个广播频率中收听份额达到5.82%，在车载市场收听份额达到6.23%，在北上广深一线城市，以及直辖市与计划单列市的竞争力远高于全国平均水平，收听份额较全国平均水平分别领先20.04%与25.22%。②收入份额占有量的绝对优势体现着频率品牌市场价值的激增，名利双收的现实绩效反映着社会效益和经济效益之间并不存在相互抵触的矛盾，赚钱并不就要泛娱乐化或低俗化。

解疑、解惑、解闷、解困、解乏、解气的新闻信息和言论能科学引导社会舆论和缓释公众的心理情绪。因此，当今媒体不仅要做信息媒体，还

① 张振华：《科学思维与思想传媒》，《求是与求不——广播电视散论》，中国国际广播出版社2007年3月版，第128页。
② 《第三方大数据详解中国之声2018年一季度全国35个核心城市收听市场表现》，http://ad.cnr.cn/dsj/20190302/t20190302_524527339.shtml。

要追求成为思想媒体。中央广播电视总台的新一轮改革，《中国之声》等的成功示范，凤凰卫视在全球华人中影响力的生成，阳光卫视受众群的不断扩大，基本上印证了"回归新闻传媒"的正确性。传媒泛娱乐化，久而久之，大众传媒的认知、守望、监督、教育、审美等功能就会被削弱，沦落为只有一种功能即娱乐的功能。

二、以专题和纪录片为突破口，传播中国感知世界

持续深入的改革开放政策，中国与世界的关联越来越深、互动性越来越强，与世界无关的纯国内问题越来越少，与国内无关的纯国际问题也越来越少，国内问题国际化，国际问题国内化。随着新媒体的发展，信息传播呈现一种跨越时空跨越疆界的态势，对内对外传播的界限越来越模糊。无论是国内问题报道还是国际问题报道，"必须同时兼顾国内、国际两个大局、两种背景和两种语境。既要讲中国立场，又要讲人类情怀；既要有中国视角，又要有世界视角；既要有中国思维，又要有世界思维；既要讲中国话，又要讲世界语；既要唱中国调，又要唱国际歌；以求既做到在国内语境下的得体表达，又做到在国际语境下的得体表达，从而保证我们在两个语境下的正面的宣传效果。总之一句话，在全球化的今天，中国的广播电视，既要以中国与世界的双重视角看中国、报中国，又要以世界与中国的双重视角看世界、报世界。"①

传播中国感知世界，大众传媒起急先锋的作用。在提高我国国际竞争软实力的背景下，党的十七届六中全会审议通过了《中共中央关于深化文化体制改革、推动社会主义文化大发展大繁荣若干重大问题的决定》。《决定》指出我国目前的国际传播能力，有五个"不相适应"：与我国经济社会发展的要求不相适应，与现代科学技术和传播手段迅猛发展不相适应，与我国的国际地位和影响力不相适应，与日趋激烈的国际媒体竞争形势不相适应，与境外受众日益增长的了解中国的需求不相适应。②中央强调国

---

① 张振华：《广播电视十题断想》（代自序二），《道法之问——广播电视散论（二）》，中国国际广播出版社 2010 年 11 月版，第 12 页。
②《十七届六中全会〈决定〉解读》，http://lnb.gansudaily.com.cn/system/2011/12/22/0123235 72.shtml。

际传播能力建设顺势出场，是加强我国软实力建设的重要组成部分。

软实力是指文化、意识形态、价值观和制度等方面的无形力量，是一种吸引力、感染力和影响力。这种力量需要传播力的推动，否则难以久远。软实力＝吸引力＋感染力＋影响力＋传播力，这个直观的公式全面而又简洁地揭示了软实力的具体内涵和要求。我国政府举办的"法国年""俄罗斯年""意大利年""孔子学院"以及媒体举办的各种电视节、电影节等都是为了加强国家软实力建设、提升国际软实力影响的重要举措。

在加强我国软实力建设的过程中，大众传媒尤其是电子传媒不光有着技术上的传播优势，传播时效上的快捷、有图有真相的客观、接收终端的便捷等使广播电视互联网等媒体成为主要平台。渠道重要但内容为王，新闻的地域性、思想观点的宣传性、广告的消费性、娱乐的习俗性等很表面的呈现，注定了只有专题和纪录片的文本样式才是传承文化最优秀的载体，是传播中国感知世界的最佳渠道，是加强国家软实力建设的重要组成部分，是大众传媒参与国家文化软实力建设、展开国际软实力竞争的最佳选择。

专题和纪录片是装载着中国传统文化的精髓和民族信仰习俗的结晶，越是民族的就越是世界的，中国文化要走向世界、走进世界被世界所认同，发挥政府各职能部门的行政作用，加大传统文化经典的翻译传播，最快捷的是加强电子传媒的建设，电视专题和电视纪录片理应承担起文化传播的职责。

《故宫》《新丝绸之路》《当卢浮宫遇见紫禁城》《大明宫》《千年菩提路》《敦煌》《复活的军团》等一批优秀的人文纪录片脱颖而出，加上《邓小平》《孔子》《大国崛起》《复兴之路》《一带一路》《China 瓷》《国家宝藏》《记住乡愁》《舌尖上的中国》《黄山奇观》《百年中国》《百年巨匠》《创新中国》《本草中国》《巡视利剑》《超级工程》《我们一起走过——致敬改革开放 40 周年》以及《百家讲坛》特别节目《平"语"近人——习近平总书记用典》等一批影响深远的电视纪录片，结集成"一部国家的纪录相册"，意味深长的抒情技巧、灵彻通透的哲学思考、凝重雅致的人文景象、细腻温馨的百姓情怀，从对日常小事的关注到对文化根系的追溯，融抒情、叙述、思辨为一体，多方位、多视角、多层面讲好中国故事，解读中国传统文化，寻找人类精神上的文化家园，树立起我国良好的国家形象，确立起开放大国应有的国际威望。

尤其是纪录片《故宫》全面展示故宫的历史、今天与未来。美轮美奂、神秘沧桑的宫廷建筑和馆藏文物，许许多多不为人知又生动鲜活的人物命运和历史事件以及丰厚的艺术文化和思想内涵，向世界传播中国文化，引领观众经历一次激动人心的超级文明之旅：①

——它对世界上规模最大并且代表中国传统建筑艺术最高水准的皇家建筑群落，进行了整体的呈现；

——它对故宫珍藏的近150万件各类珍贵文物中经典的和富有传奇色彩的作品，进行了完美的展示；

——它对世界各国不同时期的工艺精品、科学仪器等中外文化交往的直接证物，进行了全面的梳理；

——它对故宫建院80年中所经历的风云变幻、创业艰辛、国宝颠沛流离等历史，进行了翔实的回顾；

——它对古老的故宫在新中国成立后的新生和发展、浩大的百年大修的实施过程，进行了独家的纪录。

由于人类共同的本质特征共同面临的生存环境等因素使纪录片在文化上具有相似性与共通性，有了在世界范围内进行传播交流和获得认同的可能。②它所涉及的内容不一定是整个的世界历史和人类文明的全过程，可能是不同的国家和地区、不同的人种和民族、不同的历史和文明进程，但都将带给文化层次较高的观众以各种不同的反思、启迪、知识、信息、经验、借鉴、指导。从电视营销的角度上看，此类题材的纪录片，不仅电视台购买，以满足部分观众追求知识性、趣味性、探秘性的观赏需求，而且一些海外的教育机构和研究机构也可能购买，作为可参考、借鉴的生动鲜活、可视性强的历史文献资料加以收藏。③

何苏六教授认为："纪录片正在被老百姓越来越多地关注，这对于净化电视荧屏、提升媒体形象、引导民众文化消费、提升国民素养都是一件

① 边藏：《纪录片〈故宫〉向世界传播中国文化》，《人民日报·海外版》，2005年10月10日。
② 王金涛：《中国纪录片的市场价值和营销环境分析》，《电视研究》2010年第2期。
③ 周利民：《略论电视纪录片与国际市场》，http://www.issncn.com/html/1984_1.htm。

值得庆幸的事。但是，相对于中国悠远厚重的历史以及纷繁多彩的社会现实来说，中国纪录片的产量、传播平台和影响力还都远远不足。事实上，纪录片在对外文化传播、塑造国家形象具有不可低估的作用力，纪录片的创作还应得到更多的支持。"①

纪录片是国际化的语言，它能让我国在国际传媒市场上有一定的话语权，而且能推动中国观众的阅读欣赏品位逐渐向高质量节目倾斜。这对接收终端遏制传媒泛娱乐化起了很好的把关作用，也是我国传媒彰显文化品位、参与国际软实力较量、做大做强自身、进行功能形塑的重要路径。

三、不忘文艺靓台，传播健康良性的娱乐

传媒提供娱乐的功能，顾名思义是通过娱乐的内容和娱乐的形式来丰富大众的日常生活。因此，阅读副刊、收听音乐、欣赏综艺节目、观看网络视频等就成为人们休闲娱乐最常用的手段。一切富有责任感的传媒都要注意尽可能满足群众的需求，把那些内容健康、情趣高尚、生动有趣，有助于陶冶情操，提高审美能力的娱乐节目奉献给受众，在质和量的统一上下功夫。②

在市场经济环境下，传媒各项功能的实施都受到了商业利益的影响。以消费为追求的目的使传媒一窝蜂似的走向泛娱乐化，受众在被浅层次的娱乐与狂欢享受中不知不觉被询唤和驯化，失去了警惕的嗅觉和抵抗的能力，成为狂欢广场上的芸芸众生。传媒泛娱乐化甚至低俗化也就直接顺理成章地涵化着芸芸众生的一言一行，亚文化、审丑、反审美、出格、恶搞以及星腥性、鬼怪丑、冷潮讽等在传媒中的大势张扬与出场，影响着社会大众尤其是未成年人的价值观念和行为举止，像暴力事件、暴力游戏、性趣话题等可能还是诱发青少年犯罪的直接动因。传媒泛娱乐化滑向低俗化所引发的对原有社会伦理世界结构秩序的去稳定性，成为传媒文化健康建设的主要障碍，也阻碍了社会核心价值体系的有效传播。

娱乐是人类的天性，娱乐向善向美是传媒恒久弥新的价值追求和精神

---

① 《大型电视纪录片〈敦煌〉　六年艰辛再现敦煌》，http://www.china.com.cn/culture/guoxue/2010-03/02/content_19503890.htm。

② 本书编写组（雷跃捷、成美、郑保卫等）：《新闻学概论》（马克思主义理论研究和建设工程重点教材），高等教育出版社、人民出版社2009年版，第81页。

向往。汤姆·韦尔根据马斯洛的需求等级结构图绘制了一个信息寻求行为等级结构图，图例说明了对娱乐的需求是所有成员在满足各类信息需求时都是同时存在的。

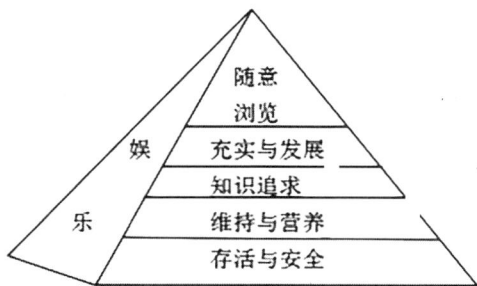

图6.1　信息寻求行为等级结构图[①]

大众传媒（以电视为例，实际上包括报刊图文、广电视听、网络视频等）也不能忘却文艺靓台的作为，塑造公平、正义、忠诚、勇敢、善良、勤劳、朴实的艺术形象，传播高雅、先进、民族、大众的文化内涵，通俗、幽默、风趣、诙谐等多样化地创造健康娱乐的文艺作品和综艺节目，使受众审美和娱乐比翼齐飞。把握娱乐传播的规律，竭力构建绿色娱乐、良性娱乐、健康娱乐，让娱乐唱响主旋律，使社会正义、民族正气、社会核心价值观念借助娱乐和审美有机结合的双翼，达到愉悦人、感染人、鼓舞人、引导人的效果。[②]

李默然先生在《人民日报》上撰文批评文艺发展的四只"拦路虎"：大（大投入、大制作、大片），乱（粗制滥造），俗（低俗、庸俗、媚俗），钱（票房、广告）。即一味求大、胡编乱造、三俗成风、唯钱是瞻。[③]李先生通过文艺发展的障碍也指出了我国整个文化建设的障碍，传媒文化建设的障碍同样在此范畴。

[①] 沃纳·赛佛林、小詹姆斯·W. 坦卡德：《传播理论——起源、方法与应用》，华夏出版社2000年版，第285页。

[②] 欧阳宏生：《电视传播核心价值论》，北京大学出版社2010年版，第157页。

[③] 李默然：《一味求大　胡编乱造　三俗成风　唯钱是瞻——文艺发展遭遇四只"拦路虎"》，《人民日报》2010年12月17日，第13版（文化版）。

健康良性的娱乐是丰富多彩、形象生动、有益于人性全面健康发展的娱乐，也是多种文化信息和谐共处的文化娱乐，更是短暂多样的形象和永恒文化精神相统一的赏心悦目的娱乐。"乐不在外而在心，心以为乐，则境皆乐。"①仲呈祥先生说：文化"化"人，艺术"养"心。大众传媒以健康良性的文艺娱乐去建构绿色的娱乐生态，在丰富人们日常娱乐休闲生活、陶冶大众的思想情操、提升大众阅读欣赏品位的同时，健康大众的身心与活跃大众的思维、提升大众的审美思辨能力、促使社会娱乐文化的常态发展，从而为传媒文化的健康建设和长远发展做出相应的示范性引领效应。

四、以中国梦为价值引领，讲好中国故事②

落后就要"挨打"，贫穷就要"挨饿"，失语就要"挨骂"。③从革命战争年代实现农村包围城市最后夺取城市胜利的革命道路解决国人"挨打"到改革开放实施社会主义市场经济建设解决国民"挨饿"，从"三个代表"重要思想、科学发展观到习近平新时代中国特色社会主义思想的发展，我国已成为世界第二大经济体，到了有效解决"挨骂"的非常时期。传播好中国声音、讲好中国故事，是解决"挨骂"的有效途径。在中国特色社会主义进入新时代的今天，以中国梦为价值引领，设置好中国故事的议题，一要讲好中国共产党治国理政的故事，二要讲好中国改革开放的故事，三要讲好构建人类命运共同体的故事，四要讲好中华文化的故事，从而向世界展示文明大国、东方大国、负责任大国和社会主义大国的国家形象。

（一）讲好中国共产党治国理政的故事

十八大以来，中国共产党治国理政的实践加速推进了中国现代化进程，打造了一个稳定发展的"秩序中国"，赢取了世界各国普遍企盼的目光。

---

① 李渔：《李渔随笔》，巴蜀书社 2003 年版，第 260 页。
② 本小节参见拙文部分内容：《新时代广电传媒"讲好中国故事"的新理念》，《中国广播电视学刊》2019 年第 4 期。
③ 习近平：《在全国党校工作会议上的讲话》，《求是》2016 年第 9 期。

传媒讲好中国共产党治国理政的故事，要贯穿"人民群众对美好生活的向往就是我们的奋斗目标"这一主线，围绕"建设一个什么样的国家、怎样建设这样一个国家、建设这样一个国家需要什么样的精神状态、建设这样一个国家和世界应该是什么样的关系"等问题，真实、多元、有效设置"精准扶贫、精准脱贫""全面建成小康社会、全面深化改革、全面推进依法治国、全面从严治党"四个全面和"经济建设、政治建设、文化建设、社会建设、生态文明建设"五位一体总体布局的议题，讲事实、讲形象、讲情感、讲道理、讲困难、讲作为，宏观、中观和微观相结合，让全世界了解中国共产党坚持"以人民为中心"的治国理政新理念，并深知"乡村振兴计划"等重大决策如何高质高效实施，"反腐拍蝇猎狐"如何真抓到位，"民主集中制"在基层如何有效贯彻，"群众路线，三严三实"如何有序落实，"学有所教、劳有所得、病有所医、住有所居"如何持续推进，"不忘初心、牢记使命"如何艰苦奋斗，"一代接着一代干，一张蓝图绘到底"如何实现，从而深刻领悟中国共产党成功背后的治国理政秘诀。

（二）讲好中国改革开放的故事

改革开放四十多年来，中国取得举世瞩目的成就让世界为之赞叹，但世界对中国的认知未能跟上中国前进的步伐。中国为什么要改革开放？改革开放为什么能取得辉煌成就？改革开放的大门是不是继续对外敞开？未来改革开放的战略目标是什么？中国会超越美国成为世界上第一超级大国吗？美国应该视中国为发展机遇还是挑战？[①]旧的谜题尚未解开，新的谜题又接踵而来。习近平在多个场合阐明在全面对外开放的条件下开展对外传播工作的重要任务就是引导人们更加全面客观地认识当代中国、看待外部世界。传媒要让世界更加全面客观地认识中国和中国改革开放四十多年所走过的历程，就要从讲好中国改革开放的故事入手，有效设置"中国改革开放为什么能取得成功、由富到强的中国不会称霸世界、中国对外援助不附带任何意识形态、中国创造了一种合作共赢的经济模式、人民生活发生了崭新的变化、美丽中

---

① Ana Swanson，7 simple questions and answers to understand China and the U.S，September 22，2015，See：HTTP：//www.washingtonpost.com//news/wonk/wp/2015/09/22/everything-you-need-to-know-about-china-and-the-u-s/?utmterm=.f2b6ea746521.

国建设有序推进"等国际社会关心的议题进行破题和解题，让全世界了解中国将继续坚持改革开放的基本国策，始终敞开胸怀拥抱世界，打开国门搞建设，在全球化的背景下，力所能及地参与国际社会各领域的全球治理，为人类和平与发展的崇高事业贡献中国智慧和中国力量。

（三）讲好构建人类命运共同体的故事

面对当今混乱国际秩序的复杂重塑，习近平在访问俄罗斯时首次提出构建人类命运共同体的重大政治命题，是对纷繁复杂国际事务的思想诊断和积极倡议，成为新时代中国对外传播的核心理念和鲜明旗帜。传媒要讲好构建人类命运共同体的故事，就要有效设置中国是如何倡导新型国际关系、新安全观、正确义利观和"一带一路"倡议以及如何致力于建设"持久和平、普遍安全、共同繁荣、开放包容、清洁美丽"的世界的议题来不断夯实构建"人类命运共同体"新理念的具体内涵，围绕"建设一个什么样的世界、如何建设这个世界"的时代课题，阐明中国的态度与行动：在发展观念上，倡导合作共赢，统筹兼顾本国利益和他国利益，反对以邻为壑和损人利己行为；在发展方式上，倡导包容性发展，追求发展的全面性和可持续性，反对竭泽而渔式的发展；在文化交流互鉴中，提倡求同存异、包容借鉴，反对文明冲突，反对将本国价值和制度模式强加于人；在应对全球性问题上，号召相互合作与支持，共同直面挑战、化解危机，反对单边主义和各自为战。[①]从而使国际社会认同"构建人类命运共同体"写入联合国发展委员会、安理会和人权理事会等多个决议的必要性与合理性。

（四）讲好中华文化的故事

文化是软实力，是一个国家和民族的灵魂与血脉，文化兴盛则国运兴盛，文化强大则民族强大。习近平指出："在五千多年文明发展中孕育的中华优秀传统文化，在党和人民伟大斗争中孕育的革命文化和社会主义先进文化，积淀着中华民族最深层的精神追求，代表着中华民族独特的精神标识。"[②]中华文化博大精深，中国故事精彩纷呈。传媒讲好中华文化的

---

① 张希中：《习近平命运共同体思想的形成维度、内涵及价值意蕴探析》，《行政与法》2016年第2期。
② 习近平：《在庆祝中国共产党成立95周年大会上的讲话》，《人民日报》2016年7月2日第2版。

故事，要坚持文化自信和文化自觉，摆脱文化中心主义的视角，有效设置"优秀传统文化"的议题，系统梳理传统文化资源，让收藏在禁宫里的文物、陈列在广阔大地上的遗产、书写在古籍里的文字都活起来；[①]有效设置"伟大革命文化"的议题，向世界讲述中国共产党带领中华民族与历史命运和外国侵略者相搏斗的顽强韧劲，使红色基因渗进血液、浸入心扉，把中华民族追求和平、和谈、和谐的坚定信念世世代代传下去；[②]有效设置"社会主义先进文化"的议题，阐述社会主义核心价值体系的内涵和社会主义现代化建设的实践，从人类谋求快乐生存与和谐发展的共同理想、弘扬爱国主义的民族精神和改革创新的时代精神、树立和践行社会主义荣辱观等多个层面让世人明白自己的信仰、追求和根本遵循，在增信释疑中拓展社会主义先进文化"共通的意义空间"，推进人类文明交流互鉴。

中国故事精彩纷呈、类型多样、寓意深远，讲好中国故事首先要弄清楚什么是中国故事，哪些是中国好故事，"中国好故事"的选择标准与价值导向是什么。国之交，重在民之交，民之交，则重在心之交。讲好中国故事，事关中国国家形象的塑造和民族精神的培育，事关中国的国际地位和国际话语权的有效提升，事关中国将以怎样一种姿态来引领世界发展进步的潮流，事关中国人会以怎样的文化自觉与文化自信来传承、传播中国优秀的民族文化。[③]新时代以中国梦为价值引领，讲好中国故事，就是以中国梦被国外民众内心所认同的政治价值、经济价值和文化价值为引领，挖掘中国故事为国外民众所认同的精彩内容和引导价值，做到民心相通和互动共振，引导人们更加全面客观真实地认识当代中国、看待外部世界，自觉抵制泛娱乐化泥沙俱下的浸润所产生的不良影响，消除国际社会系列诬陷言论和舆论乱象，改变"文化他者""他塑"的被动窘境，改善我国对外传播的现状，提升对外传播的整体水平，塑造我国良好的国家形象，同时也有效塑造传媒自身的良好形象。

---

① 文建：《把握国际话语权 有效传播中国声音——习近平外宣工作思路理念探析》，《中国记者》，2016 年第 4 期。

② 黄良奇：《习近平"讲好中国故事"思想探析》，《中国井冈山干部学院学报》2018 年第 2 期。

③ 阮静：《文化传播背景下"讲好中国故事"的原则和策略》，《西南民族大学学报》（人文社会科学版）2017 年第 5 期。

第七章　　传媒仪式拯救与功能再造的责任担当

在信息全球化的今天，整个社会基本上都进入了一个由传媒所主宰的话语霸权时代，一切政治纲领、经济方针和社会各种声音只有通过传媒线上线下的互动结合，才会最快速地在社会上产生影响与反应。20世纪90年代以来的商业文化风潮对我国主流文化、精英文化和严肃文化产生了巨大冲击，非主流、无深度、一次性、平面化的消费文化迅速泛滥，使大众传媒越来越陷入一种从未有过的无能为力的生存恐慌之中，大众狂欢便轻而易举地越过了娱乐的界限——直接娱乐化泛娱乐化了。此后，每一次"越轨"都带有一种绝望的自戕色彩：恶搞经典、文化山寨、名人隐私、暴力场景、怪异搞笑、低俗信息、色情视频、裸体播报……在点击率、收视率、阅读率和流量变现等"高压手段"的逼迫下，大众传媒面对的却似乎永远是昏昏欲睡的大众和哈欠连天的世界。传媒所引导的急速增长的具有麻醉负功能的消费主义倾向让大众一再麻木，为了刺激大众的收视与阅读神经，则需要加大刺激力度。信息爆炸引起的信息焦灼随即沉淀为信息冷漠；定位于"大众情人"的传媒曾被看作"修女"和"舞女"的集合体，集"修女"的品位和"舞女"的魅惑于一身。但是，在如今这个就连女主持裸体播报都激不起大众热情的沉闷而又冷漠的情境下，保持"修女"的矜持便成了神话向往，施展"舞女"的妖媚虽然多有诟病，但不少媒体仍在往前走，即做一名什么都不管不顾的"荡妇"，沉溺于煽情、轰动、刺激、耸人听闻之中，表现出一种拒绝责任担当和文明教化而纯粹供人消遣的"低俗化"

态势。

传媒泛娱乐化潮流中低俗之风的延伸，各种内容形式化、瞬间化和喧嚣化，借助仪式化的出场方式，以浅表的乐子抽空仪式本身所应该具有的含义，使娱乐本身空壳化、程式化和无聊化，既破坏了传媒的娱乐功能也扭曲了仪式的本来含义，久而久之的话，传媒这种泛娱乐化走向低俗化的生态环境对社会、对传媒自身、对受众尤其是青少年受众所产生的破坏影响将是难以预测的。正如政治学家威尔逊和犯罪学家凯琳所提出的"破窗理论"那样，环境可以对一个人产生强烈的暗示性和诱导性影响：如果有人打坏了一个建筑物的窗户玻璃，而这扇窗户又得不到及时地维修，别人就可能受到某些暗示性的纵容去打烂更多的窗户玻璃，久而久之，这些破窗户就给人造成一种无序的感觉，结果在这种公众麻木不仁的氛围中，犯罪就会滋生繁衍。[①]传媒泛娱乐化走向低俗化现象已打破了传媒大厦的窗户玻璃，需要及时地加以修补，来挡住传媒大厦继续遭受带毒带菌内容的侵蚀，再造传媒在现实社会中的功能和效用。

通过前面的学理分析和理性思辨，在提出新闻立台（报、网）、思想强台（报、网）、专题与纪录片提升传播力和回归传媒本原与良性娱乐的基础上，讲好中国故事，重新再造多媒体融合环境下的传媒功能，就需要先期有效地实施传媒仪式拯救。这是一项长期的、系统的、全方位的立体质量工程，需要全社会、政府、传媒非政府组织（行业协会，其实在我国多半都属于政府的一级组织）、媒体自身、受众、学校、专家、家长的共同努力和协同进化，形成一股合力进行救赎，净化传媒公共空间，倒逼传媒体制机制的创新与完善，以精品力作自觉承担起"高举旗帜、引领导向，围绕中心、服务大局，团结人民、鼓舞士气，成风化人、凝心聚力，澄清谬误、明辨是非，联接中外、沟通世界"的职责使命。

根据上述认识，在传媒供给侧结构性改革指导思路的启示下，探索以下相关切实可行的纠偏范式：深化传媒（泛娱乐化）批评理论的研究；政

---

① "破窗理论"为19世纪法国经济学家巴斯夏在《看得见的与看不见的》一文中提出，本文取威尔逊和凯琳的解释：环境的暗示性和诱导性影响。http://www.utai.com/book/qy0ovkdgp82v.html。

府主管部门强化传媒泛娱乐化监管的常态化；加强传媒非政府组织建设，制定传媒自律公约、内容审议规则和绩效评估体系；全面提升传媒从业人员的专业主义素质；提高全社会公众的媒介素养，培养批评型受众。在媒体融合的现实环境下，通过仪式拯救和功能再造，刷新传媒一片洁净的天空，推动传媒文化健康发展，不断提升全社会文化建设的传播力、影响力、引导力、公信力和竞争力，为新时代中国特色社会主义建设提供精神动力和智力支持。

第一节　　传媒供给侧结构性改革指导思路的启示[①]

我国传媒供给端机构组织层次多样、类型多种、结构多变，管理上条块分割、政出多门、有系不统，融合发展步调不一、进程缓慢、裹足不前，有的甚至被迫退出传媒领域。一方面，生产端内容的供给良莠不齐，存在无效甚至有害供给现象：新闻报道客观上还有不少纸醉金迷、花天酒地、钩心斗角、炫耀财富、移情别恋、杀人越货、明星八卦等内容；宣扬金钱至上的征婚广告、以郭巨埋儿和割股奉亲等来宣传孝道的公益广告、组织上千学生同时为父母洗脚的主旋律形式主义新闻、以嘲弄残疾人为搞笑由头的小品等时有出现。[②]这些无效和有害供给掩盖了个体受众对重大事件和信息的感知，有时甚至钝化了个体受众的接受、消化和审美批判能力；另一方面，报纸期刊、广播电视普遍存在着千报一面、千台一面的同质化现象，虚假报道、有偿新闻与有偿不闻、虚假广告时有发生，"愚"乐受众、品格低下、失实与失度的报道屡见不鲜；[③]再加上网络媒体尤其是自媒体，由于缺乏严格的把关技术与机制，"曲解政策、违背正确导向""无中生有、散布虚假信息""颠倒是非、歪曲党史国史""格调低俗、突破道德底线""抄袭盗图、版权意识淡薄""炫富享乐、宣扬扭曲价值观""题

---

① 本节部分内容参见拙文：《新时代传媒供给侧结构性改革：责任与使命》，《教育传媒研究》2018 年第 3 期。

② 陈力丹：《习近平的宣传观和新闻观》，http://xwxy.jnu.edu.cn/html/xsjz/2017/0418/943.html。

③ 周建青：《传媒"乱象"与"把关"》，《现代传播》2010 年第 10 期。

无禁区、挑战公序良俗"，①等等时常出现。还有熊猫 TV、斗鱼、虎牙直播等多家直播平台传播淫秽、暴力、教唆犯罪等产品，危害国家安全、扰乱社会秩序、破坏社会稳定、侵犯他人合法权益、祸害受众身心健康等不良影响一时难以消除；各种标题党滥用敏感词汇，利用刻板成见吸引眼球；断章取义，故意扭曲事实制造舆论关注点；违背正常逻辑，故弄玄虚产生歧义来"吸睛"；以偏概全，抹黑群体形象固化负面认知；移花接木混淆视听，利用信息选择误导受众；凸显暴力色情地低级恶俗，丧失人文关怀以及逻辑思维松散混乱，主观臆断因果关系。②"女生世博排队被强奸怀孕"、超女××被曝"13 岁曾经堕胎"、95 后女子"用身体换全国游"等无良新闻，以及房地产大 V 微博账号持续公开发布违法信息，诸如此类，误导公众视听，降解审美情趣，扰乱社会秩序，弱化社会舆论的正确引导，严重损害人民群众日益增长的精神文化需求，大肆挤压主流意识形态的阵地。

2015 年 11 月 10 日，习近平总书记在中央财经领导小组第 11 次会议上提出"供给侧结构性"改革。2016 年 1 月 26 日，中央财经领导小组召开第 12 次会议，习近平总书记再次强调指出：在适度扩大总需求的同时，通过去产能、去库存、去杠杆、降成本、补短板为重点的供给侧结构性改革，在生产领域减少无效供给、加强优质供给、扩大有效供给，提高供给结构适应性和灵活性，提高全要素生产率，使供给体系更好地适应需求结构的变化，更好地满足广大人民群众的需要，促进经济社会持续健康发展。③我国传媒作为以报道新闻、提供信息、监视环境、进行教育和娱乐为己任的文化产业业态，在新时代环境下，传媒融合发展与技术创新和经济进步有着天然的联系，同样面临着精品稀缺、同质竞争、资源浪费、创新力不足和娱乐化泛滥等各类新老问题，理应观照供给侧结构性改革，寻求创新发展的新坐标，合理分配生产要素，去除传媒内容生产的无效供给甚至有害

---

① 人民网评：《自媒体平台，如何让监管部门"少上门"？》，http://www.ordos.gov.cn/xxgk/information/ordos_xxw51/msg10213257167.html。

② 刘晓来：《标题党等传媒乱象与我们的责任》，http://www.cucn.edu.cn/jkyxx/2134.html。

③ 杨涵：《从供给侧改革视角浅析我国媒介的创新发展》，《新闻研究导刊》2014 年第 4 期。

供给，加强优质内容的有效供给，创新传媒文化市场的消费热点，以供给引导需求，满足广大受众日益增长的精神文化需求，正确引导社会舆论导向，促进传媒文化产业持续、快速、健康、有序发展。

一、做好"加减乘除"混合运算，优化传媒产品供给质量①

"加、减、乘、除"混合运算，是国家层面就供给侧结构性改革进行顶层设计的方法与手段，也是传媒供给侧结构性改革合理配置生产要素、优化传媒产品质量、提升舆论引导能力、加强意识形态管理的具体路径。"加法"谋篇布局传媒整体架构，补齐优质内容供给短板；"减法"深化体制机制改革，去除无效和有害内容供给；"乘法"推进媒体融合创新，多元传播提升社会影响力；"除法"清除过剩产能，内容优质化、服务差异化、营销精准化打造传媒优质品牌。

（一）做好"加法"运算

我国传媒整体数量偏多，有影响力的主流媒体和新型媒体集团总量偏少，外宣旗舰媒体种类单一、力量单薄；东中西部发展不平衡，城市、乡村、偏远地区信息鸿沟依然存在甚至有加大的趋势；传统媒体产能过剩，新兴媒体供给却严重不足，注意力一直成为稀缺资源。做好传媒供给侧结构性改革"加法"运算，前提是合理布局传媒结构，谋求对内对外、城市乡村、东部沿海与中西部欠发达地区协同推进、整体发力、均衡发展，进而在思维上，从传统的单向线性传播转型双向乃至多向的循环传播，改变一次采集一次传播不问效果的固有思维，让知识信息在双向乃至多向循环传播中加大影响的力度。《人民日报》、新华社、浙报集团、温州日报报业集团等传媒的"中央厨房"尽管目前只是在大型报道活动中应用，但一体策划、一次采集、多种生成、全息加工，整合文字新闻、视频新闻、广播新闻，让新闻、评论、图解、视频、H5等多种形式适配到多种终端进行多元循环传播，推进"采、编、摄、录、播、评、存、用"制播流程再造与优化，思维上做"加法"，盘活已有内容，优化既有形式，活化渠道终端，补齐

---

① 本部分内容及观点参见拙文：《从平台经场域到生命体：媒体融合的实践范式与路径》，《西南民族大学学报》（人文社会科学版）2018年第3期（《新华文摘》2018年第13期全文转载）。

了优质内容供给短板。与此同时，整合"用户记者"智慧资源，调动"自媒体"的积极性，补充传媒内容采集渠道的不足，将其纳入内容生产的供给渠道，再经由传媒进行鉴别、筛选、编辑、把关、传播，"用户记者"接受内容后又主动进行逆向互动传播，形成双向乃至多向循环传播的内容生产与供给模式，信息获取渠道上的补给"加法"，让"用户记者"成为传媒优质内容供给上的加数，延伸传媒优质内容生产内涵，在内容和形式上保障传媒有效供给。

（二）做好"减法"运算

人人共建、人人共享，是经济社会发展的新常态。传媒无效和有害内容夹杂在优质内容的传播中，不但侵蚀了优质内容的健康机体，损害大众对信息的正当需求，也污化了传媒的整体生态环境，破坏传媒的集体形象，更是在共建共享中弱化新闻舆论引导的力度，加大意识形态管理的难度。传媒供给侧结构性改革做好"减法"运算，从体制机制改革入手，进行瘦身健体运动，政企分开，事企分离，和传媒相关性不强的产业剥离独立，整合内容、渠道、终端、服务与平台，释放传媒行业活力。在运营模式上，以新闻舆论工作为龙头，调整传媒内部板块结构，实行全媒体制播分离，创新内容生产方式，打造新型市场主体，让意识形态管理牢牢掌握在党的手里，让节目制作、广告经营、发行传播等进行市场化运作，紧紧盯牢市场变化，将市场资源整合和内部结构调整相结合，不断做大、做强、做实。在报道模式上，注重新闻舆论引导的时、度、效，去除程式化增强灵活性，去除说教化增加贴近性，去除单向线性传播，转向双向、多向互动循环传播，用可视、可听、可读的大众话语诠释党和国家的各项方针政策，特别是十八大以来治国理政的新思想、新理念、新战略，适度加入流行化、生活化、口语化的元素创新报道模式，增强新闻报道的时效性、实效性、针对性和贴近性。在管理模式上，简政放权，按照市场规律调配供需关系，减除发行量、收视率、收听率和点击率的评判标准，充分尊重新闻传播规律和新兴媒体发展规律，充分调动新闻舆论工作者和"用户记者"的积极性，充分发挥"自媒体"的参与性，从产业链上游前端的内容生产、中游中段的平台播出到下游终端的运营服务，筛除无效和有害信息供给，确保信息供给高效优质，服务大众对新闻信息消费的全面需求。

（三）做好"乘法"运算

大数据、云计算、人工智能、传感器、无人机、机器写作、AR、VR、H5、可穿戴设备、移动直播等新兴技术已全面融入新闻信息生产与传播的全过程。做好传媒供给侧结构性改革"乘法"运算，就应该熟练运用新兴传播技术，强化互联网思维，不断推进媒体融合，对内容、用户、市场、企业价值链和商业生态等进行重构，实现内容生产、传播方式、传播效果上的"幂方"效应。在内容生产上，数据挖掘、云计算、无人机、传感器、H5 等改变了传媒新闻信息采集和生产的方式，无人机、传感器等技术延伸了记者采集新闻信息的足迹，变遥不可及的新闻现场为触手可及；数据新闻、自动化新闻利用智能技术不但对数据进行专业化处理，还深层挖掘用户习惯和偏好，实现对用户行为精准化预测和差异化传播；H5 手绘动漫完成对分析数据的幽默生产，延展数据样本、内容对象与种类、传播范围的"乘法"效应，提升内容生产价值链。在传播方式上，媒体融合实现跨界传播，传媒实体与智能手机、平板电脑、Kindle 等移动电子阅读设备无缝对接，两微一端、移动直播等移动平台和社交平台推进内容传播随时随地、自取自用，多国会话同声翻译技术拓展内容传播跨越国界，实现传播方式上的"乘法"效应。在传播效果上，AR、VR、可穿戴设备等技术多元呈现立体传播，实现虚拟与真实迭代共生，丰富传媒内容的表现形式，让接收终端在"视、听、触"等感觉中，产生"身临其境"般的沉浸式体验，将"真实体验"推向更加接近人生理和心理的层级，形成跨越时空的在场交流，完成数字化视听与阅读转型，加上用户即时的点赞、评论、转发、再转发，分散的多方合作使用户数量与质量呈几何级上升，大大提升了传播效果上的"幂方"效应。

（四）做好"除法"运算

优胜劣汰重组传媒内容结构，去除过剩产能和无效与有害内容供给，淘汰同质化内容和模仿克隆节目带来的无序竞争，清除低俗、庸俗、恶俗内容对传媒生态环境的污染，加强"五个一工程"建设和强化"长江韬奋"奖评选标准的示范效应，加大对精品栏目与节目的奖励与扶持，不断打造传媒优质品牌。在内容上做"除法"，首先从思想理念上高度认识到从"新闻宣传工作"到"新闻舆论工作"转变的深刻变化，破除旧有宣传观念的生硬灌输，树立潜移默化的价值理念输出，用理论引导舆论，用舆论助推理论；其次是以优质内容为王，坚持正确的价值导向，坚持传播主流价值观念，坚决抵制"三俗"内容，融合新兴媒体开发新产品，吸附用户注意力，增强用户黏贴性，团结群众，凝聚士气，成风化人。在渠道上做"除法"，横向合理布局传媒结构，东中西部协调推进，新型主流媒体和外宣旗舰媒体并肩前行；纵向合理规划上中下游产业链，融合传媒周边产业一体化经营；媒体融合发展汲取互联网商业模式，推进"互联网＋传媒"产业链普及。在服务上做"除法"，细分服务对象，通过大数据和 LBS 等技术深耕用户习惯与特征，以用户特征为最大公约数，按用户不同需求推送服务内容，以用户个性化特征带动传媒个性化发展，进而推动传媒整体服务差异化和精准化，整合优质内容的影响力、传播渠道的辐射力和精细服务的穿透力，提升对内对外传播同心圆运作水平，打造传媒优质品牌，驱动传媒可持续发展。

　　"加减乘除"四则运算并非互不相关、独立运行，而是应该混合运算。从内容供给生产端入手，在内容生产层面、体制机制层面、运营管理层面、产业结构层面全方位进行供给侧结构性改革，以供给引导需求，优化传媒产品内容供给质量，服务大众信息消费的正当需求。

二、运用"互联网＋"思维：用全媒体产品满足人民群众日益增长的精神文化需求，正确引导社会舆论走势

　　中国特色社会主义进入了新时代，我国已发展成世界第二大经济体，但经济社会发展面临着公共需求快速增长与公共服务供应不足和供给不平衡的严重矛盾。传媒发展在新媒体强势挤压下，无论是国家层面的顶层设计，还是媒体自身的自省意识，都在因地制宜积极推进传统媒体与新兴媒体的深度融合。传媒供给侧改革以新闻质量为抓手，运用"互联网＋"思维，在传播内容、传播方式、传播渠道、传播效果等方面谋求新一轮变革与创新，用全媒体产品满足人民群众日益增长的精神文化需求，正确引导社会舆论的走势。

（一）满足人民群众日益增长的精神文化需求

　　我国传媒长期在马克思主义新闻观指导下，坚持为人民服务、为社会主义服务，百家齐放，百家争鸣，推动了经济社会发展，满足了人民群众

对信息和知识的基本需求。在互联网时代，人民群众不但需要了解信息，也要表达和交换信息；不但要掌握和解释信息，也要参与分享和交流信息；不但要把信息传播作为一种自我修炼的参照，更要把传播信息当成自我融入的存在。传媒供给侧结构性改革是为了让新闻质量越来越好，让读者观众轻松愉快地获取最大化的有用信息，但信息质量不能仅仅理解为信息文本的质量，不能是封闭性预制式的罐装生产，采取少数精英为多数大众定义世界、展示世界和诠释世界的传统方式，而是要运用"互联网＋"思维，变封闭为开放，用全媒体产品创新服务方式和服务渠道满足用户更多的需求。采取自主研发资讯、服务和电商平台、中央厨房式发布、动漫视频及游戏开发、可视化技术应用、智能匹配与定位推送、划词翻译、多语种播报等[1]新的形式，检视移动客户端的推送是否符合读者碎片化阅读的新习惯，H5 呈现的信息版面是否精美，用户是否愿意一直滑动下去，微信语言是否充分利用了网言网语等。[2]立足于中国特色社会主义实践和"创新、协调、绿色、开放、共享"新的发展理念、服务于中华民族伟大复兴和人类命运共同体打造的全媒体产品，面向广大人民群众，反映人民群众的利益与呼声，始终把社会效益放在首位，把发展公益性文化事业作为保障人民基本文化权益的途径，推动传媒供给态度、供给模式、供给方式、供给渠道、供给成效转型发展，使媒体管理走向新闻服务，内容生产精细备料，传播终端按需定制，传播成效有效供给，主动发声，齐声合唱，提供多种类型、多样风格为人民大众喜闻乐见、优质高效的精神文化产品，满足人民群众日益增长的精神文化需求。

（二）正确引导社会舆论走势

自 1994 年中央电视台《焦点访谈》创办以来，各级各类媒体高举舆论监督的大旗，打黑揭丑，伸张正义，弘扬正气，弘扬主旋律，有力引导社会舆论的正确走势。新媒体时代，传媒同样要直面社会丑恶现象，激浊扬清，针砭时弊，坚持思想性、艺术性、观赏性和"容错"机制的有机统一，

---

① 向安玲、沈阳、罗茜：《媒体两微一端融合策略研究——基于国内 110 家主流媒体的调查分析》，《现代传播》2016 年第 4 期。

② 杜一娜：《媒体供给侧改革如何找准"症结"》，http://media.people.com.cn/n1/2017/0321/c40606-29159109.html。

反映社会发展的主流思想和价值取向，代表广大人民群众的根本利益与愿望，讲求格调品位，既不能粗制滥造也不能低俗、媚俗、庸俗，更不能虚假误导。

党的新闻舆论工作是党的一项重要工作，是治国理政、定国安邦的大事，做好党的新闻舆论工作，事关旗帜和道路，事关贯彻落实党的理论和路线、方针、政策，事关顺利推进党和国家各项事业，事关全党全国各族人民凝聚力和向心力，事关党和国家前途命运。[①]当前，媒体格局、舆论环境、传播生态、传通方式、终端接收、受众对象等发生深刻变化，给党的新闻舆论工作带来新的挑战。片面化采访不加分辨抢发新闻，标签化引导、暴力式发难、审判式介入、策划性炒作、娱乐化迎合以及碎片化解读、盲目性点赞、转发与评议等交错出现；竞价排名信息泛滥，职业刷单数据造假，收钱发证山寨欺骗，百科解读以讹传讹；虚假、诈骗、攻击、谩骂、恐怖、色情、暴力等不时充斥着传媒空间，混淆视听，对公众造成误读、误解和误导。舆论导向正确是党和人民之福，舆论导向错误是党和人民之祸。新时代传媒舆论供给侧结构性改革，以人民为中心，坚持党性和人民性的高度一致，把政治方向和社会效益摆在第一位，坚持正确的舆论导向，坚持正面宣传为主，高举旗帜、引领导向，围绕中心，服务大局，团结人民，鼓舞士气，成风化人，凝心聚力，澄清谬误，明辨是非，创新方法与手段，充当党和人民的耳目与喉舌，及时准确地宣传党的路线、方针、政策，及时反映人民群众的要求和意见，及时反映人民群众伟大实践和精神风貌。一方面不能让有正能量的新闻舆论沦为"库存"，一方面又要加强新闻审查力度，加大新闻审查范围，依法取缔和关闭扰乱新闻舆论环境的各种新闻舆论制造平台，唱响主旋律，传播正能量，提高新闻舆论的传播力、引导力、影响力、公信力，正确引导社会舆论走势。

三、让中国好故事走进国外民众心坎，塑造我国良好国家形象

受众在哪里，阵地就在哪里，对外传播的主攻方向就要转向哪里。长

---

① 新华网评：《"五个事关"彰显新闻舆论工作的时代价值》，http://news.xinhuanet.com/comments/2016-03/01/c_1118192595.htm。

期以来，我国对外传播一直"以自我为主"，这种长期以传播者为中心的传播思路，不仅裹挟了浓厚的政治意识形态，也忽视了不同国别受众不同的政治制度、法律体系、宗教信仰、风俗习惯和文化传统，导致中国故事国外民众不愿听、不爱听、听不进、记不牢，再用心尽力地讲述也成了无效供给。

传媒对外传播供给侧改革，应该顺应不同对象国民众的真实需求，实行"一国一策"战略。在内容上，打造融通中外的新概念新范畴，讲好的中国故事，讲真实的中国故事，讲平衡的中国故事。中国故事源远流长、内涵丰富、寓意深远，既有古代孔子周游列国讲"仁义礼爱"的故事，张骞出使西域促进"汉夷文化"交往的故事，郑和下西洋构建起"大中华文化圈"的故事等；又有近现代以来中国共产党人带领全国人民励精图治、奋勇向前的故事，中国各族人民和谐相处、团结奋斗的故事，改革开放谋求经济社会发展的故事；更有当下"一带一路"倡议的故事，"四个全面"战略布局的故事，"五位一体"总体布局的故事，"大国外交"战略实践的故事，中国普通民众为实现中华民族伟大复兴而努力的故事和人类命运共同体打造的故事。故事内容的供给不是以通稿通吃的报道方式，更不是以泛娱乐化的讲述方式，而是以一国民众最大公约数为诉求，做到民心相通，使故事蕴藏的中国精神、中国价值、中国方案走进对象国民众的心坎。

在话语体系上，首先是国外民众听得懂的话语体系。因此，讲好中国故事必须做到"三贴近"：贴近对象国民众的通用语甚至方言俗语，贴近国外受众对中国信息的需求，贴近国外受众的思维习惯。无论是中国故事符号的选择还是符号的编码，都应该以对象国目标受众为中心，了解不同阶层对中国好故事的不同喜好，在传播主体与对象国民众共通的意义空间里，使客观真实的中国好故事成为化解矛盾与纠纷、增进了解与友情的桥梁纽带，提升中国故事的亲和力、吸引力、感染力。其次，建构对外传播话语体系，不仅要向外国人讲好中国故事，还要应对外国人对中国的各种评说，更要讲好外国故事和全人类故事。"一国一策"式地讲真事、抒真情、发真声、揭真相，让他国民众愿意听、听得进、记得住、信得过，传得远，引领世界话语潮流，提升国际话语权，塑造良好国家形象。

在渠道上，一方面发挥党和国家领导人、外交使领馆人员、企业家、留学生、国际游客、维和队员、援建人员等多元行为主体以"一国一策"为方略，面对面开展对外传播，即时的人际互动或群体争鸣有效拓展线下最为活跃的对外传播渠道，适销对路打通与对象国民众交友、交亲、交心的"最后一公里"；一方面继续推进多种媒体尤其新媒体打通线上对外传播互联互通渠道：一是努力打造新华社、《人民日报》、《中国日报》、中央电视台、中国国际广播电台等外宣旗舰媒体；二是充分发挥海外华文媒体"桥头堡"作用；三是强化互联网思维，组建专门团队打造新媒体平台"造船出口"，利用海外知名社交媒体平台"借船出口"，形成"多桥飞架中外，天堑变通途"的传播局面，构建起立体多样、融合发展、连接中外、沟通世界的现代对外传播体系，有效塑造我国良好国家形象。

第二节　深化传媒（泛娱乐化）批评理论研究

大众传媒的健康发展离不开媒介批评理论的有效介入，离不开传媒知识分子站在传媒批评理论的高度给予传媒实践活动以高屋建瓴式的科学指导。媒介批评是和传媒实践活动相辅相成、相互促进的一种媒介评判活动，这种活动以传媒批评理论等相关理论知识为依托，以传媒实践活动为评判对象，以求知、求真、求善、求美为标准[1]（也有提出以"政治思想、美学艺术、历史语境"为标准的[2]），采用多学科相结合的批评方法，以"为社会主义服务、为人民服务"为宗旨，以"百家争鸣，百花齐放"为自由环境，推动传媒文化的良性发展。

自 20 世纪 90 年代中期以来，媒介批评逐渐成为我国新闻传播学研究关注的一个新兴领域。进入新世纪后，媒介批评日益受到学界和业界的重视，传媒批评理论的建设也日益得到廓清：不仅体现在批评的理论研究上，而且体现在批评学学科的建立和建设上；不仅体现于批评的理论性、学术性、学理性日益强化上，而且体现在批评与理论一体化，批评的理论化与理论的批评化的发展倾向上；不仅体现在批评的理论形态、理论模式、理

---

[1] 雷跃捷：《媒介批评》，北京大学出版社 2007 年版，第 13~19 页。
[2] 付文波：《论媒介批评的标准》，《湖北经济学院学报》（人文社会科学版）2009 年第 10 期。

论体系的完备、严谨、科学上，而且体现在批评思潮、流派、风格、方法的多元化、多样化发展上。①

基于传媒发展的状况、现实环境和传媒工作者们的共同努力，我国传媒批评理论（媒介批评）已经取得了可喜的成果，主要表现在以下一些方面：比如一大批专著与译著的陆续出版和不少期刊开辟"媒介批评"专栏，让一大批学术批判类著作和文章得以及时发表，推动了媒介批评理论知识生产和批评标准的建构；媒介批评网站或频道的开办，拓展了批评的渠道和互动的捷径；学术交流与思想交锋的活跃，推进了西方马克思主义传媒批判理论的中国化转向研究等。

一、媒介批评理论的知识生产与批评标准建构

媒介批评理论的知识生产和标准建构主要来源于专著（含教材）的出版、译著的译介和期刊专栏文章的发表。

（一）系列专著（教材）的出版

我国有关媒介批评研究专著的出版发行起始于 20 世纪 80 年代末的台湾，以世新大学黄新生教授为破冰之旅。尔后，一些高校和其他机构的加盟，一批传媒理论工作者开始致力于媒介批评研究，诞生了一批媒介批评专家并出版了一大批有代表性的研究专著和教材。

在这批专著（含教材）中，内容非常广泛：①有通过自己的视角来介绍和解析西方传媒批判理论的：比如黄新生《媒介批评的理论与方法》（台北：五南图书出版公司 1987 年），史文鸿《马尔库塞及其批判理论》（台北：东大图书公司 1991 年），张锦华《传播批判理论》（台北：黎明文化事业股份有限公司 1994 年），欧力同《哈贝马斯的"批判理论"》（重庆出版社 1997 年），潘知常、林玮《传媒批判理论》（新华出版社 2002 年），石义彬《单向度　超真实　内爆》（武汉大学出版社 2003 年），胡志红《西方生态批评研究》（中国社会科学出版社 2006 年），许正林《西

---

① 陈龙：《论我国媒介批评理论体系的本土建构》，《山西大学学报》（哲学社会科学版）2009 年 5 月第 3 期。

方传播思想史》（上海·三联书店 2007 年），汪振城《当代西方电视批评理论》（中国广播电视出版社 2007 年），谢静《美国的新闻媒介批评》（中国人民大学出版社 2009 年），刘建明《西方媒介批评史》（福建人民出版社 2007 年）等；②有把西方传媒批判理论和我国传媒实际相结合，建构媒介批评标准、方法和范式的：比如王君超《媒介批评——起源·标准·方法》（北京广播学院出版社 2001 年），刘建明《媒介批评通论》（中国人民大学出版社 2001 年），肖小穗《传媒批评——揭开公开中立的面纱》（黑龙江人民出版社 2002 年），陈龙《媒介批评论》（苏州大学出版社 2005 年），李岩《媒介批评：立场　范畴　命题　方式》（浙江大学出版社 2005 年），欧阳宏生《电视批评学》（四川大学出版社 2006 年），雷跃捷《媒介批评》（北京大学出版社 2007 年）等；③有就我国传媒文化建设（包括影视艺术欣赏）进行批评和研究的：比如鲍海波《新闻传播的文化批评》（中国社会科学出版社 2002 年），潘知常、林玮《大众传媒与大众文化》（上海人民出版社 2002 年），时统宇《电视批评理论研究》（中国广播电视出版社 2003 年），蒋原伦《媒体文化与消费时代》（媒体文化丛书·中央编译出版社 2004 年），吴飞《传媒批评力》（中国传媒大学出版社 2005 年），蔡尚伟《影视传播与大众文化》（四川大学出版社 2005 年），苗棣《中美电视艺术比较》（文化艺术出版社 2005 年），李晓枫、邹定宾《中国电视文化的理性重构》（中国广播电视出版社 2007 年），刘晔原《电视艺术批评》（中国广播电视出版社 2008 年），谭玲《网络文化与电视批评》（中国社会科学出版社 2009 年），陈龙《传媒文化研究》（中国人民大学出版社 2009 年），鲍海波《媒介文化的阐释与批判》（中国社会科学出版社 2009 年）等；④有一些报刊审读案例和媒介批评史论的：陕西省新闻出版局审读中心《媒介批评的实践与探索——陕西省报刊专题审读案例选辑》（陕西科学技术出版社 2008 年），郝雨《媒介批评与理论原创》（上海·三联书店 2009 年），胡正强《中国现代媒介批评研究》（中国传媒大学出版社 2009 年），欧阳宏生《中国电视批评史》（北京大学出版社 2010 年）等；⑤还有以写作者命名的个人批评文集，如《尹鸿影视时评》《李幸电视批评文集》，曹轲《南方传媒研究·"媒介批评"

专辑》，王君超媒介批评文选《第三只眼睛看传媒》和其他命名为《电视批评理论研究》《中国电视文艺批评》《中国电视纪录片批评》等。

这个时期恰恰又是市场经济起步和繁荣的阶段，传媒产业批评也引人瞩目：陆地《中国电视产业发展战略研究》（新华出版社 1999 年）、《中国电视产业的危机与转化》（中国人民大学出版社 2002 年）、《解析中国民营电视》（复旦大学出版社 2005 年）、《中国电视产业启示录》（上海交通大学出版社 2007 年）等著作，系统梳理和探讨了中国电视转型发展中所面临的各种问题与可能的历史机遇；周鸿铎《传媒产业资本运营》（经济管理出版社 2003 年）、《传媒经济导论》（经济管理出版社 2003 年）、《媒介产业制度论》（北京广播学院出版社 2004 年）等著作，对包括电视在内的中国媒介资本运营进行了系统化研究；2006 年，复旦大学出版社出版谢耘耕的《传媒资本运营》一书，第一次对包括电视在内的中国传媒资本运营的现状和未来提出了相对完整的阐释框架。

（二）系列译著的出版

在此期间，一大批国外有代表性的媒介批评类专著也借改革开放的春风得以翻译出版：比如霍克海默《批判理论》（李小兵等译，重庆出版社 1989 年），哈贝马斯《公共领域的结构转型》（曹卫东译，学林出版社 1999 年），赛弗林、坦卡德《传播理论：起源、方法与应用》（郭镇之等译，华夏出版社 2000 年），莫斯可《传播政治经济学》（胡正荣等译，华夏出版社 2000 年），马特拉《世界传播与文化霸权》（陈卫星译，中央编译出版社 2001 年），波兹曼《娱乐至死》（章艳译，广西师大出版社 2008 年）、《童年的消逝》（吴燕莛译，中信出版社 2015 年）、《技术垄断——文化向技术投降》（何道宽译，中信出版社 2019 年），马尔库塞《单向度的人——发达工业社会意识形态研究》（刘继译，上海译文出版社 2008 年），鲍德里亚《消费社会》（刘成富、全志钢译，南京大学出版社 2008 年），汉诺·哈特《传播学批判研究：美国的传播、历史和理论》（何道宽译，北京大学出版社 2008 年），鲍德里亚《符号政治经济学批判》（夏莹译，南京大学出版社 2009 年）等。

上述等专著与译著介绍和阐释了西方传媒批判理论的相关思想和理论知识，同时也结合我国传播的实际情况提出了我国媒介批评的标准和方法。

尤其是有关大众文化现象的分析与批判，一些专著和译著专门就传媒娱乐化和低俗化现象进行了理论探讨，揭示了传媒娱乐化实用主义淹没了审美理想主义，传媒利益追逐代替了精神追问，传媒自甘于自娱自乐、自卖自夸的境地。

我国传媒在娱乐化的场域下，热衷于娱乐，先天下之乐而乐，泛娱乐化已成为传媒文化的一大特色，娱乐过剩，理性不足。这些专著和译著传播思想文化知识，建构现实研究的标准，为运用理论之矢来批评中国传媒之的起到了理论联系实际的作用，尤其是对传媒泛娱乐化、低俗化等异化现象的批评，传媒批判理论的建树更能分清良莠、明辨是非、披沙沥金、激浊扬清，以高屋建瓴的理论高度和深度来彰显和成就批评这一严肃的公益事业。

（三）期刊专栏文章的发表

最能反映媒介批评新动态的当然属于学术期刊。1999 年开辟"报刊批评学"栏目的《报刊之友》在 2004 年改名为《今传媒》后仍然不定期设立媒介批评栏目；《新闻记者》自 2002 年开始正式设立"媒介批评"专栏，是我国少有连续、持久关注媒介批评的新闻传播类专业期刊；《新闻界》2004 年开辟了媒介批评专栏；2005 年，一本定位于"对各类大众媒介进行研究和批评的学术性期刊"《媒介批评》（蒋原伦、张柠担任主编）面世。以"媒介批评"为主题、为篇名、为关键词、为摘要分别在中国知网期刊论文库中进行搜索，分别出现 716、118、359、416 等条目信息，显示出几乎所有的新闻传播类期刊都参与了刊登媒介批评和学术争鸣类的文章。如《新闻记者》《今传媒》《青年记者》《新闻爱好者》《国际新闻界》《东南传播》《新闻知识》《现代传播》《新闻前哨》《新闻与写作》《当代传播》《中国广播电视学刊》等。还有一些高校的学报（《现代传播》也属高校学报范畴）、文化艺术类期刊和哲学社会科学类的期刊也不同程度地刊登过媒介批评类的文章，总体上这类文章的争鸣性和学术含量，显示了媒介批评学术活动的活跃与活力。

从 1995 年《北京广播学院学报》发表朱光烈的《批评，从我开始》伊始，一大批有影响力的文章在媒介批评领域起了研究的示范作用：比如丁俊杰《媒介批评的意图》（《现代传播——北京广播学院学报》1996 年

2 月），王君超《媒介批评——历史与走向》（《国际新闻界》1999 年 2 月），谭舒、董天策《媒介批评：疑问与思考》（《新闻记者》2002 年 2 月），雷跃捷《媒介批评是对大众传媒和大众文化的反思活动——对国内有关"媒介批评"定义的辨析》（《现代传播》2003 年 3 月），刘晓程《论"新闻阅评"之不同于"媒介批评"——兼谈媒介批评的内涵与本质》（《今传媒》2005 年 4 月），谢静《拯救的期待与想象——媒介批评的预设与批评者批评》（《新闻记者》2008 年 10 月），陈龙《论我国媒介批评理论体系的本土建构》（《山西大学学报》（哲学社会科学版 2009 年 3 月），郑保卫《当前中国媒介批评的几个问题》（《现代传播》2010 年 4 月），欧阳宏生、李弋《21 世纪以来中国电视批评的若干思考》（《现代传播》2010 年 8 月），王雯《对大众传媒泛娱乐化的思考》（《青年记者》2013 年 7 月），马正华《传媒"泛娱乐化"及其伦理困境》（《东南大学学报·哲学社会科学版》2015 年 6 月），武香利《大众传媒泛娱乐化的消极影响》（《新闻战线》2016 年 12 月），王一淳《中国电视传媒的"泛娱乐化"现象初探》（《传播与版权》2018 年 3 月），尤成、贾广惠《浅析微博热搜榜泛娱乐化偏失问题》（《东南传播》2018 年 10 月）等。

这些争鸣和批评性的文章，以理论驾驭实际，以实际诠释理论，理论与实际相结合，动态性地观察传媒，针砭传媒弊端和异化现象，与上述专著译著一道，推动了西方传媒批判理论在当下与我国传媒批判实践的结合。尤其是关于我国媒介批评理论体系本土化建构的提出，推动了西方传媒批判理论中国化转向研究意识的萌芽，为中国特色传媒批评理论体系的破土和出场埋下了伏笔。

二、新媒体拓展媒介批评渠道和互动路径

媒介批评网站的开通使我国传统媒介批评活动开始走向现代化，由报业批评到新闻批评到媒介批评再到网络批评，渠道不断得到拓展，批评者与读者受众之间的互动得到了加强，呈现出一种快速反应的机制。

媒介批评网由清华大学新闻与传播学院和人民网签约共建的国内第一个综合性的媒介批评专业站点，立足于当代中国媒介批评的实际，倡导理性、建设性，以理性批评构建媒介和谐社会为宗旨，密切关注当前媒介生态，

注重运用批判性思维观察、分析、批评当代媒介行为、媒介现象和媒介产品，以促进我国大众传播媒介的良性发展，推动媒介道德规范和媒介法制建设，倡导受众以文明、理性的方式接触和使用媒介。

网站联合北大、清华、人大、北师大、复旦、南开、南大、浙大、武大、中国传媒大学、中国政法大学、郑州大学、南京师范大学、中国海洋大学等高校的媒介批评相关学术资源，构建互动的学术平台。媒介批评网与港台和美、英等著名高校的媒介批评学术站点及著名批评机构实现资源共享。香港报业评议会和香港电台对本网站转播、转发的有关视频和信息予以了书面授权。

与此同时，一些其他专业的或相关的具有"媒介批评"功能的网站或频道的创办与开通，甚至包括一些个人主页、个人博客和微博的加盟，媒介批评的网上开展非常活跃：像 CCTV·电视批评、中华传媒网·学术网、学术批评网、人民网·文化批评、人民网·传媒频道、新华网·传媒频道、新闻前哨、中国新闻传播学评论等，这些网站或频道的开办，追求不同，功能各异。但是，在报道媒体新闻、针砭媒介现象、研究传媒产业和媒体资本、探究新闻立法，传播新闻理论、提供研究报告、探讨新闻业务，为广大新闻传播理论研究者、新闻教育者、新闻院校学生提供交流平台，提高广大新闻工作者和新闻爱好者的理论水平和业务水平等方面都有相同的目标。同时，面对新闻传播领域学界与业界严重脱节的现状，以做新闻传播学界与业界的桥梁，提出理论服务实践，围绕媒介产业环境、新闻传播实务、新闻传播理论研究进行探索和交流，有的还集理论、业务、调查、培训、出版和论坛于一身，尽情地演绎新闻传播理论与实践互动的平台角色。

网站或频道中的二级频道或子频道的分化，传媒研究、传媒万象、专家个人频道 A 区和 B 区、各种潮评等，理性的思考、建设性的评判包含着许多的诉求，为媒介批评的渠道拓展尤其是即时互动传播优势的创立，提供了诸多便利。

三、学术交流推动媒介批评意识普及和思想交锋

除了上述专著、译著、论文和网文进行媒介批评知识的传播和学养

的交流以外，学术会议以及会后论文的结集出版同样起到了普及批评意识进行思想交锋的作用。召开媒介批评学术会议，开风气之先的主要有以下四类：

"中国电视批评高端论坛"落户四川大学文学与新闻传播学院，召集人为欧阳宏生教授，围绕着电视批评科学化、现代化和电视批评学科建设等主题展开（《中国电视批评高端论坛论文集》没有正式出版）。

"中外媒介批评学术会议"由暨南大学新闻与传播学院（媒介批评研究中心）主办，召集人为董天策教授，倡导媒介批评精神，构建具有中国特色、中国学风的社会主义媒介批评话语体系，促进传媒健康成长、发展和繁荣（董天策：《中外媒介批评》2008年第一辑、2010年第二辑，暨南大学出版社出版）。

"两岸三地媒介批评学术研讨会"由中国传媒大学电视与新闻学院主办，召集人为雷跃捷教授，会议围绕使命与责任——媒介批评的历史、现状与未来，注重媒介发展、彰显批评精神、深化学术研究，提升两岸三地媒介批评学术交流和大众传媒批评实践的水平（雷跃捷：《大众传媒与媒介批评：首届两岸三地媒介批评学术研讨会论文集》，中国传媒大学出版社2010年版）。

"西湖媒介素养高峰论坛"由中国广播电视协会联合浙江传媒学院"媒介素养研究基地"共同主办，召集人为彭少健教授等，围绕中国转型期媒介素养培育，培养大众健康的媒介批评能力，提高公民的媒介素养，成为积极使用媒体资源、制造媒体产品，对无所不在的媒介信息有主体意志和独立思考（彭少健、王天德：《2010年中国媒介素养研究报告》，中国国际广播出版社出版；前两届2007年、2008年都汇编了《西湖媒介素养高峰论坛论文集》）。

同时，清华大学、中国传媒大学、浙江大学、郑州大学、苏州大学、浙江传媒学院等十余所大学传媒院系开设了媒介批评课程，通过课堂的形式来传经布道，媒介批评作为新闻传播学术的重要组成部分，走进大学课堂。不少研究生以有关媒介批评类论题撰写学位论文。

当然，我国媒介批评在起步阶段存在"三少四无"现象：三少是对内部而言，即媒介批评少深广、少学术、少知识更新；四无则是从外部来讲，即一无阵地，二无队伍，三无粮草（资料），四无精神鼓励和物质支持。[1]这种现象经过近 20 年的努力得到了巨大的改观，建设有中国特色的媒介批评理论体系向前迈进了一大步。尽管"批评与自我批评"常被官样文章"表扬与自我表扬"所代替，新闻专业期刊也大都是好稿评介、成功经验介绍、缺少直言得失的批评，怕批评得罪人，媒介批评人员自说自话以及社会群殴等现象时有发生，但上海报业集团旗下的《新闻记者》每年撰写"十大假新闻评选"，是非常典型而又犀利的媒介批评系列策划，在学界和业界广为传播，一个传媒期刊的社会责任感让每一位知识分子所深深领悟，使媒介批评有了光亮的照耀和前行的动力。

中国现代媒介批评的文体形态多种多样，主要有新闻报道体、时评杂文体、学术研究体、文学艺术体四类。[2]随着实践的呼唤、环境的宽松、队伍的扩大、载体的多样、渠道的畅通、研究的自觉、终端的互动等条件的不断成熟，把西方马克思主义传媒批判理论的学理知识和中国传媒的具体实践相结合，走中国化的转向道路，针砭传媒时弊，把握传媒走势，纠正不良现象，推动健康发展。在理论联系实际、有的放矢的过程中，改变传媒批评滞后或失语的现状，有中国特色的传媒（娱乐化）批判理论体系建设会得到加强和提高，为社会主义先进文化建设起指路明灯的作用。不过，近十年来，有关传统媒体的批评研究显得有些沉寂，开始转向新媒体的批评研究，体现了批评主体与时俱进的视野。

第三节　政府主管部门强化传媒泛娱乐化监管的常态化

俗话说："没有规矩，不成方圆。"传媒泛娱乐化和低俗化是大众传媒在市场化进程中出现的一种失灵和异化的现象，需要政府这只"看得见的手"发挥监管与调控的作用。全国政协委员、北京电影学院原院长张会军认为：电影要立法，规定血到什么程度，炸到什么程度，不能有凶杀，

---

① 王志娟：《论我国媒介批评的起源、现状及走向（上）》，《新闻知识》2010 年第 6 期。
② 胡正强：《论中国现代媒介批评的文体形态及其表现》，《湖南大众传媒职业技术学院学报》2009 年第 6 期。

不能有强奸，不能有暴力，不能有变态。不是像有些人说的，电影要分级，而是要立法，立法是大概念。[①]电影作为一种媒介，立法监管的理念同样适应报刊、广播电视、互联网和手机等新媒体。在市场经济环境下，政府作为媒体监管的主体之一，其角色应该是"法律法规制度的设计者、制订者、颁布者"和"奖优罚劣维护公平正义的裁判员、执法者"，通过主导大众传媒泛娱乐化和低俗化监管规制的颁布，对传媒业的市场结构、外部环境及媒体的不良行为进行同步干预，使传媒发展兼顾效率与公平，在体现传媒经济属性的同时，不忘自身的社会责任。

一、法律法规和各种禁令的监管依据

政府监管首先要有法律依据，做到有法可依，有法必依，执法必严，违法必究。我国媒介监管的历史和传媒业的历史相当，自汉、唐、宋、元、明一直到清代，严苛的法律与制度安排控制着邸报的言论，保证官府对信息的垄断，是一种典型的封建集权主义媒介制度。[②]清代和民国时期，是我国传媒法律法规制定和实施的"鼎盛"时期，一大批传媒法律法规接踵而至：《大清律令》《大清会典事例》《钦定六部处分则例》《大清印刷物专律》《报章应守规则》《报馆暂行条规》《大清报律》《著作权章程》《钦定报律》《钦定宪法大纲》《中华民国临时约法》《宣传品审查条例》《出版条例原则》《出版法》《日报登记办法》《电信条例》《装设广播无线电收音机登记暂行办法》和《民营广播无线电台暂行取缔规则》等，很明显都带有近代西方媒介制度的植入和演化的痕迹。

我国现阶段有关传媒健康发展的各种法律法规制度和道德条例比较多，除了宪法和其他专门法中有关传媒的各种条文以外，具体有关传媒尤其是有关广告的法律和条例可谓非常细致。根据新华网新华传媒法规专栏的记载，目前全国和地方加起来有数百部，只是还没有一部专门成熟的"新

---

① 张会军：《通过立法对电影中的暴力镜头进行严格限制》，《新周刊》2011年3月15日版，第20页。

② 潘祥辉：《媒介演化论——历史制度主义视野下的中国媒介制度变迁研究》，中国传媒大学出版社2009年版，第34~35页。

闻法"，具体如下：①

有关报刊的法律与条例：《中华人民共和国著作权法》《中华人民共和国著作权法实施条例》《出版管理条例》《著作权行政处罚实施办法》《实施国际著作权条约规定》《上海市著作权管理若干规定》《关于惩治侵犯著作权的犯罪的决定》《国务院关于对期刊出版实行自负盈亏的通知》等。

有关广播电视的法律和条例：《广播电视管理条例》《中国将禁止外商投资有线电视网络》《有线电视管理暂行办法》《关于加强广播电视有线网络建设管理意见的通知》《国家工商行政管理局关于加强电视直销广告管理的通知》《卫星电视广播地面接收设施管理规定》等。

有关广告经营的法律和条例：《中华人民共和国广告法》《广告管理条例》《关于报社、期刊社和出版社刊登、经营广告的几项规定》《广告行业公平竞争自律守则》《关于限制在公共场所设置烟草广告的通告》等。

网络信息管理法律与条例：《互联网信息服务管理办法》《互联网站登载新闻业务管理暂行规定》《互联网电子公告服务管理规定》《国务院关于修改〈中华人民共和国计算机信息网络国际联网管理暂行规定〉的决定》《网站名称注册管理暂行方法》《互联网上网行为管理办法》《网络安全法》等。

其他相关法规：《中华人民共和国商标法》《中华人民共和国合同法》《中华人民共和国产品质量法》《中华人民共和国消费者权益保护法》《中华人民共和国电信条例》《中华人民共和国国家通用语言文字法》《关于惩治侵犯著作权的犯罪的决定》《音像制品管理条例》等。

我国新闻改革自20世纪90年代以来，娱乐、服务和体育等领域的媒介内容依然占有相当大的比重，这些内容和刊载这些内容的媒介市场化程度较高，为传媒拓宽了市场竞争的内容和渠道，但有关这一方面的传媒规制却总是落后于实际操作，致使政府管理部门的各种禁令跟在传媒后面亦步亦趋，有的成了马后炮，导致各种传媒泛娱乐化和低俗化在社会上先期

---

① 《新华网——传媒在线·法规查询》，http://www.xinhuanet.com/newmedia/fgcx.htm。

产生不良的影响。

其实《中国新闻工作者职业道德准则》《国际新闻道德信条》《记者行为原则宣言》等道德准则的具体内涵中就有相关的约束条文，只是没有针对性和具体的指向，使监管和操作起来没有办法落到实处。倡导健康的传媒娱乐和反对、抵制、制裁传媒低俗内容是一种国际惯例。自 2007 年以来，国家广电总局先后出台了一系列禁令，对服务、体育、广告、娱乐节目里出现的低俗化现象进行了点名批评，开出了严厉罚单：叫停甘肃和宁夏两个电视台频道广告播放权；整顿电视竞猜类节目；叫停性暗示广告；对严重偏离比赛宗旨，热衷制造噱头炒作活动的选秀节目《第一次心动》施以停播的"极刑"，①表明国家行政主管部门对传媒低俗化的强硬态度和坚决抵制的决心。

二、借鉴反泛娱乐化和低俗化的国际经验

在反传媒泛娱乐化和低俗化尤其是反传媒色情和暴力方面，国际上有许多先进的经验可资借鉴，《电子媒体的法律与管制》②和《世界各地广播电视反低俗化法规资料选编》③等的出版发行，为净化我国传媒空间环境提供了有效参照。

根据 1996 年的电信法，美国保护互联网言论自由，把淫秽、煽动性、涉及种族、犯罪、恐怖活动等内容，列入政府和互联网组织的管控范围。美国既有专门针对电视节目低俗化的法律法规，如《2005 年广播电视反低俗化的管制》《2005 年淫秽与暴力广播电视内容控制法》，也有非专门针对电视节目低俗化的法律，如《联邦电信法》《有线电视法》和《2005 年儿童友好电视节目法》等。

澳大利亚政府宽带、通信暨数字经济部下设一个名为网络预警（netalert）的部门，专门为澳大利亚民众提供网络信息过滤服务。2006 年，澳大利亚政府斥资 1.166 亿澳元建设"国家过滤体系"，免费为澳大利亚所有家庭和公

① 叶奕：《当今传媒低俗化的深层原因及其治理》，《云梦学刊》2009 年第 2 期。
② [美] 克里奇：《电子媒体的法律与管制》，人民邮电出版社 2009 年版。
③ 中国广播电视年鉴编辑部：《世界各地广播电视反低俗化法规资料选编》，中国传媒大学出版社 2008 年版。

共图书馆配备网络内容过滤器，将色情、暴力等不健康的内容屏蔽。①

德国政府打击网络色情，1992 年年初，关闭了一些团体利用大学的服务器开设的黄色网站。1995 年议会正式把在互联网上保护青少年的问题纳入了法律法规。2009 年，政府与五大网络运营商签订"封锁儿童色情网页"的合同。随后的 6 月，联邦议院和参议院又通过了"反对互联网儿童色情法"。②

我国在 2000 年由文化部、团中央、广电总局、全国学联、国家信息化推进办公室、《光明日报》、中国电信、中国移动等单位就共同发起了"网络文明工程"，人民网、光明网、中央电视台网站等 15 家中国优秀文化网站在启动仪式上发出倡议，号召网络工作者文明建网，引导广大网民文明上网。③二十年来，网络在推进社会民主政治建设和新闻信息传播等方面发挥了巨大的作用，同时网络工程不文明的现象时有发生，泛娱乐化和低俗化在此期间被演绎得轰轰烈烈，对社会进步、人类文明、传媒发展、受众素养提升等方面也带来了破坏和阻碍的影响。同时，国家广电总局领导也多次指出：目前部分广播影视节目还存在低俗之风，选秀节目过多、过乱，部分选秀节目细节低俗。为此，广电系统将强化节目规划、播出审查、收听收看，从制度建设入手，通过建立规范监管标准、奖罚措施，形成科学有效的监管机制，坚决制止广播电视节目中存在格调低下的问题，坚决制止盲目单纯追求收视率、收听率而不顾社会影响的做法。将严格执行广播影视节目播出标准，重点加强对法制类、娱乐类特别是选秀类节目的管理，限制此类节目数量，提高质量，有度有节。④

传媒文化建设是精神生产，投入的是智力劳动，产出的是精神产品，影响的是人们的思想和社会的进步。因此，借鉴国际上的有效经验，结合我国传媒环境的实际情况，因地制宜有效地拿出针对性措施抵制泛娱乐化

---

① 杨国辉：《全球主要国家网络监管举措"大追踪"》，《中国信息安全》2010 年第 2 期。
②《世界各国依法监管互联网》，http://news.sohu.com/s2010/jianguanhulianwang/。
③ 杨明方：《"网络文明工程"正式启动：十五家优秀文化网站发出文明建网上网倡议》，《人民日报》2000 年 12 月 8 日第 5 版（教育·科技·文化版）。
④ 徐馨：《广电系统将净化荧屏视频　娱乐节目要有度有节　选秀节目数量将受到限制》，《人民日报》2007 年 1 月 12 日第 11 版（文化新闻版）。

和低俗化，净化传媒公共空间，还大众一个干净的收视环境和阅听空间，显得尤为必要和紧迫。

三、具体的实施步骤和措施

《中华人民共和国政府信息公开条例》自 2008 年 5 月 1 日起施行，其中第十五条规定：行政机关应当将主动公开的政府信息，通过政府公报、政府网站、新闻发布会以及报刊、广播、电视等便于公众知晓的方式公开。信息公开，建设透明政府，促进社会民主，大众传媒的作用是有目共睹的。互联网等新媒体在舆论引导、舆论监督和信息传递方面发挥了多媒体的优势，网络监管维护网络安全、保护网上公共利益、进行网络扫黄等突出了优势，对政府官员也起到舆论监督的作用，促进了社会和谐与进步，一批大案要案通过网络的曝光，像周久耕天价烟、广西烟草局长日记门、陕西表哥杨达才事件、秦岭违建别墅和祁连山环境污染事件，以及其他网络群体事件等都得到了及时有效地处理。

信息公开是社会文明程度的一个标志，也是社会发展的一种必要手段。信息如何公开？泛娱乐化低俗化的方式已经显示了诸多弊端，在借鉴国际惯例和结合已有的法规条文的基础上，采取相应的步骤和措施，有条不紊地加以纠偏和改造，传媒泛娱乐化低俗化的现象会得到相应的改变。

（一）以法律法规约束传媒道德底线

近年来，国家广电总局会同相关管理部门出台了一些相关禁令，对相关节目的播放进行了审批，对部分造成不良社会影响的节目，进行了严肃的处理。但目前我国尚无完整完备的新闻法规，对传媒业的调控着重于政党权力，对传媒的社会责任感的约束停留在道义与自律的层面，还未建设一套严格的、刚性的、系统化的约束机制。已有相关法律规定缺乏可操作性，贯彻执行起来成效不佳。

针对上述情况，在继续保持对文化采取相对宽松政策扶持文化大发展大繁荣的同时，制定类似于美国《2005 年广播电视反低俗化的管制》《2005年淫秽与暴力广播电视内容控制法》等法律规定，将制度上升到法律的程度，以强制执行的性质与措施去改变制度的柔性和人治的不力，靠法律制度确保媒体有一个健康而又清明的报道秩序，制约新闻伦理道德底线滑坡，规范媒介的日常传播行为，有效遏制传媒泛娱乐化和低俗化。

（二）设置科学合理的传媒绩效评估体系

我国传媒绩效主要是看社会效益和经济效益。社会效益比较抽象，很难用具体指标进行衡量，而且在短期内也难以见效；传媒绩效评估就转而看经济效益了，而经济效益又被简单地等同于收视率（发行量、收听率）及其对应的广告投放和流量变现，多元化的渠道开发来提高传媒抗风险的能力没有得到有效加强。

合理有效地开发传媒市场，激活市场竞争，激发创新意识，维护正常秩序，就必须设置科学合理的传媒绩效评估制度，改变收视率单一的评价机制。建立包括收视份额、欣赏指数、美誉度等在内的综合评价体系，合理调控媒体供给问题，防止媒体过度竞争、恶性竞争导致的节目滥竽充数、低俗泛滥的现象。[①]

综合评价体系能够回避单一的没有结构划分和受众质量之分的生硬数据说话，以整体的观念从社会效益第一、经济效益第二出发，扩大传媒主流文化的有效扶持，在信息来源、财政补助、发行市场、技术支撑等方面优先扶持优秀的传媒及其节目，鼓励和激励具有文化原创性、艺术创造力和审美感悟力的传媒产品占领市场，有效防止和限制负面有害的传媒泛娱乐化和低俗化内容，保护社会公众的利益，实现社会效益和经济效益的双赢。

（三）拓展社会公众参与传媒监管的渠道

为了传媒的健康发展，各国都采取了用行政力量或社会力量来参与传媒管理的措施，比如美国曾经就设置了新闻检察官，我国一些地方也采用了聘请社会知名人士来监督传媒的做法，而且取得了一些成效。

大众传媒建立一个有广泛社会公众参与的媒体监听监看队伍，把社会知名人士（尤其是离退休人员）、媒介爱好者、行业意见领袖等人组织起来，建立多种便捷有效的社会公众批评监督渠道，对媒体行为进行实时监控。通过广泛的宣传教育，增强广大媒体从业者接受社会监督的意识；增强受众的授权者意识，主动维护自己的权力主体地位，积极参与监督舆论和舆论监督；像设立新闻热线、报业呼叫中心一样，设立传媒监督热线，在媒

---

① 叶奕：《大众传媒低俗化监管规制构建的新思路》，《求索》2010 年第 8 期。

体网站上开设公众监督传媒的论坛，及时掌握公众对传播内容和传播形式的意见，作为传媒行为绩效的重要评价指标，结合上级主管部门的评议统筹考虑，以平衡仅着眼于收视率和广告额等数据指标而带来的"唯经济效益论"；对受众意见较大的传媒组织和个人建立"黑名单"，在市场准入资格方面予以重新和重点考察。①

通过有社会公众和社会力量积极参与的媒介批评监督机制是一种全方位、全天候的外部规制，是政府行政监管和传媒职业道德建设的有益补充，没有行政机构的控制色彩而更易被传媒机构和传媒人员所接受。社会力量的去政治化、淡化官僚色彩和形式主义，有效协助传媒职能部门，规范媒介市场秩序，使传媒泛娱乐化和低俗化在社会大众面前成为过街的老鼠。这种民主、开放、参与性强的监管模式应该得到大力提倡并使之尽早成熟起来，成为传媒健康发展的外部保障。

（四）开发各种技术上的信息过滤装置

在采取法律法规制度和各种奖励与惩罚措施的同时，在物质技术上开发各种类型的信息过滤软件和装置，同样是一种不错的选择。

工信部大力推进安装网络有害信息过滤软件"绿坝"，凡在我国境内生产以及销售的计算机都将预装"绿坝——花季护航"过滤软件，防止青少年受到网络不良信息的侵害。北京甲骨蓝科技有限公司研制的蓝眼睛智能信息过滤系统软件，一方面采取对计算机页面进行有效监控的方法，对在计算机屏幕出现的词汇进行逻辑判断，完成对不良信息的查杀；另一方面通过预置不良网址禁止使用者登录有害网站。系统采用了地址库过滤和页面智能分析双重查杀的方式，既过滤掉了外部（互联网）不良信息的访问又杜绝了内部（磁盘、光盘、局域网）不良信息的泛滥，彻底解决了传统过滤软件的缺陷。②

信息过滤软件集自然语言处理、图像处理、图像理解、计算机视觉、数理统计分析、模式识别、数据库、知识论和人工智能等学科的相关理论和技术为一体，对传媒文本中的主题、内容、格式、段落、图片、音频、视频等信息技术特征进行识别过滤，有效屏蔽娱乐化和低俗化的信息。③

---

① 叶奕：《大众传媒低俗化监管规制构建的新思路》，《求索》2010年第8期。
① 陈文明：《浅析校园网络安全》，《电脑知识与技术（学术交流）》2007年第13期。
③ 彭昱忠、元昌安、王艳、覃晓：《基于内容理解的不良信息过滤技术研究》，《计算机应用研究》2009年第2期。

目前，我国屏蔽网络不良信息过滤技术的研发取得了很大成效，语义分析技术的应用，用户使用日常语言输入后，计算机能够立刻对信息进行理解甄别、加工提纯、挖掘，在浩瀚的互联网数据库中，寻找匹配度最高的内容，给出最具价值的答案，既去掉了"色情""暴力"等绝对有害信息，又保留了对青少年有益的健康网页；针对网络色情图像信息，图像识别过滤软件已经实现对图像内容的主动过滤，特别是对孩子们感官刺激最强烈的淫秽色情图像的内容，能将识别后的有害地址自动加入黑名单库，同时阻断色情的链接地址。[①]

文字图像过滤的双管齐下，加上超链接的阻断，基本上在技术上屏蔽和过滤掉了娱乐化和低俗化信息（尤其是色情暴力等信息）的传播。

第四节　加强传媒非政府组织建设制定自律公约和审议规则

非政府组织是 Non-Governmental Organizations 的意译，缩写为 NGO。即处于政府与私营企业之间那块制度空间，是现代社会结构分化的产物，是一个社会政治制度与其他非政治制度不断趋向分离过程中所衍生的社会自组织系统的重要组成部分。[②]最初是在 1945 年 6 月《联合国宪章》第 71 款中正式使用，该条款授权联合国经社理事会"为同那些与该理事会所管理的事务有关的非政府组织进行磋商做出适当安排"。1952 年联合国经社理事会将非政府组织正式定义为"凡不是根据政府间协议建立的国际组织"，当时主要指国际性的民间组织，具有组织性、民间性、非营利性、自治性、志愿性和公益性的特征。

非政府组织从事的是社会公益事业，提供的是公共物品，其涉及的领域包括环境保护、社会救济、医疗卫生、教育、文化等。在体制上独立于政府，不属于政府建制的一部分，也不直接受制于政府权威，但并不意味着非政府组织与政府或政治不发生任何关系。非政府组织也时常介入政治，

---

① 张磊：《屏蔽网络不良信息　过滤软件瑕不掩瑜》，《中国消费者报》2009 年 6 月 19 日。
② 程元圆：《从非政府组织的"草根性"看国际环境法的发展》，《知识经济》2011 年第 4 期。

力图影响政府有关政策，只不过通过政治参与传达给政府的政策意愿具有某种公益性。①

传媒非政府组织是 Media Non-Governmental Organizations 的意译，缩写为 MNGO，是根据传媒政府管理协议而建立的传媒自组织系统。根据我国非政府组织的分类情况：可分为事业单位、社区管理型组织、社会团体（政治性团体、经济性团体、文化性团体）、民办非企业单位。②我国传媒非政府组织属于社会团体中文化性质的团体，主要有中华全国新闻工作者协会（中国记协）、中国广播电影电视社会组织联合会（前身为中国广播电视协会）、中国报业协会、中国电视艺术家协会、中国互联网络协会、中国动漫协会、中国广告协会（上述协会包括各专业委员会及各级各类分会）、中国影视演员协会（CTAA）、北京市协作者文化传播中心以及能保护大众文化消费权益的中国消费者协会（CCA）等。

我国传媒非政府组织是传媒领域自治性、自愿性、非营利性和公益性的组织，是在社会主义市场经济环境下、在社会体制机制转型过程中，响应"小政府、大社会"建设的要求，所成立的独立于政府之外，满足政府和市场无法满足或不能满足的社会的许多重要需求，与政府、市场构成合作伙伴关系的各级各类传媒行业协会③，是党和国家统一领导的我国新闻出版界的人民团体和行业组织。

我国各级各类传媒行业组织虽然职能不同、分工不一样，但性质、职责和使命基本相同，都是以马克思列宁主义、毛泽东思想、邓小平理论、"三个代表"、科学发展观和习近平新时代中国特色社会主义思想为指导，坚持党在社会主义初级阶段的基本路线、基本纲领和基本经验，坚持新闻出版工作为人民服务、为社会主义服务、为党和国家工作大局服务，团结全国各族新闻舆论工作者，加强新闻舆论队伍建设，维护新闻舆论工作者的合法权益，加强与相关行业及社会各界的联系和协作，促进行业的经济发展和技术进步，推动新闻舆论工作改革创新。

---

① 贾栋：《非政府组织登记管理政策浅析》，《消费导刊》2009年第10期。
② 高丙中：《社会团体的合法性问题》，《中国社会科学》2000年第2期。
③ 刘义浙：《试析我国行业协会职能定位及管理体制的完善》，http://www.chinacourt.org/html/article/201003/01/397118.shtml。

中国记协通过评定中国年度新闻奖、长江韬奋奖，开展以中国特色社会主义理论体系、马克思主义新闻观、职业精神职业道德为主要内容的"三项教育活动"，组织传媒志愿者活动、传媒慈善活动和国际交流活动等来体现该组织的特征和职责。在参与起草《中国新闻工作者职业道德准则》《记者守则》《关于纠正当前新闻界不正之风的几点意见（草稿）》等行业规制中，直接参与到对传媒行业的管理之中，规范传媒从业人员的职业道德行为。

为了响应记协的号召，2003年9月26日，新华社自曝家丑，并公布举报电话、电子信箱和通信地址；同年11月5日，《人民日报》、新华社、《求是》杂志、《光明日报》、《经济日报》、中央人民广播电台、中央电视台联合发布《"弘扬职业精神，恪守职业道德，维护队伍形象"自律公约》，公布监督电话，表示"自觉接受监督，严肃查处违规违纪问题"。[①]

原中国广播电视协会开展广播电视学术理论研究，加强行业自律，协助政府进行行业管理，成立课题组编著《广播电视节目审议规则（建议稿）》（京内资准字0808-Ly0003号）。该规则集传媒法学、新闻传播学、伦理学和社会学为一身，立足于广播电视行业自律的需要，对我国现行有效的法律、法规、规章、司法解释中与广播电视传播内容有关的规定作了较为全面的收集、研究，同时参考了国内外大量相关的制度性规定，用从业人员易于理解的语言加以表述。虽然是内部资料，但科学合理的审议规则，使行业内对广播电视节目的审议和评判有了科学的依据和通用的准则。此外，中国广播电视协会还编著了《中国广播电视行业自律与维权报告书》（2007年卷），《中国广播电视协会职能转变报告书》（2008年卷），《广播电视节目评估体系》也于2011年出台了。当然，由于时效性的关系，一些新的法律法规的出台，需要与时俱进地补充并加以修订。

"中国互联网络协会"负责管理维护中国互联网地址系统，制定了一系列"网络媒体自律公约"[②]；中国互联网络信息中心（CNNIC）负责运行和管理国家顶级域名 .CN、中文域名系统及通用网址系统，以专

---

①《"弘扬职业精神，恪守职业道德，维护队伍形象"自律公约》，《人民日报》2003年11月6日。

②陈华：《走向文化自觉——中国网络媒体行业自律机制研究》，人民出版社2011年版，第245~270页。

业技术为全球用户提供不间断的域名注册、域名解析和 Whois 查询服务；"中国广告协会"积极开展中外广告学术理论交流，参与广告业的立法立规工作。

同时，各级各类行业组织还精心办好专业期刊，跟踪理论前沿，开展学术争鸣，传递行业信息，交流业务经验，发布统计数据，举办各种论坛和征文活动，促进行业思想理论的发展和经营秩序的规范。

加强和改善传媒非政府组织建设，政府应该进一步放权，充分挖掘行业协会的潜力，发挥行业协会的作用。在政府的扶持、自身的努力、行业的支持、社会的信任所组成的良好环境下，通过评定各类奖项、鼓励先进鞭笞落后，监督各种不法行为，完善传媒自律公约和节目审议规则，在组织各种论坛和访谈中加强交流和学术互动，从而有效履行传媒非政府组织的公益性职能。

在传媒市场化的环境中，在媒体融合的趋势下，在跨文化交流日益便利的现实面前，政府政策的主导和非政府组织自律公约的补充同等重要。加强传媒文化健康发展，促进传媒文化走出去，提升我国文化软实力，防止新闻传播和综艺娱乐的泛娱乐化和低俗化，要求传播者自律和对节目内容进行审议把关，行业协会的公益性促动、民间性力量、组织性制约、非营利性宗旨、自治性自觉、志愿性扶助等行为，更能超越政府强制措施的功利性，发挥传媒非政府中介组织的作用，设置传媒道德的"红线"，动员全社会力量自觉抵制传媒泛娱乐化和低俗化。

政府法律法规的监管和传媒非政府组织自律公约的制定是传媒健康发展的重要保障。但这些年传媒怪象迭出，"反"什么就"滥"什么，而且越"反"越"滥"。反对假新闻，假新闻泛滥成灾；反对低俗化，低俗之风愈加蔓延；反对炒作，炒作之风越刮越盛。[①]因此，外在的制约还应转化为内在的动力，加强传媒专业教育，提高准入门槛，强化新闻专业主义素质和传媒职业理想的结合，提高传媒从业人员的新闻职业素养和从业队伍的整体水平，自觉抵制传媒泛娱乐化思潮，内外呼应，由内而外提高全民媒介素养。

---

① 李建新：《以强化"专业"训练的手段寻找新闻教育的出路》，选自张国良主编：《新媒体与社会变革》，上海人民出版社 2009 年版，第 586 页。

第五节 提高全民媒介素养 培养批判型受众

新时代"全程媒体、全息媒体、全员媒体、全效媒体"四全一体化融合发展，传媒泛娱乐化在互联互通的媒体融合泛渠道化传播环境下，呈现扩散化的态势，稀释"主流意识形态"供给的浓度，遮蔽受众对社会重大公共事件的关注；搅乱社会舆论正确导向，破坏社会文化健康建构；误导受众社会认知，降格受众审美品位；弱化传媒社会职责，污化传媒自身形象。

在媒介化的当下社会，一个媒体传播什么样的内容，取决于媒体定位和编辑方针，也反映了媒体人员的整体素养和社会责任；一个人每天看什么样的媒体内容，获取什么样的媒体信息，决定了他的视野、认知和情操；一个民族被什么样的信息所环抱，同样决定了这个民族的整体素质和竞争力，当然也影响民族复兴的伟大进程。因此，面对泛娱乐化屡禁不止的传媒乱象，提高全民（含媒体人）媒介素养，也就成为当务之急。

一、媒介素养理论与全民媒介素养教育[①]

媒介素养是指人面对媒体各种信息时的选择能力（ability to choose）、理解能力（ability to understand）、质疑能力（ability to question）、评估能力（ability to evaluate）、创造和生产能力（ability to create and produce）以及思辨的反应能力（ability to respond thought fully）。[②]

"媒介素养"概念由英国学者利维斯和桑普森 1933 年在其论著《文化和环境：培养批判意识》中提出，旨在训练青少年抗拒大众媒介所提供的"低水平的满足"，鼓励学生去"识辨与抵制"大众媒介的不良影响，保护孩子们免受媒介内容的污染。似乎响应了法兰克福学派对大众文化普遍持批判与否定态度，形成了媒介素养教育初期的"批判范式"。20 世纪五六十年代，霍加特、威廉斯等文化学者认为：大众文化与精英文化在内

[①] 本小节部分内容将参见拙文：《论媒介素养教育的核心》，《中国广播电视学刊》2012 年第 2 期。

[②] 张开：《媒介素养教育在信息时代》，《现代传播》2003 年第 1 期。

容上虽有差异，但在审美价值上却无高下之分，不应鼓励盲目批评，而是着力培养人们对媒介的辨别、鉴赏能力，从而把媒介素养教育推进到"分析范式"阶段。20世纪六七十年代，媒介素养教育进入"表征范式"阶段，以霍尔和费斯克为代表的学者认为：媒介不可避免地改变着它所处理的任何事物，大众文化是由大众而不是由文化工业促成的，媒介教育的主旨是教会学生对媒介表征进行分析与批判的能力。20世纪80年代后，由于官方和联合国教科文组织的介入，媒介素养作为一门独立的课程被许多国家和地区纳入正规的课程教育体系之中，陆续发展出许多教学模式及课程教材，并开始认识到媒介素养教育者不应以自己的判断代替学生的判断，应该是双方在互动的学习中一起理解媒介内容，帮助受教育者发展一种认识媒介、建设性地使用媒介的能力。[1]比如澳大利亚、加拿大、英国、法国、德国、挪威、芬兰、瑞典等国已经将媒介素养教育设为全国或国内部分地区中、小学的正规教育内容。[2]其中英国的媒介素养教育以培养学生文化品位为核心，设计出"媒体机构——谁生产媒体文本？""媒体类型——媒体文本形式为何？""媒体技术——媒体文本如何被产制？""媒体语言——阅听人如何理解文本含义？""媒体的受众——目标阅听人为何？""媒体表达——文本如何再现真实？"六个方面为媒介素养教育内涵，施行由幼儿园大班到高中的正式学制课程，并有完整的评估系统。[3]这种强调受众的主动性，并着重"人的能力的培养"即马斯特曼所言的"去神化（demystification）"，从"家长制（Paternalism）走向赋权（Empowerment）"，[4]教导受众如何从媒介信息中保持批判自主力（critical autonomy）的"自主范式"。

在四种范式提出之后，日本学者桥元良明指出，在获得"媒介素养"能力的过程中，不可欠缺的第一要素是"批判的思考"。[5]道格拉斯·凯尔纳指出："重要的是要寻求一种发展批判性的媒体教育学的计划，教育我

---

① 毕玉：《境外媒介素养教育的理论与实践探究》，《新闻界》2008年第1期。
② 宋小卫：《西方学者论媒介素养教育》，《国际新闻界》2000年第4期。
③ 姚进凤：《英国媒介素养教育对我国青少年教育的启示》，《教学与管理》2010年第21期。
④ Len Masterman Foreword: Media Education Revolution, in.Andrew Hart(ed.), leaching the Media: International Perspectives, Lawrence Erlbaum Associates, Publishers, 1998, Ⅷ.
⑤ ［日］桥元良明：《情报行动与社会心理》，北树出版社1999年版，第112页。

们自身以及他人怎样批判地破译媒体信息并且追踪其复杂的影响范围。重要的是能够在公共文化的产品中察觉出各种各样意识形态的声音与语码，同时把霸权的意识形态同那些颠覆主流观念的图像、话语和文本等区分开来。"①香港学者李月莲也提出："批判思考是传媒教育的核心要素，也是未来知识工作者必须具备的技能。"②

　　媒介素养教育组织加拿大联合会主席约翰·彭金特 (John Pungente) 提出了在世界范围内受到广泛认同的媒介素养八大理念：任何媒体信息都是"构造体"；媒体构建现实；受众对媒体信息进行释义博弈；媒介信息蕴含着商业动机；媒体信息含有意识形态和价值观；媒体信息含有社会和政治理念；媒体信息的形式与内容密不可分；任何媒介都有其独特的审美形式。③八大理念触及传媒的多个层面，构成了媒介素养的理论基石，为传媒批判型受众培养提供了理论范畴。

　　媒介素养是大众传播理论的新方向，在近 80 年的演化过程中，发展成一种多含义、多角度、多层面的概念：文化素养（culture literacy）、屏幕教育（screen education）、图像素养（visual literacy）、电视素养（television literacy）、视觉传播（visual communication）、视觉意识（visual awareness）、批判性观看技巧（critical viewing skills）、计算机素养（computer literacy）、信息素养（information literacy）和网络素养（net literacy）。④新媒介技术的迅猛发展，信息传播的互动性，让受众通过参与媒介进而参与社会获得了更多表达的机会和方式。新媒介素养教育着眼于受众的媒介使用能力、批判能力、参与能力和创造能力的培养，将受众置于与媒介相互培育、相互促进、相互建构的对等方，⑤在合作同创中不断提升媒介素养的整体水平。

　　我国媒介素养和媒介素养教育研究还处于起步阶段，1997 年，中国社

---

① 段京肃：《媒介与终生学习》，《媒介方法》2007 年第 1 期。
② 李月莲：《传媒教育：为新世纪培训知识工作者》，《传媒透视》2005 年第 7 期。
③ John Pungente：Canada's Key Concepts of Media Literay。http：//www.Media lit focus tea-articles，html.
④ 张宏树：《媒介素养：大众传播理论新方向》，《西南民族大学学报》(人文社会科学版)2004 年第 12 期。
⑤ 谢曼妮：《参与式文化背景下的新媒介素养研究》（D），广西大学 2011-06-29。

科院卜卫女士发表了中国大陆第一篇系统论述媒介素养教育的论文《论媒介教育的意义、内容和方法》，追溯了"媒介素养"概念在西方发展演变的历史，将"素养"一词推及到媒介教育领域："在媒介教育研究领域，被引申为具有正确使用媒介和有效利用媒介的一种能力。"①此后，学者们陆续发表了一些研究媒介素养和媒介素养教育的论文，在学界逐渐受到关注。2004 年 10 月，中国传媒大学成功举办了我国首届媒介素养教育国际研讨会；与此同时，复旦大学创建了我国首个媒介素养专业网站，内容涵盖媒介素养研究、媒介素养调查、媒介素养实践、媒介素养动态、媒介素养资料等栏目；尔后，上海交通大学率先开设了媒介素养课程，在我国媒介素养教育方面做了新的尝试；从 2007 年开始，浙江传媒学院成立媒介素养研究所，联合中国广播电视协会在该院成立"媒介素养研究基地"，并定期召开具有国际性的"西湖媒介素养高峰论坛"，出版论坛文集。

我国学者对"媒介素养"的认知基本上是一致的，比如：

张开：媒介素养是传统素养（听、说、读、写）能力的延伸，它包括了人们对各种形式的媒体信息的解读能力，除了现在的听、说、读、写能力外，还有批判地观看、收听并解读影视、广播、网络、报纸、杂志、广告等媒介传输的各种信息的能力，当然还包括使用宽泛的信息技术来制作各种媒体信息的能力。②

张冠文、于健：媒介素养就是指人们正确地判断和评估媒介信息的意义和作用，有效地创造和传播信息的素养。③

张志安、沈国麟：媒介素养是指人们对各种媒介信息的解读和批判能力以及使用媒介信息为个人生活、社会发展所用的能力。④

陈先元：传媒素养是指受众对于传媒及传媒信息的认知、解读、评判及接受的基本素质及实际能力。受众能否借助传媒信息而得益，能否拒绝不良传媒信息的侵袭，从而把不良传媒信息对于社会的负面影响降至最低

① 卜卫：《论媒介教育的意义、内容与方法》，《现代传播》1997 年第 1 期。
② 张开：《媒介素养教育在信息时代》，《现代传播》2003 年第 1 期。
③ 张冠文、于健：《浅谈媒介素养教育》，《中国远程教育》2003 年第 13 期。
④ 张志安、沈国麟：《媒介素养：一个亟待重视的全民教育课题》，《新闻记者》2004 年第 5 期。
⑤ 陈先元：《大众传媒素养论》，上海交通大学出版社 2005 年版，第 97 页。

程度，在很大程度上取决于传媒素养的程度如何。⑤

媒介素养主要表现为三个层次上的能力：在信息爆炸的时代，能辨别信息真伪，选择有效信息的能力；透过信息的表面，解读信息背后的意义的能力；参与传媒活动，创造信息通过大众传媒进行传播的能力。①也有学者把它理解为三个层面的内容，即"能力模式""知识模式"和"理解模式"。②信息时代的媒介素养是指人们面对媒体各种信息时的选择能力、理解能力、质疑能力、评估能力、创造和生产能力以及思辨的反应能力。③可见，在日新月异的信息社会里，媒介素养教育绝不限于技术层面的范畴，涉及意识与态度、知识、能力、策略方法等精神层面的内容，具体包括如下：④

1）熟悉包括对大众媒介本质、媒介技术、媒介组织机构及运作、媒介如何被赋予意义等方面知识的理解和认识。

2）对传媒信息的自主批判意识，包括对媒介信息的甄别、质疑、评价等。

3）应对传媒信息的各种能力，包括对信息的选择能力、理解能力、质疑能力、评价能力、创造和制作能力以及思辨的反应能力。

4）主动应对传媒信息的方法，包括对媒介信息读、解、用的方式和方法。

5）媒介素养中的媒介内容广泛，包括报纸、杂志、影视、广播、网络等媒介。媒介素养的内涵和外延随着时代的进步而不断的发展和变化。

媒介素养经历了"20世纪30年代保护主义立场、60年代强调提升对媒介内容的选择和辨别力、80年代对媒介文本的批判性解读、90年代以来参与式社区互动"四次范式转移，作为合法性建构的学术话语，我国一些研究对媒介素养状况作了比较详尽的描述和类别划分，为媒介素养实践

① 钟丹：《媒介素养与媒介批评》，《传媒观察》2009年第12期。
② 臧海群，《传播学教育新方向：从媒介研究到媒介素养》，《现代传播》2003年第6期。
③ 冯文全、刘晓英：《未成年人教育的当务之急：传媒素养教育》，《教育信息化》2005年第10期。
④ 彭震霞：《信息社会背景下的媒介素养分析》，http://www.doc88.com/p-4915167401658.html。
⑤ 陆晔：《媒介素养的全球视野与中国语境》，选自陆晔主编的《中国传播学评论第三辑：媒介素养专辑》，复旦大学出版社2008年版，第3~9页。

模式进行了多样化探究，不同的理论派别和跨学科的研究立足于我国的媒介生态和中国公众的现实条件与需要，开始介入媒介素养的启蒙教育，关注媒介生产、文本和受众三者之间的内在联系。⑤但媒介素养教育还未被纳入国民正规教育体系之中，而大众传媒所掀起的流行文化和新兴价值观念（其中相当一部分有悖于传统文化和正统观念）破坏了中国传统文化原有的高雅性和本真性，一经传媒传播，就有滋生娱乐化和低俗化枝蔓的可能。1982 年，联合国教科文组织公布的《媒介素养宣言》中宣称："我们生活在一个媒介无处不在的社会，与其单纯谴责媒介的强大势力，不如接受媒介对世界产生巨大影响这一事实，承认媒介作为文化要素的重要性。"①

在我国公民媒介素养水平还比较低、媒介素养教育尚未普及、适合我国国情的媒介素养教育理论体系还未形成、有关媒介素养和媒介素养教育的定性研究多、定量研究少等客观现实面前，为顺应社会发展的潮流和世界各国对媒介素养教育重视的趋势，我国媒介素养教育的对象应该涵盖政府、传媒从业人员和广大受众。就政府而言，媒介素养的高低主要体现为善待媒体、善用媒体和善管媒体的技巧与水平，从而为加强与改善党和政府的执政能力建设服务；就传媒从业人员而言，主要涉及新闻专业主义素养、专业能力和传媒职业道德水准的高低，为传媒文化的自身建设服务；就广大受众而言，关键还是一个基础素养教育和自我提升的问题，核心是培养批判型受众。

二、批判型受众培养范式

批判型受众是指具有正确的媒介识读态度和强烈的媒介批评意识、能运用媒介批评的相关理论和知识对媒介所传播的内容进行理性思辨和审慎鉴别，并积极参与媒介意义生产全过程，从而增生媒介免疫能力和审美鉴赏能力的接受群体。

我国对批判型受众的研究主要起源于文学批评领域。批评理论最早

---

① 李欣人、叶玲珍：《媒介素养的人学解读》，《山东社会科学》2010 年第 3 期。

产生于文学批评，围绕着作者、语言、读者、现实和文本五个方面寻求解释文学作品的意义，为什么会产生意义，并从中挖掘和阐释普遍的含义与价值。

文学批评活动存在着"作者中心"论、"文本中心"论、"读者中心"论三种范式，抑或在三种范式之间合理游走，都兼顾了世界、作品、作家和读者四个要素。文学作品与媒介产品有着内在的相互对接，文学可以看作作者与读者间的一种交流，是以语言为载体向读者传送的一个关于现实的文本。早期的文学批评为了提高读者对作品特性的理解、认识和欣赏，自发地置新闻、广播和通俗文化文本于视野之外。以利维斯为代表的利维斯派将文学批评理论和现代媒介研究相结合，分析读者对权力和媒介商业化运营的态度，启示着我国文学批评活动开始关注媒介文本和受众阅读。

文学批评领域接受美学的出现和繁荣，强调了文本阅读的读者反应，回答了不同的公众有不同类型的期待视野，文本对于某一读者群不能接受却可能被另一读者群所接受。读者本着"本隐以之显，求易而得难"（陆机《文赋》），或"振叶以寻根，观澜而索源"（刘勰《文心雕龙·序志》）的执着，才能从整个文本语境中剥茧抽丝，开掘其潜在的内涵隐喻和价值意义。文学批评领域对读者在文学作品阅读中的主体性地位的发掘，透视出了批判型读者意识的萌芽，是传媒批判型受众研究的理论原点和实践基础。

政治学研究中曾提出过"批判性公民"，正是"批判性公民"的觉醒，推动了政府完善公共服务体系。政治研究的系列成果显示：民众对政府一定的不信任和直接的批评提示与监督行为，促进了政治健康发展。这与传媒批判型受众参与传媒批评活动有利于传媒健康发展是同一层面的价值诉求。

教育学包括传媒素养教育提出：知识经济时代是崇尚"批判性思维"的时代，"批判性思维"是健全人格的基本要素，是创新思维培养的前提，是信息素养的组成部分。教育学以及传媒素养教育对"批判性思维"的重视和强调，同样是传媒批判型受众培育与培养的具体内涵。

---

① 谢静：《媒介受众的批判意识建构——以大学生对于客观性原则的反思性征用为例》，《新闻大学》2007 年第 3 期。

　　从文学、政治学、教育学乃至其他学科，批判性读者、批判性公民、批判性思维等的重视和培育，是国内批判型受众研究的重要文献。复旦大学媒介素养研究基地对媒介受众批判意识建构的实践，[①]也同样强调了当下传媒生态环境中批判型受众培养的重要性。随着经济社会的发展，以人为本的观念深入人心，社会的包容性进一步强化了受众的主体性意识，受众地位不断上升。批判型受众是对媒介及社会的一种监督，培养受众的批判和质疑精神，有利于社会的进步和媒体的完善；教育受众以科学的精神严肃对待，以事实为依据，以法律为准绳，以促进社会和谐为目的，正确使用新媒介；引导受众批判什么、如何批判等，彰显了批判是一种精神，这种精神是时代赋予受众的一种权利。[①]

　　国外受众研究被置于传播学、社会学、文化研究等诸学科范畴，呈现出经验主义研究范式和文化研究的（批判的）受众研究范式。丹尼斯·麦奎尔把受众研究划分为"结构性"（structural）、"行为性"（behavioral）和"社会文化性"（social cultural）的研究三类，并对三种传统进行了概括性比较，提出了有逐渐整合的迹象。[②]

　　批判型受众研究偏重于麦奎尔所言的"第三类传统"，目的是研究受众批判性地理解所接收内容的意义及其在语境中应用的能力。传媒文化的建构式生产，是一个编码的媒体过程，生产（编码）建构了信息，阅读消费（解码）产生了意义。解码依赖于受众预存的立场产生三种方式：优势的、磋商的、对抗的。优势阅读出自接受优势意识形态的大众在主导符码的范围内解码，解码与编码基本相一致；磋商阅读的大众对优势意识形态采取有限度的接受，保持与之不同的意见；对抗阅读的大众完全了解编码的意图，采取另类解读彰显主观能动，突出了大众的主体性地位。主动的大众把传媒文化纳入自身的文化，而不是传媒把大众纳入其特定的文化。[③]

　　霍尔模式阐释了意义不是传送者传递的，而是接受者生产的，树立起了受众的权威。传媒文本的阅读是一种社会活动，是一种社会谈判的过程，

① 韩恩花、周子渊：《新媒介语境下受众的新特性》，《新闻爱好者》2011 年第 4 期。
② [英] 丹尼斯·麦奎尔：《受众分析》，刘燕南、李颖、杨振荣译，中国人民大学出版社 2006 年版，第 23~30 页。
③ 鲍海波：《媒介文化的阐释与批判》，中国社会科学出版社 2009 年版，第 60 页。

在不断的编码与解码中，人们不再相信信息的发送者掌握了文化传播的主动权。这一模式的深层阐释和逻辑演绎，为传媒文化研究带来了乐观的前景——极力探讨如何培养大众的批判意识和提高大众的媒介素养来规避传媒乱象的危害。

作为权利主体的受众，在大众传播过程中享有传播权、知晓权和媒介接近权等基本权利。受众对传播内容的近用，克拉伯认为是一个选择性接触、选择性理解和选择性记忆的过程，对"选择性"的强调同样可以看出：克拉伯和霍尔一道赋予了受众阅读的主体性地位，暗含了受众具有批判的潜能。

英国学者利维斯和桑普森指出：媒介素养作为一种防疫性的意识存在，主要是指"媒介批判意识"，是作为大众文化滥觞的对立物而存在的。随着电视的出现和其他媒介渠道的更新，媒介素养教育开始超越"保护主义"的阶段，如德国媒介教育不仅仅是"为了发展学生的交流技能，更主要的是想帮助学生树立公民意识，引导学生以更积极的态度参与社会的决策过程"。法国开展"主动的电视青年观众"教育活动，目的是"培养青少年积极主动的电视收视习惯"。加拿大教育界认为：青少年要具有视读、理解不同形式的信息的能力和健康的批评思维技能，以成为一个具有文化素养的人。美国在教育公民抵制电视暴力的同时，也致力于培养对媒介有清晰的识别和熟练驾驭能力的"媒介公民"。日本开展"屏幕教育"，以培养儿童对大众媒体的正确态度。[①]

汉堡大学 Hans-Dieter Kübler 教授认为："批判型受众"是一种教育模式的指导原则，是批判理论在媒介教育中的发展，不仅是学术性的，而且具有政治性，并且作为一种多样性的变革运动应该深入到国家与媒体自身的发展过程中。也就是说，媒介素养教育应该致力于培养并指引公民成为"批判型受众"。[②]

---

① 宋小卫：《学会解读大众传播（上、下）——国外媒介素养教育概述》，《当代传播》2000 年第 2、第 3 期。

② Kübler，H.D.(2006).Zurück zum kritischen Rezipienten Aufgaben und Grenzen pdagogischer Medienkritik.In：H.Niesyto/M.Rath/H.Sowa(Eds.)，Medienkritik heute.Grundlagen，Beispiele und Praxisfelder(P.17).Munich 2006：KopaedVerlag.

中外批判型受众理论的产生都有其时代背景和现实情境，拿来主义是为了借鉴和参照。在理论应用的过程中，通过以下恰当的培养路径，并结合我国传媒生态环境和受众现实境况，才能"水土相服"，才能创造出适合我国实际情况的批判型受众培养新范式。这正是"主义可拿来，问题须土产，理论应自立"。①

（一）政府、社团、传媒非政府组织的重视与推动

批判型受众培养是媒介素养教育的核心。每一个社会都是一个不同层次不同类型的人群集合，要提高一个社会的全民媒介素养，培养批判型受众，在媒介化社会中，首先需要政府、社团和传媒非政府组织等机构的高度重视与大力推动。

西方一些国家政府在批判型受众培养的媒介素养教育活动中已制定了相关法律并采取了相应的行动。我国政府在 2001 年由共青团中央、文化部等单位向社会正式推出了《全国青少年网络文明公约》，提倡善于网上学习，不浏览不良信息，增强自我保护意识。②政府的高度重视和实际行动，在我国媒介内容分级条件还不成熟的现实情况下，把媒介素养教育当作一项基础工程，纳入全民素质教育理念之中，培养我国公民批判接触、辩证分析、正确判断、合理利用大众媒介信息的能力，有利于媒介素养整体水平的提升。

社团和传媒非政府组织（MNGO）的加盟，通过各种宣传教育的方式，用鲜活的事例来规范大众的媒介接触对象和接触行为，使大众明白哪些内容是可以接触的，哪些是需要鉴别需要区别对待的，让虚假信息得到有效过滤，让带菌带毒的内容得到可能的屏蔽，让受众在自媒体生产与传播中保持应有的自觉。如中国广播电影电视社会组织联合会会同浙江传媒学院等高校在该院成立"媒介素养研究基地"，并定期召开具有国际视野的"西湖媒介素养高峰论坛"，出版论坛文集，有利于推动大众整体的媒介思考能力、判断能力和审美水平的提升。

---

① 秦晖：《求索于"主义"与"问题"间》，选自《秦晖文选：问题与主义》，长春出版社1999 年版，第 438~468 页。

② 《2001 年〈全国青少年网络文明公约〉正式发布》，https://www.sohu.com/a/119620438_507408。

（二）传媒机构自身的充分参与

传媒素养教育离不开媒介机构的介入。早在 1795 年 6 月 8 日，美国缅因州《波特兰德东方先驱报》[the Portland（Maine）Eastern Herald] 在一篇社论中就提出"NIE 工程"，即"报纸参与教育"工程或"报纸教学计划"工程。尔后经过《纽约时报》的大力弘扬，让学生接触报纸、认识报纸和了解报纸，培养学生正确鉴别报纸信息和理性消费报纸的能力，对广大大、中、小学生的媒介素养教育起到了重要作用和影响。[①]与此同时，融媒环境下的网络传播公司通过技术赋权，也有利于引导和指导网络用户（受众、客户）自觉识别和抵制算法推荐、过滤气泡、信息茧房和后真相背后潜在的各种陷阱。

作为大众传媒机构，首先，发挥其传播优势，推广媒介素养的概念和内涵，促成全社会对媒介素养重要性的认识；第二，在不同的媒介上开设专栏、普及媒介素养教育的内容，呼吁受众关注媒介素养，参与到媒介素养教育中来；第三，提供媒介素养教育素材，开展培训，通过媒介机构举办培训班，使受众有机会直接接触先进的设备和了解媒介生产过程，提高受众的接受信息、解构信息、使用信息能力；最后和学校联手，共同建立媒介素养教育平台，这样不但保证媒介素养教育素材的更新，也使老师和学生了解媒介的最新动态和发展方向。[②]

传媒机构直接参与媒介素养教育本身也是开门办媒体、与社会大众直接互动、体现传媒教育和教化功能的具体表征。在与受众的直接交流和互动中，受众在参与传媒内容制作、了解传媒具体运作、评价传播事后效果等活动中，创造了受众在媒介面前表现自我的机会，降低大众传媒接触的门槛，提升了媒体的亲和力；同时，媒体也可以根据受众的批判性建议，及时调整自己的传播行为，纠正传播中出现的不实、不良和不公现象，从而有效为受众为社会服务。

---

① 曾来海：《报纸参与教育 (NIE) 工程的起源及其在媒介素养教育中的作用》，《新闻界》2007 年第 3 期。

② 张开：《媒介素养概论》，中国传媒大学出版社 2006 年版，第 209~210 页。

（三）家庭、教育单位、传媒研究机构的身体力行

家庭的参与是一种最直接和最有亲和力的教育方法，家长是孩子身边最亲近的老师，家长的媒介认知能力直接反映到孩子对媒介的接触上，解释、引导和控制小孩对媒介的使用，通过灵活多样的教育方式，尤其是言传身教的示范方式，逐步树立批判意识，让少年儿童批判地思考媒介，理性地选择信息。由于媒介信息是根据传播主体的利益所建构的，儿童喜欢的电视广告、动漫、电子与网络游戏都隐含着传媒利益的控制，青少年儿童批判性地接触和识别各种媒介，加筑了保护层，免受相关负面影响。家庭在讨论与争辩中，加上青少年儿童媒介素养知识的反哺，也可以共同提高一个家庭的整体媒介素养水准。

学校媒介素养教育处于基础性地位，让媒介素养教育课程像思想品德、科普教育、法律基础、高校两课一样作为最基础的素质课程，贯穿到课堂教学之中，并承担起教材建设和师资培训的任务。把理论知识和媒介文本实践相结合，创造性地培养学生多方面的批判思维和批判意识。在认知层面：媒介基础知识、媒介与传播、媒介与社会；情感层面：媒介与现实、信息来源的判断、信息可信赖度的判断、媒介信息评估和评判、正确评价自己的传播行为；动作技能层面：运用网络、电视、广播、报纸等媒介进行信息检索、采集，网络社会性软件的应用，如 BLOG、WIKI、BBS 等，体验写作、编辑、印刷报纸的全过程等。①

一些教育单位和传媒研究机构的身体力行起到了示范性作用：如 2004年、2008 年，中国传媒大学分别举办了我国首届媒介素养教育国际研讨会和首届两岸三地媒介批评研讨会；复旦大学创建了我国首个媒介素养专业网站，内容涵盖媒介素养研究、媒介素养调查、媒介素养实践、媒介素养动态、媒介素养资料等栏目；上海交通大学率先开设媒介素养课程；2019年 3 月 1 日，全国知名新闻院校和科研机构 13 名专家学者共同撰写的《马克思主义新闻观十二讲》由高等教育出版社出版发行，该书还配有二维码，链接了生动、丰富的相关案例和音视频拓展资料。②等等，都与时俱进不

① 魏丹丹、胡小强、江婕：《高校媒介素养教育实施情况及策略研究》，《科技广场》2010年第 2 期。

② 《〈马克思主义新闻观十二讲〉出版发行》，《人民日报》2019 年 3 月 2 日。

断夯实新时代融媒环境下传媒批判型受众培养的理论基础和实践范式。

（四）公民自身的主体性自觉与行动

斯坦利·J. 巴伦认为："无论媒介信息来源有多么可信，对待媒介信息都应持批评态度。"[①]以批判的态度对待媒介化社会的传播内容，减少对媒介的盲目依赖，就要求受众在日常的媒介接触中养成一种批判性思维的习惯，这种习惯也是受众自身的主体性要求与自觉。

批判性思维（Critical Thinking）由美国批判性思维运动的开拓者恩尼斯在 20 世纪 60 年代提出，是能抓住要领、善于质疑辨析、严格推断、清晰敏捷的思维；是一种基于充分的理性和客观事实，而非感性和传闻来进行理论评估与客观评价的能力与意愿；是受众自我媒介素养教育的组成部分。

媒介素养教育的形态日益多样化，批判性思维训练是受众自我媒介素养教育的关键。首先在动机上是一种主观愿望，表现为主动、积极、努力地学习媒介运作的相关知识和技能；其次是了解自我媒介素养教育的多样化形式，以媒介为本源、以理论为向导、以老师为榜样、以他人为镜鉴，在任何时间任何地点，采取交谈、提问、争鸣、思辨、批判等形式来提升媒介素养的内涵；第三是灵活自如学习传媒理论知识，亲身参与大众传媒的实践活动，比如直接加盟传媒参与具体的运作，利用业余时间到传媒实习，也可以利用电子传播设备的便宜和方便，自己组建团队、创作、编排、拍摄和剪辑 DV 影像等，进行实际体验和领悟；第四是充分发挥个性化的特点，因地制宜设计和规划媒介素养教育的内容和步骤，在这样一个"人人皆有麦克风"的时代里，各种主页、博客、微博、微信、短视频等 UGC 平台，既为受众自我媒介素养教育提供了技术、阅读、识图、影像等认知的渠道，也为受众亲身体验和参与制作媒介产品提供了有效的实践途径。

媒介素养是媒介批评主体进行媒介批评时应具备的综合能力，媒介批评是媒介素养行为能力的具体表现。人的发展是一个依赖性逐渐减弱、主

---

① [美] 斯坦利·J. 巴伦：《大众传播概论——媒介认知与文化》，刘鸿英译，中国人民大学出版社 2005 年版，第 58 页。

② [美] 尼古拉斯·尼葛洛庞帝：《数字化生存》，胡泳、范海燕译，海南出版社 1997 年版，第 269 页。

体性日渐增强的辩证运动过程。在数字化时代来临之际，尼葛洛庞帝曾先知先觉地预言了"沙皇退位，个人抬头"②的局面。所谓的"沙皇退位"即指"作者特权"的瓦解，"个人抬头"是指"读者主权"和"观众主体性地位"的提升。受众主权的复苏，更加强调批判型受众培养的重要性和必要性。批判型受众的培育，在不同国家的不同时期、不同环境中有不同的具体路径。我国处在一个传媒结构多层化、传媒形态多样化、传播地域交叉化、传媒融合多元化的媒介化转型时期，培养批判型受众首要任务是培育受众科学运用媒介批评理论知识对媒体内容进行批判性读解的能力。道格拉斯·凯尔纳认为："批判性的媒体解读能力的获得乃是个人与国民在学习如何应对具有诱惑力的文化环境时的一种重要的资源。"①受众充分运用这种资源，理性客观地辨别媒介真实与社会真实，积极促进媒介维护信息的透明与公正。概言之，受众批判能力就是要学会正确选择、欣赏、分析、评价媒介产品，从而形成自己独立的见解，以便促进媒介生态环境的良性发展。②然后建构出一种和批判与自省为一体的认知体系，通过学习客观质疑、提倡多元思维、加强认知能力、介入媒介生活、遵循自媒体传播活动的自觉等途径，培养日常认知的批判意识，既可以甄别国内外传媒信息的真假良莠，识别一些外国传媒对我国"负面"信息的扩大化甚至对国家形象的"妖魔化"，以及在新时代多媒体融合互联互通的场域中，识破各类高级黑低级红与算法推荐、过滤气泡、信息茧房和后真相等背后的陷阱，自觉抵制泛娱乐和低俗化的危害，提升免疫力和审美鉴赏能力，促进人的全面发展和传媒文化的健康建设。

① ［美］道格拉斯·凯尔纳：《传媒文化——介于现代与后现代之间的文化研究、认同性和政治》，丁宁译，商务印书馆 2013 年版，第 2 页。
② 曹进：《网络时代批判的受众与受众的批判》，《现代传播》2008 年第 6 期。

结　语

依靠过度娱乐化去争夺电视市场的"好日子"过去了！传媒泛娱乐化已纳入中央巡视工作的整治范围：将坚持新闻立台防止过度娱乐化问题提升到加强党对意识形态工作的领导和压紧压实意识形态工作责任制的空前高度。①

回首近 30 年来的传媒泛娱乐化，有一些学者认为：传媒泛娱乐化乃至低俗、庸俗、媚俗和恶俗"四俗"的出现，是传媒发展初期必然会产生的一种现象，就像经济发展初期必然以劳动密集型的加工制造业为主、以环境污染为代价一样。当经济发展到一定阶段一定规模之后，人们才认识到环境的重要性，开始花大力气、大本钱来治理环境污染，还人们一个绿水青山的洁净环境。传媒发展到一定阶段一定规模之后，清洁视觉污染净化传媒公共空间也会提上议事日程，这是一个过程，一道难以逾越的障碍，同样需要花大力气、大本钱。真心希望像一些学者所认为的那样，这个过程短些、短些、再短些，尽快跨越这一"必然"的障碍。

但面对传媒现实，恐怕完全没有一些学者预言的那么轻松，传媒泛娱乐化甚至滑向低俗化已成为全球"公害"。传媒走向市场已是一条无法逆转的道路，传媒在市场上要生存、要发展、要壮大，首先必须要赚钱，而目前赚钱的路径，无论是传统媒体多年依靠广告所积累的获利经验，还是当前粉丝经济的流量变现（多半又被平台所掠取）和少量的电子商务杂糅，以及少数媒体代管公号或搭建"云平台"或经营相关会展业务等，其实都

---

① 时统宇：《喜闻防止电视过度娱乐化纳入中央巡视范围》，《视听界》2019 年第 1 期。

必须靠受众（互联网环境下称"用户"，近年来又称"客户"）的注意力（收视率、收听率、发行量、点击率、关注量）去换取相关利润。也就是说，传媒发展到今天，主要还是依靠注意力经济单条腿走路，即使在媒体融合大力推进的获利期盼中，也一时难以改变这种状况。没有更多其他合理、合规、合法的多元化经营收入来开掘、拓展和补充，传媒抗风险的能力就不会增强，走市场、抢眼球、获关注，纳入中央巡视工作整治范围之后，传媒泛娱乐化在这种连锁反应中是否还会在一定时段一定范围内反弹？

在传媒诸多领域泛娱乐化成风的现实情况下，如何像古代亚美尼亚哲人所说的那样，如何重拾我们"对意义的爱"——对世界的意义、人生的意义、人的意义的爱？把健康的娱乐和空壳的泛娱乐化放在仪式的范畴里，展开概念的区分，然后就传媒泛娱乐化进行理论批评和纠偏范式研究，把相关传媒批判理论和马克思主义新闻观中国化视域相结合，抽取法兰克福学派有关传媒泛娱乐化控制、泛娱乐化克隆、泛娱乐化单向度涵化以及泛娱乐化对公共领域侵害的批评，政治经济学派有关文化商品论、大众文化操纵论、文化产业论、新闻过滤器的剖析，性别主义有关性别形象建构的反省，文化研究学派有关消费主义文化、亚文化、负文化、反文化和审美文化的解读，以及马克思主义新闻观中国化的新闻传播学理论有关传媒社会责任和传媒回归新闻传播本位的内在要求等论述，对传媒泛娱乐化进行理论批判，在理论与实践相结合的基础上，详细论证传媒泛娱乐化对社会、受众和传媒自身所产生的"嵌入性"风险和危害，寻求多方诊断与疗救的纠偏范式，是一种学术良心和社会责任的体现，同时也是对传媒意义的爱的追求。

在此基础上，为有效加强和不断改进传媒内容建设，根据世界各国的经验和目前的需要与可能，在传媒供给侧结构性改革指导思路的启示下，社会建构主义范式和技术主义范式相结合，提出传媒仪式拯救与功能再造的责任担当：深化传媒（泛娱乐化）批评理论研究；政府主管部门强化传媒泛娱乐化监管的常态化；加强传媒非政府组织建设，制定传媒行业自律公约、审议规则和科学合理的绩效评估体系；全面提升传媒从业人员的新闻专业素质；提高全民媒介素养，培养批评型受众。通过上述纠偏范式的建构，里外结合采取对应的措施来清除传媒泛娱乐化这颗"毒瘤"，达到净化传媒空间、清洁视觉污染的目的。

　　本论著通过"概念区分——现象举证——理论批评——范式纠偏"这样一种思路来展开研究，安排行文结构，最后落在传媒仪式拯救与功能再造的责任担当上，企图通过这些切实可行的纠偏范式来迅速跨越一些学者所言的障碍，缩短乃至消除传媒泛娱乐化在一定时段一定范围内的反弹，提高传媒文化的供给质量，还传媒一片清朗的天空，还大众一个洁净的视听阅读环境，增强人民群众的文化获得感、幸福感。不过，如何做到完全准确地挖掘近 30 年来传媒泛娱乐化的典型案例，尤其是媒体融合环境下不少泛娱乐化现象的变相出场，相关传媒批判型受众的培养理论与路径，以及对有关防范传媒泛娱乐化制度层面上的顶层设计进行跟踪与研究等，还有待进一步探寻和深化。

后　记

　　英国作家奥尔德斯·赫胥黎在担心我们的文化成为充满感官刺激、欲望和无规则游戏的庸俗文化时，曾预言：毁掉我们的，不是我们所憎恨的东西，而恰恰是我们所热爱的东西；美国著名媒介文化批评家尼尔·波兹曼在《娱乐至死》一书中，通过分析电视和网络媒介一切都以娱乐的方式呈现，人类心甘情愿成为娱乐的附庸，最终会成为娱乐至死的物种，于是也大声疾呼，我们将毁于我们所热爱的东西！娱乐是传媒的一大功能，为受众、为媒体、为社会所热爱，但娱乐化尤其是泛娱乐化（过度娱乐化）对受众、对媒体、对社会所造成的巨大危害，已引起了高层的密切关注，纳入了中央巡视工作的整改范围。

　　为此，笔者结合西方传媒批判理论和马克思主义新闻观中国化视域，对近30年来我国传媒泛娱乐化现象展开全方位批评研究，写成《仪式拯救与功能再造：传媒泛娱乐化批评研究》一书。在书稿的写作过程中，特别要感谢我的导师张振华先生。张老师集传媒从业者、领导者和研究者于一身，是一位既能理论联系实际又能高屋建瓴的长者，论文论著等身。张老师为人质朴、谦和、宽厚，为文敏锐、辩证、务实，为师和蔼可亲、笑容可掬、包容大度、善解人意，平常话语不多，但总是字字珠玑、句句精当。对书稿的写作，从选题的立意、案例筛选、材料使用、文献阅读到理论征用、谋篇布局、论证方法，张老师避开繁重的工作任务耐心指导，从头到尾一字一句地加以修改，标点符号、错字别字、语句语气、段落衔接、篇章结构、案例欠当等都没能逃脱张老师的慧眼。可以说，没有张老师的指导和帮助，就没有本书的诞生。千言万语难以言表，唯有感谢铭记在心，感谢张老师的厚爱、关心、帮助和精心指导！

　　在书稿的构思、写作和修改的过程中，同样要感谢雷跃捷教授的全程指导与帮助，雷老师为人谦逊、为文敏捷、为师宽容，点点滴滴的教诲使我受益匪浅。同时还要感谢曹璐教授、哈艳秋教授、刘昶教授、金梦玉教授、方毅华教授、张丽教授、王青教授、彭文祥教授、陈富清主任、孟力力老师，他们直接或间接的指导，经常使我茅塞顿开，开启新的思路。

感谢刘仁盛、陈信凌、邓长荪、易平、陈志强、郑智斌、曾光、丁柏铨、沈正赋、邵培仁、吴飞、严三九、许正林、金定海、黎泽潮、姜智彬、杨海军、曾振华、罗书俊、李儒俊、刘水云、潘祥辉、沈鲁、杨金鹏等诸位教授，与他们的交流和商榷，哪怕是些许的点拨，都起到了巨大的指路作用。

感谢本单位的诸位领导和同事：孙良好、吴静、邓春生、陈源源、丁治民、周剑平、王小盾、蔡贻象、夏雨禾、林亦修、邱国珍、饶道庆、冀桐、王海晨、魏成春、刘建国、马福成、周小兵、俞磊、张信国、睢健、熊国太、顾维杰、徐华炳、刘芳雄、毛毅坚、衡阳等，没有他们的支持与帮助，很难有本书的成型。

感谢曾经同窗共读的多位师兄弟妹和同学：夏吉宣、王清清、李翔、庞慧敏、李亚虹、曹进、任孟山、刘永红、李滨、曹飞、巩勇、颜胤盛、蓝若宇、范明献、李爱晖、戴爱民、叶蓬、陶冶、席赞、王文勋、刘思佳、隋欣、徐桂权、桂万保、曾来海、简光洲、江敏、王娟、宗伟、闵宇霖、马可、刘艺平、陈传胜、赖志华、倪洪江、风飞伟、王许良等，和他们交谈和切磋，总是有说不尽的收获。

感谢先父的抚养和鼓励，感谢母亲、岳父、岳母的理解，感谢弟妹、弟媳、妹夫对母亲的照顾，感谢在京城求学期间小孩舅舅舅妈一家的关照和小孩阿姨姨父一家的专门看望，感谢爱妻和儿子的大力支持，尤其是爱妻胡海燕副教授在繁重的教学和科研工作之余，任劳任怨，打理家务，孝敬长辈、培育小孩，使我长期在外能安心工作和学习。

祝福所有有恩于我的长辈、老师、领导、家人、亲戚、朋友、同学、同事，愿大家健康、快乐、平安、幸福！

感谢新华出版社的帮助与支持！感谢责任编辑祝玉婷、策划编辑黄丰文等的辛勤付出！感谢排版设计书稿的嘉海文化图书出版团队的认真工作！

由于能力所限，本书难免会有许多疏漏和不足之处，恳请读者和专家批评指正！

参 考 文 献

中文论著

1. 马丁·杰伊：《法兰克福学派史》，单世联译，广东人民出版社，1996年。

2. 大卫·理斯曼：《孤独的人群》，王崑、朱虹译，南京大学出版社，2002年。

3. 《马克思恩格斯全集》第43卷，人民出版社，1982年。

4. 马丁·杰伊：《法兰克福学派发展史》，单世联译，广东人民出版社，1998年。

5. 马尔库塞：《爱欲与文明》，黄勇、薛民译，上海译文出版社，1987年。

6. 王治河：《全球化与后现代性》，广西师大出版社，2003年。

7. 王岳川：《媒介哲学》，河南大学出版社，2004年。

8. 方兴东、王俊秀：《博客——e时代的盗火者》，中国方正出版社，2003年。

9. 尤尔根·哈贝马斯：《公共领域的结构转型》，曹卫东译，学林出版社，1999年。

10. 《毛泽东新闻工作文选》，新华出版社，1983年。

11. 《邓小平文选》第2卷，人民出版社，1994年。

12. 丹尼尔·贝尔：《资本主义文化矛盾》，赵一凡译，北京三联书店，1989年。

13. 瓦尔特·本雅明：《机械复制时代的艺术作品》，王才勇译，江苏人民出版社，2006年。

14. 瓦尔特·本雅明：《发达资本主义时代的抒情诗人》，张旭东译，三联书店，1989年。

15. 文森特·莫斯可：《传播政治经济学》，胡正荣等译，华夏出版社，2000年。

16. 王晓、付平：《欲望花窗：当代中国广告透视》，中央编译出版社，2004年。

17. 王兰柱：《中国广播电视年鉴（2010年版）》，中国传媒大学出版社，2010年。

18. 王颖吉：《媒介的暗面：数字时代的媒介文化批评》，北京大学出版社，2013年。

19. 尼尔·波兹曼：《娱乐至死、童年的消逝》，章艳译，广西师范大学出版社，2008年。

20. 加布里埃尔·塔尔德：《传播与社会影响》，何道宽译，中国人民大学出版社，

2005 年。

21. 布洛克曼：《结构主义》，李幼蒸译，中国人民大学出版社，2003 年。

22. 古纳锡克拉：《全球化背景下的文化权利》，张毓强等译，中国传媒大学出版社，2006 年。

23. 古斯塔夫·勒庞：《乌合之众——大众心理研究》，冯克利译，中央编译出版社，2017 年。

24. 尼克·史蒂文森：《认识媒介文化》，王文斌译，商务印书馆，2001 年。

25. 石义彬：《单向度　超真实　内爆》，武汉大学出版社，2003 年。

26. 皮埃尔·布尔迪厄：《关于电视》，许钧译，辽宁大学出版社，2000 年。

27. 让·鲍德里亚：《消费社会》，刘成富、全志钢译，南京大学出版社，2008 年。

28. 加汉姆：《解放·传媒·现代性：关于传媒和社会理论的讨论》，李岚译，新华出版社，2005 年。

29. 尼古拉斯·阿伯克龙比：《电视和社会》，张永喜、鲍贵等译，南京大学出版社，2001 年。

30. 布热津斯基：《大失控与大混乱》，潘嘉玢、刘瑞祥译，中国社会科学出版社，1995 年。

31. 龙耘：《电视与暴力——中国媒介涵化效果的实证研究》，中国广播电视出版社，2005 年。

32. 叶朗：《现代美学体系》，北京大学出版社，1988 年。

33. 本书编写组：《习近平新闻思想讲义》，人民出版社、学习出版社，2018 年。

34. 本书编写组：《马克思主义新闻观十二讲》，高等教育出版社，2019 年。

35. 刘建明：《媒介批评通论》，中国人民大学出版社，2001 年。

36. 刘建明：《西方媒介批评史》，福建人民出版社，2007 年。

37. 朱耀伟：《当代西方批评论述的中国图像》，中国人民大学出版社，2006 年。

38. 许正林：《欧洲传播思想史》，上海·三联书店，2005 年。

39. 朱晓军：《电视媒介文化与后现代主义思潮》，中国广播电视出版社，2009 年。

40. 刘燕：《媒介认同论——传播科技与社会影响互动研究》，中国传媒大学出版社，2010 年。

41. 齐格蒙特·鲍曼：《流动的现代性》，欧阳景根译，上海·三联书店，2002 年。

42. 齐格蒙特·鲍曼：《立法者与阐释者——论现代性、后现代性与知识分子》，洪涛译，上海人民出版社，2000 年。

43. 吉登斯：《现代性与自我认同：现代晚期的自我与社会》，赵旭东、方文、王铭铭译，北京·三联书店，1998 年。

44. 乔治·里茨尔：《社会的麦当劳化》，顾建光译，上海译文出版社，1999 年。

45. 孙玉胜：《十年：从改变电视的语态开始》，北京·三联书店，2003 年。

46. 齐美尔：《金钱、性别、现代生活风格》，顾仁明译，学林出版社，2000 年。

47. 约翰·R. 霍尔、玛丽·乔·尼兹：《文化：社会学的视野》，周晓虹、徐彬译，商务印书馆，2002 年。

48. 安德鲁·古德温、加里·惠内尔：《电视的真相》，魏礼庆、王丽丽译，中央编译出版社，2001 年。

49.《江泽民文选》第 1 卷，人民出版社，2006 年。

50. 刘海龙：《大众传播理论：范式与流派》，中国人民大学出版社，2008 年。

51. 刘晓红：《西方传播政治经济学研究》，上海人民出版社，2007 年。

52. 衣俊卿、丁立群等：《20 世纪新马克思主义》，中央编译出版社，2001 年。

53. 西蒙娜·德·波伏娃：《第二性》，陶铁柱译，中国书籍出版社，1998 年。

54. 约翰·斯道雷：《文化理论与通俗文化导论》，杨竹山等译，南京大学出版社，2001 年。

55. 邢崇：《后现代视域下本雅明消费文化理论研究》，山东人民出版社，2009 年。

56. 迈克·费瑟斯通：《消费文化与后现代主义》，刘精明译，译林出版社，2000 年。

57. 李岩：《媒介批评》，浙江大学出版社，2005 年。

58. 时统宇：《电视批评理论研究》，中国广播电视出版社，2003 年。

59. 陈力丹：《精神交往论》，中国人民大学出版社，2008 年。

60. 阿瑟·阿萨·伯杰：《媒介分析技巧》，李德刚等译，中国人民大学出版社，2005 年。

61. 汪民安：《罗兰·巴特》，湖南教育出版社，1999 年。

62. 汪振城：《当代西方电视批评理论》，中国广播电视出版社，2007 年。

63. 利萨·泰勒、安德鲁·威利斯：《媒介研究：文本、机构与受众》，吴靖、黄佩译，北京大学出版社，2005 年。

64. 邵培仁：《媒介生态学》，中国传媒大学出版社，2008 年。

65. 张小争：《娱乐财富密码——引爆传媒心经济》，复旦大学出版社，2006 年。

66. 张雷：《注意力经济学》，浙江大学出版社，2002 年。

67. 伯格：《通俗文化、媒介和日常生活的叙事》，姚媛译，南京大学出版社，2000 年。

68. 陈卫星：《传播的观念》，人民出版社，2008 年。

69. 沙连香：《传播学——以人为本的图像世界之谜》，中国人民大学出版社，1990 年。

70. 麦克莱：《传播社会学》，曾静平译，中国传媒大学出版社，2005 年。

71. 吴晓群：《古代希腊仪式文化研究》，上海社会科学院出版社，2000 年。

72. 吴文虎：《传播学概论》，武汉大学出版社，2000 年。

73. 陈立旭：《都市文化与都市精神》，东南大学出版社，2002 年。

74. 陆地、高菲：《新传媒的强制性传播研究》，人民出版社，2010 年。

75. 张洪忠：《大众媒介公信力理论研究》，人民出版社，2006 年。

76. 李希光、周庆安：《软力量与全球传播》清华大学出版社，2005 年。

77. 张邦卫：《媒介诗学——传媒视野下的文学与文学理论》，社会科学文献出版社，2006 年。

78. 吴飞：《传媒批判力》，中国传媒大学出版社，2005 年。

79. 吴志翔：《肆虐的狂欢——传媒美学谈》，武汉大学出版社，2006 年。

80. 陈龙：《传媒文化研究》，中国人民大学出版社，2009 年。

81. 阿瑟·阿萨·伯杰：《媒介分析技巧》，李德刚等译，中国人民大学出版社，2005 年。

82. 张敬婕：《性别与传播——文化研究的理路与视野》，中国传媒大学出版社，2009 年。

83. 张捷鸿：《大众文化的美学阐释》，中国海洋大学出版社，2006 年。

84. 陆扬、王毅：《文化研究导论》，复旦大学出版社，2007 年。

85. 张法、肖鹰、陶东风等：《会诊〈百家讲坛〉》，安徽教育出版社，2007 年。

86. 张殿元：《广告视觉文化批判》，复旦大学出版社，2007 年。

87. 张振华：《求是与求不——广播电视散论》，中国国际广播出版社，2007 年。

88. 张振华：《道法之间——广播电视散论（二）》，中国国际广播出版社，2010 年。

89. 沃纳·赛佛林、小詹姆斯·W. 坦卡德：《传播理论——起源、方法与应用》，郭镇之、徐培喜等译，华夏出版社，2000 年。

90. 陈先元：《大众传媒素养论》，上海交通大学出版社，2005 年。

91. 陆晔主编：《中国传播学评论第三辑：媒介素养专辑》，复旦大学出版社，2008 年。

92. 张开：《媒介素养概论》，中国传媒大学出版社，2006 年。

93. 李智：《媒介批评》，中国传媒大学出版社，2016 年。

94. 周宪：《审美现代性批判》，商务印书馆，2005 年。

95. 波斯特：《信息方式——后结构主义与社会语境》，范静哗译，商务印书馆，2000 年。

96. 赵勇：《大众媒介与文化变迁——中国当代媒介文化的散点透视》，北京大学出版社，2010 年。

97. 罗杰·菲德勒：《媒介形态变化：认识新媒介》，明安香译，华夏出版社，2000 年。

98. 金惠敏：《媒介的后果——文学终结点上的批判理论》，人民出版社，2005 年。

99. 罗钢：《历史汇流中的选择——中国现代文艺思想家与西方文学理论》，中国社会科学出版社，1993 年。

100. 孟繁华：《众神狂欢——当代中国的文化冲突问题》，今日中国出版社，1997 年。

101. 周宪：《文化表征与文化研究》，北京大学出版社，2007 年。

102. 郑岩：《传媒文化的异化现象批判》，中国广播电视出版社，2009 年。

103. 周鸿铎：《传媒经济》，经济管理出版社，2003 年。

104. 罗伯特·艾伦：《重组话语频道——电视与当代批评理论》，牟岭译，北京大学出版社，2008 年。

105. 金丹元：《电视与审美——电视审美文化新论》，学林出版社，2005年。

106. 罗刚、刘向愚：《文化研究读本》，中国社会科学出版社，2000年。

107. 金民卿：《大众文化论——当代中国大众文化分析》，中共中央党校出版社，2002年。

108. 孟鸣岐：《大众文化与自我认同》，江西教育出版社，2005年。

109. 杰姆逊：《文化转向》，胡亚敏等译，中国社会科学出版社，2000年。

110. 范玉刚：《欲望修辞与文化守夜——全球化视域中的中国大众文化研究》，中国文联出版社，2008年。

111. 欧阳宏生：《电视批评论》，中国广播电视出版社，2000年。

112. 钟琛：《当代文学与媒介神话》，华夏出版社，2008年。

113. 姜飞：《跨文化传播的后殖民语境》，中国人民大学出版社，2005年。

114. 哈罗德·伊尼斯：《帝国与传播》，何道宽译，中国人民大学出版社，2004年。

115. 胡春阳：《话语分析：传播研究的新路径》，上海世纪出版社，2007年。

116. 荒林：《中国女性文化》，中国文联出版社，2000年。

117. 费瑟斯通：《消费文化与后现代主义》，刘精明译，译林出版社，2000年。

118. 保罗·莱文森：《手机：挡不住的呼唤》，何道宽译，中国人民大学出版社，2004年。

119. 保罗·莱文森：《思想无羁：技术时代的认识论》，何道宽译，南京大学出版社，2003年。

120. 欧力同：《哈贝马斯的"批判理论"》，重庆出版社，1997年。

121. 威尔伯·施拉姆、威廉·波特：《传播学概论》，陈亮等译，新华出版社，1984年。

122. 胡正荣：《中国广播电视发展战略》，北京广播学院出版社，2003年。

123. 费尔迪南·德·索绪尔：《普通语言学教程》，高名凯译，商务印书馆，1980年。

124. 姚文放：《当代审美文化批判》，山东文艺出版社，1999年。

125. 欧阳友权：《数字化语境中的文艺学》，中国社会科学出版社，2005年。

126. 欧阳宏生：《电视传播核心价值论》，北京大学出版社，2010年。

127. 郝雨：《媒介批评与理论原创》，上海·三联书店，2009年。

128. 胡正强：《中国现代媒介批评研究》，中国传媒大学出版社，2009年。

129. 欧阳宏生：《中国电视批评史》，北京大学出版社，2010年。

130. 姚君喜：《媒介批评：理论与方法》，北京师范大学出版社，2014年。

131. 郝雨：《中国媒介批评学》，上海大学出版社，2015年。

132. 段慧：《英美后女性主义媒介批评研究》，南开大学出版社，2018年。

133. 埃尔·李伯曼：《娱乐营销革命》，谢新洲等译，中国人民大学出版社，2003年。

134. 栾轶玫：《媒介形象学导论》，中国人民大学出版社，2007年。

135. 格龙：《麦克卢汉精粹》，何道宽译，南京大学出版社，2000 年。

136. 郭镇之：《第一媒介——全球化背景下的中国电视》，清华大学出版社，2010 年。

137. 海姆：《从界面到网络空间——虚拟实在的形而上学》，金吾伦、刘钢译，上海科技教育出版社，2000 年。

138. 贾明：《现代性语境中的大众文化》，上海人民出版社，2007 年。

139. 陶东风：《知识分子与社会转型》，河南大学出版社，2004 年。

140. 泰勒：《现代性之隐忧》，程炼译，中央编译出版社，2001 年。

141. 涂尔干：《宗教生活的基本形式》，渠东等译，上海人民出版社，2006 年。

142. 郭庆光：《传播学教程》，中国人民大学出版社，1999 年。

143. 徐崇温：《法兰克福学派述评》，三联书店，1985 年。

144. 袁军等：《传播学在中国——传播学者访谈》，北京广播学院出版社，1999 年。

145. 郭镇之：《中外广播电视史》，复旦大学出版社，2005 年。

146. 徐瑞青：《电视文化形态论——兼议消费社会的文化逻辑》，中国社会科学出版社，2007 年。

147. 高小康：《狂欢世纪——娱乐文化与现代生活方式》，河南人民出版社，1998 年。

148. 聂振斌、滕守尧、张建刚：《艺术化生存——中西审美文化比较》，四川人民出版社，1997 年。

149. 钱中文、童庆炳：《文学审美特征论》，华中师范大学出版社，2000 年。

150. 黄新生：《媒介批评——理论与方法》，五南图书出版社，1990 年。

151. 梵·祖能：《女性主义媒介研究》，张锦华、刘容玫译，远流（香港）出版公司，2001 年。

152. 黄旦：《作者图像：新闻专业主义的建构与消解》，复旦大学出版社，2005 年。

153. 梅罗维茨：《消失的地域：电子媒介对社会行为的影响》，肖志军译，清华大学出版社，2002 年。

154. 谢静：《美国的新闻媒介批评》，中国人民大学出版社，2009 年。

155. 蒋原伦：《媒体文化与消费时代》（媒体文化丛书），中央编译出版社，2004 年。

156. 道格拉斯·凯尔纳：《媒体文化》，丁宁译，商务印书馆，2004 年。

157. 喻国明：《传媒影响力》，南方日报出版社，2003 年。

158. 道格拉斯·凯尔纳：《媒体文化——介于现代与后现代之间的文化研究、认同性与政治》，丁宁译，商务印书馆，2004 年。

159. 道格拉斯·凯尔纳：《传媒奇观——当代美国社会文化透视》，史安斌译，清华大学出版社，2003 年。

160. 童兵：《理论新闻传播学导论》，中国人民大学出版社，2000 年。

161. 童世骏：《批判与实践——论哈贝马斯的批判理论》，三联书店，2007 年。

162. 曾庆香：《新闻叙事学》，中国广播电视出版社，2005 年。

163. 曾军：《观看的文化分析》，山东文艺出版社，2008 年。

164. 傅守祥：《审美化生存——消费时代大众文化的审美想象与哲学批判》，中国传媒大学出版社，2008 年。

165. 彭逸林：《真实·人文的宿命——思想、传播、叙述、意义》，重庆出版社，2005 年。

166. 谢军：《责任论》，上海世纪出版集团·上海人民出版社，2007 年。

167. 斯坦利·J. 巴伦：《大众传播概论——媒介认知与文化》，刘鸿英译，中国人民大学出版社，2005 年。

168. 曾雅妮：《媒介批评：理论与例证》，四川大学出版社，2010 年。

169. 雷跃捷：《媒介批评》，北京大学出版社，2007 年。

170. 鲍德里亚：《生产之镜》，仰海峰译，中央编译出版社，2005 年。

171. 鲍海波：《新闻传播的文化批评》，中国社会科学出版社，2002 年。

172. 詹姆斯·W. 凯瑞：《作为文化的传播》，丁未译，华夏出版社，2005 年。

173. 雷蒙德·威廉斯：《文化与社会》，吴松江、张文定译，北京大学出版社，1991 年。

174. 鲍海波：《媒介文化的阐释与批判》，中国社会科学出版社，2009 年。

175. 雷启立：《传媒的幻象——当代生活与传媒文化分析》，上海书店出版社，2008 年。

176. 虞达文：《新闻心理学》，新华出版社，2001 年。

177. 雷跃捷、成美、郑保卫等：《新闻学概论》，高等教育出版社、人民出版社，2009 年。

178. 鲍德里亚：《符号政治经济学批判》，夏莹译，南京大学出版社，2009 年。

179. 新华通讯社课题组：《习近平新闻舆论思想要论》，新华出版社，2017 年。

180. 蔡尚伟：《影视传播与大众文化》，四川大学出版社，2005 年。

181. 赫伯特·马尔库塞：《单向度的人——发达工业社会意识形态研究》，刘继译，上海译文出版社，2008 年。

182. 蔡骐、蔡雯：《媒介竞争与媒介文化》，复旦大学出版社，2007 年；北京大学出版社，2008 年。

183. 潘知常、林玮：《传媒批判理论》，新华出版社，2002 年。

184. 德克霍夫：《文化肌肤：真实社会的电子克隆》，汪冰译，河北大学出版社，1998 年。

185. 潘祥辉：《媒介演化论——历史制度主义视野下的中国媒介制度变迁研究》，中国传媒大学出版社，2009 年。

186. 薛梅：《视听媒介批评导论》，武汉大学出版社，2018 年。

187. 戴安娜·克兰：《文化生产：媒体与都市艺术》，赵国新译，译林出版社，2001 年。

188. 魏巍：《党报与先进文化》，天津人民出版社，2010 年。

中文论文

1. 卜卫：《论媒介教育的意义、内容与方法》，《现代传播》1997 年第 1 期。

2. 丁俊杰：《媒介批评的意图》，《现代传播——北京广播学院学报》1996 年第 2 期。

3. 马锋、路宪民：《西方新闻娱乐化现象成因浅论》，《新闻大学》2003 年（夏）。

4. 马惠娣、刘耳：《西方休闲学研究述评》，《自然辩证法研究》2001 年第 5 期。

5. 马驰：《格雷厄姆·默多克和他的传媒政治经济学》，《上海大学学报》（社会科学版）2007 年第 1 期。

6. 孔令华：《德国法兰克福学派与英国文化研究学派》，《新闻与传播研究》2005 年第 1 期。

7. 尹鸿：《为人文精神守望——当代中国大众文化批评导论》，《天津社会科学》1996 年第 2 期。

8. 王君超：《媒介批评——历史与走向》，《国际新闻界》1999 年第 2 期。

9. 王君超：《我国媒介批评的现状与思考》，《报刊之友》2002 年第 1 期。

10. 王庆、余红：《泛娱乐化与自媒体雾霾环境风险传播》，《当代传播》2015 年第 5 期。

11. 牛任重：《泛娱乐化时代网络直播的审美心理分析》，《新闻研究导刊》2016 年第 16 期。

12. 王斌：《当前泛娱乐化现象及其对策研究》，《青年时代》2018 年第 7 期。

13. 乐晓磊：《媒体狂欢的多视角观察——中国媒体娱乐化趋势冷观热议》，《新闻记者》2007 年第 4 期。

14. 叶奕：《大众传媒低俗化监管规制构建的新思路》，《求索》2010 年第 8 期。

15. 冯文全、刘晓英：《未成年人教育的当务之急：传媒素养教育》，《教育信息化》2005 年第 10 期。

16. 刘阳：《娱乐狂欢的理性思考——电视娱乐节目媚俗化之批判》，《中国电视》2005 年第 9 期。

17. 孙清河：《话语空间的建构——电视谈话节目的文化分析》，《中国电视》2001 年第 11 期。

18. 刘斌：《电视婚介节目与职介节目消长现象解析》，《西部电视》2004 年第 1 期。

19. 刘绪义：《关于建设中国特色网络文化的哲学思考》，《文艺理论与批评》2005 年第 2 期。

20. 吕萍：《被控制的欲望：新闻娱乐化的心理控制机制》，《成都理工大学学报》（社会科学版）2010 年第 1 期。

21. 刘自雄、熊珺：《略论"媒介批评"的概念及其起源》，《湖南大众传媒职业技术学院学报》2002 年第 4 期。

22. 刘晓程：《媒介批评：类别探讨与特征反思》，《新闻记者》2005 年第 4 期。

23. 刘晓程：《论"新闻阅评"之不同于"媒介批评"——兼谈媒介批评的内涵与本质》，《今传媒》2005 年第 4 期。

24. 刘哲夫：《电视节目泛娱乐化现象的剖析和出路探索》，《当代电视》2012 年第 11 期。

25. 邢晓春：《广播文艺节目"泛娱乐化"现象剖析与应对》，《中国广播》2013 年第 9 期。

26. 朱向欣：《泛娱乐化背景下电视媒体的责任意识》，《当代电视》2015 年第 7 期。

27. 刘鸿彦：《网络时代的泛娱乐倾向批评——以 2016 年网络自制剧为例》，《中国电视》2017 年第 9 期。

28. 刘剀：《泛娱乐化时代网络自制综艺节目发展的自律与自新》，《新媒体研究》2019 年第 4 期。

29. 张星：《传媒媚俗化原因解析》，《现代传播》2002 年第 4 期。

30. 吴飞、沈荟：《现代传媒、后现代生活与新闻娱乐化》，《浙江大学学报（人文社会科学版）》2002 年第 5 期。

31. 李永健、张媛：《"传媒娱乐化"背后的"娱乐"》，《新闻记者》2008 年第 3 期。

32. 张颂：《捍卫电视新闻的严肃性 拒绝娱乐化》，《南方电视学刊》2000 年第 5 期。

33. 李玫：《浅析我国新闻娱乐化》，《新视野》2005 年第 2 期。

34. 李良荣：《娱乐化本土化——美国新闻传媒的两大潮流》，《新闻记者》2001 年第 3 期。

35. 时统宇：《传媒泛娱乐化现象批评》，《新闻实践》2006 年第 6 期。

36. 杜秀芳、任淑红：《传播领域的第三人效应及其影响因素》，《山东师范大学学报》2008 年第 1 期。

37. 张田田：《消费主义背景下的传媒娱乐化倾向》，《湖北社会科学》2007 年第 6 期。

38. 陈力丹：《中国传播学研究的历史与现状》，《国际新闻界》2005 年第 5 期。

39. 李儒俊：《广告娱乐化的传播缺陷及诉求控制分析》，《东岳论丛》2009 年第 11 期。

40. 李琨：《传播的政治经济学研究及其现实意义》，《国际新闻界》1999 年第 3 期。

41. 陈阳：《性别与传播》，《国际新闻界》2001 年第 1 期。

42. 陈振明：《当代资本主义社会变化了的文化模式：法兰克福学派对大众文化的批判》，《哲学研究》1995 年第 11 期。

43. 言靖：《网络事件舆论形成模式及传媒特异性研究》，《郑州大学学报》（哲学社会科学版）2009 年第 6 期。

44. 陈翔：《消费社会背景下的广告文化批判》，《新闻与传播研究》2002 年第 2 期。

45. 张颂：《传媒语言文化身份的当下识别》，《现代传播》2005 年第 3 期。

46. 李虹：《恶搞——一种消费主义文化病》，《中国青年研究》2008 年第 6 期。

47. 时统宇、吕强：《收视率导向批判——本质的追问》，《现代传播》2006 年第 2 期。

48. 宋妍：《十年媒介娱乐文化对受众主体性的培育》，《新闻大学》2008 年第 3 期。

49. 陈龙：《论我国媒介批评理论体系的本土建构》，《山西大学学报》（哲学社会科学版）2009 年 5 月第 3 期。

50. 宋小卫：《西方学者论媒介素养教育》，《国际新闻界》，2000 年第 4 期。

51. 张开：《媒介素养教育在信息时代》，《现代传播》2003 年第 1 期。

52. 张冠文、于健：《浅谈媒介素养教育》，《中国远程教育》2003 年第 13 期。

53. 李欣人、叶玲珍：《媒介素养的人学解读》，《山东社会科学》2010 年第 3 期。

54. 陈琳：《从〈第一次心动〉看电视媒体"泛娱乐化"的十年艰辛路》，《东南传播》2014 年第 11 期。

55. 陈鑫：《"限娱令"的政策效应与电视媒体的文化责任》，《西部广播电视》2014 年第 22 期。

56. 张帜：《智媒时代对新闻生产中算法新闻伦理的思考》，《海南大学学报（人文社会科学版）》2019 年第 2 期。

57. 彼得·凯恩：《美国新闻界 10 个令人不安的倾向》，《国际新闻界》1996 年第 3 期。

58. 林晖：《市场经济与新闻娱乐化》，《新闻与传播研究》2001 年第 2 期。

59. 屈济荣：《新闻要素在故事化过程中的变形》，《新闻界》2008 年第 2 期。

60. 周宪：《文化工业——公共领域——收视率》，《国外社会科学》1999 年第 2 期。

61. 英健：《性别与媒介：表象的背后》，《妇女研究论丛》1996 年第 1 期。

62. 林亚斐：《中性美：当代审美新视阈》，《宁波大学学报》（人文科学版）2006 年第 4 期。

63. 岳璐：《论当代社会传媒奇观的建构策略与意义产制——以明星为例》，《贵州社会科学》2010 年第 4 期。

64. 周星：《电视批评的困境与出路》，《当代电视》2007 年第 12 期。

65. 易前良：《美国"新闻式电视批评"在媒介体系中的权力角色》，《国际新闻界》2009 年第 1 期。

66. 郑保卫：《当前中国媒介批评的几个问题》，《现代传播》2010 年第 4 期。

67. 金璐：《大众传媒泛娱乐化倾向批判》，《新闻爱好者》2011 年第 1 期。

68. 范玉吉、杨心怡：《泛娱乐化时代真人秀节目的反思》，《编辑之友》2016 年第 5 期。

69. 武香利：《大众传媒泛娱乐化的消极影响》，《新闻战线》2016 年第 12 期。

70. 周逵：《反向融合：中国大陆媒体融合逻辑的另一种诠释》，《新闻记者》2019 年第 3 期。

71. 侯利强：《媒体娱乐化批判中的前提误设》，《中国矿业大学学报（社会科学版）》2006 年第 3 期。

72. 赵月枝：《公众利益、民主与欧美广播电视的市场化》，《新闻与传播研究》1998 年第 2 期。

73. 禹建强、李永斌：《对媒体制造大众文化的批判》，《国际新闻界》2004 年第 5 期。

74. 胡正荣、李舒：《电视娱乐节目可持续发展的路径选择》，《中国广播电视学刊》2008 年第 6 期。

75. 胡智锋、周建新：《从"宣传品""作品"到"产品"——中国电视 50 年节目创新的三个发展阶段》，《现代传播》2008 年第 4 期。

76. 胡忠青、郭顺峰：《电视讲坛：深度娱乐下的文化传播》，《社会科学论坛》2008 年第 3 期（上）。

77. 胡智锋：《电视低俗化三题》，《中国电视》2008 年第 9 期。

78. 欧阳宏生、闫伟：《快乐有度 过犹不及——对当前"电视娱乐化"问题的再思考》，《当代电视》2010 年第 2 期。

79. 姚进凤：《英国媒介素养教育对我国青少年教育的启示》，《教学与管理》2010 年第 21 期。

80. 柳珊、朱璇：《"批判型受众"的培养——德国青少年媒介批判能力培养的传统、实践与理论范式》，《新闻大学》2008 年第 3 期。

81. 姜嵘：《新闻泛娱乐化的历史渊源和现实问题分析》，《长春理工大学学报（高教版）》2009 年第 5 期。

82. 欧阳宏生、李弋：《21 世纪以来中国电视批评的若干思考》，《现代传播》2010 年第 8 期。

83. 欧阳友权、张婷：《微博客文化批判》，《中南大学（社会科学版）》2012 年第 2 期。

84. 赵瑜：《媒介市场化、市场化媒体与国家规制——从净化荧屏、反三俗和限娱令谈起》，《新闻大学》2015 年第 1 期。

85. 赵路强：《新兴媒介泛娱乐化的成因、社会危害及应对路径》，《文化与传播》2017 年第 5 期。

86. 赵静：《网络新生代的崛起与网络舆论生态的嬗变》，《出版广角》2019 年第 4 期。

87. 洪东方：《传播泛娱乐化倾向及受众心理研究——以新浪微博为例》，《中国报业》2019 年第 6 期。

88. 徐振祥：《论湖南电视娱乐节目的发展历程》，《新闻天地》2006 年第 12 期。

89. 陶东风：《批判理论与中国大众文化批评——兼论批判理论的本土化问题》，《东方文化》2000 年第 5 期。

90. 陶东风、李玉磊：《"和谐""盛世"说"山寨"》，《中州学刊》2009 年第 3 期。

91. 郭镇之：《传播政治经济学理论泰斗达拉斯·斯密塞》，《国际新闻界》2001 年第 3 期。

92. 陶东风、金元浦：《从碎片走向建设——中国当代审美文化二人谈》，《文艺研究》1994 年第 5 期。

93. 秦志希：《媒介文化研究的视域》，《武汉大学学报》(人文科学版)2005 年第 4 期。

94. 袁军：《媒介素养教育的世界视野与中国模式》，《国际新闻界》2010 年第 5 期。

95. 徐帆：《电视艺术批评十年考察——以中国传媒大学三位中年学者的研究为例》，《现代传播》2010 年第 5 期。

96. 党圣元：《网络文学研究的当下困境与理论突围》，《江西社会科学》2017 年第 6 期。

97. 高如：《警惕网络舆论生态泛娱乐化的负效应》，《毛泽东邓小平理论研究》2017 年第 8 期。

98. 徐丽玉：《新媒体泛娱乐化对大学生社会主义核心价值观共识的影响与对策》，《嘉应学院学报》2019 年第 1 期。

99. 贾文山：《跳出泛娱乐主义的怪圈》，《人民论坛》2019 年第 2 期。

100. 黄和节、陈荣美：《新闻娱乐化：形式与功能的错位——对当前新闻娱乐化倾向的新探索》，《当代传播》2002 年第 5 期。

101. 黄良奇：《新闻娱乐化成因解析》，《新闻界》2007 年第 2 期。

102. 曹卫东：《法兰克福学派的历史效果》，《读书》1997 年第 11 期。

103. 黄良奇：《媒介在娱乐化场域中对女性形象的建构》，《中国广播电视学刊》2009 年第 5 期。

104. 曹进：《网络时代批判的受众与受众的批判》，《现代传播》2008 年第 6 期。

105. 黄良奇：《"春晚"图腾仪式的文化贡献及内涵剖析》，《中国广播电视学刊》2010 年第 4 期。

106. 黄良奇：《新时代"讲好中国故事"：价值引领、议题方略与对外传播意义》，《当代传播》2019 年第 4 期。

107. 傅守祥：《审美化生活的隐忧与媒介化社会的陷阱》，《文艺理论研究》2007 年第 2 期。

108. 谢静：《拯救的期待与想象——媒介批评的预设与批评者批评》，《新闻记者》

2008 年第 10 期。

109. 曾来海：《报纸参与教育（NIE）工程的起源及其在媒介素养教育中的作用》，《新闻界》2007 年第 3 期。

110. 彭昱忠、元昌安、王艳、覃晓：《基于内容理解的不良信息过滤技术研究》，《计算机应用研究》2009 年第 2 期。

111. 詹珊：《析评网络恶搞现象》，《福州大学学报》2007 年第 4 期。

112. 雷跃捷：《媒介批评是对大众传媒和大众文化的反思活动——对国内有关"媒介批评"定义的辨析》，《现代传播》2003 年第 3 期。

113. 靳琰、孔璐璐：《新媒体语境下的网络泛娱乐化机理探究》，《现代传播》2016 年第 12 期。

114. 蔡贻象：《合法的快感：电视的休闲文化策略》，《文艺研究》2004 年第 3 期。

115. 蔡骐、黄金：《女性主义媒介研究初探》，《湖南师范大学学报》（社科版）2004 年第 3 期。

116. 谭琳：《论先进性别文化的构建》，《南开学报》（哲社科版）2007 年第 2 期。

117. 臧海群：《传播学教育新方向：从媒介研究到媒介素养》，《现代传播》2003 年第 6 期。

118. 谭舒、董天策：《媒介批评：疑问与思考》，《新闻记者》2002 年第 2 期。

119. 谭舒、袁传峰：《网络 BBS 与媒介批评》，《大连民族学院学报》2004 年第 4 期。

120. 魏丹丹、胡小强、江婕：《高校媒介素养教育实施的情况及策略研究》，《科技广场》2010 年第 2 期。

外文参考文献：

1. Allen，Mike；Emmers，Tara；Gebhardt，Lisa；and Giery，Marya. "Exposure to Pornography and Acceptance of Rape Myths." Journal of Communication 45，no. 1 (1995).

2. Bennett，W. Lance. News：The Politics of Illusion，3d ed. White Plains，N.Y.：Longman，1996.

3. Bogart，Leo. Commercial Culture：The Media System and the Public Interest. New York：Oxford University Press，1995.

4. Bruschke，Jon，and Loges，William E. "The Relationship Between Pretrial Publicity and Trial Outcomes." Journal of Communication 49，no. 4 (1999).

5. Dixon，Travis L. Overrepresentation and Underrepresentation of Blacks and Latinos as Lawbreakers on Television News. Paper presented at the Meeting of the International

Communication Association，Jerusalem，Israel (July，1998).

6. Graber，Doris. Processing the News：How People Tame the Information Tide，2d ed. New York：Longman，1988.

7. Grossman，Dave."We Are Training Our Kids to Kill." Saturday Evening Post，July–August 1999.

8. Djankov，Simeon. Who owns the media? World Bank Publications，2002. ISBN 978-0706042856.

9. Hoffmann，Bert. The politics of the Internet in Third World development：challenges in contrasting regimes with case studies of Costa Rica and Cuba. Routledge，2004. ISBN 978-0415949590.

10. Hoffmann-Riem，Wolfgang. Regulating Media：The Licensing and Supervision of Broadcasting in Six Countries. Guilford Press，1996. ISBN 978-1572300293.

11. Islam，Roumeen；Djankov，Simeon & McLiesh，Caralee. The right to tell：the role of mass media in economic development. World Bank Publications，2002. ISBN 978-0821352038.

12. Karatnycky，Adrian；Motyl，Alexander；Schnetzer，Amanda；Freedom House. Nations in transit，2001：civil society，democracy，and markets in East Central Europe tand he newly independent states. Transaction Publishers，2001. ISBN 978-0765808974.

13. Price，Monroe. Media and Sovereignty：The Global Information Revolution and Its Challenge to State Power. MIT Press，2004. ISBN 978-0262661867.

14. Price，Monroe；Rozumilowicz，Beata & Verhulst，Stefaan. Media reform：democratizing the media，democratizing the state. Routledge，2002. ISBN 978-0415243537.

15. Sen，Krishna；Lee，Terence. Political regimes and the media in Asia. Routledge，2008. ISBN 978-0415402972.

16. Silverbatt，Art；Zlobin，Nikolai. International communications：a media literacy approach. M.E. Sharpe，2004. ISBN 978-0765609755.

17. Stability Pact Anti-Corruption Initiative，Organisation for Economic Co-operation and Development. Anti-corruption measures in South Eastern Europe：civil society's involvement. OECD Publishing，2002. ISBN 978-9264197466.

18. Kim，J. L.，Sorsoli，C. L.，Collins，K.，Zylbergold，B. A.，Schooler，D. & Tolman，D. L. (2007). From sex to sexuality：Exposing the heterosexual script on primetime network television. Journal of Sex Research.

19. Homes，G. (2008). Under 35s watch video on internet and mobile phones more than over

35 s；traditional TV viewing continues to grow. New York：Nielson Media Research.

20. Brown，J. D.，L'Engle，K. L.，Pardun，C. J.，Guo，G.，Kenneavy，K.，& Jackson，C. (2005). Sexy media matter：Exposure to sexual content in music，movies，television，and magazines predicts black and white adolescents' sexual behavior. Pediatrics.

21. McDermott，R. J. (2000). "Health Education Research：Evolution or Revolution (or Maybe Both)?" Journal of Health Education 22. Chun，Wendy Hui Kyong，and Thomas W.Keenan，eds.New Media，Old Media：A History and Theory Reader.New York：Routledge，2006.

22. Meenakishi Gigi Durkham &Douglas M.kellner，Media and Cultural Studies Keywords，Blackwell，2001.

23. Angela McRobbie，Feminism and Youth Culture;Second Edition，Routledge，2000.

24. Margarret Morse Virtualities/Television，Media Art，and Cyberculture；Indiana University press，199826. Michael D.Slater "Alienation，Aggression，and Senation Seeking as Predictors of Adplescent Use of Violence Film，Computer，and Wensite Content"，Journal of Communication，2003.

25. Franceis Mulhern. Culture/Metaculture.London and New York：Routledge，2000.

26. Shaun Moores.Media and Everyday Life in Modern Society.Edinburgh University Press，2000.

27. Renee Dickason.British Television Advertising：Cultural Identity and Communication，University of Luton Press，2000.

28. Kathleen Hall Jamieson&Karlyn Kohrs Campbell，The Interplay of Influence：News，Advertising，Politics，and the Mass Media，Peking University Press，2005.

29. Rothenbuhler，E.Ritual Communication：From Everyday Conversation to Mediated Ceremony，London：Sage Publications，1998，P.3.

30. Conversation with Saint Benedict：The Rule in Today's WorldKardong，Terrance G. Liturgical Press 2012.

31. Hyejung Ju：Transformations of the Korean Media Industry by the Korean Wave：The Perspective of Glocalization.Y. Kuwahara (ed.)，The Korean Wave© Yasue Kuwahara 2014.

32. In Prawira：KONSTRUKSI REALITAS MEDIA HIBURAN：ANALISIS FRAMING PROGRAM REDAKSIANA DI TRANS7 .Humaniora. 2014.

33. Elena Di Giovanni：New imperialism in (re)translation：Disney in the Arab world. Perspectives. 2017.

34. Is watching others self-disclose enjoyable? An examination of the effects of information delivery in entertainment media：Correction to Tsay-Vogel & Oliver，2014.

35. Dogruel，Leyla；Joeckel，Sven.Video game rating systems in the US and Europe：Comparing their outcomes. International Communication Gazette. Nov2013，Vol. 75 Issue 7.

36. Cohen，Stefanie.Peter Pan Takes Flight—On Live TV. Wall Street Journal (Online). 11/28/2014.

37. Hartmann，Tilo.Not so moral moral responses to media entertainment? A response to Arthur A. Raney. Journal of Media Psychology：Theories，Methods，and Applications，Vol 23(1)，2011.

38. Transportation into narrative worlds：implications for entertainment media influences on tobacco use. By：Green，Melanie C.；Clark，Jenna L. Addiction. Mar2013，Vol. 108 Issue 3.

39. Ramos，Raul A.；Ferguson，Christopher J.；Frailing，Kelly；Violent entertainment and cooperative behavior：Examining media violence effects on cooperation in a primarily Hispanic sample.Psychology of Popular Media Culture，Vol 5(2)，Apr，2016.

40. Monier，Elizabeth.Reporting in the MENA Region：Cyber Engagement and Pan-Arab Social Media/The Naked Blogger of Cairo：Creative Insurgency in the Arab World. Middle East Journal. Winter2017.

41. Roth，Franziska S.；Weinmann，Carina；Schneider，Frank M.；Hopp，Frederic R.；Bindl，Melanie J.；Vorderer，Peter；Curving entertainment：The curvilinear relationship between hedonic and eudaimonic entertainment experiences while watching a political talk show and its implications for information processing.Psychology of Popular Media Culture，Vol 7(4)，Oct，2018.

参考报刊和网站：

1. **报纸：**《人民日报》《北京青年报》《南方周末》《信息快报》《信息日报》《兰州晨报》《都市快报》《钱江晚报》《扬子晚报》《扬州晚报》《江南都市报》《温州都市报》《晶报》《深圳晚报》《南方都市报》《重庆晚报》《邯郸晚报》《新京报》《马鞍山日报》《江海晚报》《皖江晚报》等。

2. **期刊：**《新闻与传播学研究》《国际新闻界》《现代传播》《新闻大学》《新闻记者》《当代传播》《新闻界》《中国广播电视学刊》《中国记者》《电视研究》《当代电视》《新闻实践》《声屏世界》《青年记者》《新闻知识》，《浙江大学学报》（社科版）、《西南民族大学学报》（人文社科版）、《求索》《伊犁师范学院学报》

《江苏广播电视大学学报》，《读书》《探索与争鸣》《新视野》《新东方》《天府新论》《中国青年研究》《妇女研究论丛》《计算机应用研究》等。

3. **网站**：人民网、新华网、央视国际、光明网、中青在线、浙江在线、今日头条、一点资讯、凤凰网、网易传媒频道、搜狐网、腾讯网、传媒学术网、媒介批评网、中国电视批评论坛、中国新闻研究中心、中华传媒网、智维网、新闻与传播研究基地网站等。

4. "两微一端"及各类相关 APP。